江麗、童雨茵　主編

前 言

　　金融學是經濟學專業的基礎性課程,是金融學專業的核心課程,也是非經濟類專業的重要選修課程。認真學習金融學,是掌握金融知識和瞭解金融運行內在規律的重要基礎,對於學好經濟類其他專業課程,具有直接的影響。伴隨經濟金融全球化發展步伐的加快,金融在經濟生活中的作用越來越重要。無論是從事經濟工作,還是做好管理工作,或是在行政崗位,瞭解基本的金融理論和知識,成為當務之急。

　　由於金融在現代經濟中的影響越來越大,地位越來越重要,涉及的範圍越來越廣泛,因此金融學課程包含的內容也越來越豐富。根據目前高等院校的課時安排,為了滿足教學和在校大學生學習的需要,本書主要介紹金融學的基本理論和基礎知識。同時,本書濃縮了金融學的文字內容,對初稿部分章節進行了刪減,使讀者能夠通過本教材的學習,從整體上把握金融學知識的框架,掌握金融學的基本規律,為今後金融類專業課程學習奠定良好的專業基礎。

　　由於時間倉促和編者水平有限,書中難免有疏漏和錯誤之處,敬請廣大同仁及讀者不吝批評指正。

編　者

目 錄

1 貨幣 ·· (1)
   1.1 貨幣的起源 ·· (1)
   1.2 貨幣的定義 ·· (2)
   1.3 貨幣的功能與變化 ·· (3)
   1.4 貨幣制度 ··· (9)
   1.5 貨幣的衡量 ·· (16)

2 信用與利率 ··· (19)
   2.1 信用的形成與發展 ·· (19)
   2.2 信用的基本形式 ·· (22)
   2.3 利息和利息率 ··· (35)
   2.4 利率的度量 ·· (41)
   2.5 利率的風險結構 ·· (45)
   2.6 利率期限結構 ··· (46)

3 金融體系 ·· (51)
   3.1 資金融通 ··· (51)
   3.2 金融功能 ··· (57)
   3.3 金融體系的兩種結構 ····································· (58)
   3.4 金融工具 ··· (60)
   3.5 金融系統中的信息不對稱 ······························· (64)

4 外匯與匯率 ……………………………………………… (71)

    4.1 外匯及外匯管制 ……………………………………… (71)

    4.2 外匯交易 ……………………………………………… (74)

    4.3 匯率風險及其管理 …………………………………… (76)

    4.4 匯率的決定 …………………………………………… (79)

5 商業銀行 ………………………………………………… (82)

    5.1 商業銀行概述 ………………………………………… (82)

    5.2 商業銀行的經營原則與管理理論的發展 …………… (85)

    5.3 商業銀行業務 ………………………………………… (92)

    5.4 商業銀行的金融創新 ………………………………… (100)

6 中央銀行 ………………………………………………… (113)

    6.1 中央銀行的起源與發展 ……………………………… (113)

    6.2 中央銀行的職能 ……………………………………… (120)

    6.3 中央銀行的相對獨立性 ……………………………… (125)

7 非銀行金融機構 ………………………………………… (130)

    7.1 保險公司 ……………………………………………… (130)

    7.2 證券公司 ……………………………………………… (134)

    7.3 信託概述 ……………………………………………… (144)

    7.4 信託業務 ……………………………………………… (151)

    7.5 其他機構 ……………………………………………… (159)

8 貨幣政策 (166)
8.1 貨幣政策及其目標 (166)
8.2 貨幣政策中間目標與政策工具 (172)
8.3 貨幣政策與財產政策的搭配 (183)
8.4 貨幣政策效應 (186)

9 金融市場 (197)
9.1 金融市場概述 (197)
9.2 貨幣市場 (200)
9.3 資本市場 (204)
9.4 金融衍生品市場 (211)
9.5 外匯市場與黃金市場 (227)

10 貨幣的供求與均衡 (235)
10.1 貨幣需求 (235)
10.2 貨幣供給 (242)
10.3 貨幣供求與社會總供求的均衡 (253)

11 金融創新和金融發展 (257)
11.1 金融創新的主要理論 (257)
11.2 金融創新的內容及影響 (264)
11.3 金融發展 (271)
11.4 金融抑制 (276)
11.5 金融自由化 (280)

12 金融危機和金融監管 ……………………………………（283）

12.1 金融危機概況 ……………………………………………（283）

12.2 金融不穩定模型與金融危機的形成過程 ………………（293）

12.3 金融危機的危害與防範 …………………………………（296）

12.4 金融監管的解說和理論 …………………………………（297）

12.5 金融監管的基本原則 ……………………………………（300）

12.6 金融監管體制：歷史與未來的發展 ……………………（302）

1 貨幣

1.1 貨幣的起源

1.1.1 貨幣並非開天闢地就已存在

人類社會在地球上已有百萬餘年或更長的歷史，貨幣卻是幾千年以前才開始出現的。

貨幣是怎麼產生的？代表性的觀點大體有兩種：

一種觀點認為，貨幣的出現是與交換聯繫在一起的。根據史料的記載和考古的發掘，在世界各地，交換都經過兩個發展階段：先是物物直接交換；然後是通過媒介的交換，即先把自己的物品換成作為媒介的物品，再用所獲得的媒介物品去交換自己所需要的物品。比較定型的媒介就成為貨幣。在世界上的很多地區，牲畜曾成為這種媒介。在中國，最早的媒介是「貝」。司馬遷在《史記・平準書》中說：「農工商交易之路通，而龜貝金錢刀布之幣興焉。所從來久遠，自高辛氏之前尚矣，靡得而記云。」

另一種觀點認為，貨幣是由有權勢的統治者，或者賢明的人確定的。比如《管子》就認為，貨幣是「先王」為了進行統治而選定的難得的、貴重的物品。

應該說，強調貨幣的存在乃客觀經濟生活發展的必然，是通向認識本質的正確思路。循著這條思路，馬克思用最完整的勞動價值論對貨幣進行的論證有劃時代的意義。這需要我們在高層次的學習中專門學習、討論。

1.1.2 從交易的社會成本角度比較物物交易與通過貨幣的交易

經濟行為的演化與交易成本有緊密的聯繫：演化的方向總是從交易成本較高的經濟行為趨向交易成本較低的經濟行為。換一種表述方法，節約是經濟生活中最基本的規律。經濟制度、經濟結構、經濟活動方式，之所以這樣演化而不是那樣演化，最終都可以從社會費用、社會成本的節約找到答案。

人們不論怎樣按照自己的思路去營造一個經濟理想國，其成敗最終取決於是否合乎這樣的規律。貨幣交易取代物物交易也同樣如此。

1.2　貨幣的定義

貨幣是我們在日常生活中經常接觸的東西。就連小孩也似乎都明白什麼是貨幣。在一般人看來，所謂貨幣，無非就是可以拿去購買自己所需物品的人民幣、美元或英鎊等。這裡所說的貨幣，其實是指「錢」，即流通中的現金或通貨。不過，在金融學或經濟學裡，這樣定義貨幣是不準確的。今天，並不是只有用現金才能購買到我們所需要的東西，支票、信用卡、銀行卡都可以作為我們購物時的支付工具。隨著互聯網的興起，網路虛擬貨幣也日漸時興。實際上，在現代經濟生活中，無論是商品、勞務還是金融產品的交易，用現金來支付的只占極小的比重。

我們常聽到的貨幣的另一種通俗說法則是貨幣等同於收入。例如，人們經常羨慕別人「一年掙很多的錢」。這裡的「錢」就是指收入。將收入等同於貨幣，會給經濟學的分析帶來很大的不便，甚至會引起混亂。因為貨幣是一個「存量」，即在某一個時點的確切的數量，而收入是一個「流量」，表示的是一個時間區間的數量關係。例如，你向朋友借錢時問他：「老兄，帶多少錢了，能否借一點？」你的這位老兄可能回答：「我帶了 3,000 元。」這個 3,000 元就是這位老兄在你問他的這一時刻隨身所帶的錢的存量。當你的一位朋友找到一份新工作時，你會問他「月薪多少」或「年薪多少」。這就很明確，你是在問他一個月或一年的收入有多少，因此是流量。

在日常生活中，很多人還將貨幣等同於財富。一個人很富有，我們會說「他很有錢」；一個人囊中羞澀、生活拮据時，我們會說「他沒什麼錢」。這裡的「錢」就是指不同於現金和收入的財富。但財富比貨幣又要寬泛得多。人們購買的股票、債券、基金等金融資產和擁有的住宅與轎車等都歸為財富之列，但它們並不屬於貨幣的範疇。

那麼，金融學或經濟學到底是如何定義貨幣的呢？通常，經濟學家將被人們普遍接受的，可以充當價值尺度、交易媒介、價值貯藏和支付手段的物品，都看成貨幣。根據這種定義，貨幣並不是狹義的通貨，即我們口袋裡裝的零花錢，也不是指財富或收入。這一定義中的物品，既可以是像黃金、白銀這樣的有形物品，也可以是一種被普遍接受的符號。只要它具有上面四個方面的職能，經濟學家都稱它為貨幣。

1.3 貨幣的功能與變化

伴隨商品交換的不斷發展，貨幣形態發生了變化，而貨幣形態的發展變化使貨幣功能也發生了變化。貨幣定位於黃金時，其功能得到了全面展現。信用貨幣的出現對貨幣功能產生了一定的影響。

1.3.1 價值尺度功能

價值尺度，是指貨幣以自身的價值去衡量普通商品價值量大小的功能。價值是人類社會勞動的結晶，是物化在商品中的社會必要勞動時間。價值無法直接自我表現，必須通過同質的物品才能夠得以表現。貨幣以自身的同質性對商品進行「鑒定」，以自身的價值量對商品進行「標價」，使同質不同形的多樣商品實現相互交換。價值尺度是貨幣最基本的功能。

(1) 價值尺度的特點

貨幣在發揮價值尺度功能時，具有三個顯著特點：①作為價值尺度的貨幣必須具有內在價值。即必須是真實的貴金屬，只有自身包含實實在在價值的商品，才能衡量其他商品的價值。②作為價值尺度的貨幣具有獨占性和排他性。作為一種衡量標準，客觀上要求具有唯一性，才能形成社會認同的一致性，使交易雙方能夠在習慣上、視角上便於確認和鑑別。③作為價值尺度的貨幣不需要親臨現場。貨幣的真實性和流通性在長期的商品交換中已經被人們接受，形成了觀念上和記憶中的貨幣。交易雙方不必出示貨幣商品，通過文字、語言表達的貨幣，就可以使對方理解商品的價值。

(2) 價格標準

價格標準，是指包含一定重量的貴金屬貨幣單位。在現實中商品種類很多，各種商品的價值量不同。要比較不同商品之間的價值量大小，需要一個共同認可的單位，如早期實物貨幣時期牲畜以「頭」計算，絹帛以「匹」計算，貴金屬貨幣以重量來計量等。各國有自己的文字和重量單位，貴金屬重量單位在英國是「鎊」，在中國是「兩」，在其他國家又稱「盾」「銖」等。

價格標準與價值尺度是同一事物的兩個方面。兩者的區別在於：①價值尺度是商品在交換中自發分離的一種固定充當一般等價物的特殊商品；價格標準是由國家通過法律形式強制規定的貴金屬貨幣重量單位。②價值尺度在於鑒定商品價值和衡量商品價值量；價格標準通過貨幣重量單位表現商品價值量的多少。③價值尺度隨著生產貨幣商品的勞動生產率變化而相應變動；

價格標準的變化取決於政府法令，與勞動生產率無關。價格標準與價值尺度的聯繫在於：①價值尺度離開價格標準便無法得到外在表現，價值尺度的功能也就不能實現。②價格標準的基礎是價值尺度。離開了價值尺度，價格標準也就失去了存在的意義。只有兩者在時間和空間上同時發揮作用，價值尺度功能才能得以實現。

（3）信用貨幣是否具有價值尺度功能

按照前述原理，發揮價值尺度功能的貨幣，必須是價值十足的貴金屬實體。沒有真實價值的物品不能衡量商品的價值。在貨幣發展歷史進程中，在銀行券流通時期，每張票面表明黃金數量的銀行券代表真實的黃金重量。這種與真實黃金完全一致的價值符號，除了本身沒有貴金屬重量的特徵以外，其功能與貴金屬功能沒有區別。當流通中的銀行券不能兌現時，銀行券成為不兌現的信用貨幣。這樣，理論上可能出現以下三種情況：①信用貨幣發行量等於貴金屬貨幣量。單位信用貨幣代表真實的黃金重量，具有完全意義上的價值尺度功能。②信用貨幣發行量大於貴金屬貨幣量。單位信用貨幣代表的貴金屬貨幣量減少，在替代貴金屬衡量商品價值量時，表現為名義貨幣單位的價值量低於真實貨幣單位。這種偏離幅度越大，單位信用貨幣代表的真實貨幣量越小，商品的名義貨幣單位相對越多，稱為貶值的價值尺度。③信用貨幣發行量小於貴金屬貨幣量。單位信用貨幣代表的貴金屬貨幣量增加，名義貨幣單位大於真實單位貨幣的價值量。單位信用貨幣代表的真實貨幣量越多，商品的名義貨幣單位相對越少，可稱為升值的價值尺度。電子貨幣是信用貨幣的高級表現形式，其價值尺度的表現特徵符合信用貨幣的內在規律。單位貨幣符號代表的價值量計算公式如下：

$$\frac{流通中實際需要的金屬貨幣量}{流通中發行的貨幣符號數量} = 單位貨幣符號代表的價值量$$

不兌現的信用貨幣流通時，黃金的價值尺度被不兌現的信用貨幣所替代，其發行量的人為性使價值尺度的穩定性受到影響，但在邏輯上畢竟還與黃金保持名義上的聯繫。許多國家通過規定本國單位貨幣含金量的方法，維持兩者之間的名義比值關係。在技術上，當信用貨幣表現某種商品價格時，一定數量的信用貨幣單位還能夠間接換算出黃金的重量，即黃金的價值尺度通過信用貨幣的單位含金量，間接衡量和表現商品的價值量。當黃金非貨幣化以後，在邏輯上黃金與信用貨幣的名義聯繫已經不存在，信用貨幣沒有了「價值體」的參照依據和數量標準，技術上失去了單位貨幣含金量的規定，不可能換算出商品的黃金價值。那麼，信用貨幣的價值尺度如何理解呢？唯一能夠解釋的是，信用貨幣的流通總量與商品價值的社會交易總量之間的比值關

係，通過單位貨幣代表的單位社會平均商品價值量以貨幣符號形式外在體現出來。通俗地說，當前信用貨幣本身已經失去價值尺度的功能，單位信用貨幣符號只是其流通總額與當期社會商品交易總量比例關係的一種標價方式。新華社在 1948 年 12 月 7 日的社論中指出：人民幣「從產生的第一天開始，即與金銀完全脫離關係」。

1.3.2 流通手段功能

流通手段，是指貨幣在完成商品交換時所充當的中間媒介功能。貨幣的價值尺度功能可以衡量或表現商品的價值，貨幣的流通手段功能使商品的社會價值得到實現，即貨幣使價值尺度與流通手段實現了統一。在金屬貨幣流通中一方是商品，一方是貴金屬。等價交換的過程，是貨幣流通手段與商品社會勞動的同時實現過程。在信用貨幣流通時期，交易過程的形式完全一樣，不同的是一方出售商品，另一方交付信用貨幣。

（1）流通手段的特點

貨幣在發揮流通手段功能時，主要表現出兩個特點：

①作為流通手段必須是現實的貨幣。貨幣在商品交換過程中，出讓商品者必須拿到真實的貨幣，才轉讓自己的商品。作為價值尺度，只要買賣雙方能夠在觀念中信息對稱，其功能就能得到體現，作為流通手段的貨幣必須親臨現場，讓渡佔有權才能實現其功能。

②作為流通手段可以是貴金屬，也可用價值符號替代。貴金屬條塊流通既有真實價值的可靠性，也存在每次交易鑑別稱量的繁瑣性。鑄幣的出現極大地方便了流通，又隱含著不足值鑄幣流通的可能性。磨損的鑄幣在轉手中依然被對方接受，緣於每一個人持幣是為了下一次交換，因此，人們對貨幣更關心的是能否順利被對方認可接受，而輕視了鑄幣本身是否完全足值。由此，首先出現了民間私鑄的「小錢」。中國秦朝初年統一鑄造的「半兩」錢，到漢代初年已經蛻變為「鵝眼半兩」，「五銖」錢到了西漢末年也成了「榆錢五銖」。

（2）金屬貨幣流通需要量

假設流通的都是足值的貴金屬，那麼在價值等量交換過程中，貨幣流通與商品流通對等換位。每兩次換位中，商品退出流通或被消費，或成為另一種商品的原料，而貨幣仍在流通中，一枚貨幣多次在流通中轉換所有者。據此，理論上的貨幣流通需要量為：

$$貨幣需要量 = \frac{交換商品的價格總額(單位價格 \times 商品數量)}{貨幣流通速度(次數)}$$

上述公式揭示了以下基本原理：①交換商品價格總額與貨幣需要量成正方向變化。單位時間裡（年、月）交易的商品價格總額（商品數量）越多，貨幣需要量越大；反之亦然。②貨幣流通速度與貨幣需要量成反方向變化。單位時間裡（年、月）同一貨幣週轉次數越多，相對而言，貨幣需要量越少。

用 Q 代表商品數量，P 代表商品價格，V 代表貨幣流通速度，M 代表貨幣需要量，那麼：

$$M = \frac{P \cdot Q}{V}$$

理解公式的重要提示：①商品價格是商品價值的外在表現，價值尺度與價格標準沒有發生分離。②在貨幣流通速度不變的情況下，金屬貨幣需要量取決於商品交易的數量，即商品交易的價格總額增減決定了金屬貨幣需要量的變化。③金屬貨幣週轉次數增加可以替代部分貨幣需要量，週轉次數減少需增加金屬貨幣投入量。

（3）信用貨幣流通供給量

相對於足值金屬貨幣流通，信用貨幣流通的性質發生了根本性變化。流通中的貨幣符號具有以下三個特點：①流通中的貨幣都是價值符號，只能間接代表一定價值量。②貨幣供應量取決於發行者的意志和判斷，貨幣間接代表的價值量與貨幣供應量密切相關。③貨幣一旦投放市場，若離開了發行機構的回籠，便不會自動退出流通領域。由此，形成了信用貨幣總量與商品價值總量之間的市場關係，即社會總需求與社會總供給之間的關係，即：

$$M \cdot V(社會總需求) = P \cdot Q(社會總供給)$$

以上公式反應了信用貨幣發行條件下的市場供求變化：①Q、V 不變時，M 增加，P 也增長，即商品名義價格上升（貨幣供給量過多造成貨幣貶值）。②Q、M 不變時，V 增大，P 也增長，即商品名義價格上升（貨幣流通速度加快等於貨幣數量增加）。③當 Q 不變，M 和 V 同時增加時，P 快速上升（社會總需求過度擴張造成貨幣大幅度貶值）。當變化方向相反時，結果也相反。這一現象容易讓人產生貨幣數量決定商品價格的誤解，其實質是信用貨幣供給量的增減，使單位貨幣符號代表的價值量變化，在商品價格上表現為貨幣符號時，相應發生數量變化。換句話說，勞動生產率決定商品的價值，商品交換的價值總量決定金屬貨幣需要量，金屬貨幣價值量決定信用貨幣符號供應量，貨幣符號實際供應量與金屬貨幣需要量之間的比值決定單位信用貨幣代表的金屬貨幣價值量，單位信用貨幣代表的金屬貨幣價值量表現商品的價值量，商品的價值量通過信用貨幣數量得到標價。

1.3.3 貯藏手段功能

貯藏手段，是指貨幣根據商品交易的需求，自動進入流通或退出流通，自發調節貨幣供給的功能。

貨幣發揮貯藏手段功能必須具備三個前提條件：①貨幣本身是具有十足價值的貴金屬商品。②貨幣的社會存量大於社會當時貨幣的流通量。③沒有強制性權力介入貨幣流通。這樣，當商品交易量擴大時，等價交換的規律要求增加貨幣的供給量，即需要商品者必須把自己的貨幣拿出來支付給轉讓商品者，交換才能完成，這樣貨幣量也因此增加；反之，當沒有人願意購買時（商品交易量減少），一部分貨幣被人們保存起來，退出流通形成貨幣貯藏，這種基於等價交換的貨幣現象實現了貨幣供需的自動平衡。「貨幣貯藏的蓄水池對流通中的貨幣來說，既是排水渠，又是引水渠，貨幣永遠不會溢出流通渠道。」

貯藏貨幣是貨幣貯藏功能的表現形式。貯藏貨幣的形式多樣，而其只有具備了以下兩個條件才能發揮貯藏手段功能：①一段時間裡貨幣退出流通，而不是永久退出流通。②貨幣雖未在流通之中，但能夠隨時進入流通。若將足值貨幣作為隨葬品埋入地下，永久地離開流通就不是貯藏手段功能，也不能起到自發調節貨幣流通的作用。理解貨幣貯藏手段功能，應主要把握貨幣流通供求的短期平衡和長期平衡，即分為短期的貨幣貯藏手段和長期的貨幣貯藏手段。短期貨幣貯藏手段由商品週期性變化決定，貨幣在短期內暫時表現為靜止狀態，如糧食生產有明顯的季節性變化；長期貨幣貯藏手段由經濟週期性變化決定，貨幣在較長時期內退出流通表現為沉澱狀態，如經濟繁榮期與蕭條期的變化。這是決定貨幣貯藏的經濟原因。

貨幣是兼具質的無限性和量的有限性的矛盾統一體，這是決定貨幣貯藏的社會根源。貨幣質的無限性，是指貨幣可以與其他所有商品相交換。隨著商品系列的延長，貨幣能夠購買的對象無限增多。貨幣量的有限性，是指一定單位的貨幣只能交換相應價值的商品，即貨幣代表的價值量限定了購買量。人們容易沉醉和困惑於貨幣的無限性，在心理上傾向於多多佔有貨幣。商品世界越繁榮，人們佔有貨幣的欲望越強烈，越是對個人未來的不確定性充滿恐慌，獲得貨幣的心理越急切。由此引發了暴力、無情、虛偽、欺騙等社會現象，「貨幣是萬惡之源」的詛咒隨即產生。

兌現的信用貨幣可以通過與貴金屬的相互轉換，實現貨幣流通與貨幣貯藏手段之間的轉化，理論上仍能夠保持貨幣流通的自動調節；不兌現的信用貨幣由於割斷了與貴金屬的轉換聯繫，一旦投入流通就不會自動退出，因而，

失去了貯藏手段功能，無法自動調節貨幣供求平衡。此時，「引水」和「排水」的功能需要借助於中央銀行的有意識調節才能實現。

1.3.4 支付手段功能

支付手段，是指貨幣以信用方式買賣商品、借貸行為發生或單方面貨幣轉讓時發揮的功能。商品經濟初期交易額小，形式單一，貨幣主要發揮流通手段功能。隨著商品經濟一定的發展，交易額不斷擴大，交易方式多樣化，貨幣主要發揮支付手段功能。傳統理論將商品先購買後償債稱為貨幣支付手段，即商品流通與貨幣流通不是同時換位，而是在時間和空間上完全分離。隨著現代經濟的發展，現代支付手段概念的外延更寬：①商品價款的延期支付。②購貨款的提前預付。③銀行貸款的借出與歸還。④稅收款的徵交與財政款的下撥。⑤贈款、捐款、罰款等。

貨幣支付手段功能可以是足值貨幣，也可以是信用貨幣等價值符號，都能夠達到清償債務和購買力轉移的目的。但是，足值的貴金屬貨幣能夠漫遊全球，發揮支付手段功能；而貨幣符號受到國界的約束，通常一國只承認本國發行的貨幣符號，不接受他國發行的貨幣符號。在許多時候，債權人與債務人之間相互買賣交融，可以抵消一部分貨幣流通，減少實際貨幣流通數量。

1.3.5 世界貨幣功能

世界貨幣，是指貨幣跨出國界，在國際發揮商品交換一般等價物的功能。世界貨幣必須是足值的貴金屬貨幣，並以條塊重量作為價值的化身在不同國家之間轉移，完成商品交換或債權債務清償。「貨幣一旦越出國界，便失去了這一領域獲得的價格標準、鑄幣、輔幣和價值符號等地方形式，恢復到原來的貴金屬條塊的形式。」

世界貨幣功能體現在三個方面：①國際間的流通手段。早期的國際貿易使用貴金屬作為流通手段，特別是不固定的國際間商人購買行為，商品與貴金屬必須同地點、同時間、同價值交換。②國際間的支付手段。在經常性交易的國家之間，交易差額最終以金銀支付清償。③財富的單方面轉移。單方面轉移的貨幣與商品交易沒有聯繫，如國際信貸、戰爭賠款、跨國投資、資本外逃等。

在貴金屬完全退出流通領域之後，國家之間的商品貿易和勞務清算不能中斷，個別國家的信用貨幣開始發揮世界貨幣功能。國家貨幣成為世界貨幣主要取決於以下因素：①該國經濟實力強大，在國際經濟中有重要影響。越是具有火車頭地位的經濟大國，其貨幣的國際化程度越高。②貨幣幣值穩定，

國際信譽度高。國內沒有明顯的通貨膨脹，持有國際貨幣的國家和個人具有安全感，不擔心貨幣貶值。③該國政治體制穩定，決策透明度比較高。政治體制穩定是經濟發展穩定的基本前提；信息透明度是判斷國家形勢的重要依據，其他國家和機構可以依據公開信息對該國形勢進行判斷和預測。④國家允許貨幣自由兌換，不受管制。

1.4 貨幣制度

1.4.1 貨幣制度的內容

貨幣制度簡稱為幣制，是一個國家以法律形式確定的貨幣流通結構和組織形式，使貨幣流通的各個要素構成一個有機的整體。貨幣制度是貨幣運動的準則和規範。貨幣制度是隨著資本主義經濟制度的建立而逐步形成的。在封建社會末期，隨著資本主義萌芽的出現，客觀上要求克服貨幣流通的分散與混亂狀態，建立統一的、定型的貨幣制度。貨幣制度主要包括以下幾方面的內容：

（1）規定貨幣材料

規定貨幣材料就是規定幣材的性質，確定不同的貨幣材料就形成不同的貨幣制度。但是哪種物品可以作為貨幣材料不是國家隨心所欲指定的，而是對已經形成的客觀現實在法律上加以肯定。目前各國都實行不兌現的信用貨幣制度，對貨幣材料不再進行明確規定。

（2）規定貨幣單位

貨幣材料確立以後，就要規定貨幣單位。貨幣單位包括貨幣單位名稱及其所含貨幣金屬的質量。如英國的貨幣單位定名為「英鎊」，美國的貨幣單位是「美元」，貨幣單位與貨幣名稱相同；也有些國家貨幣單位與名稱不同，如中國貨幣名稱是「人民幣」，貨幣單位是「元」。各國貨幣單位確定後，並確定其金屬重量。例如，在銀本位制度下，中國1914年北洋政府頒布的《國幣條例》中規定的「圓」是指1圓含純銀6.408錢；在金本位制度下，1934年1月的法令規定美國貨幣單位的「美元」是指1美元含純金13.714gr（1gr＝0.064,798,91g）。目前世界各國的貨幣單位都是法定的公製單位，即1單位幣等於100個最小等分單位。

（3）規定流通中貨幣的種類

規定流通中貨幣的種類主要指規定主幣和輔幣。主幣是一國的基本通貨和法定價格標準；輔幣是主幣的等分，是小面額貨幣，主要用於小額交易支

付。金屬貨幣制度下，主幣是用國家規定的貨幣材料按照國家規定的貨幣單位鑄造的貨幣，輔幣用賤金屬並由國家壟斷鑄造；信用貨幣制度下，主幣和輔幣的發行權都集中於中央銀行或政府指定機構。

(4) 規定貨幣法定支付償還能力

貨幣法定支付償還能力分為無限法償和有限法償。無限法償指不論用於何種支付，不論支付數額有多大，對方均不得拒絕接受；有限法償指在一次支付中有法定支付限額的限制。若超過限額，對方可以拒絕接受。一般而言，在金屬貨幣制度下，主幣具有無限法償能力，輔幣則是有限法償；在信用貨幣制度條件下，國家對各種貨幣形式支付能力的規定不是十分明確和絕對。

(5) 規定貨幣鑄造發行的流通程序

貨幣鑄造發行的流通程序主要分為金屬貨幣的自由鑄造與限制鑄造、信用貨幣的分散發行與集中壟斷發行。自由鑄造指公民有權用國家規定的貨幣材料，按照國家規定的貨幣單位在國家造幣廠鑄造貨幣。一般而言，主幣可以自由鑄造。限制鑄造指貨幣只能由國家鑄造，輔幣為限制鑄造。信用貨幣分散發行指各商業銀行可以自主發行，早期信用貨幣是分散發行。目前各國信用貨幣的發行權都集中於中央銀行或政府指定機構。

(6) 規定貨幣發行準備制度

貨幣發行準備制度是為約束貨幣發行規模維護貨幣信用而制定的，要求貨幣發行者在發行貨幣時必須以某種金屬或資產作為發行準備。在金屬貨幣制度下，貨幣發行以法律規定的貴金屬作為發行準備；在現代信用貨幣制度下，各國貨幣發行準備制度的內容比較複雜，一般包括現金準備和證券準備兩大類。

1.4.2 貨幣制度的演變

貨幣制度自產生以來，從歷史發展過程來看，世界各國先後採用過以下幾種類型的貨幣制度，如圖1-1所示。

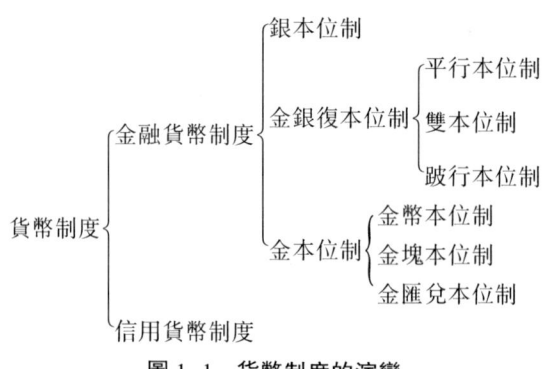

圖1-1　貨幣制度的演變

（1）銀本位制

銀本位制是以白銀作為本位幣的貨幣制度，是最早的貨幣制度之一。其內容包括：①以白銀作為本位幣材，銀幣為無限法償貨幣，並有強制流通能力。②本位幣的名義價值和實際價值相符，銀幣可以自由鑄造，自由熔化。③銀行券可以自由兌換銀幣或等量白銀。④白銀和銀幣可以自由輸出或輸入。

銀本位制從 16 世紀以後開始盛行，這主要是由在墨西哥和秘魯發現了豐富的銀礦，白銀產量大增所致。墨西哥、日本、中國、印度等先後實行過銀本位制。但是，這種貨幣制度在世界各國推行時間較短，在 19 世紀末使用的國家漸漸減少，其主要原因是：①白銀價格不穩定，僅 1870—1935 年，白銀價格就有四次大的波動。中國就是在 1935 年被迫放棄銀本位制的。②銀價貶值幅度大，使實行銀本位制國家的貨幣對外貶值，影響該國的國際收支平衡和國內經濟發展。③與黃金相比，白銀體重值小，在大宗交易或價值較大的交易中使用白銀，給計量和運送帶來諸多不便。17 世紀在巴西出現了豐富的金沙，大量黃金從美洲流入歐洲，也促使銀本位制向金銀復本位制過渡。

（2）金銀復本位制

金銀復本位制是以金幣和銀幣同時作為本位幣的貨幣制度，即金幣與銀幣同時具有無限法償性，均可以自由鑄造和熔化，並按法定比率相互兌換，在市面上平行流通的制度。實行復本位制的國家，往往是黃金產量不足以滿足貨幣供應，而以白銀作為補充的國家。

按國家是否規定金銀之間的比價來劃分，金銀復本位制可分為平行本位制、雙本位制和跛行本位制三種類型：

①平行本位制。

平行本位制是指金銀兩種貨幣均按其所含金屬的市場實際價值流通，是復本位制的早期形式。國家對兩種貨幣的交換比率不加以規定，由市場自發形成和確定。在平行本位制下，金銀比價變動頻繁，不能很好地發揮價值尺度職能，這使得交易混亂，市場極不穩定，於是便產生了雙本位制。

②雙本位制。

雙本位制是指國家以法律規定金銀兩種本位幣的比價，按法定比價流通。這是復本位制的主要形式。「雙本位制」的目的是克服「平行本位制」的缺點，但其結果形成了官方與市場兩種定價制度，更加深了復本位制的矛盾，即官方定價的滯後性使得金銀名義價值（官方定價）常常偏離實際價值（市場價值），於是「劣幣驅逐良幣」（又稱「格雷欣法則」）的規律便在貨幣流通中發揮作用。

③跛行本位制。

跛行本位制是指名義上金鑄幣和銀鑄幣都被規定為本位幣，並有法定兌

換比率，但金幣可以自由鑄造而銀幣不能自由鑄造，從而將銀置於金的從屬地位。在跛行本位制下，銀幣的幣值不再取決於其本身的金屬價值，而取決於銀幣與金幣的法定兌換率。因此，銀幣實質上已演化為金幣的符號，起著輔幣的作用。從嚴格意義上講，跛行本位制已經不是金銀復本位制，而是由復本位制向金本位制過渡的一種貨幣制度。

金銀復本位制的演變過程表明，兩種本位制的存在必然會產生獨占性和排他性，因此金銀復本位制是一種極不穩定的貨幣制度。這種不穩定性對於迅速發展著的資本主義經濟產生了阻礙作用。19世紀70年代以後，金銀比價已不能維持法定比價，因此許多國家就逐漸向金本位制過渡。

（3）金本位制

金本位制是指以黃金作為本位貨幣的貨幣制度。金本位制又可分為金幣本位制、金塊本位制和金匯兌本位制三種不同形式。

①金幣本位制。

金幣本位制是典型的金本位制。金幣為本位貨幣，單位貨幣包含了一定量的黃金。它具有以下特點：a. 金幣可以自由鑄造、自由熔毀，具有無限法償能力。b. 價值符號（輔幣和代用貨幣）可以自由兌換金幣。c. 黃金可以自由輸出、輸入國境。

金幣本位制是一種相對穩定的貨幣制度。這種相對穩定性，在國內表現為流通中通貨的幣值對金幣不發生貶值現象，在國外則表現為外匯行市的相對穩定。這種相對穩定的貨幣制度對資本主義經濟的發展起了重要的促進作用。

最早實行金幣本位制的國家是英國。20世紀初，金幣本位制十分盛行，是名副其實的有效金本位制。由於第一次世界大戰的爆發，加劇了各資本主義國家經濟發展的不平衡和各國黃金存儲量的嚴重失衡，價值符號的自由兌現遭到破壞以及黃金自由輸出輸入受到阻礙，金幣本位制在第一次世界大戰中崩潰。第一次世界大戰後，各資本主義國家曾經企圖恢復金幣本位制。但由於各資本主義國家都將黃金集中在中央銀行，作為戰時的財政準備金，金幣本位制恢復已經不可能，於是建立了變相的金本位制，即金塊本位制和金匯兌本位制。

②金塊本位制。

金塊本位制又稱「生金本位制」，是指沒有金幣的鑄造和流通，而由中央銀行發行以金塊為準備的紙幣流通的貨幣制度。主要特點是：不準申請鑄造金幣，不準金幣流通，黃金集中儲存於政府。在這種制度下，市場流通銀行

券，居民可用銀行券按規定的含金量在一定數額以上、一定用途以內兌換黃金。如英國在 1925 年規定銀行券數額在 1,700 英鎊以上方能兌換黃金，法國在 1928 年規定至少需 215,000 法郎才能兌換黃金。

金塊本位制存在的歷史不長，因為要維持金塊本位制，就必須做到國際收支保持平衡或擁有大量的黃金足以滿足對外支付之用。若國際收支發生逆差或資金外流嚴重，則黃金儲存不足，投機盛行，金塊本位制勢必難以維持。

③金匯兌本位制。

金匯兌本位制又稱「虛金本位制"。其特點是：在國內市場上沒有金幣流通，本國流通銀行券，既無鑄幣流通，也無金塊可供兌換。中央銀行將黃金和外匯存放在另一個實行金本位制的國家，並規定本國貨幣與該國貨幣的法定兌換比率，居民可按這一比率用本國貨幣兌換外匯，再用外匯間接兌換黃金。

實行金匯兌本位制的國家，實際上是使本國貨幣（紙幣）依附於一些經濟實力雄厚的外匯貨幣，如英鎊、美元、法郎等，並成為它們的附庸，從而在經濟上和貨幣政策上受這些國家的控制。對實行金匯兌本位制的獨立國家來說，他們要依附於貨幣信用良好的國家；對殖民地國家來說，他們要依附於宗主國，通過無限制供應外匯，維持本國貨幣的幣值穩定。

1929—1933 年資本主義國家發生了世界性經濟危機和金融危機，這次大危機的衝擊迅速摧毀了金本位制。資本主義各國先後實行了不兌現的信用貨幣制度。

(4) 信用貨幣制度

信用貨幣制度是指以不兌換黃金的信用貨幣為本位幣的貨幣制度，這是當今世界各國普遍推行的一種貨幣制度。在這種貨幣制度下，沒有金屬本位貨幣的鑄造和流通，由不兌現的銀行券或者紙幣（現金）與銀行存款（非現金）執行貨幣的職能。不兌現銀行券體現著銀行對持有者的負債，銀行存款體現著銀行對存款者的負債，即它們都體現著信用關係，所以它們都是信用貨幣。

信用貨幣制度具有以下特點：①信用貨幣一般是中央銀行發行的本位貨幣，幣材為紙，具有無限法償能力。②貨幣不能兌換黃金，也不規定含金量，完全是信用發行。③貨幣的發行在客觀上受國家經濟發展水平的制約，從而使國家對貨幣的供應實施管理。④信用貨幣是通過銀行信貸渠道投放的。⑤信用貨幣供應量不受貴金屬量的約束，具有一定的伸縮彈性，以使貨幣流通數量與經濟發展相適應。

另外，由於信用貨幣是銀行的債務憑證，現代的貨幣流通實際是銀行債務的轉移。如果銀行貨幣投放過多，就會出現通貨膨脹；反之，就會造成通貨緊縮。因此，為了使貨幣流通適應經濟發展的需要，金融當局必須對貨幣供應總量和銀行信貸投放總量加以控制。

1.4.3 人民幣制度

中國現行的是信用貨幣制度，是在民主革命時期革命根據地貨幣制度的基礎上建立起來的，並在社會主義革命和社會主義經濟建設的實踐中不斷得到鞏固、發展和完善。1948年12月1日，在原華北銀行、北海銀行和西北農民銀行的基礎上合併成立中國人民銀行，同日發行人民幣。人民幣的發行標誌著中國社會主義貨幣制度的建立。當時的人民幣是在通貨膨脹的背景下發行的，一方面受國民黨政府遺留下來的通貨膨脹的影響；另一方面，在人民幣發行之初主要靠發行紙幣來彌補財政赤字，從而導致人民幣有所貶值，面額過大。為此，1955年3月1日，中國人民銀行發行了新人民幣，按1：10,000的比例無限制地收兌了全部舊人民幣，至今為止中國大陸一直在使用新人民幣。

中國人民幣製造主要包括以下幾方面內容：

(1) 人民幣是中國的法定貨幣

人民幣是中國的法償貨幣，即國家以法律賦予其購買和支付能力的貨幣。以人民幣支付中國境內的一切公共和私人的債務，任何單位和個人不得拒收。人民幣的基本單位為「元」，是本位幣即主幣；輔幣的單位為「角」「分」。人民幣沒有法定含金量，是一種典型的信用貨幣。其主要原因是：

①從人民幣產生的信用關係來看，中國人民銀行發行人民幣形成一種負債，國家相應取得商品和勞務；人民幣持有人是債權人，有權隨時從社會取得某種價值物。

②從人民幣發行的程度看，人民幣是通過信用程序發行的，或是直接由發放貸款機構投放的，或是由客戶從銀行提取現鈔而投放的。中國人民銀行發行或收回人民幣，相應要引起銀行存款和貸款的變化。

(2) 中國目前使用的合法貨幣

目前中國使用的貨幣有人民幣、港幣、澳元，但在內地人民幣是中國唯一合法的貨幣，即在中國境內市場上，人民幣是一般等價物。國內一切貨幣收付、結算和外匯牌價，均以人民幣為價值的統一尺度和計算單位，執行貨幣職能的只有人民幣，國家賦予人民幣強制的流通力。

（3）人民幣的發行

人民幣的發行必須堅持集中統一發行和經濟發行原則。所謂集中統一發行原則，是指人民幣的發行權集中於中央，中央授權中國人民銀行，統一發行人民幣。除此之外，任何地區、任何部門不準發行任何貨幣、變相貨幣或貨幣代用品。所謂經濟發行原則，是指為適應生產發展和商品流通的正常需要，通過信貸程序進行的貨幣發行。這種根據經濟增長的客觀需要發行的貨幣，是符合貨幣流通規律的，能保持幣值穩定。

（4）人民幣的流通

人民幣的流通是在中央銀行監管下進行的，這種監管通過現金管理和工資基金監督兩方面來實現。實行現金管理，可以控製人民幣的投放，促進現金回籠，掌握現金收支動向，摸索現金管理運行規律，為國家有效地調節貨幣流通提供有利的條件；加強工資基金的監督，對控製現金投放、有效地調節貨幣流通渠道有著極其重要的作用。中國人民銀行專門行使中央銀行職能以後，授權國有商業銀行按照國家有關規定執行現金管理和工資基金監督。

（5）金銀和外匯儲備

中國的金銀和外匯儲備是國際支付的準備金，由中國人民銀行集中掌握、統一管理、統一調配。

（6）人民幣實行經常項目的可兌換

在外匯市場上，中國人民幣長期以來屬於不能自由兌換的貨幣。自1996年以來，中國放寬了經常項目用匯的限制，提高了居民個人用匯供匯標準，擴大了供匯範圍，實現了人民幣基本項目的可兌換。

（7）人民幣實行有管理的浮動匯率制度

人民幣匯率由國家外匯管理局根據外匯市場的價格每天統一進行調整和公布，並由各外匯指定銀行在規定的浮動幅度內自行掛牌，供客戶買賣外匯。

中國現行的信用貨幣制度是一種「一國多幣」的特殊貨幣制度，即在中國香港、中國澳門、臺灣、內地實行不同的貨幣制度。這種制度表現為不同地區各有自己的法定貨幣，各種貨幣僅限於本地區流通，各種貨幣之間可以兌換，人民幣與港元、澳元之間按以市場供求為基礎決定的匯價進行兌換，澳元與港元直接掛勾，新臺幣主要與美元掛勾。

1.5 貨幣的衡量

交易媒介是貨幣最主要的功能，凡是明確地作為交易媒介的東西都可以稱為貨幣。現金和支票存款被定義為貨幣是沒有爭議的。許多資產的流動性雖不如現金和支票存款，但仍可行使交易媒介的職能。作為準貨幣的大量資產在較發達的金融市場上都可以轉換為交易媒介，因而均具有一定的貨幣性。

1.5.1 貨幣層次的劃分

目前，世界各國普遍以金融資產流動性的強弱作為劃分貨幣層次的主要依據。所謂「流動性」，是指金融資產能及時轉變為現實購買力並不蒙受損失的能力。流動性越強的金融資產，現實購買力越強。流動性程度不同的金融資產在流通中週轉的便利程度不同，從而對商品流通和各種經濟活動的影響程度也就不同。因此，按照流動性強弱的差異，對不同形式、不同特性的貨幣劃分不同的層次，對科學地分析貨幣流通狀況、正確地制定和實施貨幣政策、及時有效地進行宏觀調控具有非常重要的意義。

由於各國信用化程度不同，金融資產的種類也不盡相同。按照國際貨幣基金組織的口徑，貨幣層次一般可以作如下劃分：

（1）M_0（現鈔）。M_0指流通於銀行體系以外的現鈔，包括居民手中的現金和企業單位的備用金。這部分貨幣可隨時作為流通手段和支付手段，因而具有最強的購買力。

（2）M_1（狹義貨幣）。M_1由M_0加上商業銀行的活期存款構成。由於活期存款隨時可以簽發支票或進行轉帳結算而成為直接的支付手段，因此，它同現金一樣是最具有流動性的貨幣。M_1作為現實的購買力，對社會經濟有著最廣泛而直接的影響，因而是各國貨幣政策調控的主要對象。

（3）M_2（廣義貨幣）。M_2由M_1加上準貨幣構成。準貨幣一般由定期存款、儲蓄存款、外幣存款以及各種短期信用工具（如銀行承兌匯票、短期國庫券等）構成。準貨幣本身是潛在的貨幣而非現實的貨幣，但由於經過一定的手續後，能夠較容易地轉化為現實的貨幣，進而增加了流通中的貨幣量。由於M_2包括了一切可能成為現實購買力的貨幣形式，因此，M_2對研究貨幣流通的整體狀況具有重要意義，尤其對貨幣供應量的計量以及對貨幣流通未來趨勢的預測，均具有獨特的作用。近年來，一些發達國家貨幣供應量調控的

重點，就出現了由 M_1 向 M_2 轉移的趨勢。

在國際貨幣基金組織的口徑下，各國對貨幣層次的具體劃分各不相同，而且還隨著本國經濟和金融市場的變化進行相應的調整。現階段中國貨幣計量可劃分為以下四個層次：

M_0＝流通中的現金；

M_1＝M_0＋企業活期存款＋機關團體部隊存款＋農村存款；

M_2＝M_1＋城鄉居民儲蓄存款＋企業定期性質的存款＋信託類存款＋其他存款；

M_3＝M_2＋財政金庫存款＋銀行承兌在途資金＋其他非金融機構存款。

近幾年中國各層次的貨幣供應量均呈遞增趨勢，詳見表1-1。

表1-1　　2009—2012年中國各層次的貨幣供應量（年末餘額）　　單位：億元

年份	2009	2010	2011	2012
流通中貨幣（M_0）	38,245.97	44,628.17	50,748.47	54,659.81
貨幣（M_1）	220,004.47	266,621.54	289,846.59	308,627.99
貨幣和準貨幣（M_2）	606,223.55	725,774.05	851,591.81	974,159.46

1.5.2 貨幣的價值

貨幣的價值有對內價值和對外價值之分，通常所說的貨幣價值是指貨幣的對內價值。

（1）貨幣的對內價值

貨幣的對內價值是指貨幣的交換價值，即貨幣的購買力，也就是一個國家的貨幣對一切商品、勞務的購買力。貨幣購買力與物價水平呈負相關關係，即物價水平越高，貨幣購買力越低。這裡的物價水平通常是指一個社會總的價格水平，並用物價指數來表示。所謂物價指數，是統計學上用以衡量物價水平變動的方法，就是將某一時期市場上各類重要商品和勞務的價格加在一起，得到這一時期的平均數或合計數，然後再用上述同樣方法所求得的指定年平均數或合計數進行比較。如果基年為100，指定年與基年的百分比便是這一時期的物價指數。

物價指數為了反應貨幣的購買力，理論上應包括市場上所有商品和勞務的價格，但由於商品和勞務種類數量太多，因此編制物價指數時人們通常根據需要選用具有代表性的商品和勞務價格。物價指數主要分兩類：一是批發價格指數，以批發價格為準進行編制；二是消費者物價指數，以零售價格為

準進行編制，反應物價上漲對工薪階層的影響程度。由於編入指數的商品或勞務對經濟的重要性不同，有些商品或勞務的交易量大，在居民消費支出中的比重較高，有些則相反，因此我們應對不同的商品或勞務價格根據其重要性賦予權重，因而計算得到的物價指數是加權平均數。物價指數與貨幣購買力的表達關係式為：

$$貨幣購買力指數 = 1/物價指數$$

物價指數越高，貨幣購買力越低，貨幣的對內價值也就越低。

（2）貨幣的對外價值

貨幣的對外價值是指一國的匯率水平。匯率是兩國貨幣的兌換比率，是用一國貨幣表示的另一國貨幣的價格。

貨幣的對內價值與對外價值互為基礎，互相傳導，互相影響。通常來說，貨幣的對內價值是對外價值的基礎，但貨幣對外價值的變動具有其自身的特殊規律。我們將在後面的章節詳細介紹貨幣的對外價值（即匯率）。

2 信用與利率

2.1 信用的形成與發展

2.1.1 信用及其特徵

信用一詞最早源於拉丁文 credo，意為相信、信任、聲譽、恪守諾言等。經濟學意義上的信用將詞義進行了一定的轉化與延伸，側重於體現特定關係的借貸行為。長期以來，信用定義為以償還本金和支付利息為條件的借貸行為。但也存在許多從不同角度對信用含義的解釋。如從新制度金融學角度分析，信用的實質是財產借貸或財產權利借貸；從信用在市場交易中所顯示的隱契約特徵分析，信用是基於各種財產的當期或跨期交易，維護交易雙方利益的制度規則。

商品經濟條件下信用具有三大構成要素，即信用關係主體、信用載體和信用制度規則。信用關係主體是交易活動中的交易雙方，其中轉移信用的一方為授信方（債權人），擁有將來收回價值的權利；接受信用轉移的一方為受信者（債務人），承擔將來支付價值的義務。在交易中，信用以及信用關係通過信用載體反應出來，這一載體可以是內化在交易雙方行為中的價值準則，也可以是帶有非正式契約性質的口頭承諾，或者基於完備制度規則的各種工具。信用制度產生之初，信用關係自由鬆散，通常通過口頭協議方式議定債務人到期償付承諾。當時，信用關係完全取決於當事人雙方的記憶與誠信。由於這樣缺乏法律保證，容易產生糾紛，加之實際交易僅局限於相互熟悉的人群之間，因此極大地限制了信用的發展，降低了效率。在現代市場經濟條件下，市場交易的發展和完成通過一定的契約關係表現，契約的履行和遵守必須依靠一套完整的交易制度，否則，交易雙方缺乏平等的交易基礎，信用無法完成。

信用的特徵可歸結為三方面：①信用是以到期償還本金和支付利息為基本特徵的借貸關係。人們日常借貸行為可分為有利息借貸和無利息借貸。在

貨幣經濟條件下，交易雙方從等價交換原則出發，考慮各自的經濟利益，產生有條件的借貸行為，即必須到期償還本金和支付利息。商品經濟發達，借貸行為則趨於普遍，信用形式多樣化。②信用是價值運動的特殊形式。信用關係引起的價值運動通過一系列借貸、償還、支付活動來實現，授信方只是執行不發生資金所有權變化的價值單方面讓渡或轉移，貨幣以獨立的價值形式進行單方面轉移。③信用的運行機制以契約為基礎，以履行為核心。信用反應交易雙方的相互信任，實質是交易雙方對交易規則的一致認同，對交易行為與結果實施完備的制度保證。信用是契約的基礎，契約是信用關係的表現形式和維繫信用的手段。契約是有形的協議，更是一種精神和觀念。

2.1.2 信用的產生與發展

（1）信用的產生

信用是商品交換發展的產物。商品交換的原始形式是物物交換，貨幣產生後物物交換轉化為以貨幣為媒介的商品流通。簡單商品經濟條件下，貨幣主要發揮流通手段職能，服務於「一手交錢，一手交貨」的商品交易方式。隨著商品貨幣經濟的發展，出現商品交易的延期支付，信用交易產生。賣者因賒銷商品成為信用交易中的債權人，買者作為信用交易的債務人在約定期限以貨幣償還債務。信用產生於商品流通，但不局限於商品流通。商品經濟條件下，資金供求雙方形成借貸關係，信用活動超出商品流通範圍。

（2）信用的歷史發展階段

根據商品經濟的發展歷史，信用的發展可劃分為三個階段：實物貨幣階段的信用、金屬貨幣階段的信用和貨幣符號階段的信用。

①實物貨幣階段的信用。實物貨幣階段的信用存在於人類歷史發展的早期。實物貨幣作為商品必須被交換者普遍接受，既可以作為貨幣流通，也可以作為商品消費。人類歷史上許多實物都曾經充當過實物貨幣的角色。當人們在日常生活中由於各種原因出現收不抵支時，為了維持基本生活必須借貸實物貨幣。實物貨幣的自然屬性具有一定弊端，如體積龐大、笨重、不易分割、難以保存、不夠均質等，從而阻礙了交易的進一步發展。因此，實物貨幣不是商品交換中理想的媒介物。隨著經濟發展，人們發現金、銀等金屬更適合充當貨幣材料。

②金屬貨幣階段的信用。在金屬貨幣信用階段，出現過高利貸信用，是人類社會最古老的信用形式。高利貸信用存在的社會環境是自然經濟占統治地位，金融機構和信用工具比較落後，資金的供給方主要是商人、宗教機構、封建統治者等，資金的需求方主要是小生產者。在小生產者占生產主體的自

然經濟條件下，小生產者一旦遇到天災人禍就會被迫產生借款需求，接受苛刻的償還條件，支付高利息。高利貸導致的金融效應是貨幣分佈的極度失衡，產生社會財富的兩極分化，引發小生產者大量破產和失去土地。財富的擁有者通過土地、設備投資和招募勞動力，開始了以資本形式獲得剩餘價值的增值運動。

③貨幣符號（信用貨幣）階段的信用。20世紀30年代由於金融危機和世界經濟危機的爆發，西方主要國家被迫放棄金本位制度，發行不兌現的信用貨幣，信用貨幣制度隨之產生。信用貨幣突破了金屬貨幣流通的各種限制，特別是商業性金融機構的建立與發展，使銀行的競爭打破了高利貸的壟斷，借款者有了選擇，借款利率趨於平均化。目前，信息經濟的發展為金融市場的信息對稱創造了環境，網路經濟發展為資金轉移提供了平臺，金融全球化發展為國家和地區之間的資金相對均衡開通了道路。可以預見，隨著信用貨幣轉化為電子貨幣以及全球經濟化快速發展，借貸活動通過電子貨幣的及時劃轉和資金全球轉移的實現，更大限度地降低了借貸成本、均衡了利率價格、提高了交易效率。

在中國封建社會，山西票號是最早的信用機構。票號為適應國內外貿易的發展而產生，主要用於辦理國內外匯兌和存放款業務。最早的票號產生於道光年間，最具影響的是山西平遙人雷履泰。他在管理「日升昌」的顏料鋪時，生意興隆，經營範圍擴大到四川。由於出入四川採購原料必須隨身攜帶大量現金，面臨極高風險，於是他決定由「日升昌」開出票據，持票人在四川指定的地點兌換現銀，類似於現在的匯票，這樣降低了交易風險。雷履泰後來將「日升昌」改造成票號，從事金融票據、存款、貸款和匯兌等業務，之後的一百多年裡，許多山西商人效仿該商號模式開設類似商號，辦理匯兌和存放款業務，促進了商業繁榮。

2.1.3 信用制度的建立方式

信用及信用制度使社會分工程度不斷細化，市場交易日趨深化。在現實中，交易雙方通常不可能擁有充分信息，由此產生的不確定性使交易難以實現。在信息不充分的條件下，信息在交易雙方的分佈是不對稱的。擁有較多信息的一方在交易中居於優勢地位，經濟理性誘使其採取損害對方利益的交易行為；擁有較少信息的一方在交易中居於劣勢地位，擔心對方損害自身利益，在交易中趨於謹慎。信用的功能在於對交易優勢一方的行為進行約束，對損害對方利益的行為承擔相應責任。在長期的交易實踐中，多次重複博弈交易過程形成了相互承認和遵守的互利互惠交易準則，以規則形式加以固定。

信用制度是建立在交易雙方理性基礎上交易關係的體現。

信用制度通過非正式制度安排和正式制度安排兩種方式形成。非正式制度安排的信用制度由地方風俗、交易習慣、意識價值等長期演化而來，被人們自覺遵守認同。在複雜的市場經濟條件下，交易範圍不斷擴大、交易空間日益擴大和交易產品更加豐富，跨地區貨物流量和資金流量增加，交易信息的不對稱性日益增強。人員流動性加劇和個人聲譽、宗族倫理約束力下降，失信成本相對減小，失信現象日益增加。因此，建立正式契約成為保障雙方利益、促使交易正常進行的要求，並逐漸形成了信用關係的法律制度。正式制度安排的信用制度主要是對交易雙方行為進行強制約束，表現為法律條文約束的各種交易規則。信用由最初交易雙方的自我道德約束行為轉變為外在的法律制度約束。

現代信用制度可分為三個方面內容：第一是業務形式，表現為各種信用形式及信用工具；第二是規則，反應信用關係的法規及約定；第三是技術，包括信用評估機構和信用評估層次。信用制度的三個層面相互依存。缺少任一層面都會影響信用及其關係，導致市場交易受阻。

2.2　信用的基本形式

現實生活中的信用形式多種多樣。中國金融理論傳統上習慣以授信或受信主體為標準對信用活動進行分類，把信用形式分為商業信用、銀行信用、國家信用、消費信用和民間信用等幾種基本的信用形式。需要注意的是，隨著金融市場的發展，金融市場上的交易活動日益豐富，已遠遠超出了傳統借貸的範圍，出現了如信託信用、租賃信用和保險信用這些高級信用形式，對產權憑證的投資也已發展成一種大眾化的投資選擇。

2.2.1　商業信用

（1）商業信用的定義

商業信用是廠商在進行商品銷售時以延期付款，即賒銷形式所提供的信用，是現代信用制度的基礎。當商品交換發生延期支付、貨幣執行支付手段職能時，信用就產生了。由於這種以延期支付的形式所提供的信用是在商品買賣過程中發生的，因此被稱為商業信用。在資本主義社會，商業信用發展很快。

（2）商業信用的特點

①商業信用的主體是廠商。

商業信用是廠商之間相互提供的信用，債權人和債務人都是廠商。

②商業信用的客體是商品資本。

商業信用提供的不是暫時閒置的貨幣資本，而是處於再生產過程中的商品資本。所以，這裡作為貸出資本出現的，總是那種處在再生產過程中一定階段的資本。它通過買賣，由一個人手裡轉移到另一個人手裡，不過它的代價要到後來才按約定的時間由買者支付。

③商業信用和產業資本的動態一致。

由於商業信用和處於再生產過程中的商品資本的運動結合在一起，因此它在資本主義再生產週期的各個階段和產業資本的動態是一致的。在繁榮階段，商業信用隨著生產和流通的發展及產業資本的擴大而擴張；在衰退階段，商業信用又會隨著生產和流通的削減及產業資本的收縮而萎縮。

（3）商業信用的工具

商業信用在確立的早期採用過「口頭信用」和「掛帳信用」的形式，而在法律制度健全起來以後，大多採用「票據信用」的形式。

「口頭信用」完全取決於信貸雙方的相互信任程度，一般只有在相互認識的情況下才有可能發生，故局限性較大，風險也非常高；「掛帳信用」指的是交易雙方對未能及時錢貨兩清的交易的結算事項採用掛帳的辦法處理，其沒有確定歸還的日期和違約的責任，是一種「強制商業信用」；在現代經濟、法律制度下，商業信用的規範確立方法是「立字為據」，即買賣雙方要簽訂保證債務人到期足額支付款項的票據。在法律制度健全的國家，商業票據是受票據法或有關有價證券的法律、法規保護的，其對於信用活動的基本要素在法規上都有相應的記載，因此，票據在商業信用中被普遍採用，即「商業信用票據化」，對商業信用及整個經濟的健康發展有著積極的作用。

在商業信用中被採用的商業票據可以有兩種：①商業期票。這是一種由債務人開出的，承諾到期付款的有價證券。1995年5月10日頒布的《中華人民共和國票據法》沒有將這種票據納入法定範圍，但在現實生活中，存在不按規定填寫支票實際簽發日期，而以實際能支付款項的日期作為支票簽發日期的違法做法，使支票發揮期票的功能。②商業匯票。商業匯票是由債權人開出的，命令債務人按期付款的有價證券。由於這是債權人開出的，因此，這種票據需要有債務人或第三方承認付款（即「承兌」）。依承兌人的不同，商業匯票又可分為兩種，一種是以債務人為承兌人的商業承兌匯票；另一種是以銀行為承兌人的銀行承兌匯票。這兩種商業匯票的信譽是不同的，前者

弱於後者，當債權人要將這類遠期支付憑證變現（如辦理貼現融資）時，前者的流動性要弱於後者。

(4) 商業信用的作用

①商業信用能夠克服流通當中貨幣量不足的困難，創造信用流通工具，促進商品的流通和週轉。

在商品經濟中，商品的流通要求有相適應的貨幣量為其服務。如果流通中的貨幣量少於貨幣的必要量，就不利於商品的流通和週轉，有些商品就可能停留在某個流通環節。有了商業信用，我們就可以通過賒銷商品延期支付的方式來銷售商品，這樣使得原來由於缺少流通手段而停留在某個環節的商品順利地實現流通。同時，在商業信用的基礎上產生了商業票據（如商業匯票和商業本票），這些票據在一定範圍內可以流通轉讓，這就發揮了貨幣的媒介作用，自發地彌補了流通中貨幣量的不足。

②商業信用能夠促進滯銷商品的銷售，避免社會財富的浪費。

商品之所以要採用賒銷的方式進行銷售，除了流通中貨幣不足的原因以外，也有可能是因為商品不適銷對路，或商品的質量、價格有問題，這樣的商品對於每一個生產單位來說都是不希望出現的，但在實際的生產經營中這種商品的出現不可能避免。一旦出現了類似的商品就採用商業信用的方式促其銷售，進入消費領域，以避免因積壓、報廢而造成的社會財富的浪費。

③商業信用能加速短缺商品的生產，盡快實現生產的均衡。

在商業信用中，有一種預付貨款的方式。對緊俏的短缺商品，可以採用預付貨款的方式訂購，這就使得生產企業能夠及早拿到資金，擴大短缺商品的生產，盡快實現供求的平衡。

(5) 商業信用的局限性

因為商業信用是直接以商品生產和流通為基礎，並為商品生產和流通服務的，所以商業信用對加速資本的循環和週轉、最大限度地利用產業資本和節約商業資本、促進資本主義生產和流通的發展等都具有重大的推動作用。但商業信用受其本身特點的影響，又具有一定的局限性，主要表現在以下兩個方面：

①商業信用的規模受到廠商資本數量的限制。

因為商業信用是廠商之間相互提供的，所以它的規模只能局限於提供這種商業信用的廠商所擁有的資本金。而且，廠商是按照其後備資本金來決定其所能提供的商業信用量，而不是按其全部資本金來決定的。因此，商業信用在量上是有限的。

②商業信用受到商品流轉方向的限制。

由於商業信用的客體是商品資本，因此，它的提供是有條件的，即只能

向需要該種商品的廠商提供，而不能倒過來向生產該種商品的廠商提供。例如，造紙廠商在購買造紙機械時，可以從機器製造商那裡獲得商業信用，但機器製造商無法反過來從造紙廠商那裡獲得商業信用，因為造紙廠生產的商品——紙不能成為機器製造商所需的生產資料。

由於商業信用存在著上述局限性，因而不能完全適應現代經濟發展的需要，於是在經濟發展過程中又出現了另外一種信用形式，即銀行信用。

2.2.2 銀行信用

（1）銀行信用的含義

銀行信用是由商業銀行或其他金融機構授予企業或消費者個人的信用。在產品賒銷過程中，銀行等金融機構為買方提供融資支持，並幫助賣方擴大銷售。商業銀行等金融機構以貨幣方式授予企業信用，貸款和還貸方式的確定以企業信用水平為依據。商業銀行要求不符合其信用標準的企業提供抵押、質押，或者由擔保公司為這些企業做出擔保。後一種情況實質上是擔保公司向申請貸款的企業提供信用，這是信用的特殊形式。

（2）銀行信用的特點

①銀行信用的主體與商業信用的主體不同。

銀行信用不是廠商之間相互提供的信用。銀行信用的債務人是廠商、政府、家庭和其他機構，債權人則是銀行、貨幣資本所有者及其他專門的信用機構。因此，銀行信用可以集聚廣泛的閒散資金，形成巨額的借貸資本，從而克服了商業信用在數量上的局限性。

②銀行信用的客體是單一形態的貨幣資本。

銀行信用基本上是一種單純的貨幣借貸，與商品交易沒有直接的關係。借貸資金的授信範圍和用途比商業信用要廣得多，突破了商業信用只能由銷貨方向購貨方提供，且只能用於購買銷貨方商品的局限性。

③銀行信用與產業資本的動態不完全一致。

銀行信用是一種獨立的借貸資本的運動，它有可能和產業資本的動態不一致。例如，當經濟衰退時，大批產業資本不能用於生產而轉化為借貸資本，這造成借貸資本過剩。

④銀行信用與商業信用的需求變化不同。

在產業週期的不同階段，對銀行信用與商業信用的需求是有差異的。在經濟繁榮時期，對商業信用的需求增加，對銀行信用的需求也增加。而在經濟衰退時期，由於商品生產過剩，對商業信用的需求會減少，但對銀行信用的需求有可能會增加。此時，企業為了支付債務、避免破產而有可能增加對

銀行信用的需求。

由此可見，銀行信用克服了商業信用的局限性，大大擴充了信用的範圍、增加了信用的數量和延長了信用的期限，可以在更大程度上滿足經濟發展的需要，所以銀行信用成了現代信用的主要形式。20世紀以來，銀行信用有了巨大的發展與變化，主要表現為越來越多的借貸資本集中在少數大銀行手中；銀行規模越來越大；貸款數額不斷增加，貸款期限不斷延長；銀行資本與產業資本的結合日益緊密；銀行信用提供的範圍也不斷擴大。至今，在信用體系中銀行信用所占的比重仍具有絕對優勢。

（3）銀行信用的工具

銀行信用主要借助於間接融資（即以商業銀行作為核心仲介機構的融資方式）、信用證（即銀行用以保證買方或進口方有支付能力的憑證）及銀行票據等工具來實現，這裡著重介紹一下銀行票據。在銀行信用中主要有三種銀行票據，即銀行本票、銀行匯票及銀行支票。

銀行本票是由銀行簽發，也由銀行付款的票據，可以代替現金流通。銀行本票按票面是否記載收款人姓名分為記名本票和不記名本票；按票面有無到期日分為定期本票和即期本票。

銀行匯票是銀行開出的匯款憑證。它由銀行發出，交由匯款人自帶或由銀行寄給異地收款人，收款人憑此向指定銀行兌取款項。

銀行支票是銀行的活期存款人向銀行簽發的、要求從其存款帳戶上支付一定金額給持票人或指定人的書面憑證。支票有許多種類，按支付期限可分為即期支票和定期支票；按是否記載收款人姓名可分為記名支票（又叫抬頭支票）和不記名支票（又叫來人支票）；按是否支付現金可分為現金支票和轉帳支票（又叫劃線支票）。此外，還有由銀行在支票上記載「保付」字樣的保證付款支票，稱為保付支票；存款人開出的票面金額超過存款金額或透支限額而不生效的支票，稱為空頭支票。

（4）銀行信用與商業信用的關係

銀行信用與商業信用的區別，可從銀行信用與商業信用的特點看出，這裡著重分析它們之間的聯繫。

①銀行信用是主導。

在整個信用制度中，銀行信用處於主導地位。首先，它的規模和範圍都遠遠超過其他信用形式，並克服了商業信用的局限性；其次，有了銀行信用，商業信用的發展才進一步完善，因為商業信用形成的票據大都有一定期限。當未到期持票人急需現金向銀行貼現時，能夠取得現金或流通性強的銀行信用工具。正是有了銀行貼現業務，商業票據才能夠及時兌現，商業信用的發

展才進一步完善。

②商業信用是銀行信用乃至整個信用制度的基礎。

銀行信用雖然打破了商業信用的局限性，拓寬了信用的界限，並在整個貨幣信用領域中居於主導地位，但不能夠完全取代商業信用，商業信用仍是現代信用制度的基礎。首先，這是因為，從信用發展的歷史來看，商業信用先於銀行信用而存在，銀行信用是在商業信用廣泛發展的基礎上產生和發展起來的，商業信用是銀行信用乃至整個信用制度發展的基礎；其次，商業信用能夠直接服務於產業資本的週轉，服務於商品從生產領域到消費領域的運動過程。因此，凡是在商業信用能夠解決問題的範圍內，廠商總是優先利用商業信用。而且，從銀行信用本身來看，也有大量的業務，如票據貼現和票據抵押貸款等仍然是以商業信用為基礎的。

目前，商業信用的作用還有進一步發展的趨勢，商業信用和銀行信用相互交織在一起發揮作用。許多跨國公司內部資本運作都以商品供應和放款兩種形式進行，不少國際壟斷機構還通過發行相互推銷的商業證券來籌集他們所需的資本，以此對其分支機構提供貸款，而銀行則在這一過程中為跨國公司提供經紀、信息、諮詢等服務，使商業信用和銀行信用相互補充，相互促進。

(5) 中國的銀行信用

在中國的經濟領域中，銀行信用在整個信用方式中佔有絕對主導的地位，不過銀行信用調劑資金的範圍和規模，是逐步得到發展和擴大的。在高度集中的計劃經濟體制下，銀行信用活動的範圍很小，數量也很有限，再生產過程中的資金分配主要是通過財政渠道進行的。銀行信用的活動被限制在企業超定額流動資金範圍內，嚴重地削弱了銀行信用的作用。

自中國實行經濟體制改革以來，銀行信用活動範圍的局限性得到了改善。從允許銀行參與企業固定資金的貸款，到1983年國務院明確規定由銀行統一管理國有企業流動資金，銀行信用的範圍逐步擴大。目前銀行不但可以從事各項貸款，而且可以進行債券投資活動。

2.2.3 國家信用

(1) 國家信用的含義

國家信用是中央政府以國家的名義同國內外其他信用主體之間發生的信用關係。在各種信用形式中，國家信用是信用等級最高的一種。從國家作為債務人的角度來劃分，國家信用包括國內信用和國外信用兩種。國內信用是國家和地方政府以債務人身分向國內居民、企業團體取得的信用，它形成一

國的內債，主要採取發行政府債券的形式，如發行國家公債、發行國庫券、發行專項債券等；國外信用是國家以債務人身分向國外居民、企業團體和政府取得的信用，它形成一國的外債，主要包括國家財政在海外金融市場上發行的債券、國家從世界銀行等國際金融機構和其他國家獲取的借款等。

（2）國家信用的工具

國家信用的工具有中央政府債券（即國債）、地方政府債券以及政府擔保債券等，其中國債是國家信用的主要工具。

中央政府債券，即國債，是一國中央政府為彌補財政赤字或籌措建設資金而發行的債券。最主要的國債有國庫券（Treasury Bills）、中期國債（Treasury Notes）和長期國債（Treasury Bonds）。國債因其發行主體是國家，所以具有極高的信用度。其發行要遵循有借有還的信用原則，且一般具有認購上的自願性。國債是一種特殊的財政範疇，其發行所得構成一種財政收入。地方政府債券是由地方政府發行的債券，一般分為一般義務債券和收益債券。一般義務債券是以地方政府的稅收、行政收費等各項收益為償還來源的債券；收益債券是以某一特定業務的收入為償還來源的債券。

政府擔保債券是指政府作為擔保人而由其他主體發行的債券。一般情況下，政府只對其所屬企業或政府有關部門發行的債券提供擔保。一旦債券發行者失去了償債能力，政府將代其償還債券本息。

（3）國家信用的作用

①有利於解決國家財政困難。

國家財政發生季節性困難和臨時性困難以及財政赤字時，必然要設法增加收入以資彌補，其一般有三種途徑：一是增加稅收，但增稅需有一定限度，過多會影響企業生產經營的積極性；二是向銀行透支，要求在銀行有信貸資金來源的前提下才能進行，否則銀行只有印發鈔票，這樣有可能引起通貨膨脹，導致物價上漲；三是發行政府債券，這實際上是一種財力的再分配，它有物資保證，一般不會造成貨幣投放過多。

②有利於集中資金保證重點建設。

重點建設由國家統一安排，它關係到國民經濟整體生產力的佈局、生產結構的協調。國家發行債券，籌集資金，能保證重點建設的資金需要，保證重點項目及時建成投產，有利於加速國民經濟的協調發展。

③能帶動其他投資主體的投資。

一般說來，一個國家面臨著經濟結構的調整、產品的升級換代，很多投資主體都很難立即找準投資方向，因此這可能造成投資的萎縮。而國家通過信用方式集中資金進行投資，就能引導和帶動其他投資主體投資，加速經濟

的發展。比如中國1998年發行800億元公債用於基礎設施的建設，1999年發行1,000億元公債用於固定資產的投資，從而引發更多的銀行貸款。

（4）國家信用與銀行信用之間的關係

在現代經濟中，國家信用與銀行信用有著密切的關係。在金融市場發達的國家，一般都有較為成熟的政府債券市場。由於政府債券具有幾乎沒有違約風險、市場流通性較強、收益相對穩定的特點，深受銀行等金融機構的青睞，成為銀行資產流動性管理的一項重要選擇。銀行對國債的投資被稱為法定存款準備金之外的二級儲備，按照《巴塞爾協議》中有關《資產負債表內的資產風險權數》的規定，國債投資屬於零風險權數的債權。

儘管中國實行銀行、證券、信託和保險分業經營、分業管理的金融體制，但銀行等金融機構還是可以認購和參與國債二級市場的交易。在宏觀經濟不景氣、缺乏效益好的貸款項目、企業拖欠問題嚴重等情況下，國債投資成為銀行信貸資金的一個避風港。

在財政政策與貨幣政策的相互配合中，銀行信用支持了國家信用，反過來國家信用則幫助了中央銀行貨幣政策目標的實施。

（5）中國的國家信用

新中國首先發行的國債是1950年發行的人民勝利折實公債。1954—1958年，中國又連續5年發行了國家經濟建設公債，但1959—1980年，受當時政治經濟環境的影響，中國國債發行出現空白，直到1981年國債發行才又重新恢復。從國債發行方式來講，在1991年之前，國債發行都屬於行政攤派式的非市場化發行，到1991年中國國債流通市場有了一定的發展之後，國務院才決定在發行國債工作中進行部分國庫券承購包銷試點，這標誌著中國國債一級市場出現。

1996年是中國國債發展史上十分重要的一年。在這一年裡，國債發行方式的市場化改革取得了重大突破：1996年可上市國債的發行全部採用國際通行的競爭招標方式，提高了國債發行的效率，實現了國債發行從零售市場向批發市場的轉變；國債發行的時間由過去的集中發行變為定期發行；國債種類由單一性向多樣化發展；國債利率變動明顯具有了先導作用；國債發行的功能也由籌資型向調控型轉化。1996年的國債市場化改革雖然取得了一定程度的成功，但也因此而激發了證券市場的投機活動和各種違規活動。在隨後的兩年內，計劃內的國債發行主要面向個人投資者，同時銀行同業間的國債交易市場也由此開放。

1999年，在繼續實行積極的財政政策和謀求為券商提供合法融資渠道的大背景下，銀行同業間國債市場開始對部分券商開放，並重新恢復了深、滬

國債發行市場。從宏觀經濟和證券市場總的發展趨勢來看，國家信用在中國國民經濟中的地位和作用還會日益提高，國家信用的規模和結構也會隨之發展。

2.2.4 消費信用

（1）消費信用的產生和發展

消費信用是工商企業或金融機構以生活資料為對象對消費者個人所提供的信用。在前資本主義社會，商人向消費者個人用賒銷方式出售商品時，已產生了消費信用，但直到20世紀40年代，消費信用規模才得以發展。

從20世紀40年代後半期起，消費信用開始發展。20世紀60年代是消費信用快速發展的時期，其原因有兩個：一是凱恩斯需求管理思想得到認同，各國大力鼓勵消費信用，以消費帶動生產；二是第二次世界大戰後經濟增長快速而穩定，人們收入有較大幅度的提高，對消費信用的需求有很大增長。廠商和金融機構也因人們收入水平的提高而減少了對消費信用風險的顧慮，敢於積極提供消費信用，從而使消費信用有了長足的發展。

消費信用是一種刺激消費需求的方式，也是促進生產發展的一種手段。在一國經濟發展達到一定水平後，發展消費信用一方面可以擴大商品銷售，減少商品積壓，促進社會再生產；另一方面也可為大量銀行資本找到出路，提高資本的使用效率，改善社會消費結構。

（2）消費信用的主要形式

消費信用有兩種基本類型：一種類似商業信用，由企業以分期付款方式向消費者提供房屋或耐用消費品，而企業一般也同時獲得銀行信用的資金支持；另一種則屬於銀行信用，由銀行向消費者提供購房或耐用消費品貸款，用以支付貨款。具體來說，消費信用主要有三種實現形式，即分期付款、信用卡及消費信貸。

①分期付款。

分期付款是指消費者購買商品後，先支付部分現款，然後根據簽訂的合同，分期加息支付餘下的貨款。在貨款未付清前，商品所有權屬於賣者，是商家向消費者提供的信用。其具體做法是先由顧客與商店簽訂分期付款合同，然後由商店先交貨物，再由顧客在規定的時間內根據合同要求分期償付貨款。

②信用卡。

信用卡是指由商業銀行（含郵政金融機構）向社會發行的具有消費信用、轉帳結算、存取現金等全部或部分功能的信用支付工具。它是銀行或信用卡公司對個人提供的一種憑證，消費者可以憑信用卡向指定商店或其他服務性

企業賒購商品和其他勞務，再由銀行定期向顧客和商店進行結算。這種結算方法具有先消費後結算、方便靈活的特點。隨著現代消費水平的提高和銀行計算機網路的廣泛運用，信用卡已經成為現代金融中主要的消費結算方式。目前主要的信用卡國際組織有維薩（VISA）、萬事達（Master Card）、美國運通（American Express）、大萊卡（Diners Club）、日本國際信用卡公司（JCB）等。中國則於2002年3月26日成立中國銀聯，負責建設和營運全國統一的銀行卡跨行信息交換網路，極大地促進了中國信用卡的發展。

③消費信貸。

消費信貸是指銀行或其他金融機構直接貸款給個人用以購買住房或耐用消費品的形式，是銀行向消費者提供的信用，包括信用貸款和抵押貸款。信用貸款無需任何抵押品，而抵押貸款通常需要由消費者以所購的商品或其他商品作為擔保品，主要包括個人住房貸款（即按揭貸款）、汽車貸款和助學貸款。

（3）消費信用的作用

①消費信用對消費商品的生產與銷售有促進作用。

消費與生產之間存在著辯證關係，一方面生產決定消費，另一方面消費對生產又有反作用。消費信用促進了消費規模的擴大，提高了人們的消費能力，這就刺激了人們對消費品的需求，從而刺激了生產的發展，進而刺激了經濟的增長。據估計，西方國家汽車的銷售量有1/3是通過消費信用實現的。

②消費信用能夠起到調節消費的作用。

居民當中存在貧富的差別，一部分居民即期購買力不足，另一部分則相對有餘。特別表現在對高檔消費品的購買上，我們可以將居民的消費能力分為幾個層次：一部分人可隨時購買，另一部分人短期可籌資購買，還有一部分人則在較長時間內難以購買。開展消費信用，可以調節人民群眾購買這些商品時在時間和支付能力上的不一致，滿足某些居民的個人消費需要。

在現實生活中，消費信用往往被企業用作推銷商品、擴大商品銷路的一種手段，以解決生產與消費的矛盾。它雖然在一定時期內可以刺激消費和促進生產發展，暫時緩解生產過剩的矛盾，但是消費信用使消費者提前動用未來的收入進行當期消費，造成當前需求膨脹、生產盲目擴張，加深了生產與消費的矛盾，從而進一步加深了經濟危機的矛盾。因此，消費信貸也應控製在適度範圍內。

（4）中國的消費信用

在改革開放以前，中國基本上沒有消費信用，其原因主要是當時中國處於計劃經濟時期，商品供應非常緊張，同時中國居民的消費觀念也沒有得到

轉變。改革之初，開始出現小規模的消費信用，如針對某類產品的銷售困難，採用賒銷辦法促銷。但比較有意義的是配合住房管理體制的改革，試行購買商品房的貸款。近年來，中國居民個人金融資產不斷增加，消費觀念逐步開放，加之房地產和汽車等產業迅速發展，消費信用規模隨之擴大。但消費信用在信用總量中所占比重仍徘徊在10%~15%，而在美國，這一比例為70%。可見，中國消費信用有著巨大的發展空間。要發展消費信用，我們應當在深化融資體制改革上下功夫，進一步放鬆金融控製，加大金融產品創新力度，推動商業銀行和其他金融機構更好地提供適合居民實際消費需要的金融產品和優質服務，使消費信用能起到促進經濟增長和實現地區協調發展的積極作用。同時，我們還應引導市場行為，制定相關監督性法規，避免因消費信用過度膨脹而引起的經濟泡沫。

2.2.5 國際信用

國際信用（International Credit）是國家之間相互提供的信用，是國際經濟發展過程中資本運動的主要形式。這種信用關係的主客體有政府、企業和個人，載體有商品、貨幣和有價證券等。從形式上看，國際信用是適應商品經濟發展和國際貿易擴大而產生並發展起來的一種借貸關係，包括國際商業信用、國際銀行信用、國際政府信用、國際金融機構信用。其中國際商業信用包括國際補償貿易和國際來料加工；國際銀行信用又包括國際出口信貸（還可分為買方信貸和賣方信貸）和國際進口信貸等。但從本質上看，國際信用是資本輸出的一種形式。隨著世界經濟一體化和貿易全球化的不斷推進，國際信用日益成為國際結算、擴大進出口貿易、加強國際交往的重要工具。

國際信用的具體形式總體上可以分為兩種：國外商業性借貸和國外直接投資。

（1）國外商業性借貸

國外商業性借貸是指跨國資金輸出者和使用者構成借貸雙方，主要包括出口信貸、國際商業銀行貸款、政府貸款、國際金融機構貸款、補償貿易、國際租賃和國際債券發行等。

①出口信貸。

出口信貸是指出口國政府為支持和擴大本國產品的出口、提高產品的國際競爭能力，通過提供利息補貼和信貸擔保的方式，鼓勵本國銀行向本國出口商或外國進口商提供的中長期信貸。其特點是：a. 附有採購限制，只能用於購買貸款國的產品，而且都與具體的出口項目相聯繫；b. 貸款利率低於國際資本市場利率，利差由貸款國政府補貼；c. 屬於中長期信貸，期限一般為

5~8.5年，最長不超過10年。

出口信貸包括賣方信貸和買方信貸兩種具體方式：

a. 賣方信貸是指出口方銀行向出口商提供的貸款。由於得到了銀行的貸款支持，出口商便可向進口商提供延期付款的信用，即允許進口商在訂貨時先支付一部分現匯訂金，通常為合同金額的15%，其餘貨款在出口商全部交貨後的若干年內（一般為5年）分期償還。

b. 買方信貸，即出口方銀行向外國進口商或進口方銀行提供的貸款。直接向進口商提供貸款一般由進口方銀行擔保。目前較多的做法是：先由進、出口雙方銀行簽訂「買方信貸總協議」，規定出口方銀行向進口方銀行提供貸款的使用範圍、額度和利率條件等，然後再由進口方銀行根據具體的貿易合同和貸款協議向進口商轉貸，進口商則在規定的期限內逐次償還銀行貸款並支付利息。

在賣方信貸中，儘管進口商並未直接接受出口國的銀行信用，但出口商融資的利息、保險費等費用要加入貨價，由進口方負擔；而在買方信貸中，買方直接與出口國銀行發生信貸關係，因此，對於買方來說，買方信貸較之賣方信貸更易掌握，買方更樂於接受買方信貸。

②國際商業銀行貸款。

國際商業銀行貸款是指一些大商業銀行向外國政府及其所屬部門、私營工商企業或銀行提供的中長期貸款。這種貸款利率較高，一般在倫敦同業拆借利率之上另加一定的附加利率，期限大多為3~5年。

這種貸款通常沒有採購限制，也不限定用途，故而利率比出口信貸高，較為靈活，但貸款國政府不予補貼。

國際商業銀行貸款的主要方式有：獨家銀行貸款和銀團貸款。獨家銀行貸款是指貸款中只涉及兩家銀行的貸款，其期限為3~5年；銀團貸款亦稱辛迪加貸款，由一家銀行牽頭，聯合若干家銀行組成國際性銀行集團以提供貸款。銀團貸款一般用於金額大、期限長的項目，借貸雙方要簽訂合同，由政府出面擔保。

③政府貸款。

政府貸款是指一國政府利用國庫資金向另一國政府提供的貸款，這種貸款一般帶有援助性質。其特點是：a. 貸款期限長，利息低。政府貸款一般都是中、長期貸款，貸款期限可達20~30年，還有最長可達15年的寬限期；貸款利率一般為2%~3%，遠低於國際商業銀行貸款。b. 貸款用途多，有限制。一般說來，借款國所借款項大多只能用來向貸款國購買貨物和勞務。

④國際金融機構貸款。

國際金融機構貸款，即國際金融機構對會員國的貸款，主要包括國際貨幣基金組織、世界銀行及其附屬機構——國際金融公司和國際開發協會，以及一些區域性國際金融機構提供的貸款。這些機構的貸款大多條件優惠，主要目的是促進成員國經濟長期發展和國際收支狀況的改善。

⑤補償貿易。

補償貿易是指出口國廠商在進口方外匯資金短缺的情況下將機器設備、技術和各種服務提供給進口方，待項目建成投產後，進口方以項目的產品或雙方商定的其他辦法清償貸款。補償貿易的償付期限由雙方商定。

⑥國際租賃。

國際租賃是一種新興的並被廣泛運用的信用形式。它是由出租人購買機器設備，以收取一定的租金為條件將機器設備讓渡給承租人使用，租賃期滿承租人可以選擇將租用的設備退回租賃公司，根據設備的具體情況作價購買或繼續維持原租賃關係。

⑦國際間債券發行。

國際間債券發行是指一國工商企業、政府機構、銀行及其他金融機構等在國際資本市場上以外國貨幣為面額發行有價證券籌集資金的借貸方式。它的投資者既可以是外國居民也可以是外國的非居民，因此可以看作一種混合的信用形式。

（2）國外直接投資

國外直接投資是指一國居民或企業直接對另一個國家的企業進行生產性投資，並由此獲得投資企業的管理控製權。國外直接投資主要採用以下方式：

①在國外開辦獨資企業，設立分支機構、子公司等。

②收購或兼併國外企業，包括建立附屬機構。

③在東道國與當地企業合資開辦企業。

④對國外企業進行一定比例的股權投資。

⑤利用直接投資的利潤在當地進行再投資。

除了以上提到的五種信用形式，在現實經濟中還存在著其他多種信用形式，包括租賃信用、信託信用、保險信用和民間信用等。它們都是現代信用體系的有機組成部分，在現代生活中發揮著各自的獨特作用。如在城鄉居民個人之間獨立進行的信用活動，即民間信用。民間信用擴大了融資範圍，有利於商品經濟的發展；能夠把競爭機制引入金融領域，有利於推動金融體制改革等。但民間信用風險較大、違約性高，因此要適當加以控製和引導。

2.3 利息和利息率

2.3.1 利息的來源與本質

（1）利息的本質

利息是借貸關係中借入方支付給貸出方的報酬，也可以看作貨幣持有人一段時期內放棄貨幣流動性的報酬或放棄獲取投資收益的補償。

利息從債權人的角度來看，是債權人因貸出貨幣資金而從債務人那裡獲得的報酬；從債務人的角度看，利息是債務人為取得貨幣資金的使用權所花費的代價。那麼，利息的本質究竟是什麼？這取決於利息的來源。

在遠古時代就有了借貸行為，利息作為一種佔有使用權的報酬出現。當時，人們以穀物、布匹等實物形式進行利息的支付。在奴隸社會或封建社會，高利貸資本是生息資本的主要形式，高利貸者的貸款對象有奴隸主、地主及小生產者。如果高利貸的借入者是小生產者，利息顯然來源於小生產者的勞動所創造的價值。如果高利貸的借入者是奴隸主或地主，那麼利息的來源是奴隸或農民的勞動價值。因為奴隸主和地主是不參加任何生產的寄生階級，他們收入的源泉是奴隸或農民的勞動成果，所以高利貸的利息來源是奴隸或農民、小生產者所創造的，被高利貸者無償佔有的剩餘勞動產品的價值，甚至包括一部分必要勞動價值。高利貸的利息，體現著高利貸者同奴隸主或封建地主對勞動者的剝削關係。

隨著商品貨幣經濟的發展，利息的支付逐漸過渡到貨幣形式。真正意義上的利息是資本主義的利息。正如馬克思所說：「只有資本家分為貨幣資本家和產業資本家，才使一部分利潤轉化為利息，一般地說，才能創造出利息的範疇；並且，只有這類資本家之間的競爭，才創造出利息率。」在資本主義社會中，利息是借貸資本家因貸出貨幣資本而從職能資本家那裡獲得的報酬。在資本主義制度下，利息是借貸資本運動的產物，但在資本的表面運動形式中，資本主義生產關係被掩蓋了，貨幣被貸放出去一定時間後，帶著增值的價值 $\triangle G$ 回到出發點，貨幣彷彿有了自身增值的能力。如何認識資本主義制度下的利息的來源與本質？馬克思從對借貸資本的特殊運動形式的分析中，揭示了利息的來源，分析了利息的本質。他指出，借貸資本的運動特點是雙重支出和雙重回流。雙重支出是指貨幣資本家把貨幣資本貸給職能資本家，然後職能資本家用貨幣購買生產資料和勞動力。雙重回流是指職能資本家把生產出來含有剩餘價值的商品銷售出去從而取得貨幣，然後把借貸資本連本

帶利歸還給貨幣資本。借貸資本的整個運動過程可表述為：

$$G-G-W\begin{cases} P_m\cdots P\cdots W'-G'-G'\cdots \\ A \end{cases}$$

其中，G代表貨幣，W代表商品，P_m代表生產資料，A代表勞動力，P代表生產過程，G'代表增值部分。由此可以看出，借貸資本的運動與現實資本的運動和資本主義再生產過程密切相關。借貸資本只有轉化為現實資本，進入生產，才能增值。由於貨幣資本家在貨幣資本貸出期間內，將資本商品的使用價值（即生產利潤的能力）讓渡給了職能資本家，職能資本家運用借入的資本，購買生產要素並進行生產，所獲得的剩餘價值在轉換為利潤後，必須分割一部分給貨幣資本家，作為使用資本商品的報酬，這便是利息。馬克思經過科學分析後指出，資本主義經濟中的利息是借貸資本家憑藉自己的資本所有權向職能資本家索取的報酬，是利潤的一部分，是剩餘價值的特殊轉化形式。

在社會主義市場經濟下，以資金借貸為核心的信用得到進一步發展，與此相聯繫的利息範疇也廣泛存在。中國學者在研究與比較馬克思以及西方各經濟學派關於利息的理論的基礎上，堅持了馬克思「利息是利潤的一部分、是剩餘價值的轉化形式」的理論。他們認為，在以公有制為主體的社會主義社會中，利息來源於國民收入或社會純收入，是純收入再分配的一種方式。在公有制為主體的經濟制度下，利息主要體現為勞動者共同佔有生產資料、獨立進行經濟核算、重新分配社會純收入的關係。

（2）利息與收益的一般形態

利息是資金所有者由於借出資金而取得的報酬，它來自於生產者使用該筆資金發揮生產職能而形成的利潤的一部分。顯然，沒有借貸，就沒有利息。但在現實生活中，利息被人們視為收益的一般形態：無論貸出資金與否，利息都被看作資金所有者理所當然的收入——可能取得的或將會取得的收入；與此相對應，無論借入資金與否，生產經營者也總是把自己的利潤分成利息與企業收入兩部分，似乎只有扣除利息所餘下的利潤才是經營所得。於是，利息就成為一個尺度：如果投資額與所獲利潤之比低於利息率，那麼根本不應該投資；如果扣除利息，所餘利潤與投資額之比甚低，那麼說明經營的效益不高。所以，雖然從理論上剖析，在資本主義社會，利息是剩餘價值及其轉化形態（利潤）的一部分；在社會主義社會，利息是勞動者所創造的歸社會分配的收入及其轉化形態利潤的一部分，但無論是資本主義社會還是社會主義社會，在會計制度中，利息支出都列入成本，而利潤則只是指扣除利息支出後餘下的那部分利潤。於是，利率就成為一個尺度，用來衡量投資收益

或經濟效益,即人們通常都用利率來衡量收益,用利息來表示收益,從而使利息轉化為收益的一般形態。

各種具有特定收益的資產,在與利率的比較中表示出價格,這被稱為收益的資本化。一般來說,收益是本金與利息率的乘積,可用公式表示為:

$$B = P \cdot r$$

式中,B代表收益,P代表本金,r代表利息率。

相應地,收益資本化的計算公式為:

$$P = B/r$$

正是在這樣的帶有規律性的關係中,有些本身並不存在一種可以決定其相當於多大資本的事物的內在規律。只要有收益,也可以取得一定的資本價格,如土地;有些本來不是資本的東西也因之可以視為資本,如工資。具體來講,土地本身不是勞動產品,沒有價值,從而不具備決定其價格的內在根據。但土地可以有收益,比如,某塊土地每畝的年平均收益為100元,假定年利率為5%,則這塊土地就會以每畝2,000元(100÷5%=2,000)的價格買賣成交。在利率不變的情況下,當土地的預期收益(B)越大時,其價格(P)會越高;在預期收益不變的情況下,市場平衡利率(r)越高,土地的價格(P)將越低。這就是市場競爭過程中土地價格形成的規律。收益資本化普遍存在於市場經濟社會,債券、股票、土地、技術、勞動力等都是可以作為資本品進行交易的。這些資本品都有特定的預期收益,其資本化的價格是由預期收益與利率的比值所確定的。

2.3.2 利率的種類

(1) 年利率、月利率和日利率

根據計算利息的期限單位不同,利息率有不同的表示方法。年利率以年為單位計算利息,月利率以月為單位計算利息,日利率則以日為單位計算利息。通常,年利率以本金的百分之幾表示,月利率按本金的千分之幾表示,日利率按本金的萬分之幾表示。例如,同樣一筆貸款,若其年利率為7.2%,則也可以用月利率6‰或日利率0.2‰(每月按30天計算)表示。這三種利率表示方法是可以折算的,如日利率乘以30即為月利率,月利率乘以12即為年利率。

(2) 市場利率、官定利率、公定利率

市場利率是指由貨幣資金的供求關係所決定的利率。當資金供給大於需求時,市場利率下跌;當資金供給小於資金需求時,市場利率就會上升。因此有人將市場利率比作借貸資金供求狀況變化的指示器。

官定利率是指由一國政府金融管理部門或中央銀行確定的利率。它是國家調節經濟的重要經濟槓桿。官定利率水平的高低已不完全由借貸資金的供求狀況決定，而是由政府金融管理部門或中央銀行視宏觀經濟運行狀況而定。在整個利率體系中，官定利率處於主導地位。

公定利率是由民間金融組織、銀行公會等確定的利率。它對會員銀行有約束作用，對非會員銀行則沒有約束作用。

（3）基準利率與差別利率

基準利率是指在多種利率並存的條件下起決定作用的利率。當它變動時，其他利率也相應發生變化。因此，瞭解了這種關鍵性利率水平的變動趨勢，也就瞭解了全部利率全體系的變化趨勢。基準利率，在西方國家通常是中央銀行的再貼現利率或者國庫券的收益率，在中國主要是中央銀行對各金融機構的貸款利率。

差別利率，是指銀行等金融機構對不同部門、不同期限、不同種類、不同用途和不同借貸能力的客戶的存、貸款制定不同的利率。其作用主要是鼓勵、限制或調節，也體現了風險與收益的關係及政策導向。例如，中國實行的差別利率主要有存貸差別利率、期限差別利率和行業差別利率。

（4）固定利率與浮動利率

固定利率是指在整個借貸期限內，利息按借貸雙方事先約定的利率計算，而不隨市場上貨幣資金供求狀況而變化。實行固定利率對於借貸雙方準確計算成本與收益十分方便，適用於借貸期限較短或市場利率變化不大的情況，但當借貸期限較長或市場利率波動較大時，則不宜採用固定利率。因為固定利率只要在雙方協定後，就不能單方面變更。在此期間，通貨膨脹的作用和市場上借貸資本供求的變化，可能會使借貸雙方都承擔利率波動的風險。因此，在借貸期限較長、市場利率波動頻繁的情況下，借貸雙方往往傾向於採用浮動利率。

浮動利率是指借貸期限內，隨市場利率的變化情況而定期進行調整的利率，多用於較長期的借貸及國際金融市場。期限的長短以及以何種利率作為調整時的參照利率都由借貸雙方在借款時議定。例如，歐洲貨幣市場上的浮動利率，一般每隔3~6個月調整一次，調整時大多以倫敦銀行間同業拆借利率（簡寫為LIBOR）為主要參照物。浮動利率能夠靈活反應市場上資金的供求狀況，更好地發揮利率的調節作用；同時，由於浮動利率可以隨時調整，利率的高低同資金供求狀況密切相關，借貸雙方承擔的利率風險較小，有利於減小利率波動所造成的風險，從而克服了固定利率的缺陷。但浮動利率變化不定，使借貸成本的計算和考核相對複雜，且可能加重貸款人的負擔。因

此，對於長期貸款，借貸雙方一般都傾向於選擇浮動利率。

(5) 名義利率與實際利率

在借貸過程中，債權人不僅要承擔債務人到期無法歸還本金的信用風險，而且還要承擔通貨膨脹的風險。基於這種情況，我們可以把利率劃分為實際利率與名義利率。實際利率是指物價不變從而實際購買力不變條件下的利率，名義利率則是包含了通貨膨脹因素的利率。通常情況下，扣除通貨膨脹率後的名義利率即可視為實際利率。

實際利率對經濟起實質性影響，但通常在經濟管理中，能夠操作的只是名義利率。劃分名義利率與實際利率的意義在於，它為分析通貨膨脹下的利率變動及其影響提供了依據與工具，便於利率槓桿的操作。根據名義利率與實際利率的比較，實際利率呈現三種情況：當名義利率高於通貨膨脹率時，實際利率為正利率；當名義利率等於通貨膨脹率時，實際利率為零；當名義利率低於通貨膨脹率時，實際利率為負利率。在不同的實際利率狀況下，借貸雙方和企業會有不同的經濟行為。一般而言，正利率與零利率和負利率對經濟的調節作用是互逆的，只有正利率才符合價格規律的要求。

一般來講，實際利率的計算方法通常有兩種：

$$(1) \quad r=i+p \quad (2.1)$$

式中，r 為名義利率；i 為實際利率；p 為通貨膨脹率。

$$(2) \quad i=(1+r)/(1+p)-1 \quad (2.2)$$

通常，兩種方法計算的結果有一些差別。例如，某銀行貸款利率為15%，而當年該國的通貨膨脹率為10%，按式 2.1 計算的實際利率為5%，而按式 2.2 計算的實際利率為4.55%，兩者相差0.45%。出現這種計算結果上的差異是因為式 2.1 是個不精確的等式，僅考慮到通貨膨脹對本金的影響，而沒有考慮通貨膨脹對利息的影響。

(6) 長期利率和短期利率

一般來說，一年期以內的信用行為被稱為短期信用，相應的利率即為短期利率；一年期以上的信用行為通常被稱為長期信用，相應的利率則是長期利率。短期利率與長期利率又有期限長短之分。總的來說，較長期的利率一般高於較短期的利率。但在不同種類的信用行為之間，由於有種種不同的信用條件，因此對利率水平的高低我們不能簡單地進行對比。

2.3.3 決定和影響利率水平的因素

(1) 平均利潤率

利息是利潤的一部分，因此利率高低首先由利潤率高低決定，但決定利

率高低的利潤率不是幾個企業的利潤率,而是一定時期內一國的平均利潤率。這是因為用於借貸的資本是在全社會流動的,它通過競爭的作用使得等量資本在相同的時間內獲得等量的利潤。一般來說,平均利潤率是利率的最高界限。

(2) 借貸資本的供求關係

理論上利率的取值限於零和平均利潤率之間,但是在某一具體時期的具體市場中,利率則需由借貸資本市場上借貸資本的供求雙方協商確定。在這一過程中,借貸資本的供求狀況就起著決定作用。通常情況下,借貸資本供給大於需求時,利率就會下降;借貸資本的需求大於供給時,利率就會上升。

(3) 中央銀行的貨幣政策

隨著政府對社會經濟運行干預的不斷加強,中央銀行的貨幣政策對利率的影響也越來越大。在西方一些發達國家,貨幣當局往往通過改變再貼現率和利率管理等政策來調節利率,並以此來調節經濟,使經濟運行達到他們的預期目的。一般來講,中央銀行若實行擴張的貨幣政策,利率就會下降;反之,利率就會上升。

(4) 國際利率水平

隨著國際經濟一體化趨勢的形成和國際經濟聯繫的日益加深,國際利率水平及其變動趨勢對一國利率水平具有很強的「示範效應」。這種影響使得各國的利率水平呈現出一種「趨同」趨勢。一般來講,國際利率水平及其變動趨勢對國內利率的影響有兩個方面:一是其他國家的利率水平對國內利率的影響;二是國際金融市場上利率的影響。國際金融市場上利率的下降通常會降低國內利率水平或抑制國內利率上升的程度。

(5) 預期通貨膨脹率和通貨緊縮

只要在紙幣流通條件下,就存在通貨膨脹的可能性。通貨膨脹必將引起紙幣貶值,從而給借貸資金的本金造成損失。為了彌補這種損失,貸款人必須提高利率水平。同時,通貨膨脹不但會使借貸資金本金造成損失,而且還會使正常利息額的實際價值下降,造成利息貶值。而在通貨緊縮的條件下,為了避免利息成本上升,往往利率會下降。因此,為了保證實際利息不至於造成本金貶值或發生利息成本上升,在決定利率水平時,要充分考慮預期通貨膨脹率和通貨緊縮的影響。

(6) 匯率

在開放型經濟體制中,匯率的變動也會影響利率的變化。當預期外匯匯率上升、本幣貶值時,外幣的預期回報率下降,國內居民對外匯的需求就會下降,對本幣的需求就會增加,從而使國內利率水平上升。

此外，借貸期限的長短、借貸風險的大小、歷史利率水平、同行業利率水平等因素都會影響利息率的高低。總之，影響和決定利息率的因素很多也很複雜。在以上各種因素中，有些因素與封閉型經濟體制有關，有些因素與開放型經濟體制有關。在決定一國的利率過程中，這些因素的相對重要性將取決於一國的經濟、金融的開放程度。如果一國的經濟體制在金融方面對外完全開放，或者開放的程度比較深，那麼國內利率受國際市場利率或預期貨幣價值變動的影響相對較大；否則，這種因素的影響就相對較小。全面放開金融機構貸款利率管制，因為「貸款基礎利率」（Loan Prime Rate，LPR）使市場機制在利率形成方面的作用日益與經濟體制的改革進程相匹配。

2.4　利率的度量

2.4.1　概念和計算公式

利息計算有兩種基本方法：單利（simple interest）與複利（compound interest）。

單利的特點是對已過計息日而不提取的利息不計利息。其計算公式是：

$$C = Prn \tag{2.3}$$

$$S = P(1+rn) \tag{2.4}$$

式中，C 為利息額；P 為本金；r 為利率；n 為借貸期限；S 為本金和利息之和，簡稱本利和。

複利是將上期利息並入本金一併計算利息的一種方法。比如按年計息，第一年按本金計息；第一年末所得的利息並入本金，第二年則按第一年末的本利和計息；第二年末的利息並入本金，第三年則按第二年末的本利和計息；依此類推，直至信用契約期滿。中國對這種複利計息方法通俗地稱為「息上加息」。其計算公式是：

$$S = P(1+r)^n \tag{2.5}$$

$$C = S - P \tag{2.6}$$

簡言之，在確定的借貸期內，按複利計息的次數越多，投資人的利息收入就越高。當然，籌資人的利息成本也就越大。

2.4.2　複利反應利息的本質特徵

過去多年來，中國有一個奇怪的現象：承認利息客觀存在的必要性，卻不承認複利。似乎單利可以同社會主義相容，而一提複利，立即就與「利滾

利」「驢打滾」聯繫起來，似乎是剝削、罪惡。

其實，無論是單利還是複利，都是利息的計算方法，而且不論哪種經濟理論，只要承認利息的存在，就是承認資本可以只依其所有權取得一部分社會產品的分配權利。如果承認這種存在的合理性，就必須承認複利存在的合理性。因為按期結出的利息屬於貸出者所有。假定認為這部分所有權不應取得分配社會產品的權利，那麼本金的所有權也就不應取得這種權利。簡言之，否定複利，也必須否定利息本身。

事實上，中國銀行的告示牌上雖然均以單利標示，但實際一直並未否定複利原則。中國的儲蓄利率可以非常清楚地說明這個問題。例如，定期1年的儲蓄利率必須保證按這樣的利率所計算出來的1年的利息要大於按活期儲蓄的月利率用複利方法所計算出來的1年的利息。例如，1971年10月調整的儲蓄利率，活期月利率為0.18%，1年定期年利率為3.24%，活期存1年的利息回報，按單利計為2.16%，按複利計為2.18%，均低於3.24%。至於不同期限的定期儲蓄，按單利計算，當然年限越長、利率越高。以1999年6月調整的定期儲蓄年率——依然是單利——為例，1年期的為2.25%，2年期的為2.43%，3年期的為2.70%，5年期的為2.88%。這樣的利率系列可以保證：1年期儲蓄到期立即提取並把本利和再存入1年定期，到第2年期滿取得的累計利息回報小於按公布的2年期單利所取得的回報；2年期儲蓄到期立即提取並把本利和再存入3年期的儲蓄，到第5年期滿所取得的利息累計回報，小於按公布的5年期單利所取得的回報，依此類推。也就是說，換算為複利，也必須是期限短的低，期限長的高。把2.43%、2.70%、2.88%換算為複利，分別為2.40%、2.63%、2.73%，完全符合這樣的要求。其實，無論哪個年份，也無論哪種存貸款利率，都是本著這樣的原則設計的。否則，人們就不會存定期儲蓄，更不會存期限長的定期儲蓄。

2.4.3　兩個有廣泛用途的算式

在中國銀行儲蓄存款業務中，有零存整取，還有整存零取。前者是每月（或每周、每年）按同樣的金額存入，到約定的期限，本利和一次取出。其算式是：

$$S = P \times \left[\frac{(1+r)^{n+1} - 1}{r} - 1 \right] \tag{2.7}$$

式中，P為每月（或每周、每年）存入的金額；n為依次存入的次數。

後一種整存零取是一次存入若干金額的貨幣，在以後的預定期限內，每月（或每周、每年）提取同一金額的貨幣，當達到最後期限的一次提取時，

本利全部取清。其算式是：

$$S = P \times \frac{(1+r)^n - 1}{r(1+r)^n} = P \times \frac{1 - (1+r)^{-n}}{r} \tag{2.8}$$

式中，P 為每月（或每周、每年）提取的金額；n 為依次提取的次數。

這兩個算式有很廣泛的用途。比如在消費信貸中還款的安排，通常是在貸款實施至約定的期限之間，如多少年，分月按同等金額支付，期滿還清。這屬於定期定額還清貸款的方式，顯然要採用「整存零取」的算式設計。至於在類如養老年金的設計中，前者是典型的年金終值計算公式；而後者則是典型的年金現值計算公式。「終值」「現值」的概念如下文介紹。

2.4.4　現值與終值

由於利息成為收益的一般形態，因此任何一筆貨幣金額，不論將做怎樣的運用，甚至還沒有考慮將做怎樣的運用，都可根據利率計算出未來某一時點上的金額。這個金額就是前面說的本利和，也稱「終值」（future value）。如果現有 100,000 元，年利率為 6%，5 年後的終值可按複利計算公式 2.5 計算，即

100,000×(1+6%)⁵ = 133,822.56（元）

把這個過程顛倒過來，如果我們知道在未來某一時點上有一定金額的貨幣，只要把它看作那時的本利和，就可按現行利率計算出，要取得這樣金額的本利和，現在所必須具有的本金，即

$$P = \frac{S}{(1+r)^n} \tag{2.9}$$

設 5 年後期望取得一筆 100,000 元的貨幣，假如利率不變，現在應有的本金是：

100,000÷(1+6%)⁵ = 74,725.82（元）

這個逆算出來的本金稱為「現值」，這個公式叫作貼現值公式。

現值的觀念有很久遠的歷史。中國過去流行一種倒扣息的放債方法，如契約上名義是借 100 元還 100 元，半年還清，在月息 3 分的情況下，不計複利，貸者付給借者的只是 85 元。現代銀行有一項極其重要的業務，即收買票據的業務，其收買的價格就是根據票據金額和利率倒算出來的現值。這項業務叫「貼現」，現值也稱貼現值。

現值的計算方法不僅可用於銀行貼現票據等類似業務，而且還有很廣泛的運用領域。

2.4.5 競價拍賣與利率

在市場經濟中，不少涉及信用行為的契約並不列明利率。比如有的債券只有面額而不標明利率，習稱「無息債券」，在發行時採用拍賣方式。設一種面額100元半年期的債券以97元成交，那麼它的年利率，利用計算貼現值的公式2.9計算，就是：

$$\left(\frac{100}{97}\right)^2 - 1 = 0.062,8$$

即6.28%。

在市場經濟國家，各種債券以及許多金融工具均採用競價拍賣的方式。在市場價格低於或高於面值時，不論是否有票面利率，都決定了實際起作用的利率。有的競價拍賣，其標的本身就是利率。

在中國，競價拍賣的辦法近年來有極其迅速的發展，如各種債券大多採用競價拍賣的方式發行。在美國，短期國債均採用拍賣方式。

通過競價成交，實際也就意味著在這個時點上市場基準利率水平的形成。

2.4.6 利率與收益率

在涉及利率問題的研究和實踐中，有一個使用非常廣泛的收益率（yield）概念與利率概念並存。

收益率實質就是利率。作為理論研究，這兩者無實質性區別。而在實際生活中，由於種種原因，往往是習慣的原因，兩者出現差別。

例如，為了對不同期限的投資項目收益率進行比較，往往需要將不到1年期的利率轉化為年率，這需要換算。在西方的一些國家，要把月率用年率來表示，習慣的做法是以12乘以月率；如此算出的結果也獲得「利率」的稱謂。顯然，這種換算極不精確。若 y 代表年率，‰代表月率，精確的年率換算應該引入複利觀念，其算式應是：

$$y = (1+rm)^{12} - 1$$

為了區別於習慣的年率的稱謂，如此求出的 y 稱為年度收益率。

再如，無息債券之類本身就沒有規定利率。要是根據拍賣成交價逆算出收益的大小，叫「收益率」極其自然。

2.5 利率的風險結構

我們購買任何一種債券都要承擔一定的系統性風險和非系統性風險。我們從第5章瞭解到，為引導投資者接受市場投資組合的風險，必須向他們提供超過無風險利率的預期收益率。這就是風險溢價。人們對風險厭惡的程度越高，風險溢價就越高。在債券市場分析中，通常將不同信用級別債券之間收益率的差異，稱為信用點差。影響不同發行者發行債券的利率差的主要風險是非系統性風險，即違約風險和流動性風險。

2.5.1 違約風險

違約風險也叫信用風險，即指借款者到期時不能還本付息的可能性。它包括兩個層面。第一，借款者因經營不善，沒有足夠的現金流來償付到期的債務；第二，借款者有足夠的現金流，但它沒有到期還本付息的意願。與一般的企業不同，中央政府有稅收和貨幣發行的權力作後盾，因此，你購買國債就不會承擔什麼信用風險。所以，政府債券享有「金邊債券」的美譽。

我們借助經濟學常用的供求圖分析工具來更直觀地分析違約風險對利率的影響。圖2-1是甲公司債券和政府債券的供求圖。為了分析上的便利，我們假定甲公司債券最初沒有違約風險，因此，最初時它與政府債券一樣，其利率中沒有風險溢價，而且它們的期限也一樣。這樣，它們的初始均衡價格和利率都是相同的，即 $P_1^c = P_1^t$，$i_1^c = i_1^t$。

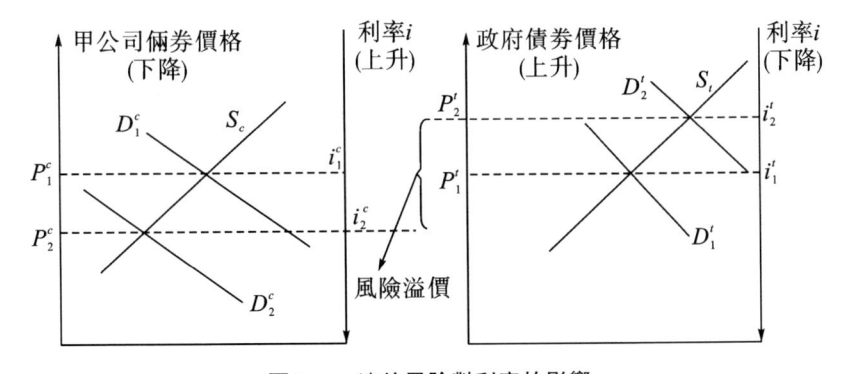

圖 2-1　違約風險對利率的影響

現在，假定甲公司因經營不善，出現了巨額虧損，違約風險增大，其債券預期回報率會相應地降低。與此同時，由於政府債券還是無違約風險，它

的預期回報率相對較高，因此，政府債券更受投資者的歡迎。由於甲公司債券和政府債券的風險、相對回報率都發生了變化，從而影響投資者對這兩類債券的需求，因此投資者會減少對甲公司債券的需求，增加對政府債券的需求。這一變化使對甲公司債券的需求曲線從原來的 D_1^c 向左下移動到 D_2^c，對政府債券的需求曲線則從原來的 D_1^t 向右上方移動到了 D_2^t。但由於甲公司債券和政府債券的供給曲線都沒有發生位移，因此，需求曲線變動的結果使得甲公司債券的價格從原來的 P_1^c 下降到了 P_2^c，而政府債券的價格從原來的 P_1^t 上升到了 P_2^t。這樣，甲公司債券的利率就從原來的 i_1^c 上升到了現在的 i_2^c；相反，政府債券的利率卻從原來的 i_1^t 下降到了 i_2^t。這樣，甲公司債券的利率就比政府債券的利益高出了 $i_1^c i_2^c$。高出的這部分利率就是因甲公司出現的違約風險而帶來的風險溢價，而且其風險溢價隨違約風險的增加而上升。不同發行者發行的相同期限的債券，其利率之所以有差異主要源於其信用風險的差別。

2.5.2 流動性風險

除了信用風險外，影響債券利率的另一個重要因素就是它的流動性。資產的流動性越高，將它變成現金時所受的損失就越小。因此，一般而言，流動性越高的資產，就更受人們歡迎。但是，流動性越高，收益率會越低；反之，如果要求收益率越高，就得放棄部分流動性。

流動性如何影響利率呢？考慮這樣一種情況，假定有一家公司現在要發行 10 年期的債券，但是該種債券沒有二級市場。也就是說，如果你購買了該公司發行的債券的話，你就必須持有債券 10 年以後才能兌付本息。由於你不能轉手賣給他人，因此，該企業發行的這種債券是完全沒有流動性的。在這種情況下，如果你購買該債券五年後要急著用現金，又沒有別的法子，那你就會很後悔當初買了債券，而沒有去銀行存款。一旦這樣考慮了，你購買該企業發行的債券的願望就不強烈了。

2.6 利率期限結構

2.6.1 預期假說

預期假說認為，長期債券的利率等於長期債券到期之前人們對短期利率預期的平均值。例如，如果人們預期在未來 5 年裡，短期利率的平均值是 10%，則預期假說預測 5 年期債券的利率也將是 10%。如果人們認為未來 10

年中短期利率的平均值為 12%，那麼，10 年期的長期債券的利率也應當為 12%。

預期假說有一個關鍵假設，即：債券購買者對某種期限的債券並無特殊的偏好，他是否持有該債券，完全取決於該債券相對於其他債券的相對回報率。因此，當某種債券的預期回報率低於期限不同的另一債券的回報率時，人們將不再持有這種債券，會立即購買回報率較高的債券。所以，這些債券就是可以完全替代的。如果債券之間可以完全替代，那麼，通過套利活動，這些債券的預期回報率也必須相等。

為了簡化分析，我們假定你有一塊錢要投資，總投資期限為兩年。你有兩種投資方案可供選擇。

方案一：購買一張兩年期的債券，並持有到到期日為止。這張兩年期的債券每年按複利計息一次。假設它的年利率為主 i_{2t}。

方案二：今年購買一張一年期的債券，這張債券的年利率為 i_t。一年後，你取回本息後再繼續購買另一張期限為一年的債券，這張新債券的預期年利率為主 i_{t+1}^e。

在第一種方案中，兩年後，連本帶利總額為：

$$(1+i_{2t}) \cdot (1+i_{2t}) = 1 + 2i_{2t} + (i_{2t})^2 \qquad (2.10)$$

扣除本金後，實際的回報率為：

$$1 + 2i_{2t} + (i_{2t})^2 - 1 = 2i_{2t} + (i_{2t})^2 \qquad (2.11)$$

在第二種方案中，第一次投資一年後的本利總額為：$(1+i_t)$

第二年，繼續以第一年投資的本利進行再投資，由於預期第二次投資一年期債券的利率為 i_{t+1}^e，因此，第二次購買一年期債券期滿後的本利總額為：

$$(1+i_t) \cdot (1+i_{t+1}^e) = 1 + i_t + i_{t+1}^e + i_t \cdot i_{t+1}^e \qquad (2.12)$$

在第二種方案下，所得的總回報為：

$$1 + i_t + i_{t+1}^e + i_t \cdot i_{t+1}^e - 1 = i_t + i_{t+1}^e + i_t \cdot i_{t+1}^e \qquad (2.13)$$

如果這兩種投資方案是可以完全替代的，那就意味著它們的回報率應該完全一致，否則，就會引起新的套利行為，從而促使這兩種投資方案的回報率相等。因此有：

$$2i_{2t} + (i_{2t})^2 = i_t + i_{t+1}^e + i_t \cdot i_{t+1}^e \qquad (2.14)$$

一般而言，利率很少高於 10%，因此，$(i_{2t})^2$ 和 $i_t \cdot i_{t+1}^e$ 的值都很小。例如，如果 i_{2t} 為 5%，那麼，

$(i_{2t})^2$ 就只有 0.002,5。因此，我們可以將上式近似地表示為：

$$2i_{2t} = i_t + i_{t+1}^e \qquad (2.15)$$

從而得到：

$$i_{2t} = \frac{i_t + i_{t+1}^e}{2} \tag{2.16}$$

它表明，兩年期債券的利率應等於連續兩個一年期債券利率的算術平均值。

更一般地，如果有一種債券的期限為 n 年，它的利率為 i_{nt}。如果在這 n 年中，期限為一年的短期債券的利率系列分別為 i_t，i_{t+1}^e，i_{t+2}^e，…，i_{t+n-1}^e，則有：

$$i_{nt} = \frac{i_t + i_{t+1}^e + i_{t+2}^e + \cdots + i_{t+n-1}^e}{n} \tag{2.17}$$

上式表明，期限為 n 年的長期債券等於在這期間短期利率系列的算術平均值。

因此，根據預期假說，短期利率的上升將提高人們對未來短期利率的預期，這樣，又會進一步使長期利率上升。反之，如果短期利率下降，那麼，人們對未來短期利率的預期也會相應地下降，並進一步使長期利率下降。

2.6.2 分割市場理論

分割市場理論認為，不同期限的債券市場是完全獨立和分割的，因此，每種債券的利率只受自身供求狀況的影響，其他期限債券回報率的變化不會影響對該種債券的需求。比如，根據分割市場理論，三年期國債利率的變化就不會影響對一年期國債的需求。可見，分割市場理論與預期假說完全相反，處於另一個極端，即假定不同期限的債券之間根本沒有替代性。

不同期限的債券之間之所以不會相互替代，原因在於，投資者對一種期限的債券具有強烈的偏好，而根本不喜歡其他期限的債券。所以，投資者一般只會關心他所喜歡的期限債券的預期回報率。這就像我們日常生活中，王小二認為趙小三有缺點，就對趙小三避而遠之，不予理會。按照分割市場理論假說，如果你偏好一年期的債券，那麼，即便是兩年期債券的回報率有很大幅度的上升，你也還是持有一年期的債券，而不會購買兩年期債券。

根據分割市場理論，不同期限的債券的回報率之間之所以有所差異，是由不同期限債券的供求差異所決定的。一般來說，投資者更偏好期限較短、風險較小的債券，所以，對短期債券的需求會比對長期債券的需求更大。根據前面分析的可貸資金利率決定理論，我們可以得出短期債券的價格高於長期債券的價格，因此，它的利率也比長期債券的利率低。

但是，分割市場理論的關鍵假設是很極端的，也與現實相去甚遠。實際上，各種期限的債券之間還是有一定的替代性，長期債券回報率的變化會對短期債券的需求帶來一定的影響，即各個市場之間還是會產生一些套利行為的。事實上，當兩年期債券的回報率大幅上升時，你也極有可能賣掉一部分原來持有的一年期債券，而購買兩年期債券，以獲得更高的回報率。由於投資者的套利活動，各種不同期限債券的利率就會一起波動。這也正是我們經常看到的現象。顯然，分割市場理論對此無法解釋。

2.6.3 期限選擇與流動性升水理論

期限選擇理論認為，長期債券的利率等於該種債券到期之前短期債券利率預期的平均值，加上該種債券隨供求條件變化而變化的期限升水。同預期假說一樣，期限選擇理論也假定不同期限的債券之間是可以互相替代的，這樣，一種債券回報率的變化會對其他期限債券的回報率產生較大的影響。但是，它又同分割市場理論一樣，假定投資者對不同期限的債券的偏好存在差異，只不過不像分割市場理論那樣極端罷了。這樣，各種債券之間的相互替代又是不完全的。

比如，你可能喜歡一年期的債券，但是也非常關注兩年期債券回報率的變化。如果兩年期債券的回報率太高，那麼，你也會購買一些兩年期的債券。但由於你更喜歡一年期的債券，因此，只有購買兩年期債券能夠得到更高的回報率時，你才會願意購買你本不太喜歡的兩年期債券。高出的這一部分回報率就是期限升水。以 P_{nt} 表示期限升水，則期限選擇理論可表示為：

$$i_{nt} = \frac{i_t + i^e_{t+1} + i^e_{t+2} + \cdots + i^e_{t+n-1}}{n} = P_{nt} \qquad (2.18)$$

與期限選擇理論類似的是流動性升水理論。我們在學習金融工具的特徵時，瞭解到金融工具具有收益性、流動性和期限性。一般而言，金融工具的期限越長，流動性就越低；反之，期限越短，流動性就越高。由於長期債券的流動性較短期債券低，因此，持有長期債券就要承擔更高的流動性風險。因此，要使投資者持有長期債券，就必須向他們支付正值的流動性升水，以補償他們所承擔的更高的風險。以 l_{nt} 表示流動性升水，則流動性升水理論可以表示為：

$$i_{nt} = \frac{i_t + i^e_{t+1} + i^e_{t+2} + \cdots + i^e_{t+n-1}}{n} + l_{nt} \qquad (2.19)$$

由於期限升水或流動性升水一般都為正值，所以，長期債券的利率比短

期債券的利率要高。

假定在今後五年裡，一年期債券的預期利率系列分別為1.8%、2.0%、2.5%、2.7%和3.0%，兩年期和三年期債券的期限升水（或流動性升水）分別為0.2%和0.25%，那麼，現在的兩年期、三年期債券的利率應當分別為2.1%［即（1.8%+2.0%）÷2+0.2%＝2.1%］和2.35%［即（1.8%+2.0%+2.5%）÷3+0.25%＝2.35%］。

3 金融體系

3.1 資金融通

3.1.1 資金盈餘者與資金短缺者

任何一個國民經濟體系，總是由家庭居民、企業、政府機構和對外部門四個經濟單位構成的。在現代經濟生活中，每一個經濟單位都有自己的預算結構。居民通過向企業提供勞務獲得薪金和報酬，然後用上述的收入向企業購買最終產品。企業通過向居民、政府和其他企業出售商品而取得收入，然後支付生產成本和追加資本等。政府通過稅收取得收入，然後履行政府職能進行預算支出。

在經濟體系中，有些部門收入大於支出，它們就會有資金盈餘；另一些部門則相反，支出大於收入，於是出現資金短缺。就整個社會而言，一般情況是，政府和企業是資金短缺者，居民個人是資金盈餘者。顯然，資金盈餘單位和資金短缺單位之間存在著合作的可能，也就是盈餘單位可以以一定的條件將暫時不用的資金交給短缺單位去使用，並獲得相應的回報。這種資金盈餘單位和資金短缺單位之間的資金融通的活動就是「金融」，這對資金融通的交易雙方都是有利的。

首先，對於借入資金的一方來說，通過借入急需的資金，可以更為有效地安排自己的生產和消費。這一點對於企業來說尤其重要。許多時候，企業之間的競爭其實是資金實力的競爭，誰能更有效地獲得資金，誰就能在競爭中占據主動地位。在商場上，企業因資金不足而痛失投資良機，從而在競爭中失利，甚至被對手擠出市場的例子比比皆是。對於消費者來說，資金融通同樣具有重要意義。例如，一個剛參加工作的人，即便薪水十分可觀，但是要想憑藉自己的積蓄來購房，也得經過長期的累積。如果他能夠通過某種渠道借入一筆資金，便可以較早地實現購房的願望。即便是對於一個國家來說，片面地追求自身資金收支的平衡也並不總是可取的，在國家財力緊張的情況

下，通過發行國債借入適量資金，對制約國民經濟發展的某些「瓶頸」部門加以投資，往往能更好地促進經濟的發展。當然，和任何其他經濟主體一樣，國家的借貸也不能超過一定的限度，否則就會反受其害。

其次，對於資金的貸出方來說，如果他不把閒置的資金貸放出去，而是放在自己手裡，就不可能從中獲得任何收益。反之，如果能將錢借給急需資金的人去使用，獲得資金的一方將會支付一定的報酬，因而本來無收益的資金就變成了能夠生息的資產，這對資金的貸出方顯然是有利的。

最後，資金盈餘單位的錢可能是分散的，任何一個盈餘單位都無力單獨進行大的投資。資金融通可以把這些分散的資金集中起來。通過積少成多，集腋成裘，實現規模經濟。

如表3-1所示，2004—2010年，中國住戶部門的淨金融投資一直為正數，說明它是資金盈餘部門。相應地，政府部門和非金融企業部門的淨金融投資都是負數，這說明了它們是中國經濟體系中的資金短缺部門。

表3-1　　　　2004—2010年中國住戶部門的淨金融投資　　　　單位：億元

年份	2004	2005	2006	2007	2008	2009	2010
金融資產	180,369	209,083	251,600	335,495	342,870	410,869	494,832
金融負債	29,431	32,972	39,636	50,652	57,892	82,744	117,094
淨金融資產	150,938	176,111	211,964	284,843	284,978	328,125	377,738

資料來源：中國人民銀行金融穩定分析小組. 中國金融穩定報告（2012）[R]. 北京：中國金融出版社, 2012.

資金短缺者的資金缺口是由盈餘部門來彌補的，所以，住戶部門和金融部門的資金盈餘總額就等於非金融企業、政府部門和國外部門的資金缺口總額。那麼，盈餘部門的資金是怎樣流向資金短缺部門的呢？讓我們來看看資金融通的方式。

3.1.2　直接金融和間接金融

從資金盈餘單位到資金短缺單位的資金流動可以有兩種渠道（如圖3-1所示），即直接金融和間接金融。

（1）直接金融

直接金融是指資金短缺單位直接在證券市場向資金盈餘單位發行某種憑證（即金融工具），比如債券或者股票，當資金盈餘單位花錢向資金短缺單位購買這些憑證時，資金就從盈餘單位轉移到了短缺單位手中。

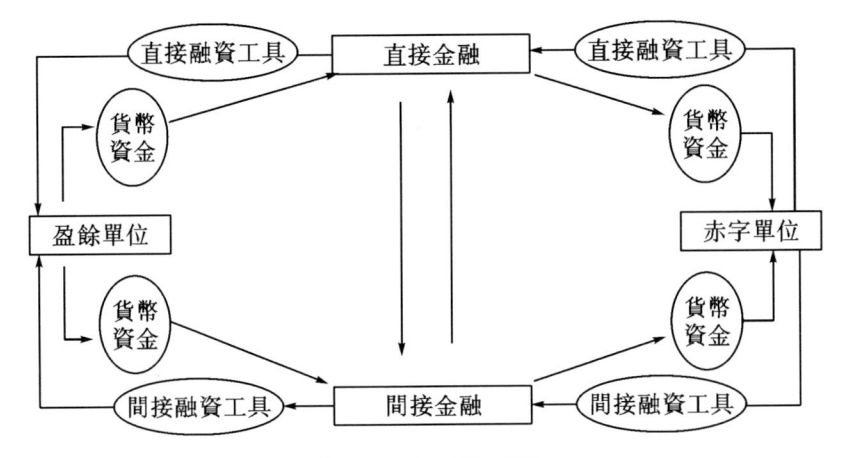

圖 3-1　資金融通過程

在直接金融過程中，資金短缺單位通過出售股票、債券等憑證而獲得資金，資金盈餘單位持有這些憑證而獲得未來的本息收入（債券）或股息分紅（股票）。因此，對於資金短缺單位來說，這些憑證是一種負債；對於資金盈餘單位來說，它們則是一筆資產。這些憑證大多可以在市場上流通，因而具有較高的流動性。直接融資的特點是：①融資雙方直接聯繫，根據各自的融資條件實現融資，在融資期限、規模、利率等方面具有較大的靈活性，這種方式有利於籌措長期資金；②由於資金供求雙方聯繫緊密，債務人直接面對債權人因而會有較大的壓力和約束力，從而有利於資金的合理配置，提高資金的使用效率；③由於直接金融借助投資銀行、證券交易所等金融機構的服務，從而避開了商業銀行等仲介環節，由資金供求雙方直接進行交易，因此資金短缺單位可以節約一定的融資成本，資金盈餘單位則可能獲得較高的資金報酬。

資金短缺單位向最初的購買者出售新發行證券的市場，被稱為一級市場或發行市場；而交易已發行證券的市場則被稱為二級市場或交易市場，並可以分為有組織的證券交易市場和場外交易市場兩種形式。一級市場的重要性是毋庸置疑的，因為正是在這個市場上，資金短缺單位和資金盈餘單位之間完成了資金融通，而二級市場僅僅是資金盈餘單位之間的交易市場，和資金的融通並無直接的關係。但這是否就意味著二級市場是可有可無的呢？答案是否定的。事實上，正是由於二級市場的存在，證券才具有了流動性，證券才為人們所歡迎，因此資金短缺單位在一級市場的證券發行更容易成功。在20世紀80年代初中國剛開始恢復國庫券發行時，由於國庫券的二級市場沒有開通，人們普遍不願意接受它，因此國庫券必須依靠硬性攤派才能銷售出去。

但是當國庫券的交易市場形成之後，它立刻變得十分搶手。這一例子充分說明了二級市場對資金融通的重要意義。

　　直接金融也有嚴重的不足，這主要表現在：①它要求資金盈餘單位的從業人員具備一定的專業知識和技能。授資者（資金盈餘單位）要通過對證券發行者（資金短缺單位）的瞭解和對市場行情的判斷來決定購買哪一種證券，這需要很高的技巧，並需要投入大量的時間和精力。②它要求資金盈餘單位承擔較高的風險。因此金融市場瞬息萬變，其風險是非常大的，它可以使人一夜暴富，也可以使人轉瞬間一貧如洗。相反，把錢存入銀行則要安全、省心得多。③對於資金短缺單位來說，直接金融市場的門檻是比較高的。一個知名度很高的大企業也許可以很輕易地將它所發行的證券推銷出去，並且賣得一個好價錢；但是對於一個不太為人所知的中小企業來說，要讓投資者接受它所發行的證券便會有很大的困難。因此，直接金融市場只是政府和一些大企業的專利，中小企業很難涉足，個人消費者就更不用說了。直接金融的局限性主要體現在：一是直接融資受到的限制往往較多，進入門檻高，資金短缺單位不易進入；二是資金盈餘單位自己承擔風險，風險性較大。同時，信息是通過價格信號間接提供的，信息是否充分和準確取決於市場的完善程度，比如，信息披露制度是否健全等。直接金融的上述不足為間接金融留下了廣闊的活動空間。

　　(2) 間接金融

　　間接金融是盈餘單位把資金存放（或投資）到銀行等金融仲介機構中去，再由這些仲介機構以貸款或證券投資的形式將資金轉移到資金短缺單位手中。在間接金融中，資金的盈餘單位和資金短缺單位並不發生直接聯繫，而是分別同金融仲介機構發生一筆獨立的交易。在這個過程中，金融仲介機構發揮著吸收資金和分配資金的功能。它通過發行對自身的要求權（債權或股權）來獲得資金，然後再把它轉化成對資金短缺單位的要求權。特別值得注意的是，金融仲介機構不是一般的代理人，而是一個獨立的交易主體。資金盈餘單位對金融仲介機構的要求權和金融仲介機構對資金短缺單位的要求權是兩種獨立的權利，兩者並無一一對應的關係。也就是說，盈餘單位對仲介機構的要求權與仲介機構對從該單位所獲資金的具體運用無關。例如，假定銀行從某一存款者手中獲得10萬元存款，並用它發放一筆貸款，那麼即使到期後這筆貸款無法收回，銀行也仍應該償還原存款者本息。因此，在間接金融中，金融仲介機構是融資風險的直接承擔者。金融仲介機構之所以從事這種仲介活動，就是為了獲得相應的報酬，也就是從資金短缺單位獲取的收益扣除向資金盈餘單位支付的成本之後的剩餘。對於銀行這種仲介機構來說，這種報

酬主要就表現為存款和貸款的利差。間接融資相對於直接融資，其特點表現在：①融資能力極強。金融仲介機構是專門從事融資的機構，資金雄厚，信譽卓越，擁有專門的融資人才、現代化的融資手段和融資工具，能夠廣泛動員社會資金，甚至還可以調動國外資金。②對債權人而言，其安全性強。金融仲介機構雄厚的經濟實力、多樣化的資產負債結構，可以分散融資風險，確保融資安全。③具有信息優勢。一方面，金融仲介機構由於其貸款的非公開交易性可避免「搭便車」問題；另一方面，它通過存款帳戶瞭解企業財務狀況，可以相對有效地防範逆向選擇和道德風險。間接金融的不足之處在於資金使用效益低，資金盈餘單位的投資收益低（見表3-2、圖3-2）。

表3-2　1995—2011年中國股票融資和銀行信貸的融資結構

年份	境內股票籌資額(億元)	銀行貸款增加額(億元)	比率(%)
1995	118.86	9,339.82	1.27
1996	341.52	10,683.33	3.20
1997	933.82	10,712.47	8.72
1998	803.57	11,490.94	6.99
1999	897.36	10,846.36	8.27
2000	1,541.02	13,346.36	11.55
2001	1,182.13	12,439.41	9.50
2002	779.75	18,979.20	4.11
2003	823.10	27,702.30	2.97
2004	862.67	19,201.30	4.49
2005	338.13	16,492.60	2.05
2006	1,231.89	31,441.30	3.92
2007	8,431.86	36,322.51	23.21
2008	3,308.16	49,854.00	6.64
2009	3,923.52	96,290.18	4.07
2010	9,672.20	79,510.73	12.16
2011	5,518.27	68,751.14	8.03

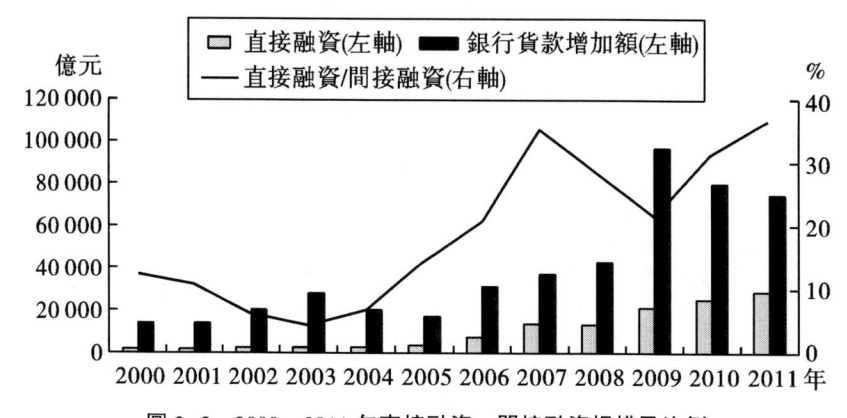

图 3-2　2000—2011 年直接融资、间接融资规模及比例

数據來源：中國人民銀行. 中國金融穩定報告（2012）[R]. 北京：中國人民銀行，2012.

當然，直接融資和間接融資的劃分也不是絕對的。隨著金融業的不斷創新，兩者在實踐上的區別已經逐漸模糊。例如，貸款證券化就是將兩者結合起來的一種融資方式。像美國這樣金融市場高度發達的市場經濟國家，部分銀行貸款也是可以在二級市場上流通轉讓的。資產證券化是將商業銀行一組流動性較差但可以產生穩定的可預見未來收入流的資產，按照某種共同特質匯集成一個組合，並通過一定的技術（在大多數情況下，成立一個特殊目的載體）把這個組合轉換為可在資本市場上流通的有固定收入的證券。資產證券化為銀行更好地進行流動性管理提供了很好的渠道和機制。如圖 3-3 所示。

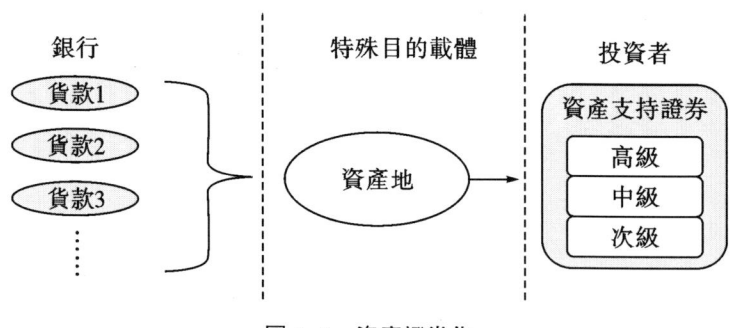

圖 3-3　資產證券化

3.2 金融功能

傳統理論對金融體系的研究分為兩個基本方面：一是分析金融市場上各經濟行為主體之間的關係；二是分析金融仲介（如銀行、保險公司等）機構的活動。

20 世紀 90 年代初，羅伯特‧默頓（R. Merton）和茲維‧博迪（Z. Bodie）系統地提出了一種新的分析框架，即金融功能框架。

金融功能觀認為：在分析不同國度、不同時期的金融機構為什麼大不相同時，應採用概念框架，其主線是功能而不是機構：一是金融功能比金融機構更為穩定；二是機構的形式隨功能變化，機構之間的創新和競爭最終會造成金融系統行使各項功能的效率提高。對於金融系統（既包括金融機構，又包括金融市場），他們將其基本的、核心的功能歸納為六項，依次為：

（1）在時間和空間上轉移資源。

（2）提供分散、轉移和管理風險的途徑。金融體系的方方面面都與分散和轉移風險直接有關；衍生金融工具進入經濟生活更是為了規避風險、對沖風險。總的來說，金融體系能夠將風險合理地配置到有承擔能力且願意承擔的部門和經濟行為主體。

（3）提供清算和結算的途徑，以完成商品、服務和各種資產的交易。

（4）提供了集中資本和股份分割的機制。股份公司、銀行、投資基金等，都是集中小額資金、短期資金以滿足巨額資本需求的形式。而巨大的營運資本可以通過股票形式把所有權細分；巨大的債權則可以通過基金形式把債權分割等。

（5）提供價格信息。金融領域的價格信息，如利率、匯率、股市行情等，對於投資決策、經營決策，乃至宏觀分析的重要性人所共知，而金融體系提供了這些金融信息形成的機制。

（6）提供解決激勵問題的方法。這是金融體系在涉及金融工具設計、公司治理等多方面的功能。在傳統的金融實踐中，公司內部的治理狀況只是用於評價信譽和經營狀況以決定是否提供金融支持的根據，而金融的業務行為並不介入公司治理的內部。最近的金融理論和實踐認定，金融活動應該延伸並實際延伸到公司治理之中。在公司治理的問題中，存在著由信息不對稱產生的道德風險和逆向選擇，以及委託—代理問題。如果銀行對貸款要求抵押擔保，借款人就會謹慎使用貸款；技術的進步降低了對抵押擔保品價值的評估成本，這類金融業務的應用範圍不斷擴大，從而有助於降低輕率取得貸款

的道德風險。這是以新的觀點解讀傳統的銀行業務。比如代理人的利益與公司的股票價格掛鈎，像代理人股票期權分紅的做法，則使代理人與委託人的利益一致，這樣有利於緩和委託—代理矛盾。這可以解釋近年來在公司治理中形成的一些新措施與金融運作的關係等。

3.3　金融體系的兩種結構

3.3.1　仲介與市場對比的不同結構

金融功能是由金融仲介和金融市場的運作來實現的，但在不同的國家、在一個國家的不同歷史時期，這兩者的重要性不盡相同。也就是說，這兩者在金融體系中所占地位的對比有不同的格局。例如，目前美國的金融體系中，資本市場非常發達，而在歐洲大陸很多國家，如德國和法國，則是大銀行在金融體系中占據主導地位。

中國的金融體系，從靜態觀點看，銀行占絕對優勢，接近德日模式；就動態觀點看，中國的資本市場發展迅速，似乎正在朝美國模式發展。如圖3-4所示，2009年9月中國的銀行資產占金融資產的比例高達70%，明顯高於其他國家。另據中國證監會統計，截至2010年年底，中國資本市場資產（包括股票與各類債券）總額占金融資產總額的比例僅為30.82%。對於這種正在摸索、轉型的金融體系來說，比較金融體系的不同結構，有助於我們分析、理解金融體系發展與變化的趨向。

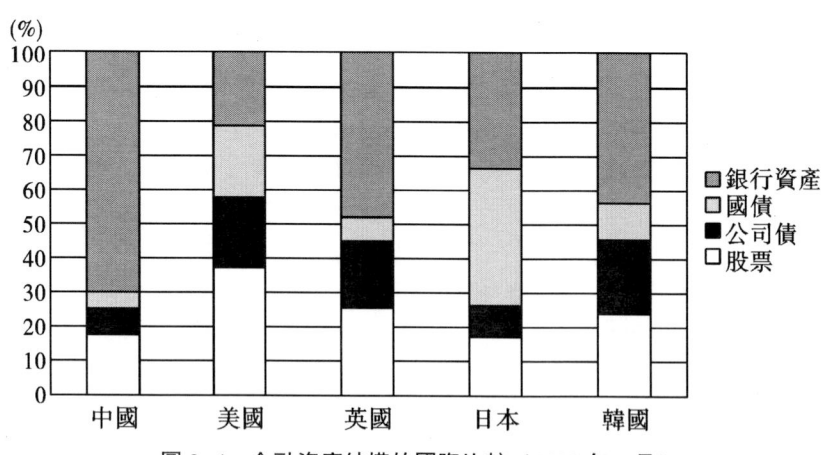

圖3-4　金融資產結構的國際比較（2009年9月）

資料來源：中國證監會. 中國資本市場二十年[M]. 北京：中國金融出版社，2012.

3.3.2 不同金融體系格局是怎麼形成的

一個國家金融體系格局的形成受多種因素的影響，其中非常重要的一項就是受到人為政策管制的影響。管制政策大多取決於對某次經濟危機、金融危機的反應，而體制一旦形成，就會出現路徑依賴——變革體制的成本通常大於維持原有體制的成本。

現代金融體系最早形成於歐洲。1719—1720年是金融發展史上具有重要意義的年代，這兩年發生了兩個相互關聯的事件：一個是法國的「密西西比泡沫事件」，另一個是英國的「南海泡沫事件」。在泡沫事件發生之後，兩國都制定了相應的法規，以嚴格監管股票市場。但是，英國在19世紀初就廢除了該法，而法國直到20世紀80年代才開始放鬆對資本市場的管制。正是不同的反應，致使兩國資本市場的發展存在極大的差異。

德國與英、法相比，工業化起步較晚。在19世紀，股份制企業的數量很少，資本市場主要是為政府債券以及為王室和城邦的貸款服務。由於受到法國銀行模式的影響，而且德國的銀行家有很多是從企業家轉變來的，因此銀行與工業企業相互持股、相互滲透的現象非常普遍。企業與某個特定的銀行建立長期關係，相應的銀行則為企業提供全方位的金融服務。

在19世紀晚期，德國銀行的全能體系迅速發展。

在美國的金融體系中，大銀行始終不占支配地位。美國獨立後不久，曾經有建立大型聯邦銀行的提議，並據此建立了第一美洲銀行（1791—1811年）以及此後的第二美洲銀行（1816—1836年）。但是，1832年圍繞是否重新審核第二美洲銀行的執照，反對權力集中的意見達到了高潮，法案最終未能通過。這一事件是美國銀行發展史上的分水嶺。自此，建立分散的銀行體制、避免金融機構權力過大成為社會的主流意見。20世紀30年代的大蕭條，是影響美國銀行制度的另一個事件。1933年通過的《格拉斯-斯蒂格爾法》成為分業經營和分業監管的經典。這些都為金融市場拓寬了發展的陣地。

通過對不同金融體制發展的簡單回顧可以看出，不同的金融體制在形成之初並沒有抽象的理論研究，或者是優劣比較，甚至可以說具有一定的歷史偶然性。

3.3.3 優劣比較要求理論論證

現代金融理論常常假設金融市場是最好的金融運作形式；金融市場發達的體系，比起主要依靠銀行的體系，處於更高的發展階段。但是，不但歷史上絕大多數的國家主要依靠銀行體系推進經濟增長，而且直至今日，主要依

靠銀行體系的國家，它們的經濟增長也仍有不俗的表現。因此，有關銀行優越性和必要性的分析也同時存在。

比較優劣的理論分析是多視角的：在風險分擔與管理方面比較優劣；在信息處理方面比較優劣；在監管方面比較優劣；在公司治理方面比較優劣。不同角度的論證，幾乎都存有不同的見解，而且反覆駁辯，頭緒越來越多。雖然不同的見解均有見地，但要想根據這樣紛繁的議論歸納出是市場重要還是機構重要的定論，縱然不是不可能，恐怕也是極難做到的。

不過，在客觀經濟生活中，好像「市場」與「仲介」並不像理論家所論證的那樣，彼此在拼優劣，而是走著相互滲透之路。

3.4 金融工具

資金短缺單位（包括金融仲介機構）為獲得資金而發行的各種書面憑證，被稱為金融工具（或金融市場工具）。交易各種金融工具的市場就是人們通常所說的金融市場。

廣義的金融工具不僅包括股票、債券等有價證券，還包括存款、貸款等各類金融資產。根據這一定義，任何資金融通過程都可以被視為資金與金融工具之間的交換過程。狹義的金融工具則是指那些已經標準化了的、在金融市場上被普遍接受和交易的金融資產。這裡著重介紹各種狹義的金融工具。

根據金融工具的期限，可以把它分為貨幣市場金融工具和資本市場金融工具。前者的期限在一年以內，後者的期限則在一年以上。但是這種劃分主要是針對一般的金融工具，也就是股票、債券等基本的融資憑證。在這些一般金融工具的基礎上，還產生了各種不同的買賣合約，這些合約就是所謂的衍生金融工具（derivative instrument）。

3.4.1 貨幣市場金融工具

（1）短期國債

短期國債是由中央政府發行的期限在一年以內的政府債券，其期限通常為3個月、6個月或12個月。最早發行短期國債的國家是英國。現在，西方各國都普遍發行大量短期國債，將它作為彌補財政赤字的重要手段。同時，一定規模的短期國債也是中央銀行開展公開市場業務、調節貨幣供給的物質基礎。短期國債的最大特點是安全性，由於它是憑中央政府的信用發行的，因此幾乎不存在違約風險；它在二級市場上的交易也極為活躍，變現非常方

便。此外，與其他貨幣市場金融工具相比，短期國債的起購點比較低，面額種類齊全，適合一般投資者購買。短期國債的這些特點使它成為一種普及率很高的貨幣市場金融工具。

(2) 可轉讓定期存單

可轉讓定期存單是由銀行向存款人發行的一種大面額存款憑證。它與一般存款的不同之處是其可以在二級市場進行流通，從而解決了定期存款缺乏流動性的問題，所以很受投資者的歡迎。其面額一般比較大（美國的可轉讓定期存單最小面額為10萬美元），期限則多在一年以內。可轉讓定期存單最早是由美國花旗銀行於1951年推出的，並且很快為別的銀行所效仿，目前已成為商業銀行的重要資金來源。在美國，其規模甚至超過了短期國債。中國從1986年下半年開始發行大額可轉讓定期存單，最初只有交通銀行和中國銀行發行，自1989年起，其他銀行也陸續開辦了此項業務。在中國，面向個人發行的存單面額有500元、1,000元和5,000元，面向單位發行的存單面額則一般為5萬元和10萬元。

(3) 商業票據

商業票據是由一些大銀行、財務公司或企業發行的一種無擔保的短期本票（所謂本票，是由債務人向債權人發出的支付承諾書，承諾在約定期限內支付一定款項給債權人）。商業票據是一種傳統的融資工具，但是它的迅速發展是從20世紀60年代後期開始的。由於Q條例規定了存款利率的上限，美國的商業銀行開始尋求新的獲取資金的渠道，其中之一便是通過銀行持股公司（持有數家銀行股份的公司）發行商業票據。與此同時，越來越多的大企業也開始更多地依賴於發行商業票據而獲得流動資金。到20世紀90年代，商業票據已經成為美國數額最大的貨幣市場金融工具。

(4) 回購協議

回購協議是產生於20世紀60年代末的短期資金融通方式。它實際上是一種以證券為抵押的短期貸款。其操作過程如下：借款者向貸款者暫時出售一筆證券，同時約定在一定時間內以稍高的價格購回；或者借款者以原價購回原先所出售的證券，但是向證券購買者支付一筆利息。這樣，證券出售者便暫時獲得了一筆收入。回購協議中的出售方大多為銀行或證券商，購買方則主要是一些大企業，後者往往以這種方式使在自己銀行帳戶上出現的暫時閒置餘額得到有效的利用。回購協議的期限大多很短，很多只有一個營業日，但是由於數額巨大，購買者的收入也很可觀。

(5) 銀行承兌匯票

匯票是債權人向債務人發出的付款命令。匯票必須經債務人承兌方才有

效。所謂承兌，是指債務人在匯票上簽上「承兌」字樣，表明願意到期進行支付。如果對匯票進行承兌的是一家銀行，這張匯票就變成一張銀行承兌匯票（Bank's Acceptance Bill, BA）。如果匯票的付款人到期無力支付，承兌銀行就有責任進行付款，因此銀行承兌匯票是以銀行的信用為擔保的。由於銀行違約的可能性比一般的企業小，因此銀行承兌匯票的風險要比一般的匯票低。在貿易雙方互不瞭解時，尤其是在進行國際貿易的時候，銷售方一般都要求購買方的銀行對匯票進行承兌。由於風險較小，銀行承兌匯票能夠在二級市場上方便地流通。

3.4.2 資本市場金融工具

（1）股票

和其他金融工具不同，股票是所有權憑證（其他金融工具都屬於債權憑證），它代表的是對股份公司淨收入和資產的要求權。根據股東擁有的權利的不同，股票分為普通股和優先股。

普通股的股東具有投票等基本權利，其股息隨公司經營狀況的變化而變化。企業利用普通股進行融資，具有突出的優點：①它沒有償還期。在企業存續期內，股票的持有者只能在二級市場上進行轉讓，而不能要求償還，這樣股份公司就獲得了發行股票所獲收入的長期使用權。②股息的收入可以隨股份公司的經營狀況而波動，不像債券的利息那樣是固定的。因此當股份公司遇到暫時的經營困難時，可以通過減少股息支付來渡過難關，而不必擔心遭到破產清算的威脅。對於投資者來說，購買普通股的好處是可以分享企業的淨收入，並且從股票的升值中獲得資本利得。

優先股的股東在利潤分配和企業剩餘財產的分配方面比普通股股東具有一定的優先權，但一般沒有表決權。優先股又可以分為累積優先股和非累積優先股、參與優先股和非參與優先股等類型。累積優先股是指當企業當年可供分配的利潤不足以支付事先規定的優先股股息時，未支付的部分應累計到以後的年份補足；而非累積優先股的股息如果沒有達到事先規定的水平，以後就不再補發。當企業可供分配的利潤較多時，參與優先股的股東除可按定額或定率獲得規定的優先股股息外，在普通股也分配到和優先股相同的股息後，還可以和普通股股東一起參加當年額外股利的分配，而非參與優先股的股東則沒有這種權利。

大多數優先股也和普通股一樣，沒有償還期，但有的優先股可以在一定期限後由發行者按規定的價格贖回，這種優先股叫作可贖回優先股。還有些優先股可以在一定期限後按規定的比率轉換為普通股，這種優先股叫作可轉

換優先股。

（2）債券

債券是一種使用非常廣泛的債務融資工具。它可以從多個不同的角度進行劃分。

①根據債券發行單位的不同，可以劃分為政府債券、金融債券和公司債券。

政府債券又可分為中央政府債券和地方政府債券。中央政府債券簡稱國債，是政府為彌補財政赤字而發行的債券，一般由財政部發行。由於它是直接以中央政府的信用為擔保的，因此通常被認為是沒有風險的。地方政府（含各州政府）發行的債券又被稱為市政債券，它主要用於為某些大型基礎設施和市政工程籌集資金。購買市政債券的一個好處是它們大多可以享有一定的稅收優惠。例如，在美國，州和地方政府債券的利息收入可以免交聯邦所得稅。

金融債券是由銀行等金融機構發行的債券。銀行等金融機構除通過吸收存款、發行大額可轉讓定期存單等方式吸收資金外，經特別批推，也可以通過發行債券的方式來獲得資金。中國各專業銀行發行金融債券始於 1985 年，其他金融機構則於 1988 年開始發行金融債券。

公司債券有廣義和狹義之分。廣義的公司債券泛指企業發行的債券（中國一般叫「企業債券」），狹義的公司債券則專指由股份公司發行的債券。公司債券是企業融資的重要手段，其期限一般都較長，大多為 10~30 年。公司債券的流動性和安全性都不及政府債券和金融債券，因而利率較高。根據債券發行單位的資信情況，可以將公司債券分為不同的等級。

②按照債券的償還期限，可以分為短期債券、中期債券和長期債券。雖然各國劃分的具體年限有所不同，但是較為通行的劃分是期限在 1 年以下的為短期債券，在 1~10 年的為中期債券，在 10 年以上的為長期債券。例如，美國的短期國債，期限多為 3~6 個月，最長不超過 1 年，中期國債期限在 1~10 年，長期國債的期限則達 10~30 年。

③按照債券是否有擔保，可以分為擔保債券和信用債券。擔保債券是以某種抵押品為擔保而發行的。當發行人不能按期支付利息和本金時，債券持有人為滿足清償要求可以將抵押品出售。信用債券則完全是憑發行人的信用發行的，沒有任何擔保。信用債券的發行人要有很高的資信。

④按照債券的利率是否固定，可以分為固定利率債券和浮動利率債券。

前者的利率在整個期限內是固定不變的。因此，當市場利率上升時，債券的持有者要蒙受損失；當市場利率下降時，債券的發行人要遭受損失，因

為他本來可以以更低的利率在市場上獲得資金。浮動利率債券則可以避免這一缺點，因為它的利率會定期隨市場利率的變化而進行相應的調整。中國於1989年發行的保值公債就是一種浮動利率債券。

⑤按照債券的利息支付方式，可以分為息票債券和折扣債券。息票債券上附有各期的利息票，上面載有付息的時間和金額。息票到期時，債券持有人憑從債券上剪下的息票領取本期的利息，俗稱「剪息票」。息票本身可以作為一種有價證券轉讓，非債券持有人也可以憑息票領取債券利息。折扣債券則不附息票，也不按規定的利率支付利息，而是採取折價出售的方式發行，到期再按票面金額償還，其利息體現在債券面值與其出售價格的差額上。許多國家的國債都採取折扣債券的形式。例如，美國的短期國債就是一種折扣債券。

(3) 衍生金融工具

衍生金融工具是一種合約，它的價值取決於作為合約標的物的某一金融工具、指數或其他投資工具的變動狀況。衍生金融工具主要包括遠期合約、期貨合約、期權合約、認股權證、互換協議及可轉換證券等。近年來，衍生金融工具的交易變得越來越活躍，各種新的衍生金融工具不斷被開發出來。

3.5 金融系統中的信息不對稱

3.5.1 信息不對稱及其基本問題：逆向選擇與道德風險

貨幣出現以後，儲蓄和投資成了兩個相互分離的行為。這樣，在資金盈餘者與資金短缺者之間就難免會產生信息不對稱問題。信息不對稱是指一方擁有的信息比另一方多。信息不對稱問題的研究最早是針對舊車市場的。舊車賣主在瞭解舊車情況的方面肯定優於買主，他知道舊車的性能如何，而買主不知道。由於買主不知道舊車的質量，因此，買主一般只願意以舊車的平均質量來支付舊車的價格。如果賣主所賣的舊車是次品車，賣主自然是很樂意的；但是，如果是一輛好車，買主所支付的價格就低於該車的質量，賣主實際上是不願意賣出的。最後的結果是，舊車市場上只有次品車，沒有好車。

像舊車市場這樣的「次品車」問題，在金融領域也同樣存在。在保險市場上，保險公司由於無法確定每個參保司機發生交通事故的概率，只能對所有交通事故險的參保司機確定統一的收費標準，比方說，保費率為投保金額的2%。但是，每個司機發生事故的概率是不同的，有的人安全防範意識高，他們發生事故的概率自然就低些；有的人粗心大意，動輒酒後開車，或喜歡

為尋求刺激而超速駕駛，他們出車禍的概率自然就要高一些。保險公司因信息不對稱而難以分辨這兩類投保人，採用了統一的保費率。這樣，最積極購買交通事故險的往往是那些出車禍概率較高的司機，那些駕駛很謹慎的司機則較少來購買保險。

在信貸市場上也存在同樣的「次品車」問題。由於信息不對稱，貸款者往往難以對借款者的狀況、風險程度進行很好的分辨，只能對所有借款者都採用相同的利率。貸款者也經常認為，採用較高的利率可以將那些償還概率較低的借款者擠出信貸市場，通過利率可以對借款者進行篩選。但由於對所有借款者都採用了相同的利率，最後，真正願意來借款的恰恰是那些高風險的借款者了，那些低風險的借款者反而被擠出了信貸市場。

諸如此類由信息不對稱引起的「次品車」問題叫逆向選擇，它是在合約簽訂之前發生的。信息不對稱還會引起另一個問題，就是道德風險，它是在簽訂合約之後發生的。更一般地說，金融中的道德風險是指資金短缺者在獲得了投資者提供的資金以後，從事投資者所不希望其展開的活動。在信貸市場上，借款者在獲得了一筆借款後，由於使用的是別人的錢，他們就可能會冒比較高的風險。不妨舉一個假想的例子：你的一位老兄從你那裡借了5萬元錢準備開一家餐館，加上他自己的2萬元，總投入為7萬元，他支付給你的利息年利率為5%。如果經營得好，他一年的投資回報率可以達到15%，即在一年後可以得到10,500元的回報，在償付你2,500元的回報後，還剩下8,000元的利潤，即他自己的回報率高達40%。但如果這位老兄從你那裡借得5萬元後，看到街上到處都在賣體育彩票，特等獎的最高金額可以達到500萬元，這可比辛辛苦苦干一年才賺8,000元更誘人，於是，他就拿著從你那裡剛借來的5萬元錢去買體育彩票，不再開餐館了。大家都知道，中特等獎的概率極低，所以，這位老兄發生了這樣的道德風險時，你借給他的5萬元錢就很有可能得不到償還。在保險中，投保者在購買了保險後就可能降低自我防範的意識，因為一旦出了事故，反正有保險公司兜著，這就是保險中的道德風險。

在股份公司中，類似的道德風險被稱為委託—代理問題。這裡的委託人一般是指股東，代理人是指經營公司的經理人員，他們掌握著公司經營的控制權。在股份公司中，如果經理人員所持的股份極少，或者根本就沒有持有股份，那麼，所有權與控制權就基本上是分離的。所有權和控制權的分離可能使經理人員產生道德風險，他們極有可能按照自己的利益，而不是股東的利益行事。還是以總投資7萬元的餐館為例，假設除了這位老兄和你外，還有另外98位投資者，你們每人投入了700元，每個人都對這家餐館擁有1%

的股份。你們一致決定,將餐館交給這位老兄來經營,每年給他的工資是 8,000 元。這位老兄拼命地工作,餐館每年得到的投資回報率還是 15%,一年下來總的回報為 10,500 元。但由於每個投資者都擁有餐館的 1% 的股份,因此,你們每人每年可分得 105 元的紅利。經營餐館的老兄的總收入為 8,105 元。但是,如果他愛偷懶,時不時地跑出去打保齡球或喝咖啡,餐館經營得比較差,每年得到的投資回報率只有 1%,一年下來只有 700 元的利潤,這樣,每個投資者一年分得的紅利就只有 7 元了。經營餐館的這位老兄一年總收入為 8,007 元,比他兢兢業業工作也就只少了 98 元。他覺得,這 98 元不足以補償他去打保齡球或喝咖啡的效用,於是,他就很有可能不會好好經營餐館了。

除了偷懶外,如果這位老兄還不誠實,他就不會告訴你和另外 98 位投資者餐館的真實盈利狀況。即使每年有 8,000 元的盈利,他也說只掙得了 2,000 元的利潤,將剩餘的 6,000 元供他自己花費。這就產生了股份公司委託—代理關係中的內部人控製問題。所謂內部人控製,就是代理人利用自己的信息優勢,為了最大化自己的利益而掩蓋公司經營的真實狀況。我們只要看看一些上市公司的情況就知道了,儘管公司的經營業績很不理想,但公司的高層經理人員住著寬敞的高級寓所,駕著豪華靚車,出差時住的都是高檔星級賓館。當然,所有的花費全都是由公司的財務列支的,即真正的買單者是公司的股東。

3.5.2 信息不對稱的解決辦法

(1) 信息的私人生產和銷售

由於道德風險和逆向選擇是由信息不對稱引起的,因此,獲取盡可能多的信息就是解決逆向選擇和道德風險的關鍵。我們常說要「三思而後行」,其含義之一就是你在行動之前要盡可能地收集各方面的信息,以免做出對你自己不利的選擇。成語故事「黔驢技窮」就很形象地說明了周詳地收集信息是如何避免了逆向選擇的。毛驢剛到貴州時,老虎見它是個龐然大物,不知毛驢有多大的本領,於是就躲在樹後偷偷地觀察。過了一會兒,老虎就從樹後走出來,漸漸地接近毛驢,毛驢大叫了一聲,老虎被嚇了一大跳,倉皇逃跑了。後來,老虎對毛驢的叫聲習以為常了,覺得毛驢並沒有什麼了不起的本領,就故意去冒犯毛驢。毛驢一怒之下,就用腳去踢老虎。老虎據此判斷,毛驢的本領只不過如此罷了,於是就將毛驢吃掉了。由於老虎最初並不知道毛驢的本領,為了避免自己反被毛驢吃掉這種逆向選擇,老虎就事先詳細地收集毛驢本領的各種信息,避免了自己被毛驢吞吃的悲劇。

與老虎收集毛驢本領的信息相類似，解決融資活動中的道德風險和逆向選擇問題的辦法，是向資金供應者提供那些正在為投資尋求資金的個人或公司的詳細情況。如果保險公司能識別各位司機出現交通事故的概率，它就可以針對司機出事故的概率大小來收取保費。如果你知道你那位老兄會把你借給他的錢拿去買彩票，你大概也不會把錢借給他；如果你和另外 98 位投資者知道那位經營餐館的老兄不會如實報告實際的經營業績，你們就可能要求他對餐館每天的經營情況做出詳細的記錄。

使貸款者獲得借款者信息的途徑之一，就是設立私人公司，由它們負責搜集和生產企業的有關信息，將好公司與壞公司區分開來，然後將這些信息賣給投資者。國際上著名的標準普爾和穆迪投資者服務公司就是這種專門生產信息的公司。你在投資之前，也可以對擬投資的公司進行調查，獲取相關信息。然而，信息在某種程度上是一種公共產品，其效用並不會因為別人的使用而下降，對信息產品消費的邊際成本為零，而且對信息的使用是難以監督的，很難像有形私人物品那樣通過市場交換後才能獲得對某一種商品的效用，在信息的消費中廣泛存在搭便車的現象。這樣，私人生產和加工信息就會導致這種公共產品的供給不足。

（2）金融仲介

金融仲介機構能夠成為生產借款者信息的專家，從而在某種程度上分辨信貸風險的高低。它們能夠從存款者那裡獲得資金，再將資金貸放給好的公司。由於銀行貸款大部分是發放給好公司的，它們就能夠通過向其貸款獲得比支付給存款者的利息更高的收益。這樣，銀行獲得盈利，使它們能夠從事此類生產信息的活動。銀行之所以具有從信息生產中獲利的能力，是因為銀行在長期貸款活動中，可以發展對公司信息生產和加工的專長。銀行之所以有收集這方面信息的激勵，一個重要因素在於，它們主要發放私人貸款，而不是購買在公開市場上交易的證券，這就有效地避免了搭便車問題；而且銀行發放貸款的規模一般較大，不像單個投資者的貸款活動規模較小。由於信息搜集、處理和加工成本不因貸款規模的大小而有大的變化，因此，銀行收集並處理企業的信息，然後向企業發放貸款，就有效地降低了投資的單位信息成本。這就是我們在前面分析的金融仲介的規模經濟優勢，它有助於克服信息收集中的搭便車問題。

但是，金融仲介機構只是部分地解決了信息不對稱問題，並沒有解決信息不對稱引起的全部問題。事實上，作為仲介機構的銀行也常常遭受逆向選擇和借款者道德風險的衝擊。為了更好地獲取借款者的信息，銀行還可以採取其他手段，如貸款承諾、抵押和淨值要求等。

(3) 貸款承諾

解決信息不對稱的另一個辦法是貸款承諾和金融機構的信貸額度。貸款承諾是金融機構事先與企業簽訂的合約，規定在未來一定時期內，只要合約規定的條件沒有發生變化，銀行就要向企業給予信貸支持的承諾。信貸額度是純循環貸款。在規定的時間間隔內，企業如果需要資金，就可以從銀行獲得額度範圍以內的貸款。因此，信貸額度對借款者而言具有較高的靈活性，可經常用作流動資金的主要來源。貸款承諾分為可撤銷和不可撤銷的貸款承諾兩種。可撤銷的貸款承諾是指在銀行與企業簽訂貸款承諾合約後，如果出現了不利於銀行的變化情況，比如宏觀經濟環境的惡化、企業重大人事變更影響到企業的前景時，銀行就可拒絕按照承諾向企業提供貸款。不可撤銷的貸款承諾是指無論未來發生了什麼樣的變化，銀行都必須向企業提供承諾合約中規定的貸款。

貸款承諾使借款者免受信用配給或信用緊縮之苦，它既可以幫助解決逆向選擇和道德風險問題，也可能使這些問題更為嚴重。貸款承諾會規定潛在借款者獲得貸款承諾的各種各樣的條件——前期費用、使用費、利率等。銀行可能使借款者顯示它們的真實類型，或選擇較高淨現值的投資項目，這在一定程度上解決了逆向選擇的問題。而且，在貸款承諾中，銀行有權瞭解企業實際經營狀況，監督企業的經營行為，尤其是在可撤銷貸款承諾中，一旦企業的條件發生了不利於銀行的變化，銀行可拒絕繼續向企業提供貸款，這樣就會使企業的行為在一定程度上變得更為謹慎，又部分地解決了道德風險問題。然而，貸款承諾也可能使信息問題變得更為嚴重，因為承諾合約簽訂的時間較早，獲得的有關借款者的信息較少。如果是這樣，對那些不可撤銷的貸款承諾而言，就可能使信息不對稱的問題變得更為嚴重。

(4) 抵押和淨值

只有當借款者不能歸還貸款而使得貸款者蒙受損失時，逆向選擇和道德風險才會阻礙金融市場的正常運作。但現在銀行在發放貸款時極少不要求抵押或第三方擔保。我們申請住房信貸，銀行一般都要求以所購買的住宅為抵押品；銀行在向企業發放貸款時，一般也會要求企業以相應的設備、廠房等作抵押。原因在於，抵押品弱化了逆向選擇和道德風險的不利後果，因為它使貸款者在借款者違約的情況下減少損失。尤其是抵押品的價值與貸款額之比越高，借款者違約的可能性就越小。如果借款者發生貸款違約，貸款者可以變賣抵押品，並用出售所得的款項補償未清償的貸款餘額。但抵押的有效性依賴於抵押品二級市場的發達程度。如果抵押品二級市場較為活躍，一旦借款者違約，銀行可以順利地在二級市場上變現抵押品，從而收回未償還的

貸款餘額；如果抵押品二級市場落後，銀行很難變現抵押品，或變現的成本相當高，這就會降低抵押品反逆向選擇和道德風險的效力。

淨值發揮著與抵押品相似的作用。公司的淨資產越高，對外援融資的依賴性就會越弱，但它也就越容易得到外援融資的支持。如果公司的淨值較大，那麼，即便它從事了導致虧損的投資，從而在貸款償付上發生違約，貸款者仍可以取得公司淨值的所有權，並將其售出，用銷售所得款項補償未清償的貸款餘額。

另外，公司的淨值越大，其違約的可能性就越小，因為公司擁有償還貸款的緩衝資產。企業家個人投到項目中的淨財富占投資總額的比例越高，企業家對項目的選擇就越謹慎，對貸款者而言，發生逆向選擇的概率就降低了；而且，如果企業家投到項目中的淨財富越高，企業家改變資金投向，去從事一些高風險的不利於借款者利益的動機也會減弱。如果和你們一起開餐館的那位老兄在 7 萬元的總投資中占了 5 萬元，那麼，他在該打理餐館的時候出去打保齡球或喝咖啡的可能性就小多了，向你們隱瞞真實盈利信息的動機也會減弱。極端地，如果 7 萬元全是他一個人的投資，除非是為了逃避納稅義務，那他就更沒有隱瞞盈利狀況的必要了。因此，如果尋求貸款的公司或個人擁有較大的淨值，逆向選擇與道德風險的後果不甚重要，貸款者就相對更願意提供貸款。

(5) 合約的正向激勵

合約的正向激勵就是在交易雙方簽署金融合約時，信息劣勢方約定，若在一定時期內信息優勢者沒有出現有損於前者的行為時，信息劣勢者將會以優惠的條件向後者提供相應的金融服務。在保險合同或資金的借貸合同中，通常會有合約的正向激勵條款。比如，在汽車保險中，若在投保後的一個週期內，沒有發生什麼事故，那麼，在下一個週期的投保中，保險公司會給予更高折扣的保單；再比如，若沒有過去的違約記錄，那麼，銀行可能會以更優惠的利率向借款者提供貸款。2009 年 10 月，中國人民銀行在調整利率時，將住房抵押貸款利率的下浮區間擴大到 30%，即商業銀行發放的住房抵押貸款利率可以在中國人民銀行規定的基準利率上打 7 折。但許多商業銀行規定，能夠享受 7 折利率優惠的借者必須在過去沒有違約記錄。結果，有的借款者因為信用卡極少的利息沒有及時還清，在個人徵信系統中產生了不良信用記錄，均無法享受到 7 折優惠利率。

(6) 外部監管與政府的作用

解決逆向選擇和道德風險的另一個辦法就是實施外部強制監管機制。在世界各國，金融業都是政府監管最嚴的領域。各國都制定了法律，要求公司

使用標準的會計準則，以便人們更容易判斷公司的真實經營狀況；政府部門還規定，對於公開上市的公司，必須定期地公布其經營狀況的中期報表和年報，對各種重大經營事項要及時地在指定刊物上予以披露。我們幾乎每天都可以在《中國證券報》《上海證券報》和《證券時報》這樣的報紙上看到一些上市公司經營狀況變動的公告，這是上市公司按照政府的監管要求在履行信息披露的義務。但是，有的公司也可能提供虛假的信息，隱瞞真實的盈利狀況，這種違反規定的行為是要受到法律的懲罰的。

除了監管之外，政府也利用現代信息化技術將借款人的信用狀況當作一種準公共產品向金融機構提供。為了弱化信息不對稱給中國銀行業帶來的不利影響，2003年，中國人民銀行成立了徵信局，並建立了相應的徵信系統。目前，中國所有個人借款者（包括你在學校獲得的助學貸款和日後的住房抵押貸款及償還情況）的信用信息都進入了這個徵信系統，商業銀行可以在這個系統中查詢有過借款記錄的信用信息。如果王小二在大學期間借過助學貸款，畢業後沒有如期還本付息，要再申請其他的貸款可就難了。

4 外匯與匯率

4.1 外匯及外匯管制

4.1.1 外匯的含義

外匯（Foreign Exchange），即國際匯兌，是國際經濟活動得以進行的基本手段，是國際金融最基本的概念之一。我們可以從動態和靜態兩個不同的角度理解外匯的含義。

動態的外匯是指把一國貨幣兌換為另一國貨幣以清償國際債權債務關係的實踐活動或過程。從這個意義上說，外匯同於國際結算。

靜態的外匯是指為清償國際債權債務關係而進行的匯兌活動所採用的手段和工具。靜態的外匯概念是從動態的匯兌行為中衍生出來並廣為運用的，它又有廣義與狹義之分。各國外匯管理法令所稱的外匯就是廣義的外匯。如中國1996年1月29日頒布，並於同年4月1日開始實施的《中華人民共和國外匯管理條例》第三條規定，外匯是指以外幣表示的可以用作國際清償的支付手段和資產，它們是：①外國貨幣，包括紙幣、鑄幣；②外匯支付憑證，包括票據、銀行存款憑證、郵政儲蓄憑證等；③外幣有價證券，包括政府債券、公司債券、股票等；④特別提款權、歐洲貨幣單位資產；⑤其他外匯資產。而狹義的外匯，也就是我們通常所說的外匯。它是指外國貨幣或以外國貨幣表示的能用於國際結算的支付手段。

4.1.2 外匯的特徵

由上可知，外幣與外匯是兩個相聯繫、又相區別的範疇。

首先，外匯包括外幣，但外匯不等於外幣，外匯中還包括其他內容，外匯的主要內容是外幣支付憑證。

其次，外匯包括外幣，但不是所有的外國貨幣都能成為外匯。通常情況下，只有可以自由兌換的外幣才是外匯，因為外匯的實質是國際支付手段，

如果某種貨幣不能自由兌換，它也就不能成為國際支付手段。一種外幣要成為外匯必須具備三個前提條件：第一，自由兌換性，即這種外幣能自由地兌換成本幣；第二，可接受性，即這種外幣在國際經濟交往中被各國普遍地接受和使用；第三，可償性，即這種外幣資產是能得到補償的債權。這三個前提條件即外匯的三大特徵，只有滿足這三個條件或符合這三個特徵的外幣及其所表示的資產才是外匯。

此外，在理解「外匯」這一概念時，還應注意其中的債權內涵。持有外匯意味著對外匯發行國擁有債權。持有外匯過多，一方面意味著國際支付能力強和有可能對外匯發行國施加影響；另一方面則意味著大量該由本國享受的資源，被借給外國利用，並要承擔外匯貶值的風險。因此，如何管好、用好持有的外匯儲備是一個很值得研究的問題。

4.1.3 外匯管制及其類型

（1）外匯管制的概念

外匯管制（Exchange Control or Exchange Restriction），又稱外匯管理（Exchange Management），是指一國政府通過法律、法令以及行政措施對外匯的收支、買賣、借貸、轉移以及國際結算、外匯匯率、外匯市場和外匯資金來源與應用所進行的干預和控制。外匯管制的目的是平衡國際收支、維持匯率以及集中外匯資金，根據政策需要加以分配。簡單地說，外匯管制就是一國政府對外匯的收支、結算買賣與使用等各個環節所採取的一系列限制性措施。外匯管制的主體是由政府機構授權的貨幣金融當局或其他政府機構，在中國是國家外匯管理局。外匯管制體現的都是政府的意圖，並且具有濃厚的時代背景和歷史原因，其整體趨勢是趨於放鬆的，中國也不例外。

（2）外匯管制的類型

目前在世界上，根據各國對外管制的程度不同，大致有三種外匯管制的類型。

第一類：實行嚴格的外匯管制。無論是對國際收支中的經常項目還是資本項目，都實行嚴格管制，蘇聯、東歐國家和大多數發展中國家大多屬於這一類型。據統計，這種類型的國家或地區有90多個。

第二類：實行部分的外匯管制。這種外匯管制一般是對非居民的經常性外匯收支（包括貿易和非貿易）不加限制，准許自由兌換或匯出國外，而對資本項目的外匯收支，則加以限制。實行這類外匯管制的國家經濟比較發達，國民生產總值較多，貿易和非貿易出口良好，有一定的外匯黃金儲備。目前列入這一類型的國家和地區有40餘個。

第三類：完全取消外匯管制。這種類型的國家和地區准許本國和本地區貨幣自由兌換成其他國家和地區的貨幣，對貿易和資本項目的收支都不加限制。一些工業很發達的國家，如美國、英國、德國、瑞士等，以及國際收支有盈餘的一些石油生產國，如科威特、沙特阿拉伯、阿拉伯聯合酋長國等均屬於這一類型。這類國家和地區經濟很發達，國民生產總值高，貿易和非貿易出口在國際市場上占相當份額，有豐富的外匯黃金儲備。目前列入這一類型的國家和地區有 20 餘個。

由以上外匯管制的分類可以看出，一個國家和地區外匯管制的寬嚴程度，完全取決於這個國家和地區的經濟金融情況和國際收支情況，以及外匯和黃金的儲備量。因此，隨著世界經濟格局的變化和經濟秩序的重新組織，每個國家對外匯進行管制的程度也會不斷變化。

4.1.4　外匯管制的影響

外匯管製作為一種經濟政策，在實施過程中，既有一定的積極作用，又有一定的消極作用。從總體上看，外匯管制可以使一國經濟少受或不受外來因素的影響，如穩定經濟、改善國際收支狀況、保護和促進本國工業發展等，一般也可實現，但是與此同時，外匯管制的實施也會給本國經濟和世界經濟帶來許多不利影響。

（1）阻礙國際貿易的正常發展，增加國際摩擦

實行外匯管制，限制了外匯的自由買賣與支付。外匯管制國家之間以及外匯管制國家與不實行外匯管制國家之間必然要實行限制性程度不同的雙邊結算制度，這無疑會阻礙國際貿易的規模擴大。另外，由於實行外匯管制，貿易往來和資本流動往往帶有政府的意圖，而不僅是商人之間的自由交易，因而必然會加深國際猜忌、摩擦和矛盾，引起對方的報復，貿易戰、貨幣戰也會隨之加劇。

（2）外匯市場機制的作用不能得到充分發揮

自由外匯市場和管制下的外匯市場有所不同。在自由外匯市場上，由於市場機制的作用，外匯供求之間，遠期匯率和利息率之間，在一定程序下能夠取得均衡。而在外匯管制下，匯率由政府決定，外匯的供求也受到嚴格的控製，因此在外匯市場上不能進行多邊交易，資本也不能自由流動，這就造成國際金融市場的分裂和解體。

（3）降低資源的有效分配與應用

外匯管制的結果，隔離了本國市場與國際市場的聯繫。國內的生產者和商人無法正常地生產、銷售、選購市場所需的物美價廉的商品，這使生產與

貿易脫節，違背了國際貿易比較利益的原理，使資源有效分配的機制無法發揮作用。

(4) 不利於引進外資

外匯管制的鬆緊一直被國外投資者認為是該國投資環境的一個最主要方面，因為外匯管制給他們在該國投資的還本付息、紅利分配及債務償還帶來困難，從而降低了投資者投資的興趣，使本國難以利用外資加快本國經濟的建設。

(5) 某些商品的成本提高，導致國內物價上漲

外匯管制雖有抑制國內物價上漲的作用，但是對於某些進口商品，或因徵稅過高，或因歧視匯率的實行，也會提高其價格，從而導致該類商品價格的上漲，造成國內通貨膨脹壓力。

4.2 外匯交易

4.2.1 即期外匯交易與遠期外匯交易

匯率就是一個國家的貨幣兌換成另一個國家的貨幣時買進、賣出的價格。即期外匯業務（Spot Exchange Transaction）也稱現匯業務，是指買賣雙方在外匯買賣成交後，原則上在兩個工作日以內辦理交割的外匯業務。

即期外匯業務是外匯市場中業務量最大的外匯業務。特別是從 1973 年各國普遍實行浮動匯率以來，匯率波動極為頻繁，進出口商為了加速資金週轉和避免匯率波動的風險，經常選擇即期外匯業務。經營外匯業務的銀行，為了及時平衡外匯頭寸，也大量採用即期業務，使即期外匯業務的規模迅速擴大。

遠期外匯業務（Forward Exchange Transaction）又稱期匯業務，是一種買賣雙方先簽訂合同，規定買賣外匯的數量、匯率和將來交割外匯的時間，到了規定的交割日期買賣雙方再按合同規定，賣方交付外匯，買方交付本幣現款的外匯交易。通過遠期外匯交易買賣的外匯稱為遠期外匯或期匯。遠期外匯結算到期日以一星期、兩星期、一個月、兩個月、三個月、六個月居多，有的可達一年或一年以上。

從事國際貿易的進出口商以及從事外匯業務的銀行都可以通過遠期外匯業務規避外匯風險。對進出口商來說，選擇遠期外匯業務可以得到兩方面好處：①可以在將來某一特定時間以合約規定的匯率出售或購買合約中規定數量的外匯，而不管在支付或收到外匯貨款時匯率發生了什麼變化，從而規避外匯風險；②雖然外匯貨款的收付在將來才發生，但通過遠期外匯業務，出

口商或進口商在簽訂貿易合同時就可以精確地計算出貿易合同的本幣價值，有利於成本核算。

也有一部分投機者利用遠期外匯市場進行外匯投機。當投機者預測某種外匯將來的市場價格將超過目前市場遠期匯價時，在遠期外匯市場買進遠期外匯進行投機；當投機者預測該貨幣將來的市場價格將低於當前市場遠期匯價，在遠期外匯市場賣出遠期外匯。

4.2.2　套利與套匯

套匯（Arbitrage）又稱地點套匯（Arbitrage in Space），是指套匯者利用不同外匯市場之間出現的匯率差異，同時或者幾乎同時在低價市場買進，在高價市場出售，從中套取差價利潤的一種外匯業務。由於空間的分割，不同外匯市場對影響匯率諸因素的反應速度和反應程度不完全一樣，因而在不同的外匯市場上，同一種貨幣的匯率有時可能出現較大差異，這就為異地套匯提供了條件。套匯業務有兩種形式，即直接套匯和間接套匯。直接套匯又稱雙邊套匯（Bilateral Arbitrage）或兩角套匯（Two-point Arbitrage），這是指利用兩個外匯市場之間出現的匯率差異而進行的套匯活動。間接套匯又稱多邊套匯（Multilateral Arbitrage）或三角套匯（Three-point or Triangular Arbitrage），是指套匯者利用三個不同外匯市場中三種不同貨幣之間交叉匯率的差異，同時在這三個外匯市場賤買貴賣，從中賺取差額利潤。

4.2.3　套利業務

套利（Interest Arbitrage）又稱利息套匯，是指套利者利用金融市場兩種貨幣短期利率的差異與這兩種貨幣遠期升（貼）水率之間的不一致進行有利的資金轉移，從中套取利率差或匯率差的一種外匯買賣。

由於金融市場自身調節機制和投機者行為的作用，國際金融市場上高利率的貨幣遠期匯率一般表現為貼水，低利率的貨幣遠期匯率表現為升水，而且根據利率平價理論，從長期來看，兩種貨幣的利率差異與這兩種貨幣之間的遠期升（貼）水趨於相等。但是，在任意給定的一個時點上，兩種貨幣的利率差異往往不等於它們之間的遠期升（貼）水水平，此時，投機者就可以利用這種「不一致」進行有利的資金轉移，從中套取利潤。我們把國際金融市場上兩種貨幣的利率差異和遠期升（貼）水不相等稱為利率平價失衡。利率平價失衡是投機者從事套匯活動的基本條件，具體的套利途徑要視情況的差異而定。

4.3 匯率風險及其管理

4.3.1 什麼是匯率風險

　　現在的經濟全球化程度越來越高，企業要更加廣泛地參與國際競爭，同時資本的流動也越來越國際化。要從事國際貿易、投資和借貸活動的企業、銀行等，在它們的國際經濟活動中不可避免地收付大量的外匯，或持有外幣計值的債權債務。當匯率發生變化時，一定數量的某種外匯兌換或折算成本幣或另一種別的外匯的金額就會發生變化。例如，我們在前面的例子中看到，當那家美國企業與德國企業簽訂了進口合同後，如果歐元匯率在三個月後大幅上升了，這家美國企業可能要多支付 1,000 萬美元的貨款。這就是匯率風險，即企業、個人等在持有或運用外匯的經濟活動中，因匯率的變化而蒙受損失的可能性。對某些企業和金融機構而言，它們的資產可能主要是以本幣計值的，負債則主要是以某種外幣計值的；或者相反，資產主要以外幣計值，負債以本幣計值。這種現象就叫貨幣錯配。由於資產和負債的貨幣錯配，資產負債表就可能對匯率的變化十分敏感。若一國大量的企業或金融機構都存在較嚴重的貨幣錯配，匯率變動的風險不僅會影響企業和金融機構的穩定經營，甚至可能對本幣匯率和整個金融體系的穩定產生不利的影響。

4.3.2 匯率風險管理策略

　　當存在匯率風險時，我們就要想方設法來規避或減少這種風險。實際上，我們在前面已經介紹了匯率風險管理的部分策略，如套期保值、掉期交易等。下面我們略為詳細地介紹一下基本的匯率風險管理策略。歸納起來，主要有以下幾個方面的策略：

（1）簽訂合同時的管理策略

　　在簽訂合同時，選擇好計值貨幣對匯率風險管理是至關重要的。在選擇合同貨幣或計值貨幣時，可以遵循以下幾個方面的原則：

①爭取使用本國貨幣作為計值貨幣或合同貨幣。

②出口或資本輸出時爭取使用強勢貨幣，進口或資本輸入時則取用弱勢貨幣。

　　這樣，由於是以本幣進行結算的，在清償時不會要求本幣與外幣之間的兌換，外匯風險也就無從產生，但它同時也將匯率波動的風險轉嫁給對方承擔。在上面那個例子中，那家美國的企業在進口後，當歐元匯率上升後，它

之所以要多支付1,000萬美元，就是因為在我們假想的這個例子中歐元是強勢貨幣，而美元則處於相對的弱勢地位。如果它們在合同中規定採用美元結算，那麼對這家美國公司來說，就不會產生這樣的匯率風險。但是，這種方法並不是對所有國家的企業、組織或個人都適用的，因為這種風險管理策略要求本國貨幣必須可以自由兌換。但實際上，世界上很多國家的貨幣都不可自由兌換。

強勢貨幣就是指在外匯市場匯率具有上升勢頭的貨幣；相反，弱勢貨幣則是指在外匯市場上匯率具有貶值趨勢的貨幣。當出口商品或資本輸出時，如果以強勢貨幣作為計值貨幣，那麼，當計值貨幣的匯率在結算或清償時升值，那麼，就可以換回更多的本國貨幣或其他外幣。同樣，如果進口商或債務人爭取以弱勢貨幣作為計值貨幣，那麼，當這種貨幣的匯率貶值時，就可以少支付一些本國貨幣或其他外匯。因此，這同在選擇合同貨幣時盡量用本幣計值一樣，實際上是將匯率波動的風險轉移給交易的對方來承擔。

由於選擇不同的合同貨幣會將匯率波動的風險轉嫁給交易對手來承擔，但對方也不是傻瓜，選擇合同的計值貨幣來規避匯率風險只是一廂情願的想法。現在，規避匯率風險更多的是採用金融市場操作。

(2) 金融市場操作

除了前面介紹的套期保值、掉期交易，我們還可以利用現匯交易、期權交易、互換交易、借款—投資和借款—現匯交易—投資等方式來規避和降低匯率波動的風險。有關外匯期權、互換交易，我們將在下一章中詳細介紹。在這裡，我們只介紹現匯交易、借款—投資等外匯風險管理策略。

現匯交易主要是指外匯銀行利用現匯市場買賣外匯，來軋平每日對一般客戶買賣外匯所帶來的多頭或空頭外匯頭寸，從而避免匯率波動給它帶來的風險。

借款—投資則是通過創造與未來外匯收入或支出相同幣種、相同金額、相同期限的債權債務來達到規避匯率波動的風險的目的。例如，假設你是公司的財務經理，你們公司剛出口了一批貨物，合同金額總共為1,000萬美元，現在美元與人民幣之間的匯率為 $ 1 = ¥6.250,0。但這筆貨款要在三個月以後才能到帳。如果在三個月後，人民幣貶值了，人民幣匯率下跌到了 $ 1 = ¥6.500,0，那麼，你們將1,000萬美元的貨款換成人民幣時，就比原先的匯率多出了250萬元，這自然是很高興的事情。但是，如果人民幣升值了，比方說，在你們收到貨款時，人民幣與美元間的匯率變成了 $ 1 = ¥6.000,0，那麼，你們就虧了250萬元人民幣。為了防止匯率的這種波動給你公司帶來損失，作為財務經理的你，可以在簽訂合同時，借入1,000萬美元，期限

為三個月。借入 1,000 萬美元後馬上在現匯市場上將它按照現在 $1 = ¥6.250,0 的匯率換成人民幣，共可換回 6,250 萬元人民幣。當你們公司在三個月後收到 1,000 萬美元的貨款時，就將它用於償還原來的借款。這樣，除了借款所支付的利息外，你們公司就沒有更大的損失了。

相反，如果你們公司是從國外進口了一筆價值 1,000 萬美元的設備，而且三個月後，人民幣與美元之間的匯率變成了 $1 = ¥6.000,0，那麼，你們就比原先少支付了 250 萬元人民幣。但是，如果人民幣貶值了，人民幣匯率下跌到了 $1 = ¥6.500,0，那麼，你們支付的總價款就會達到 6,500 萬元，比原先多出了 250 萬元人民幣。為了防止這種匯率波動的損失，你作為財務經理，現在可以買入 1,000 萬美元，總共支付 6,250 萬元人民幣。等到三個月後，就用現在買入的這 1,000 萬美元償付貨款。通過這樣的操作，你就可以將你們公司的出口收益或進口成本鎖定在你們所期望的水平上。但是，必須注意不同的操作方向，否則，你不僅無法鎖定收益和成本，反而會帶來更大的損失。

外匯是國外匯兌的簡稱，有動態和靜態之分。外匯市場就是外匯買賣的場所，而且是一個無形的場外交易市場。現在的外匯市場是全球 24 小時連續不斷交易的市場。

匯率就是將一種貨幣換成另一種貨幣的比價關係。匯率的標價方法有兩種：直接標價法和間接標價法。匯率分為：買入匯率與賣出匯率；即期匯率和遠期匯率；基本匯率和交叉匯率。

即期匯率是買賣雙方成交後，在兩個營業日內辦理外匯交割時所使用的匯率。遠期匯率則是買賣雙方事先約定的，據以在未來一定日期進行外匯交易的匯率。遠期匯率的報價方式主要有直接報價和遠期差價法。遠期匯率與即期匯率之間的差額就為遠期差價。遠期匯率可能升水、貼水或為平價。

在直接標價法下，若遠期差價為升水，則遠期匯率就等於即期匯率加上升水額；若遠期差價為貼水，則遠期匯率就等於即期匯率減去貼水額。在間接標價法下，若遠期差價為升水，則遠期匯率就等於即期匯率減去升水額；若遠期差價為貼水，則遠期匯率等於即期匯率加上貼水額。

本國貨幣與基本貨幣之間的匯率就是基本匯率。其他國家的貨幣與本國貨幣之間的匯率可根據基本匯率計算出來，計算出來的匯率就是交叉匯率。

根據不同的交割時間，外匯交易可分為即期交易和遠期交易。即期外匯交易就是買賣雙方成交後，在兩個營業日內進行交割的外匯交易。遠期交易是指買賣雙方在成交後，按照簽訂的遠期合同規定，在未來約定的某個日期進行交割的外匯交易。遠期外匯交易的目的一般是套期保值或投機。

在外匯市場上，人們還可能套利和套匯。套利是當兩個國家之間的利率水平出現差異時，將資金從低利率的國家轉移到高利率的國家從而套取利差的行為。套匯是利用同一種貨幣在不同的外匯市場間的匯率出現差異的機會，為獲取匯差的外匯交易行為，又分為直接套匯和間接套匯。

在外匯市場上，匯率會波動，這就帶來了匯率風險。企業和金融機構等存在明顯的貨幣錯配時，匯率波動的風險也更明顯。為了防範和規避匯率風險，可以選擇好合同貨幣或計值貨幣，也可以進行金融市場操作，包括現匯交易、借款—投資、套期保值、掉期交易和互換等。

4.4 匯率的決定

4.4.1 實行外匯管

匯率的決定是匯率理論中的核心問題，概括地說，基本取決於兩個方面。

首先，可比的基礎。兩種鑄幣之所以可比，是由於兩種鑄幣都由金所鑄成。這個比例叫鑄幣平價或金平價。當鑄幣退出流通時，不同種類的貨幣之所以可比，是由於它們都有流通、行使的領域，在這個領域中可用以購買、用以支付。換言之，由於它們都具有購買力，都具有對內價值這個同一的、可比的基礎，所以才能相互兌換。

其次，外匯作為外匯市場上的一種商品，存在著由於種種原因而引起的供求對比變化。當一種貨幣在外匯市場上對某種或某些其他貨幣供不應求時，貨幣會升值；反之，當一種貨幣在外匯市場上對某種或某些其他貨幣供過於求時，其會貶值。簡言之，外匯供求對比的波動必然引起匯率的相應波動。

任何匯率決定學說都擺脫不了這兩個基本點。

4.4.2 匯率決定說

國際借貸說（Theory of International Indebtedness），也稱國際收支說（Theory of Balance Payment），是在金本位制度盛行時期流行的一種闡釋外匯供求與匯率形成的理論。由於存在鑄幣平價，因此該學說專注於外匯供求。外匯供求狀況取決於由國際商品進出口和資本流動所引起的債權債務關係——國際收支。當一國的流動債權（Current Claim），即外匯應收，多於流動負債（Current Liability），即外匯應付時，外匯的供給大於需求，因而外匯匯率下跌；反之，外匯匯率上升。

購買力平價說是一種有很長歷史且影響深遠的匯率理論。其中心思想是：

人們之所以需要外國貨幣，無非因為外國貨幣具有在國外購買商品的能力。而貨幣購買力實際上是物價水平的倒數，所以匯率實際是由兩國物價水平之比決定的。這個比被稱為購買力平價（Purchasing Power Parity, PPP），可表示為以下兩個公式：

$$r = \frac{P_A}{P_B} \tag{4.1}$$

式中，P_A 為 A 國物價總指數；P_B 為 B 國物價總指數；匯率 r 為兩國物價總指數之比。

$$r_1 = r_0 \times \frac{P_{A_1}/P_{B_1}}{P_{A_0}/P_{B_0}} \tag{4.2}$$

式中，r_0 為基期匯率；r_1 為某一時期匯率；P_{A_0}、P_{B_0} 和 P_{A_1}、P_{B_1}，分別為 A、B 兩國在基期和某一時期的物價指數。在這裡，匯率 r_1 反應的是兩國相對物價指數變化之比。

這一學說與鑄幣平價說是同時存在的。之所以在那時能夠存在，是因為含金量相同的鑄幣並不必然有同等的「購買力」。至於在現代不兌現的信用貨幣制度下，一國貨幣所代表的價值就是以它所代表的購買力來表明的。所以，在鑄幣平價說退出之後，購買力平價說依然存在。

這一學說的核心矛盾是：其成立以兩國的生產結構、消費結構以及價格體系大體相仿為限制條件。具備這些條件，兩國貨幣購買力的可比性較為充分；否則，可比性則較小。

匯兌心理說（Psychology Theory of Exchange Rate）是從人的主觀心理角度對匯率進行分析。這一學說提出，在經濟混亂的情況下，匯價變動與外匯收支，與購買力平價的變動並不一致；這時，決定匯率的最重要的因素是人們的心理判斷及預測。

人們的心理預期確有一定的影響。不過，過分強調主觀心理因素，有失偏頗。以上幾種學說可以說是古典的、傳統的匯率理論。

20 世紀 70 年代以來，匯率決定理論有了很大發展。現代匯率理論不同於傳統匯率理論的主要之處是著重從資本流動和貨幣供應的角度進行分析。下面介紹兩種主要的匯率學說。

貨幣分析說（Monetary Approach）是以購買力平價理論為基礎加以發展的。貨幣分析說認為，匯率要受兩國貨幣供給量的制約，從而把匯率與貨幣政策聯繫起來。這一學說強調貨幣的供求對決定貨幣購買力的作用，有一定意義，但過分依賴貨幣數量理論。

金融資產說（Portfolio Theory of Exchange Rate Determination）是在 20 世

紀 70 年代興起的。這一時期國際資本大量流動，金融市場向國際化發展，金融資產也日趨多樣化。特別是實行浮動匯率制以後，由於利率、國際收支、通貨膨脹等各種因素的變動，各國貨幣的匯率經常變化不定。這樣，投資者選擇持有哪一種外幣金融資產（包括貨幣和有價證券等）就成為至關重要的問題。投資者根據經濟形勢和預期，經常調整其外幣資產的比例，從而往往引起貨幣資本在國際的大量流動，並對匯率產生很大影響。

這兩種匯率學說的局限性都在於輕視了貿易收支和商品市場對匯率變動的長期趨勢有著重要影響。

5 商業銀行

5.1 商業銀行概述

5.1.1 商業銀行的起源

早期銀行業的產生與國際貿易發展有著密切聯繫。中世紀的地中海沿岸歐洲各國,尤其是義大利的威尼斯、熱那亞等城市是著名的國際貿易中心,商賈雲集,市場繁榮。由於各國商人攜帶的鑄幣形狀、成色、重量各不相同。為了適應貿易發展,人們需要兌換貨幣。於是,從事貨幣兌換以從中收取手續費的專業貨幣商,便開始出現和發展起來。隨著異地交易和國際貿易的不斷發展,各地商人們為了避免因長途攜帶鑄幣而產生的麻煩,開始把貨幣交存於專業貨幣處,委託匯兌與支付。這時,專業貨幣商開始萌芽。

隨著接受存款的不斷增加,貨幣商開始把匯兌業務中暫時閒置的資金貸放給資金需求者。最初的貸放款項僅限於自有資金,但隨著代理支付制度的出現,借款者把所借款項存入貸出者之處,並通知貸放人代理支付。可見,貸款已不僅限於現實的貨幣,有一部分變成了帳面信用,這標誌著現代銀行的特徵出現。

5.1.2 現代商業銀行的發展

隨著生產力的發展、生產技術進步、社會勞動分工的擴大,資本主義生產關係開始萌芽。一些手工場同城市富商、銀行家一起開始形成新的階級——資產階級。由於封建主義銀行貸款具有高利貸的性質,嚴重阻礙著社會資本向產業資本轉化。另外,早期銀行的貸款對象主要是政府等一批特權階層,新興工商業無法得到足夠的信用支持。而資本主義生產方式的產生與發展的一個重要前提是要有大量的貨幣資本,因此,建立和發展銀行迫在眉睫。

資本主義商業銀行的產生,主要有兩種途徑:一是舊式高利貸性質的銀行,逐漸適應市場經濟條件,演變為資本主義銀行。在西歐由金匠業演化而

來的舊式銀行，主要通過這一途徑緩慢地轉化為資本主義銀行；另一途徑是創建股份制銀行。這一歷史過程，最早在英國比較明顯。1694年，在政府的幫助下，英國建立了歷史上第一家股份制商業銀行——英格蘭銀行，宣告了高利貸性質的銀行業在社會信用領域壟斷地位的結束，標誌著銀行制度開始形成以及商業銀行的產生。從這個意義上說，英格蘭銀行是現代商業銀行的鼻祖。繼英格蘭銀行之後，歐洲各國相繼成立了商業銀行。從此，商業銀行體系在世界範圍內開始普及。

中國關於銀行業的記載，較早的是南北朝時的寺廟典當業；到了唐代出現類似匯票的「飛錢」，是最早的匯兌業務；北宋真宗時，由四川富商發行的交子，成為早期紙幣；到了明清以後，「當鋪」是主要的信用機構；明末，一些較大的經營銀錢兌換業的錢鋪發展為錢莊，除兌換銀錢外還從事貸放，到了清代才開辦存款、匯兌業務，最終在清政府的限制和外國銀行的壓迫下走向衰落。中國近代銀行業，是在19世紀中葉外國銀行入侵中國之後才興起的。最早的外國銀行是英商東方銀行，其後，各國紛紛來華設立銀行，客觀上對銀行業的發展起了刺激作用。為了擺脫外國銀行支配，清政府於1897年在上海成立了中國通商銀行，這標誌著中國現代銀行的產生。

新中國成立前後，中國通過組建中國人民銀行、合併解放區銀行、沒收官僚資本銀行、改造私人銀行與錢莊，以及建立農業信用社等對中國銀行體系進行了改造。中國人民銀行於1948年12月1日在華北銀行、北海銀行、西北農民銀行的基礎上合併組成，是國家唯一集中央銀行和商業銀行職能於一身的金融組織。對民族資本銀行和錢莊進行改造，採取組織聯合經營和公私合營，成立了公私合營銀行。

1953年，蘇聯模式實行高度集中的計劃管理體制。與此相適應，銀行機構也按照蘇聯模式進行了改造，建立起高度集中的國家銀行體系，簡稱「大一統」銀行體系，一直延續到20世紀80年代初期。所謂「大一統」即中國人民銀行是全國唯一的一家銀行。中國人民銀行的分支機構按行政區劃逐級設立，各級分支機構按總行統一指令和計劃開辦業務；中國人民銀行既是金融行政管理機關，又是具體經營銀行業務的經濟實體，作為政權機構和金融企業的混合體存在。中國人民銀行的信貸、結算、現金出納等制度的出發點，都是為了保證中央高度集中的計劃任務的實現。「大一統」的銀行體系曾經在中國經濟建設中發揮了優勢作用。

改革開放後，中國金融體制開始了重大改革，商業銀行主要循著兩條途徑建立並發展。一是從中國人民銀行中分設的專業銀行向商業銀行轉化；二是新建了一批股份制商業銀行。1979年2月，國家批准恢復中國農業銀行，

將中國人民銀行從財政部分離出來。同年3月，批准中國銀行總管理處從中國人民銀行分離出來，建立中國銀行。1981年12月成立中國投資銀行，它是國家指定向國外籌集資金、辦理投資信貸的專業銀行（後歸並到國家開發銀行）。1983年9月，國務院決定將中國工商銀行從中國人民銀行分離出來。繼1987年重新組建交通銀行後，陸續新建了中信實業銀行、中國光大銀行、招商銀行、華夏銀行、深圳發展銀行、廣東發展銀行、上海浦東發展銀行、福建興業銀行、中國民生銀行、海南發展銀行（1996年關閉）等一批股份制商業銀行。1993年10月後，國有制專業銀行向商業化轉軌。1994年，國家先後建立了國家開發銀行、中國農業發展銀行和中國進出口銀行三家政策性銀行，把政策性業務從專業銀行中分離出來，加速了專業銀行的商業化改革。1996年後，國家又建立了一批城市商業銀行。至此，中國的商業銀行框架基本形成。

20世紀90年代以來，國際金融領域出現了新情況，直接或間接地對商業銀行的經營與業務產生了深遠的影響，主要表現在：銀行資本越來越集中，國際銀行業出現競爭新格局；國際銀行業競爭激化，銀行國際化進程加快；金融業務與工具不斷創新，金融業進一步交叉，傳統的專業化金融業務分工界限開始模糊；金融管制不斷放寬，金融自由化的趨勢日益明顯；國內外融資出現證券化趨勢，證券市場蓬勃發展；出現了全球金融一體化的趨勢。這些金融發展趨勢的出現對商業銀行的制度與業務產生了深遠的影響。

5.1.3 現代商業銀行的性質

商業銀行是以盈利為目標，以多樣化金融資產和金融負債為經營對象，向客戶提供綜合性金融服務的特殊的金融企業。隨著金融自由化和金融創新的發展，商業銀行經營的業務範圍會越來越廣，現代商業銀行正在向「金融百貨公司」發展。

首先，商業銀行是企業。商業銀行作為企業，以盈利為目標。不管何種類型的企業。其經營商品、服務種類可能不同，但共性在於以盈利為主要目標，在不同的經營理念下其表述方式可以有所不同，如利潤最大化、股東財富最大化、企業價值最大化等，但其根源都在於通過盈利來實現企業經營目標，並向相關利益群體進行回報。

其次，商業銀行是金融企業。商業銀行不是普通的企業，是經營金融資產和金融負債的金融企業，其經營範圍不是普通商品的生產和流通，也不是普通勞務的提供，而是在貨幣信用領域中通過開展金融資產和負債業務，提供金融服務。作為金融企業，商業銀行有別於中央銀行。商業銀行能夠面向

居民、企業開展各類金融業務，而中央銀行面向政府和金融機構開展金融業務並進行金融監管，商業銀行以盈利為目標，而中央銀行作為代表國家進行金融管理的政府機關不以盈利為目標。

最後，商業銀行是特殊的金融企業。作為特殊的金融企業，商業銀行有別於其他金融機構。商業銀行是唯一能夠經營活期存款的金融機構，能夠向客戶提供全方位的金融服務，而其他金融機構不能吸收活期存款，只能在特定領域提供某一方面或某些方面的金融服務。

5.1.4 中國現有商業銀行體系

目前，中國商業銀行的框架體系主要包括：大型國有商業銀行、股份制商業銀行和中小商業銀行三大類。

大型國有商業銀行包括中國工商銀行、中國銀行、中國建設銀行、中國農業銀行和交通銀行五家。這五家銀行構成了中國銀行業的主體，其總行都設在北京，在各個省、自治區設立分行，分行之下設立二級分行、支行、辦事處等分支機構。從 2004 年開始，大型國有商業銀行開始著手進行股份制改革，通過在資本市場發行股票等多種渠道擴充資本金、完善法人治理結構，實現向股份制商業銀行的變革。

股份制商業銀行是按照股份公司形式組建的商業銀行。按照服務區域可分為全國性股份制商業銀行和區域性股份制商業銀行。目前，全國性股份制商業銀行包括轉制後的國有商業銀行和光大銀行、民生銀行、中信銀行、華夏銀行、招商銀行、福建興業銀行、深圳發展銀行、浦東發展銀行等直接以股份制設立的商業銀行，全國性股份制商業銀行在全國主要城市設立分支行。

中小商業銀行包括城市商業銀行、外資銀行、中外合資銀行等。

5.2 商業銀行的經營原則與管理理論的發展

5.2.1 商業銀行經營的「三性」原則

商業銀行作為企業，必然要追求利潤最大化的目標。但商業銀行作為一種特殊的金融企業，具有風險經營、監管經營、競爭經營、盈利經營和負債經營的特點，其中，以負債經營為主，即利用他人的資金經營獲利。商業銀行如果把追求利潤作為經營的唯一目標，進行冒險經營，就會承受極大的風險。所以，西方國家的商業銀行都把盈利性、安全性、流動性作為業務經營的三大原則。中國的《商業銀行法》中也規定，商業銀行應以「效益性、安

全性、流動性」作為經營原則。

(1) 安全性原則

安全性是指商業銀行應努力避免各種不確定因素對它的影響以保證其穩健經營和發展。商業銀行之所以必須首先堅持安全性的原則，是因為商業銀行經營的特殊性。

第一，商業銀行自有資本較少，經受不起較大的損失。商業銀行是以貨幣為經營對象的信用仲介機構，不直接從事物質產品和勞務的生產流通活動，不可能直接獲得產業利潤。銀行的貸款和投資所取得的利息收入只是產業利潤的一部分。如果商業銀行不利用較多的負債來支持其資金運用，銀行的資金利潤率就會大大低於工商企業的利潤率。同時作為一個專門從事信用活動的仲介機構，商業銀行比一般企業更容易取得社會信用，接受更多的負債。因此，在商業銀行的經營中就有可能保持比一般企業更高的資本槓桿率，商業銀行承受風險的能力就比一般企業小得多。可見，為了保證銀行正常的經營，對資金業務的安全性給予充分的關注是極其必要的。

第二，商業銀行經營條件特殊，尤其需要強調其安全性。一方面，商業銀行以貨幣為經營對象，以負債的形式把居民手中的剩餘貨幣集中起來，再分散投放出去，從中賺取利潤。對於商業銀行來說，對居民的負債是有硬性約束的，既有利息支出方面的約束，也有到期還本的約束。如果商業銀行不能保證安全性經營，到期按時收回本息的可靠性就會非常低，則商業銀行對居民負債的按期清償也就沒有了保證，這會大大影響商業銀行的對外信譽，接受更多負債的可能性將降低，更有甚者，若居民大量擠提存款，可能導致商業銀行倒閉。另一方面，在現代信用經濟條件下，商業銀行是參與貨幣創造過程的一個非常重要的媒介部門。如果由於商業銀行失去安全性而導致整個銀行體系混亂，這會影響整個宏觀經濟的正常運轉。

第三，商業銀行在經營過程中會面臨各種風險，因此，保證安全性經營就必須控製風險。概括起來，商業銀行面臨的風險主要有：①國家風險，即由債務國政治動亂或經濟衰退導致債務人無法清償債務，使債權人蒙受損失的可能性；②信用風險，即借貸雙方產生借貸行為後，借款方不能按時歸還貸款方的本息而使貸款方遭受損失的可能性；③利率風險，即金融市場上利率的變動使經濟主體在籌集資金或運用資金時可能遭受的損失；④匯率風險，即匯率的變動使經濟主體所持有的資產和負債的實際價值發生變動而可能帶來的損失；⑤流動性風險，是傳統商業銀行的主要風險之一，即商業銀行掌握的可用於即時支付的流動性資產不足以滿足支付需要，從而使其喪失清償能力的可能性；⑥經營風險，即商業銀行在日常經營中由各種自然災害、意

外事故等引起的風險；⑦競爭風險，即金融業激烈的同業競爭造成商業銀行客戶流失、資產質量下降、銀行利差縮小，從而增加銀行經營的總風險、威脅商業銀行安全的可能性。

商業銀行的經營特點決定了商業銀行保持安全經營的重要性。

(2) 流動性原則

流動性是指商業銀行能夠隨時滿足客戶提存和必要貸款需求的支付能力，包括資產的流動性和負債的流動性雙重含義。

資產的流動性是指資產在不發生損失的情況下迅速變現的能力。它既指速動資產，又指在速動資產不足時其他資產在不發生損失的情況下轉變為速動資產的能力。商業銀行是典型的負債經營，資金來源的主體部分是客戶的存款和借入款。存款是以能夠按時提取和隨時對客戶開出支票支付為前提的，借入款是要按期歸還或隨時兌付的。資金來源流動性這一屬性，決定了資金運用方即商業銀行必須保持資產相應的流動性。資金運用的不確定性也需要資產保持流動性。商業銀行所發生的貸款和投資，會形成一定的占用餘額，這個餘額在不同的時點上是不同的。一方面，貸款逐步收回，投資到期收回；另一方面，在不同的時點上又會產生各種各樣的貸款需求和投資需求，也就是說，商業銀行又要有一定的資金來源應付貸款發放和必要投資。貸款和投資所形成的資金的收和付在數量上不一定相等，時間上也不一定對應，即帶有某種不確定性，這就決定了商業銀行資產也應具有一定程度的流動性，以滿足商業銀行業務經營的需要。

商業銀行負債的流動性則是通過創造主動負債來進行的，如向中央銀行借款、發行大額可轉讓存單、同業拆借、利用國際貨幣市場融資等。

(3) 盈利性原則

盈利性即效益性，就是銀行獲得利潤的能力。一切經營性企業都有一個共同的目標——追求盈利。商業銀行作為經營貨幣信用的企業，當然也不例外。商業銀行通過吸收存款、發行債券等負債業務，把企事業單位和個人的閒置資金集中起來，然後再通過發放貸款、經營投資等資產業務，把集中起來的資金運用出去，彌補一部分企事業單位和個人暫時的資金不足。商業銀行通過這種資金運動，把社會資金週轉過程中暫時閒置的資金融通到資金短缺的地方去，解決了社會資金週轉過程中資金閒置和不足並存的矛盾，使社會資金能夠得到充分運用。這不僅對社會經濟的發展起到有益的促進作用，也使商業銀行從資金運用中獲得利息收入和其他營業收入。這些收入扣除付給存款人的利息，再扣除支付給職工的工資及其他有關費用，餘下的部分形成商業銀行的利潤。

首先，商業銀行盈利水平的提高能夠使投資者獲得較高的收益，國家得到更多的稅收收入。其次，盈利的增加可以增強商業銀行自身的累積能力和競爭能力，提高銀行信譽，使商業銀行對客戶有更大的吸引力。此外，商業銀行盈利水平的提高意味著增強了商業銀行承擔風險的能力，可以避免因資產損失給商業銀行帶來破產倒閉的危險。

(4)「三性」原則之間的關係

從根本上說，「三性"原則是統一的，它們共同保證了商業銀行正常有效的經營活動。首先，安全性是前提，只有保證了資金安全無損，才能獲得正常盈利；其次，流動性是條件，只有保證了資金正常流動，才能確立信用仲介的地位，銀行各項業務活動才能順利進行；最後，盈利性是目的，之所以要保證安全性和維持流動性，目的就是盈利。然而，安全性、流動性和盈利性三者之間往往存在矛盾。要提高資金安全性和流動性，往往會削弱盈利性；要提高資金盈利性，安全性和流動性往往受到影響。

要處理好這些矛盾，確實困難，但又不可能避開這些矛盾。從某種意義上說，商業銀行經營的核心或者著力點就是協調處理好這三者之間的關係，或者說是使安全性、流動性和盈利性達到最佳組合狀態。

5.2.2 資產管理理論

資產管理理論是以商業銀行資產的流動性為重點的傳統管理方法。

在20世紀60年代前，資產管理理論認為商業銀行的負債主要取決於客戶的存款意願，只能被動地接受負債；銀行的利潤主要來源於資產業務，而資產的主動權掌握在銀行手中，因此，商業銀行經營管理的重點應是資產業務，以保持資產的流動性，達到盈利性、安全性、流動性的統一。資產管理理論產生於商業銀行經營的初級階段，是在經歷了商業貸款理論、資產轉移理論、預期收入理論和超貨幣供給理論幾個不同發展階段後逐漸形成的。

(1) 商業貸款理論（Commercial-loan Theory）

商業貸款理論也稱「真實票據理論」（Real-bill Theoy）或商業性貸款理論，源於亞當·斯密1776年發表的《國富論》的相關論述。這一理論是在18世紀英國銀行管理經驗的基礎上發展起來的。銀行的資金來源主要是吸收流動性很強的活期存款。為滿足客戶兌現的要求，商業銀行只有保持資產的高流動性才能避免因流動性不足而給銀行帶來的經營風險，這是該理論建立的基礎。銀行的貸款應以真實的、有商品買賣內容的票據為擔保發放，在借款人出售商品取得貸款後就能按期收回貸款。一般認為這一做法最符合銀行資產流動性原則的要求，具有自償性。所謂自償性就是借款人在購買貨物或生

產產品時所取得的貸款可以用生產出來的商品或商品銷售收入來償還。根據這一理論要求，商業銀行只能發放與生產、商品有聯繫的短期流動貸款，一般不能發放購買證券、不動產、消費品或長期農業貸款。對確有穩妥的長期資產來源的才能發放有針對性的長期貸款。

這一理論與當時經濟尚不發達、商品交易限於現款交易、銀行存款以短期為主、對貸款的需要僅限於短期的現實相適應，但是當借款人的商品賣不出去，或應收帳款收不回來，或遇其他意外事故時，貸款到期不能償還的情況還是會發生的，自償性就不能實現。隨著經濟發展，銀行吸收存款不但數額龐大，其中定期存款所占比重也不斷升高。如果銀行貸款還僅限於自償性的短期貸款，會導致資金週轉不暢，不能滿足經濟對中、長期貸款的需要，也會影響銀行的盈利水平。所以當今的西方學者和銀行家已不再接受或不完全接受這一理論。

（2）資產轉移理論（Shiftability Theory）

資產轉移理論是 20 世紀初在美國銀行界流行的理論。資產轉移理論最早由 H.G.密爾頓於 1918 年提出。該理論的要點是銀行保持流動性的關鍵在於資產的變現能力，因而不必將資產業務局限於短期貸款，還可將資金的一部分投資於具有轉讓條件的債券，在需要時將債券兌換成現金，保持銀行資產的流動性。

隨著金融市場的發展，銀行為了應付提存所持的一部分現金，投資於具備轉讓條件的證券，作為第二準備金。這種證券只要信譽高、期限短、易於出售，銀行就可以達到保持其資產流動性的目的。如目前美國財政部發行的短期國庫券就符合這種要求。根據這一理論，銀行除繼續發放短期貸款外，還可以投資於短期證券。另外，銀行也可以用活期存款和短期存款的沉澱額進行長期貸款。資產與負債的期限沒必要嚴格對稱。

當各家銀行競相拋售證券的時候，有價證券將供過於求，持有證券的銀行轉讓時將會受到損失，因而很難達到保持資產流動性的預期目標。資產與負債期限的不對稱性也必須有一定的界限，在實際工作中這一界限往往很難準確確定。

（3）預期收入理論（Anticipated-income Theory）

預期收入理論是在第二次世界大戰後，美國學者普魯克諾於 1949 年在《定期貸款與銀行流動性理論》（Term Loans and Theories of Banking）一書中提出的。它是在商業貸款理論和資產轉移理論的基礎上發展起來的，但又與這兩種理論有所不同。貸款的償還或證券的變現能力取決於將來的預期收入。當預期收入得以保證時，商業銀行不僅可以發放短期商業性貸款，還可以發

放中長期貸款和非生產性消費貸款。

只要資金需求者經營活動正常，其未來經營收入和現金流量可以預先估算出來，並以此為基礎制訂出分期還款計劃，銀行就可以籌措資金發放中長期貸款。無論貸款期限長短，只要借款人具有可靠的預期收入，資產的流動性就可得到保證。這種理論強調的是借款人是否確有用於還款的預期收入，而不是貸款能否自償，以及擔保品能否及時變現。

基於這一理論，銀行可以發放中長期設備貸款、個人消費貸款、房屋抵押貸款、設備租賃貸款等，使銀行貸款結構發生變化，成為支持經濟增長的重要因素。

這種理論的主要缺陷在於銀行把資產經營建立在對借款人未來收入的預測上，而這種預測不可能完全準確。由於借款人的經營情況可能發生變化，故借款人到時不一定具備清償能力，這就增加了銀行的風險，從而損害銀行資產的流動性。

（4）超貨幣供給理論

這一新理論產生於20世紀60年代末。

隨著貨幣形式的多樣化，除商業銀行能夠利用貸款方式提供貨幣外，其他許多非銀行金融機構也可以提供貨幣，金融競爭由此加劇。這要求銀行管理應該改變觀念，不能單純提供貨幣，而且還應該提供其他方面的服務。根據這種理論，銀行在發放貸款和購買證券提供貨幣的同時，還應積極開展投資諮詢、項目評估、市場調查、委託代理等多種服務，使銀行資產管理更加深化。

其缺陷是銀行在廣泛擴展業務之後，增加了經營的風險，處理不當極易遭受損失。

以上四種資產管理理論，反應了商業銀行在不同發展階段經營管理的特點，在保證銀行資產流動性方面各有側重。各理論不是相互排斥的關係，而是相互補充的關係，體現了一種不斷完善和發展的演化過程。每種理論的產生，都為銀行的資產管理提供了一種新的思路，推動了資產業務的不斷發展。

5.2.3 負債管理理論

負債管理理論興起於20世紀60年代。該理論主張銀行可以通過積極主動地借入資金來維持資產流動性，並支持通過擴張資產規模來獲取更高的盈利水平。負債管理理論開闢了滿足銀行流動性需求的新途徑，改變了長期以來資產管理僅從資產運用角度來維持流動性的傳統做法。

負債管理理論的興起與20世紀六七十年代的經濟、金融環境的變化相適

應。首先，伴隨西方各國戰後經濟的穩定增長，金融市場迅速發展，非銀行金融機構與銀行業在資金的渠道和數量上展開了激烈的競爭。銀行為了在競爭中謀求生存與發展，必須開闢新的資金渠道，擴大資產規模，提高盈利水平。其次，20世紀30年代的大危機之後，各國都加強了金融管制，並制定銀行法，對利率實施管制。尤其是存款利率的上限規定，使得銀行不能以利率手段來吸取更多的資金。20世紀60年代以後，西方各國普遍出現通貨膨脹，貨幣市場利率不斷攀升，吸引了大量投資者，投資渠道的多元化使銀行存款受到威脅。在這種情況下，銀行不得不調整管理策略，從各種渠道來籌措資金。再次，金融創新為商業銀行擴大資金來源提供了可能性。1961年花旗銀行率先發行了大額可轉讓定期存單，隨後又出現了諸如回購協議等多種創新的融資工具。這些流動性很強的新型融資工具極大地豐富了銀行的資金渠道，為銀行主動型負債創造了條件。最後，西方各國存款保險制度的建立和發展，也激發了銀行的冒險精神和進取意識。在這種背景和經濟條件下，20世紀六七十年代負債管理理論盛行一時。

負債管理理論主張以負債的方法來保證銀行流動性的需要，使銀行的流動性與盈利性的矛盾得到協調。同時，負債管理理論使以傳統的流動性為先的經營管理理念轉為流動性、安全性、盈利性並重；使銀行在管理手段上有了質的變化，將管理的視角由單純資產管理擴展到負債管理，使銀行能夠根據資產的需要來調整負債的規模和結構，增強了銀行的主動性和靈活性，提高了銀行資產盈利水平並促進了其租賃業務的發展。

負債管理理論相對於資產管理理論更先進，但其本身也存在很大的局限性。主要表現在：第一，該理論成立的前提條件是銀行外部存在一個供求彈性較強的資金市場，銀行隨時能以合理的利率從市場借入所需資金。這在經濟運行正常、金融市場比較平穩時似乎不是問題，但是當市場上資金普遍緊張時，銀行會面臨借不到資金或是只能以高成本才能借到資金的風險，使銀行出現流動性不足或是盈利下降的情況。第二，銀行通過擴大負債來滿足資金的需求，為擴大信貸規模，進而引發信用膨脹提供了可能，嚴重時會引起債務危機，導致經濟的全面波動。第三，銀行長期對外部市場的過分依賴，使其忽視了自有資本的補充，使自有資本與資產或者負債的比重越來越小，使借入資金的風險越來越大。相當一部分銀行因為借款無門，最後以被兼併或倒閉、破產收場。所以說，負債管理理論也是一種不完善的理論。

5.2.4 資產負債綜合管理理論

20世紀70年代後期，伴隨金融創新的不斷湧現，各種新型金融工具和交

易方式以各種形式抬高資金價格，市場利率大幅上升，使得負債管理理論在提高負債成本和增加銀行經營風險等方面的缺陷越來越明顯地暴露出來，單純的負債管理已經不能滿足銀行經營管理的需要。

同時，隨著西方各國銀行管制的放鬆和金融自由化浪潮的湧現，商業銀行在金融市場上主動融資的權力增加，吸收存款的壓力減少，這一切使商業銀行由單純的負債管理轉向資產負債綜合管理。

資產負債綜合管理理論認為，商業銀行單靠資產管理或單靠負債管理都難以形成安全性、流動性和盈利性的均衡。銀行只有根據經濟金融形式變化，通過資產結構和負債結構的共同調整，才能實現銀行經營目標的要求。

該理論既吸收了資產管理理論和負債管理理論的精華，又克服了其缺陷，從資產、負債平衡的角度去協調銀行安全性、流動性、盈利性「三性」之間的矛盾，使銀行經營管理更為科學。

5.2.5 資產負債外管理理論

資產負債外管理理論主張銀行應從正統的負債和資產業務以外去開拓新的業務領域，如期貨、期權等多種衍生金融工具的交易，開闢新的盈利源泉。該理論還提倡將原本資產負債表內的業務轉化為表外業務。

該理論認為，在知識經濟時代，銀行應發揮其強大的金融信息服務功能，利用計算機網路技術大力開展以信息處理為核心的服務業務。

5.3 商業銀行業務

你到招商銀行辦理存款、申請貸款、繳納水電費或電話費的時候，招商銀行就在開展它的銀行業務了。實際上，商業銀行業務活動的種類繁多。商業銀行素有「金融百貨公司」之稱，遠不止存貸款或代收水電、電話費這類業務。大體上，商業銀行的所有業務可以分為兩個基本的類型：表內業務與表外業務。

5.3.1 表內業務

表內業務就是在資產負債表上反應出來的業務，主要包括資產業務和負債業務兩大類。

（1）資產業務

所謂資產業務就是商業銀行如何通過負債而獲得的資金。商業銀行的資

產業務主要有以下三大類：貸款、投資和票據貼現。

①貸款。

貸款是商業銀行最基本的資產業務，貸款與存款的利差是中國商業銀行最基本的利潤來源。所以，為了獲得更多的利潤，它們總有擴張貸款的願望。但商業銀行發放的貸款餘額不得超過它吸收的存款餘額的75%，這就是所謂的「存貸比」考核。按貸款對象來分，商業銀行的貸款分為企業貸款和消費者貸款。企業貸款又包括固定資產貸款和流動資金貸款。企業在取得固定資產貸款後，用所獲得的貸款資金購買機器設備、建置廠房等，從而形成物質資本。固定資產貸款是使儲蓄轉化為本的重要一環。有時候，企業也會面臨季節性的資金不足。例如，在聖誕節春節來臨之前，一些商業企業為迎接節日消費高峰的到來，會提前準備商品，而靠自身的剩餘閒置資金來備置這些貨物會有很大的困難。這時，它們就會向銀行申請流動資金貸款。又如，假設你們公司出售了一批價值5,000萬元的貨物，但要等到三個月以後才能收到貨款，而你們公司現在又需要購買原材料投入品，否則會面臨停工的危險，解決這一難題的辦法之一，就是向銀行申請流動資金貸款。

商業銀行在對資本需求量很大的企業或項目發行貸款時，往往會組織銀團貸款，即一家商業銀行牽頭，聯合其他幾家商業銀行對該企業或項目一起發放貸款。銀團貸款可以有效地分散風險，由多家銀行共同承擔企業或項目的信貸風險。此外，由於監管要求對一家企業的貸款不能超過商業銀行資本金的10%，這往往限制了那些資本金非常有限的中小商業銀行對大企業的信貸業務，這些中小商業銀行通過銀團貸款就克服了這一障礙。融資平臺對企業的貸款，可按企業規模的大小分為大中型企業貸款和中小微企業貸款。相對於大企業貸款而言，中小微企業貸款面臨更嚴重的信息不對稱問題，因此，風險相對較高，在利率市場化的環境下，中小微企業貸款利率也相對較高。在中國，中小微企業貸款一直舉步維艱，它們常常面臨信貸配給的問題。但是，隨著中國企業債券市場的發展，越來越多規模較大的企業通過發行債券融資，減弱了銀行信貸融資的需求，因此，中小微企業貸款日益成為商業銀行企業貸款競爭的主要領域。

中國還有一類較特殊的企業貸款，那就是地方政府融資平臺貸款。所謂地方政府融資平臺，就是地方政府發起設立的一種特殊企業，通過計撥土地、股權等資產，必要時輔之以財政補貼作為還款承諾，使其資產和現金流均可達到信貸標準的公司，且將所獲得資金運用於市政建設、公用事業等項目。其主要形式就是地方政府城市建設投資公司。弄清了地方政府融資平臺，就可以定義地方政府融資平臺貸款了，即商業銀行為地方政府設立的諸如城市

建設投資公司等融資平臺。地方政府融資平臺貸款是中國在特殊體制背景下、特定時期的產物。

消費者貸款，顧名思義就是向消費者發放的、主要用於購買消費品的貸款。住房抵押貸款和汽車消費貸款是最主要的消費貸款。例如，如果你獲得了中國工商銀行一定的信用額度，且持有牡丹信用卡，即使你在卡上沒有足額的存款，依然可以在工商銀行的特約商戶購物或在高檔賓館住宿，這就是信用卡消費貸款。與住房和汽車消費貸款不同，信用卡消費貸款沒有特定的貸款用途，它主要是滿足零星消費支出的需求。通過取得銀行的消費者貸款，我們就不必非得等到有了足夠的積蓄才能購買屬於我們自己的住房和汽車，有了消費信貸，我們就可以提前花費我們未來的收入。

改革以來相當長的一段時間裡，中國一直是一個資本短缺的國家。因此，在金融剩餘的配置上，一直以資本形成和生產為中心，銀行貸款也以生產性貸款為主。但是，由於不合理的企業治理結構，商業銀行給企業發放的貸款相當部分形成了不良資產。隨著商業銀行主體利益的自我強化，以及對商業銀行貸款風險管理制度的改革，商業銀行在發放貸款時變得謹慎起來，商業銀行正努力尋求風險較低的貸款領域。消費者貸款就成了商業銀行開拓低風險貸款的良好渠道。正是在這兩個因素的作用下，1997年以後，在商業銀行的新增貸款中，對消費者個人貸款的比重迅速上升了。現在，對消費者個人的貸款占全部新增貸款的比重在20%以上。

除了生產性貸款和消費者貸款外，還有一類特殊的貸款業務。它既不直接用於固定資產投資，也不用作流動資金，更不用於購買大宗消費品，這就是同業拆放業務。在一個營業日內，有的商業銀行資金流入額多於它的資金流出額，這時，它就有了剩餘的頭寸；相反，有的商業銀行資金流入額不足以抵補它的流出額，這時它的頭寸就不足了。為了平衡商業銀行之間的頭寸，有剩餘頭寸的商業銀行就向頭寸不足的商業銀行進行同業拆放。有多餘頭寸的商業銀行通過同業拆放就充分利用了剩餘的資金，取得相應的利息收入。

②投資。

投資業務就是商業銀行購買有價證券或投資於其他實物資本的業務活動。例如，商業銀行購買股票或政府債券、投資於房地產、自己經辦實業等。但是，商業銀行在從事投資業務時，會受到一些法律上的限制，並不是所有國家的商業銀行都可從事這些方面投資的。一般來說，商業銀行投資於政府債券受到的限制較小，而投資於股票、基金或非自用房地產等在不同的國家有較大的差異。在實行分業經營的國家，法律禁止商業銀行購買股票、企業債券或投資於房地產。但在實行銀行與證券業混業經營的國家，商業銀行在投

資於這些資產時，受到的限制就很少。在實行全能銀行制的德國，它們的銀行除了吸收存款、發放貸款外，還可以直接投資於新興企業、大量持有企業的股票和包銷證券。因此，德國式銀行是集商業銀行與投資銀行於一身的。現在，全球都有走向混業經營的趨勢，銀行與證券業之間的經營壁壘正在逐步打破，商業銀行從事直接資本市場的投資活動空間越來越大。中國目前還是實行較為嚴格的分業管理，即商業銀行不得從事股票等有價證券業務，也不得投資於非自用房地產。但是，中國商業銀行購買政府債券則不受限制。目前，中國商業銀行的資產業務中，有近20%投資於政府債券、中央銀行票據和由政策性銀行發行的政策性金融債券。

即便在實行分業經營的國家，國家禁止商業銀行持有和承銷股票之類風險較高的有價證券，但還是允許它們持有一些如國債之類低風險的有價證券。事實上，有價證券是商業銀行的一項重要資產，商業銀行持有的有價證券包括由財政部發行的政府債券、中央銀行發行的中央銀行債券和由政策性銀行發行的金融債券。它們不僅可以給銀行帶來一定的收益，而且流動性極高，尤其是商業銀行在需要現金時可以很方便地在公開市場上將它們賣掉，因此，這些低風險的債券構成了商業銀行的二級準備。這與由法定準備金和超額準備金一起構成的一級準備有一定的差異。

相對於貸款而言，銀行持有政府債券之類的有價證券所承擔的風險要低得多。其原因包括三個方面：首先，有價證券的發行者要麼是財政部，要麼是中央銀行或者是有國家財政支持的政策性銀行，其信用風險很低。其次，這些標準化的有價證券的風險較低，持有貸款的風險較高。所以，增加有價證券的持有量成了中國商業銀行實行資產結構優化、提高資產質量、降低資產組合風險的主要措施。最後，商業銀行持有一定的有價證券，也便利了中央銀行通過公開市場操作來提高對基礎貨幣的調控能力。

（2）負債業務

所謂負債業務，就是商業銀行通過一定渠道獲得他人的剩餘資金。商業銀行的負債業務主要有以下幾類：吸收存款、借款、發行金融債券和增加資本金。

①吸收存款。

吸收存款是商業銀行最基本的負債業務，存款在商業銀行的資金來源中所占的比重一般都在80%以上。如果沒有了存款，商業銀行的貸款活動也就成了無源之水。在某種程度上，商業銀行吸收存款就相當於借雞生蛋。除了資本金不可替代外，借款和發行金融債券都只是存款負債業務的補充。

②借款。

當商業銀行出現了資金短缺或頭寸不足，而又不能及時地獲得存款來補

足這一差額時，它可以通過借款來彌補這一資金缺口。商業銀行的借款包括同業拆借和向中央銀行借款。同業拆借就是頭寸不足的商業銀行從有多餘頭寸的商業銀行借入資金的活動，它是同業拆放的對立面。有時候，商業銀行也可以直接從中央銀行借款來彌補它的頭寸缺口。從中央銀行的角度來講，它被稱作再貸款。無論是通過同業拆借還是從中央銀行借款，商業銀行都是要支付一定利息的。有時候，商業銀行從中央銀行借款還會受到一定的限制，因為再貸款的增加會同時增加基礎貨幣供應量，而這首先必須服從中央銀行貨幣控制的目標。

③發行金融債券。

商業銀行獲得資金的另一個來源是發行金融債券。金融債券就是金融機構為了籌集資金或為補充資本而發行的債券。發行金融債券與吸收存款所不同的是，金融債券是標準化的，同一次發行的金融債券應當有相同的面額、期限和利率等。比較而言，吸收存款則比較靈活，利息成本相對較低。發行金融債券的另一個好處在於，它在定義上不屬於存款，因而不需要向中國人民銀行繳存法定存款準備金。但發行金融債券的限制性條件較多，比如信息公開、受到證券監管部門的監管等。不過，商業銀行極少通過發行債券來為貸款籌集資金，倒是為補充資本金而發行的金融債券越來越普遍。

④籌集與補充資本金。

商業銀行為了正常地開展各項業務活動，也需要一定的資本金。《巴塞爾協議》還要求商業銀行風險加權的資本充足率不得低於8%。以前，中國國有商業銀行的資本金全部來自於國家財政的撥付或國家註資，它們不通過資本市場增加資本金。現在，它們已經或即將變成公開上市的股份公司，公開發行股票就是其籌集和補充資本金的重要渠道。同樣，對其他中小股份制商業銀行而言，包括首次公開發行（IPO）或公開/定向增發股票是籌集補充資本金最重要的方式之一。除了發行股票外，商業銀行還可以發行次級債務、混合資本債券和可轉換債券作為附屬資本。

除了發行股票外，商業銀行還可以發行次級債務作為附屬資本。次級債務是指固定期限不低於五年（包括五年），除非銀行倒閉或清算，不用於彌補銀行日常經營損失，且該項債務的索償權排在存款和其他負債之後的商業銀行長期債務。次級債務不得由銀行或第三方提供擔保，並且不得超過商業銀行核心資本的50%。

決定銀行資本的主要因素是銀行的規模、資產的分散情況和資產的風險等。銀行的資產越高，它所要求的資本也就越多。銀行資本還取決於銀行資產的分散情況。如果貸款高度集中在少數幾個企業，那麼，只要有一家企業

破產就可能給銀行帶來很大比例的不良資產。在這種情況下，銀行就需要較多的資本作為貸款損失的緩衝。影響銀行資本量的第三個因素是它的資產的風險狀況。資產風險越高，就需要有更多的資本來彌補風險暴露所產生的損失。如果銀行主要持有政府債券，它所需要的資本就比主要持有企業貸款債權的資本量要少。

5.3.2 表外業務

表外業務是指沒有反應在銀行資產負債表中，但會影響銀行的營業收入和利潤的業務。在西方發達國家，表外業務對銀行利潤的貢獻率達到40%～50%，甚至更高，而中國商業銀行表外業務收入只占其營業收入的10%左右。表外業務將是中國銀行業未來競爭的業務重點領域。表外業務分為廣義的表外業務和狹義的表外業務。廣義表外業務包括中間業務和狹義表外業務。

（1）中間業務

中間業務是指銀行利用自己的便利而不動用自己的資產為顧客辦理的服務，包括匯兌業務、信託業務、代理業務、租賃業務和信用卡業務等。銀行在辦理中間業務時，要收取一定的手續費。

①匯兌業務。

匯兌業務是銀行代理客戶把現款匯給異地收款人的業務。這種業務要使用特殊的匯兌憑證：銀行匯票或支付委託書。這些憑證是承匯銀行向另一銀行或分支行發出的命令，命令後者向第三者支付一定數額的貨幣。銀行匯票由銀行交給客戶，客戶再將它寄給收款人，由收款人到匯票指定的銀行取款。支付委託書是承兌銀行用電信或電報直接通知另一銀行，再由後者通知第三者取款。因此，匯兌業務兩個階段的行為，首先是匯款，然後是兌現，故稱為匯兌。銀行在為客戶辦理匯兌業務時，一般要收取一定金額的手續費。匯兌業務為商業銀行創造了機會，而且，銀行還可以利用匯兌業務占用客戶的一部分資金。隨著電子的發展，雖然匯出銀行不像過去那樣較長時期地占用匯款的資金，但是對於匯入的銀行而言，從款項匯入到客戶取現，也往往有一定的時間間隔，在此期間，該銀行可以將其另作他用。

②信託與代理業務。

信託業務是銀行受客戶的委託，代為管理、營運、處理有關錢財的業務，包括對個人和企業的信託業務。對個人的信託業務主要包括代保管財產、代保管有價證券和貴重物品、代辦人壽保險。對企業的信託業務主要包括代辦投資、代辦籌資事宜，如股票或債券的發行、股票或紅利的分發、償還債券的本息、代辦合併或接管其他企業、代管員工福利帳戶、退休養老金的發放、

業務諮詢、代理國債的發行和還本付息等。你到銀行存取錢時，或許就能經常看到它們代為出售保險、基金等產品的廣告。商業銀行經營信託業務一般也只按一定比例收取手續費或佣金，至於營運中獲得的收入則歸委託人所有。同時，銀行在辦理這項業務時，同匯兌業務一樣，也可將部分信託資金用於投資業務或臨時性的流動性管理。

對許多大眾投資者而言，所接觸的商業銀行的信託業務之一，就是日益豐富的商業理財業務。所謂理財業務，是指商業銀行利用自身的優勢，向企業和個人提供的財務分析、財務規劃、投資顧問、資產管理等專業化服務活動。按照管理運作方式不同，商業銀行理財業務分為理財顧問服務和綜合理財服務。理財顧問服務是商業銀行向客戶提供的財務分析與規劃、投資建議、個人投資產品推介等專業化服務。綜合理財服務是商業銀行在向客戶提供理財顧問服務的基礎上，接受客戶的委託和授權，按照與客戶事先約定的投資計劃和方式進行投資和資產管理的業務活動。在綜合理財服務活動中，客戶授權銀行代表客戶按照合同約定的投資方向和方式，進行投資和資產管理，投資收益與風險由客戶或客戶與銀行按照約定方式承擔。

私人銀行業務也是商業銀行最重要的信託業務之一。人們的收入和財富水平的差異，決定了他們對商業銀行的服務需求也存在差異。私人銀行業務就是商業銀行根據客戶細分而提供的差異化金融業務。它是商業銀行專門為富裕的、具有高淨值（總資產減總負債的差額）的人群提供的以資產管理為核心的個人投資與資產管理服務。隨著經濟的發展和社會財富總量的增長，富裕階層的專門化、專業化的資產管理需求日漸增長。商業銀行為迎合其資產管理的需求，廣泛地開始了私人銀行服務。當然，不同的銀行在私人銀行業務方面存在一些明顯的差異，服務的種類也多種多樣。

③租賃業務。

所謂租賃，是指所有者與使用者之間的一種借貸關係，由出租人按照契約規定，將財產租給承租人使用，承租人則按期繳納一定的租金給出租人。這種業務一般由銀行所控制的分公司經營。租賃的範圍包括飛機、船只、車輛、電子計算機、各種機電設備等。

④信用卡業務。

信用卡是一種消費者信貸，持卡人可以用卡支付物品或勞務的費用，商家每天將持卡人簽發的發票副本送交發卡銀行，然後由發卡銀行按月向持卡人收帳。信用卡實際上把銀行的兩項基本功能——支付與信貸結合起來了。各種信用卡的發行，不僅為銀行，也為顧客和商家提供了便利。對銀行來說，它可以吸收商家在銀行的存款，並可收取一定的佣金或因不能按期付款產生

的罰息，同時還加強了銀行與客戶的往來合作關係。對顧客來說，借助信用卡方便購買東西，不用隨身攜帶現金，並且可以經常使用他們的信用，而免去通常借款的手續和調查信用的麻煩。對商家來說，它們賒銷後可以立即從銀行收回貨款，資金可免於積壓，而且對於使用信用卡的顧客的信用，不用逐個調查，而由發卡銀行提供了保證，這就使商家不必負擔調查的費用，同時又擴大了它的銷售面。

（2）狹義表外業務

狹義表外業務包括貸款承諾、擔保、衍生金融工具和投資銀行業務四大類。

①貸款承諾。

貸款承諾是銀行在未來特定時期內向客戶按事先約定的條件發放一定數額貸款的承諾，分為可撤銷貸款承諾和不可撤銷貸款承諾。可撤銷貸款承諾附有客戶在取得貸款前必須履行的特定條款，一旦在銀行承諾期間及實際貸款期間發生客戶信用級別降低，或客戶沒有履行特定條款，則銀行可以撤銷為其提供貸款的承諾。不可撤銷貸款承諾則是不經客戶同意銀行不得私自撤銷的承諾，它具有法律效力。

②擔保。

擔保是商業銀行以證人或保人的身分接受客戶的委託，對國內外的企業提供信用擔保服務的業務，即商業銀行為交易活動雙方中的其中一方（委託人）向另一方出具書面擔保，以保證委託人屆時履行合同義務。一旦委託人不履行合同義務，銀行就負有連帶賠償責任。因此，擔保形成了銀行的或有負債。擔保業務包括銀行承兌匯票、信用證等。

③衍生金融工具。

衍生金融工具是指以股票、債券或貨幣等資產為基礎而派生出來的金融工具，它們依附於原生金融工具的交易而存在。衍生金融工具包括遠期外匯合約、貨幣與利率互換、金融期貨和金融期權等。在金融市場波動越來越大的環境下，商業銀行自身不僅需要通過衍生金融工具來規避和管理風險，而且也需要通過這一手段來幫助客戶更好地取得收益與風險的平衡。我們將在本書最後一章中詳細介紹衍生金融工具。

④投資銀行業務。

投資銀行業務就是由投資銀行和證券公司經營的各種業務，包括證券的承銷、代理和證券做市等。自20世紀70年代末期以來，西方金融監管當局逐漸放鬆或取消了對金融機構業務活動範圍的限制，商業銀行與投資銀行以及其他金融機構之間的業務相互滲透，其業務分工界限變得越來越模糊了。

中國的商業銀行現在不僅可以承銷政府債券，還壟斷了企業短期融資券的承銷。隨著金融市場的發展，越來越多的企業會更多地依賴於發行股票和債券來籌資，對銀行信貸的依賴性會趨於下降。投資銀行業務會逐漸成為商業銀行競爭大企業客戶的重要領域。

5.4　商業銀行的金融創新

金融創新是半個世紀以來世界金融業迅速發展的一種趨勢。金融創新是在貨幣經濟走向金融經濟、貨幣外延擴大以及金融功能擴張的背景下，金融業的現實反應。創新為金融發展提供了深厚而廣泛的微觀基礎，是推動金融發展的最為直接的動力。金融創新浪潮的興起和迅猛發展，給金融體制、金融宏觀調控乃至整個經濟都帶來了深遠的影響。

5.4.1　金融創新的含義

金融創新（Financial Innovation）就是在金融領域內各種要素實行新的組合，具體來講，就是指金融機構和金融管理當局出於微觀和宏觀利益的考慮，而對金融機構、金融制度、金融業務、金融工具以及金融市場等方面所進行的創新性的變革和開發活動。

金融創新可以分為狹義的金融創新和廣義的金融創新。

（1）狹義的金融創新

狹義的金融創新，是指近幾十年的微觀金融主體的金融創新，以1961年美國花旗銀行首次推出的大額可轉讓定期存單（CD）為典型標誌，特別是20世紀70年代西方發達國家在放鬆金融管制之後而引發的一系列金融業務的創新。放鬆金融管制的措施包括放寬設立銀行的條件、放鬆或取消利率管制、放鬆對商業銀行的資產負債管理、允許銀行和非銀行機構實行業務交叉等。這種制度上和觀念上的創新直接導致了國際金融市場不斷向深度和廣度發展，也使高收益的流動性金融資產得以產生。同時，放鬆金融管制還增強了金融仲介機構之間的競爭，使其負債對利率的彈性大大提高，負債管理的創新理論也由此而產生。

（2）廣義的金融創新

廣義的金融創新不僅包括微觀意義上的金融創新，還包括宏觀意義上的金融創新；不僅包括近幾十年來的金融創新，還包括金融發展史上曾經發生的所有金融創新。可以說，金融創新是一個歷史範疇。自從現代銀行業誕生

那天起，無論是銀行傳統的三大業務、銀行的支付和清算系統、銀行的資產負債管理，還是金融機構、金融市場，乃至整個金融體系、國際貨幣制度，都經歷了一輪又一輪的金融創新。從某種意義上講，金融創新也是金融體系基本功能的建設，是一個不斷創新的金融體系的成長過程。

5.4.2 金融創新的動因及類型

近年來，金融業發展的制度環境發生了很大的變化。金融自由化、科技創新、市場競爭加劇等因素促成了國際金融領域創新浪潮的涌起。

(1) 規避管制的金融創新

20世紀30年代，隨著西方國家經濟大危機的爆發，各國為了維護金融體系的穩定，相繼通過了一系列管制性的金融法令。雖然嚴格的管制促進了金融體系的穩定，但是也造成了嚴重的「脫媒」現象。於是，政府嚴格管制的逆效應產生了——金融機構通過創新來規避管制，尋求管制以外的獲利空間。波士頓大學的經濟學家愛德華·凱恩（Edward Kane）曾經將規避管制的過程形容為「鑽空子」。當約束性規章制度的壓力增加，規避這些規章制度能夠賺取巨額利潤時，「鑽空子」和創新就很可能產生。

美國《1933年銀行法》裡的Q條例（Regulation Q）對定期存款利率規定了最高上限，活期存款不允許支付利息，從而對銀行業實行了嚴格的利率管制。20世紀60年代至20世紀80年代通貨膨脹和利率的上升加劇了這一管制帶來的壓力，導致大量金融創新出現。

(2) 市場競爭的日益尖銳化

競爭是市場經濟的重要規律之一，沒有競爭就不是市場經濟。隨著現代經濟一體化和市場的國際化，金融領域的發展極為迅速，金融機構的種類、數量急遽增加，金融資本高度集中，同時向國外市場發展。由此伴隨而來的金融機構之間的競爭也日趨激烈，而且面臨的風險更大，特別是當經濟遇到危機時，市場經濟優勝劣汰的本能機制，在金融領域裡演繹得更加充分，金融機構倒閉、合併、重組的事件屢見不鮮。所以，為了在競爭中求生存、謀發展，在市場上立於不敗之地，金融機構就需要不斷地改革與創新。可以說，金融業的發展史，就是一部創新史。

(3) 科學技術的進步

20世紀70年代以來，一場以計算機等為根本特徵的新技術革命席捲全世界。20世紀90年代以後，以網路為核心的信息技術飛速發展，信息產業成為最新興的產業。這些高新技術也被廣泛應用到金融機構的業務處理過程之中，為金融創新提供了技術上的支持，成為技術型金融創新的原動力，促進了金

融業的電子化發展。金融電子化給金融業運作帶來的變革主要體現在兩方面：一是以自動化處理方式代替了人工化處理方式，從而降低了信息管理的費用，如信息的收集、貯存、處理和傳遞等一系列過程；二是以自動渠道（如遠程、網路銀行、電子銀行、手機銀行等）來改變客戶享受金融服務和金融產品的方式。新技術革命提供的技術支持，為金融業務和金融工具的創新創造了必要的條件。

5.4.3 商業銀行金融創新的主要內容

金融創新的內容十分廣泛，各種創新又有著自己的目的與要求。這裡，我們主要從金融制度的創新、金融業務的創新及金融工具的創新等方面進行分析論述。

（1）金融制度的創新

金融制度是金融體系中的一個非常重要的方面。在一系列的金融創新與金融自由化的過程中，金融制度的變化是不可避免的。在制度變革的基礎上，金融自由化又會在一個更新層面上展開，進而推動金融創新的深入發展。

金融制度的創新最典型的是分業管理制度的改變。長期以來，在世界各國的銀行體系中，歷來有兩種不同的銀行制度，即以德國為代表的「全能銀行制」和以美國為代表的「分業銀行制」。兩者主要在商業銀行業務與投資銀行業務的合併與分離問題上有區別。但自20世紀80年代以來，隨著金融自由化浪潮的不斷升級，這一相互之間不越雷池半步的管理制度已經發生了改變，美國於1999年年底廢除了對銀行業經營嚴格限制六十多年的《斯蒂格爾法案》，允許商業銀行合業經營。從目前來看，世界上大多數國家的商業銀行的上述兩個傳統特徵和分業界限已逐漸消失，商業銀行的經營範圍正不斷擴大，世界上的著名大銀行實際上已經成為「百貨公司」式的全能銀行。從其發展動向看，商業銀行經營全能化、綜合化已經成為一種必然的趨勢。

金融監管制度也隨著金融市場的發展變化而創新。金融市場准入制度促使國際金融市場和跨國銀行大發展。在20世紀80年代以前，許多國家針對非國民進入本國金融市場以及本國國民進入外國金融市場均採取了種種限制措施，尤以日本為最甚，在金融自由化浪潮的衝擊下，這些限制正逐漸被取消。金融創新使各國之間的經濟、金融聯繫更加緊密，經營的風險也在加大，從而使全球金融監管出現自由化、國際化傾向。各國政府在國際金融中心、跨國銀行的監管問題上更加注重國際協調與合作。

（2）金融業務的創新

業務創新是指商業銀行利用新思維、新組織方式和新技術，構造新型的

融資模式，取得經營成果的活動。

①負債業務的創新。

商業銀行負債業務的創新主要發生在 20 世紀 60 年代以後，主要表現在商業銀行的存款業務上。

a. 商業銀行存款業務的創新是對傳統業務的改造、新型存款方式的創設與拓展，其發展趨勢表現在以下四方面：一是存款工具功能的多樣化，即存款工具由單一功能向多功能方向發展；二是存款證券化，即改變存款過去那種固定的債權債務形式，取而代之的是可以在二級市場上流通轉讓的有價證券形式，如大額可轉讓存單等；三是存款業務操作電算化，如開戶、存取款、計息、轉帳等業務均由計算機操作；四是存款結構發生變化，即活期存款比重下降，定期及儲蓄存款比重上升。

b. 商業銀行的新型存款帳戶可謂五花八門，各有特點，個性化、人性化突出，迎合了市場不同客戶的不同需求。比如：可轉讓支付指令帳戶（NOW）、超級可轉讓支付指令帳戶（Super NOW）、電話轉帳服務和自動轉帳服務（ATS）、貨幣市場互助基金、協議帳戶、個人退休金帳戶、定活兩便存款帳戶（TDA）等。

c. 把存款帳戶與其他帳戶合併，為客戶的一系列交易支付自動提供多種服務，在美國將這種帳戶稱為現金管理帳戶。現金管理帳戶綜合了證券信用交易帳戶、貨幣市場共同基金和信用卡等多項功能，是一種集多種金融功能於一身的金融新產品。客戶開設了該帳戶並存入了一定數額的資金後，這筆資金立即成為貨幣市場共同基金帳戶的資金，用於投資高收益的貨幣市場工具，享受利息收入。如果該帳戶的持有者需要對第三者進行大額支付，可以就貨幣市場共同基金帳戶簽發支票。如果客戶要買賣證券，款項會從貨幣市場基金中自動扣除或存入。當客戶需要進行日常生活的小額支付時，可以用信用卡支付，每月結算時再從貨幣市場共同基金帳戶中扣除。

d. 商業銀行借入款的範圍、用途擴大化。過去，商業銀行的借入款項一般用於臨時、短期的資金調劑，而現在日益成為彌補商業銀行資產流動性、提高收益、降低風險的重要工具，籌資範圍也從國內市場擴大到全球市場。

②資產業務的創新。

商業銀行資產業務的創新主要表現在貸款業務上，最重要的一項創新是貸款證券化。貸款證券化作為商業銀行貸款業務與證券市場緊密結合的產物，是商業銀行貸款業務創新的一個重要表現。它極大地增強了商業銀行資產的流動性和變現能力。

商業銀行貸款業務的一項重要創新是設計貸款利率與市場利率緊密聯繫

並隨之變動的貸款形式。其具體形式有：浮動利率貸款、可變利率抵押貸款、可調整抵押貸款等。這些貸款種類的出現，使貸款形式更加靈活，利率更能適應市場變化。商業銀行貸款業務「表外化」也是資產業務的重要創新。為了規避風險、逃避管制，或者為了迎合市場客戶的需求，商業銀行的貸款業務有逐漸「表外化」的傾向。具體業務有回購協議、貸款額度、週轉性貸款承諾、循環貸款協議、票據發行便利等。

③表外業務的創新。

商業銀行表外業務的創新，徹底改變了商業銀行傳統的業務結構，極大地增強了商業銀行的競爭力，為商業銀行的發展找到了巨大的、新的利潤增長點，對商業銀行的發展產生了極大的影響。商業銀行表外業務創新的內容主要包括結算業務日益向電子轉帳發展、信託業務的創新與私人銀行的興起、商業銀行信息諮詢業的創新與發展、商業銀行自動化服務的創新、現金管理、代理證券買賣業務與承諾類業務等創新發展。

表外業務雖然沒有利息收入，但有可觀的手續費收入。從世界各國銀行業的發展情況來看，表外業務發展迅猛，花樣品種不斷翻新。有些商業銀行的表外業務收益已經超過傳統的表內業務收益，成為商業銀行的支柱業務。

(3) 金融工具的創新

金融工具的創新是金融創新最主要的內容。近幾十年來出現的金融創新中，最顯著、最重要的特徵之一就是大量新型的金融工具以目不暇接的速度被創造出來。

①基本存款工具的創新。

眾所周知，基本的存款工具有活期存款、定期存款、儲蓄存款等，但是，在金融工具的創新過程中，這些基本存款工具的界限早已被打破，形成了一些新的存款工具。它們主要包括可轉讓支付指令、自動轉帳服務帳戶、超級可轉讓支付指令、貨幣市場存款帳戶、個人退休金帳戶等。這些帳戶的特點是既能靈活方便地支取，又能給客戶計付利息。這些新型存款帳戶的出現，為客戶提供了更多的選擇，充分滿足了存款人對安全、流動和盈利的多重需求，從而吸引了更多的客戶，擴大了商業銀行的資金來源。

②大額可轉讓定期存單。

商業銀行的定期存款以其較高的利率吸引資金，但其最大的弱點在於流動性差。1961年由美國花旗銀行發行的第一張大額可轉讓定期存單（CD），則既可以使客戶獲得高於儲蓄帳戶的利息，又可以在二級市場上流通、轉讓而變現，使客戶原本閒置在帳上的資金找到了短期高利投資的對象，所以一經面世就深受歡迎。

③衍生金融工具的創新。

衍生金融工具是伴隨著新一輪金融創新而興起和發展起來的。它的出現，可以說給當代金融市場帶來了劃時代的貢獻。它除了使人們重新瞭解了金融資產保值和規避風險的方式、手段之外，還具有很強的槓桿作用，讓人們充分體會到了「四兩撥千斤」的快感。同時，人們還把衍生金融工具稱為「雙刃劍」。如果運用得當，可給金融業帶來許多好處，起到傳統避險工具無法起到的保值、創收作用；但如果運用失當，也會使市場參與者遭受嚴重損失，甚至危及整個金融市場的穩定與安全。

5.4.4 基於金融創新銀行業的重要演變

（1）影子銀行體系的出現與發展

影子銀行是一個新概念，最早在2007年的美聯儲年度會議上被提出，又稱「影子金融體系」或者「影子銀行系統」（Shadow Banking System），指那些有著部分銀行功能卻遊離於監管體系之外的非銀行金融機構及金融行為。在國外，尤其是美國，影子銀行及其工具和產品構成了一個相對完整的體系，主要包括投資銀行、對沖基金、私募股權基金、結構性投資載體、債券保險公司、貨幣市場基金以及擔保債務憑證、信用違約互換、資產支持商業票據和再回購協議等。

影子銀行可以分為三類：①影子銀行本身，主要玩家有投資銀行、對沖基金、私募股權基金，SIV和貨幣市場基金等。②應用影子銀行的傳統銀行。這些銀行仍在監督管理下運行，同時可獲得中央銀行的支持，但它們也將影子銀行的操作方法運用到了部分業務中。③涵蓋了影子銀行的工具，主要是一些能夠讓機構轉移風險、提高槓桿率並能逃脫監管的金融衍生品。

在影子銀行這一概念被提出後不久便爆發了次貸危機，房地產按揭貸款的證券化被認為是美國影子銀行的核心所在，本應由銀行系統承擔的房地產貸款被證券化之後，脫離了監管，引發了系統性風險。2007年開始的美國次貸危機漸漸被人們重視，此前一直遊離於市場和政府的監管之外，不過當前也無十分有效的監管方式。

雖然中國2005年就頒布了《信貸資產證券化試點管理辦法》，但是貸款證券化行為還沒能開展起來，金融衍生品市場還不發達，並沒有形成與西方類似的影子銀行體系。但由於國內高度嚴格的金融監管，影子銀行仍然以其他形式存在。在中國的市場現實中，影子銀行主要涵蓋了兩塊：一塊是商業銀行銷售得如火如荼的理財產品，以及各類非銀行金融機構銷售的類信貸類

產品,比如信託公司銷售的信託產品,小額貸款公司、擔保公司、信託公司、財務公司和金融租賃公司等進行的「儲蓄轉投資」業務等。另一塊則是以民間高利貸為代表的民間金融體系。根據野村證券研報數據,截至2010年,中國「影子銀行」放款規模達到8.5萬億元,是銀行貸款總量的18%。

銀行通過融資類信託理財產品、委託貸款等方式「隱蔽」地為企業提供貸款。通過銀信合作,銀行可以不採用先募集存款再向外發放貸款的方式,而通過發行信託理財產品募集資金並向企業貸款。由於信託理財產品屬於銀行的表外資產而非表內資產,可以少受甚至不受銀監部門的監管,因此銀行通過這些方式將表內資產轉向表外,從而規避監管以牟取超額利益。

銀行除了通過發行理財產品參與影子銀行,委託貸款也是一種重要的方式。中國《貸款通則》明文規定,禁止企業間的直接借貸,但用銀行作為仲介實現借貸的委託貸款則不在禁止範圍內。委託貸款是由委託人提供合法來源的資金,委託業務銀行根據委託人確定的貸款對象、用途、金額、期限、利率等代為發放、監督使用並協助收回的貸款業務。委託貸款涉及的公司大多是國企和上市公司,貸款基本流向其控股子公司並且利率不高,大多是基準利率或者稍微上浮,上市公司的控股股東以及控股子公司借上市公司這塊金字招牌獲得銀行低息貸款,上市公司相當於整個集團的資金中轉站,將銀行貸款以基準利率轉貸給關聯企業。而在非關聯企業委託貸款中,絕大多數流向房地產行業,以追求高收益。

信託公司、小額貸款公司、擔保公司、典當行、網貸公司以及各類投資公司等機構其實都在行使著準銀行的職能,也被視作影子銀行的組成部分。眾多的非銀行機構交織在一起,形成了一個巨大的民間借貸網路,吸收大量銀行資金和民間資金投入高風險高回報的行業,也催生出一定的風險。而這幾類機構有一個共同特點就是監管缺位。監管缺位導致這些機構有機可乘,為了追求高收益而參與民間借貸市場,助長了高利貸熱潮,增加了金融風險。

(2)分業經營和混業經營的演化

①分業經營。

分業銀行產生的直接原因是1929—1933年大危機爆發。這場危機範圍廣、破壞性大,對美國經濟和金融的影響深遠。1931年,美國成立專門委員會研究大危機的原因,美國政府及許多經濟界人士普遍認為,銀行經營證券投資業務是導致數千家銀行倒閉、證券市場暴漲、信用制度崩潰以及經濟危機加劇的重要原因。在此背景下,美國國會於1933年通過了《格拉斯-斯蒂格爾法》(Glass Steagall Act),將商業銀行業務與投資業務嚴格分離,從此走

上了金融、證券業「分業經營」的道路。接著，美國政府又先後頒布了《1934年證券交易法》《投資公司法》以及《1968年威廉斯法》等一系列法案，進一步加強了銀行業和證券業「分業經營」的管制。這一時期是美國金融史上風靡一時的分業經營時期。它被英國、日本、加拿大、澳大利亞等許多國家紛紛效仿，只有歐洲大陸如德國、法國等由於歷史原因繼續保持金融混業經營的格局。

②混業經營。

20世紀80年代以來，西方各國的證券界滋生了一股強大的自由化浪潮，商業銀行與證券業的傳統區分逐漸消失，金融經營再次出現融合的趨勢，這首先體現在英國的「金融大爆炸」。1986年10月，倫敦證券交易所實行了重大的金融改革：a. 允許商業銀行直接進入交易所從事證券交易；b. 取消交易最低佣金的規定，公司與客戶可以直接談判決定佣金數額；c. 准許非交易所成員收購交易所成員的股票；d. 取消經紀商和營業商的界限，允許二者的業務交叉和統一；e. 實行證券交易手段電子化和交易方式國際化。這一重大改革主要是允許銀行兼併證券公司，從而拆除銀證之間的防火牆。從20世紀80年代以後美國銀證分業制度逐步鬆動。1987年，美聯儲授權部分銀行有限度地從事證券業務，並授權一些銀行的子公司進行公司債券和股票的資金募集活動。

即使是在嚴格的「分業經營」時期，美國的證券和銀行業也不是絲毫沒有聯繫的。《格拉斯－斯蒂格爾法案》在嚴格限制商業銀行業務和投資銀行業務的同時，允許商業銀行對美國政府及其他聯邦政府機構發行的債券進行投資或買賣，也可以動用一定比例的自有資金進行股票、證券的投資和買賣，還可以為客戶的證券投資進行代理活動。隨著金融國際化趨勢的不斷加強，外資銀行大舉進入美國的金融市場，一些發達國家的所謂「金融百貨公司」以其先進的技術手段、良好的經營信譽、優質的金融服務以及種類繁多的金融產品對美國金融市場產生了前所未有的衝擊。為了保護本國銀行業的利益，確保金融市場不出現大的動盪，美國政府在1980年和1982年先後通過了《取消存款機構管制和貨幣控製法案》和《高恩－聖杰曼存款機構法案》等有關法律，放開了存款貨幣銀行的利率上限，從法律上允許銀行業和證券業的適當融合，這就是美國金融史上著名的「80年代金融改革」。

從20世紀90年代中後期開始，美國金融業開始進入完全意義上的「混業經營」時代。1998年4月6日，美國著名的花旗銀行與保險公司——旅行者集團宣布合併成立「花旗集團」，從而成為資產近7,000億美元的全球最大

的金融企業集團，實現了跨行業的合併。20世紀90年代初興起的銀行業的併購浪潮大大改變了國際銀行業的整體格局，跨行業合併成為新的熱點，分業經營的制度不斷被現實打破。在這種國際金融環境下，美聯儲於1997年年初修改了《銀行持股公司法》中的個別條例，建立了更有效率的銀行兼併和開展非銀行業務的申請、審批程序，取消了許多對銀行從事非銀行業務的限制。商業銀行能夠更加自由地從事財務和投資顧問活動、證券經紀活動、證券私募發行以及一些其他非銀行業務。更加重要的是，美聯儲擴大了銀行持股公司附屬機構可以承銷和交易證券的範圍，並大大減少了可能降低這些業務收益的限制。1999年11月12日，時任美國總統的克林頓終於簽署了《金融服務現代化方案》，正式宣告實行金融業的「混業經營」制度。

日本也在1998年提出金融改革方案，頒布了《金融體制改革-攬子法》。到目前為止，混業經營的趨勢還在進一步加強，更多的國家對此給予了配合和響應。一般而言，分業經營注重整個金融體系的安全與穩定，特別是在封閉條件下，實行分業經營很大程度上能夠防範金融風險在銀行業、證券業、保險業之間的傳遞。但分業經營會限制金融機構規模經濟的發展道路，嚴重影響資金的運用效率，在銀行和其他金融業務之間構築起一道無形的藩籬，使這些具有天然聯繫的金融市場之間排除了有效競爭，促成行業壟斷的形成，導致金融業缺乏活力、發展遲緩。相比之下，混業經營則更注重效率。同時，實行混業經營一方面可以吸引大量銀行、保險資金進入，擴大證券市場規模和提高其經濟效益，從而引發國際融資手段的進一步證券化；另一方面也將更有力地推動證券市場朝著國際化目標迅猛發展。這些都是金融業繁榮壯大的積極因素，也是提高本國金融業國際競爭力的重要方式。

金融業綜合經營涉及銀行、證券和保險行業的跨業經營，綜合經營有不同的方式和模式。從西方發達國家的實踐來看，綜合化經營大體可分為兩種類型：第一，以德國、瑞士、荷蘭、奧地利等國為代表的全能銀行制。在該模式下，銀行可以全面經營存貸款、證券買賣、保險銷售等業務。第二，以美國、日本為代表的金融控股公司模式。在該模式下，由金融機構組建金融控股公司，通過併購或投資控股獨立的子公司，分別從事銀行、證券、保險等業務。

全能銀行制允許一個公司實體從事所有的金融業務。這種制度具體而言就是「一個法人，多塊執照，多種業務」，也叫一級法人模式。在這種制度下的金融公司可以依法從事包括投資企業在內，涉及投資、證券、保險、信託等各種金融業務，將金融業務完全整合，具有開放性和自由性。如圖5-1所示。

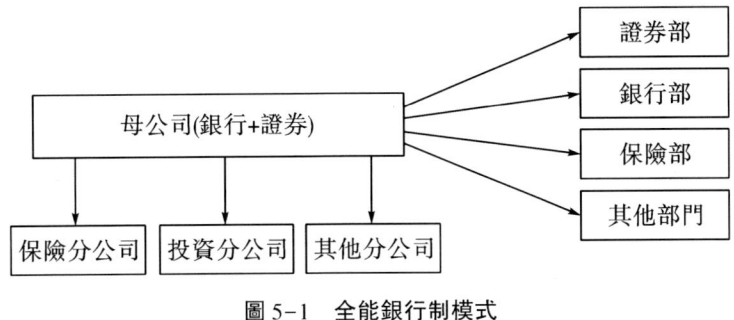

圖 5-1　全能銀行制模式

　　該模式的最大優勢是管理方便，對銀行證券、保險等部門易於調度和協調，公司內部各個部門可以共享資源，增加信息資源的流動性。全能銀行則具備一定的信息優勢，可以通過提供廣泛系列的金融產品，與企業建立起全面而持續的關係。銀企關係的全面性能夠為銀行帶來規模經濟效益。通過觀察企業在其他金融服務上的行為，能夠更加瞭解企業。此外，通過提供大量的服務，全能銀行在設計融資合約時有更多的選擇工具，並且對企業的管理決策有更多的影響手段。這樣就降低了它的代理成本，實現了規模經濟與範圍經濟。以銀行業與證券業為例，證券業可以利用商業銀行的資金優勢和網路優勢為自己的發展提供便利條件，而銀行業也可以通過證券業務進一步密切同企業的關係，爭取更多的客戶，促進其自身的發展。全能銀行制度可以促進銀行業務的創新、提高銀行業務的競爭力，有利於增加銀行收益，並促進社會總效用的上升。例如，一方面，銀行業與證券業的全面合作可以使證券公司利用銀行現有的業務渠道和客戶資源，降低經營成本和信息成本，滿足客戶的服務需求；另一方面，銀行通過資本市場的工具創新，開拓資產業務的種類，增強銀行長期資產業務的流動性，降低銀行經營風險。

　　但是全能銀行這種模式也存在不少弊端。這種模式不利於協調利益集團間的利益衝突，而且調度資金一旦出現問題，將具有傳染效應。由於各部門之間沒有明顯的制度防火牆，也不利於加強金融安全網，因此當一種金融工具出現風險時，很容易在機構內部傳播開來，出現「多米諾骨牌」現象。這就加大了全能銀行的經營風險。當金融機構本身規模變得過於龐大時，內部協調成本開始上升，有可能會出現規模不經濟的現象。

　　「金融控股公司」一詞是1999年美國金融服務現代化法案中提出的新名詞，是美國從法律上廢止《1933年銀行法》肇始的金融分業經營制度，是促進銀行、證券公司和保險公司聯合經營的一種新的金融組織形式。按照美國《金融服務現代化法案》，金融控股公司可由符合一定條件的銀行控股公司轉

換而來。上述銀行控股公司在向美聯儲備案成為金融控股公司後，可以以子公司形式從事證券經紀和承銷、保險經紀和承銷、商人銀行等非銀行業務。具體而言，就是「多個法人，多塊執照，多種業務」，母公司是一級法人，被控股的子公司是二級法人。這種綜合經營模式的特點是：在一個一級法人金融控股公司內有多個法人子公司，統一被控製在一個母公司之下，但子公司彼此之間實行「分業經營，分業管理」。如圖5-2所示。

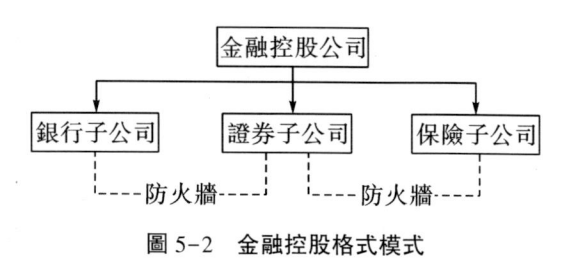

```
                    金融控股公司
          ┌─────────────┼─────────────┐
      銀行子公司    證券子公司    保險子公司
          └─────防火牆─────┘─────防火牆─────┘
```

圖 5-2 金融控股格式模式

(3) 中國商業銀行分業經營和混業經營的發展演進

1995年以前，中國金融業混業經營呈現出以下特點：銀行兼營信託業和證券業；信託公司兼營銀行業務；證券公司介入銀行業參與短期融資；金融企業大量從事非金融業務；銀行、證券、保險、信託等金融機構紛紛參與實業投資和房地產經營；非金融部門也通過各種方式介入金融業務。鑒於以上情況，1993年12月25日，國務院頒布了《關於金融體制改革的決定》（簡稱《決定》）。該《決定》規定「國有商業銀行不準對非金融企業投資」「對保險業、證券業、信託業、銀行業實行分業經營」「國有商業銀行在人、財、物方面要與保險業、證券業、信託業脫鉤，實行分業經營」。1995年，中國頒布了《中華人民共和國人民銀行法》《中華人民共和國商業銀行法》《中華人民共和國保險法》，這三部法律基本確定了中國金融體制分業經營的基本格局。1998年年底，中國頒布了《中華人民共和國證券法》，其中第六條規定：證券業和銀行業、信託業、保險業分業經營、分業管理。證券公司與銀行信託保險業務機構分別設立。至此，中國分業經營體制正式確立。

在中國實行分業經營體制時，銀行、證券、保險、信託混業經營已是世界金融業發展的主流趨勢。為了應對國際競爭，隨著金融市場的逐步規範，中國金融的分業限制也逐步放鬆。

最早的鬆動是在1998年8月，央行頒布了《基金管理公司進入銀行同業拆借市場管理規定》和《證券公司進入銀行同業拆借市場管理規定》，允許券商和基金公司進入銀行間同業市場。國務院於1999年10月批准保險公司購買證券投資基金，這說明在中國雖然原則上採取分業經營和分業管理，但在

某些方面已經逐漸鬆動了分業的限制，採納適當的混業經營。之後再開始逐步地放鬆對分業的限制。如 2000 年 10 月的《開放式證券投資基金試點辦法》，2001 年 7 月《商業銀行中間業務暫行規定》等，中國開始允許商業銀行接受基金管理人委託，辦理開放式基金單位的認購、申購和贖回業務，允許商業銀行開展代理證券業務。

2003 年 12 月，重新修改的《中華人民共和國商業銀行法》第四十三條規定：「商業銀行在中華人民共和國境內不得從事信託投資和證券經營業務。不得向非自用不動產投資或者向非銀行金融機構和企業投資。但國家另有規定的除外。」其中，「國家另有規定的除外」這有限的九個字意義卻十分重大，為國家以後的政策變化留下了空間。

2005 年 2 月公布施行的《商業銀行設立基金管理公司試點管理辦法》鼓勵商業銀行採取股權多元化方式設立基金管理公司。自此，商業銀行通過設立基金公司開始涉足證券行業，嚴格的分業經營的金融體制開始放鬆，混業趨勢開始出現。

2006 年 2 月，銀監會公布的中外資銀行《行政許可事項實施辦法》明確規定「非銀行金融機構可發起設立商業銀行，商業銀行可收購地方性信託投資公司」，這為商業銀行進入信託領域鋪平了道路。2007 年，銀監會批准交通銀行重整湖北國投，成立交銀國際信託有限公司，這是商業銀行控股信託公司試點的開始。2007 年 3 月，銀監會頒布了《金融租賃公司管理辦法》。2007 年 11 月，首家銀行系金融租賃公司──工銀租賃有限公司成立。銀行系金融租賃公司和信託公司的出現，意味著商業銀行又回到了闊別十餘年的領域，分業進一步放鬆，混業趨勢得到進一步加強。

2008 年 1 月，銀監會與保監會簽署了《中國銀監會與中國保監會關於加強銀保深層次合作和跨業監管合作諒解備忘錄》。隨後，國務院發布第 160 號文件，同意備忘錄的內容，准許商業銀行控股保險公司。中國工商銀行、中國建設銀行、交通銀行和北京銀行已經提交投資保險公司股權的計劃，銀行涉足保險領域有望取得突破。

2008 年，涉足綜合經營的銀行數量繼續增加，綜合經營範圍進一步拓寬。2008 年，中國農業銀行與東方匯理資產管理公司等合資成立農銀匯理基金公司，招商銀行收購了西藏信託 60.5% 的股權，力圖打造信託平臺。

通過參股控股信託、保險、金融租賃等金融機構，開展綜合經營的銀行努力構建綜合經營架構，整合各類金融業務共享的後臺支持系統，以商業銀行為主體的金融控股集團如中信、光大、平安、招商、民生等金融集團已經

初具雛形。這些銀行通過建立跨文化的管理模式和營運機制，促進集團協同效應的發揮。金融控股公司模式已經成為中國金融業走向「綜合經營」的現實選擇。但是因為證券行業的高投機性和高風險性，對於商業銀行參股證券公司的限制一直比較嚴格，銀證的融合是分業經營最重要的門檻。不過，中國已出現的這些金融集團無論是在自身業務範圍上，還是在經營機制上，離真正完整意義上的混業經營還有很大的差距，要實現完全意義上的混業經營還有待於分業經營管制的進一步放開。

6 中央銀行

6.1 中央銀行的起源與發展

中央銀行的產生有兩條途徑：其一，早期的中央銀行是從商業銀行中分離出來或由商業銀行演變而成的；其二，第一次世界大戰後的中央銀行是直接由政府出資建立的。中央銀行的產生和發展是信用制度不斷健全和銀行體系不斷完善的結果。

6.1.1 中央銀行產生的歷史背景和客觀原因

（1）中央銀行產生的歷史背景

中央銀行產生的歷史背景，大致可以從下面三方面來闡述。

①商品經濟快速發展。

歐洲資本主義制度形成於 15—16 世紀，一些手工業開始從農業中分離出來，形成獨立的生產部門，農業生產也從傳統的自給型生產轉向商品型生產。到了 17 世紀，科學技術創新不斷地推動生產力快速發展，商品經濟較為發達的一些歐洲國家的工商企業在社會生產中占據的地位越來越重要，為 18—19 世紀的歐洲工業革命打下了良好的基礎。歐洲商品經濟的快速發展，需要充足的資金規模和良好的金融秩序作支持和保證。

②商業銀行普遍設立。

銀行業最初形成於 13—14 世紀，最先出現在經濟貿易比較發達的歐洲。到 14 世紀末，一些以「銀行」命名的信用機構開始出現。伴隨著商品經濟的快速發展和資本主義生產方式的興起，15—16 世紀銀行的設立和發展在歐洲出現了一個高潮，如 1587 年成立的威尼斯銀行（Bank of Venice）、1593 年成立的米蘭銀行（Bank of Milan）等。17—18 世紀，歐洲社會生產力飛速發展，銀行業務活動不斷創新，如發行銀行券、為企業辦理轉帳、為企業融資等，銀行的服務具有了現代銀行的性質。一些銀行業務創新的成功引來了又一次銀行設立的高潮。銀行的普遍設立促進了商品經濟進一步快速發展。

1656 年設立的瑞典銀行和 1694 年設立的英格蘭銀行開始了中央銀行的部分業務，這在後面內容中將進一步分析。

③社會經濟活動中的貨幣信用關係越來越廣泛。

銀行的業務創新使貨幣和信用活動越來越多地與商品生產、商品貿易有機結合。銀行把吸收的存款作為資本投入經濟活動，集中零散的資金滿足規模化生產的需要。與此同時，銀行還為企業的資本聯合和籌資活動提供服務和便利，如為股份公司代理發行股票、為企業代理發行債券等。銀行通過票據貼現、抵押貸款等方式，逐漸把商業信用轉變為銀行信用，使信用範圍和規模得以大幅度擴展，為社會化大生產和商品經濟的繁榮創造了條件。商品經濟的快速發展和銀行業務的不斷創新，促進了社會經濟活動中的貨幣信用關係不斷深入。

(2) 中央銀行產生的客觀原因

18 世紀後半葉到 19 世紀中期，隨著資本主義生產力水平的提高、商品流通規模和範圍的擴大，以及與此相促進的貨幣信用業務的擴展、股份制銀行的增多，原有的自由銀行制度越來越不適合，由此產生的一系列問題客觀上要求建立有良好信用的統一的中央銀行。具體原因有以下幾個方面：

①銀行券發行過於分散。

在銀行業發展初期，許多商業銀行除了辦理存放和匯兌等業務以外，還從事銀行券的發行。銀行券分散發行，存在許多弊端：一是無法保證銀行券的信譽和流通的穩定。當一些銀行特別是小的商業銀行，無法保證其所發行的銀行券的兌現，就會引起社會的混亂；二是銀行信用活動的範圍有限，許多銀行發行的銀行券只能在有限的地區流通，無法滿足更大規模的生產和流通需要。伴隨著社會生產的發展，需要有一個實力雄厚、有權威的銀行來統一發行銀行券。

②票據交換矛盾突出。

隨著業務的發展，銀行每天收支票據的數量逐漸增多，各銀行之間的債權債務關係越來越複雜，由各個銀行自行軋差進行當日清算也越來越困難。這種狀況不僅表現為異地結算矛盾突出，即使同城結算也成問題。因此，客觀上要求建立一個全國統一的、有權威的、公正的清算中心，而這個中心只能由中央銀行承擔。

③銀行發生擠兌或破產。

隨著商品生產和流通的擴大，人們對銀行貸款的需求量不斷增加。商業銀行如果將吸收的存款過多地用於提供貸款，就會出現因支付能力不足而發生擠兌或破產的可能。這就要求有一個信用卓著、實力強大並具有提供有效

支付手段能力的機構，集中各家商業銀行的一部分現金準備，充當商業銀行的最後支持者。

④解決政府融資問題。

國家機器的強化、自然災害的發生和戰爭的頻繁爆發使得國家收入減少的同時又需要增加開支。為彌補財政虧空，一些國家政府逐漸向銀行要求融資。17世紀末，英國國王威廉三世執政時，國家財政陷於困境，需要大量舉債，由英格蘭銀行向政府貸款120萬英鎊。從此，英格蘭銀行成為政府的融資者和國庫代理人，也成為歷史上第一家具有「政府的銀行」職能的銀行。

⑤金融業協調、監督等管理問題。

銀行業經營同其他行業一樣，競爭非常激烈，而銀行破產、倒閉給社會經濟生活帶來很大的動盪。因此，客觀上需要有一個權威機構加強金融業管理、監督和協調。

6.1.2 中央銀行的形成和發展

從1656年瑞典銀行設立到1913年美國聯邦儲備體系建立，中央銀行基本形成，經歷了近260年的時間。

1656年成立的瑞典銀行最初是一家私人銀行，但該行是最早發行銀行券和辦理證券抵押貸款業務的銀行之一，1666年陷入困境，1668年政府將其收歸國有。1697年瑞典通過法案，將貨幣發行權集中到瑞典銀行，從而使瑞典銀行具有中央銀行的某些特性。成立於1694年的英格蘭銀行原為商業銀行，但從其誕生起就與政府有著密切的關係，為政府籌資、接受政府存款和向政府提供貸款是該行成立之初最主要的業務之一。英格蘭銀行成立時的股本為120萬英鎊。該銀行將其全部貸給當時的英國政府，並管理國庫的收支。同時該銀行得到了銀行券發行額不超過資本總額的權限。1833年，英國議會通過一個新法案，規定只有英格蘭銀行發行的銀行券才具有無限清償資格。這是英格蘭銀行成為中央銀行決定性的一步。1844年，由英國當時的首相皮爾主持擬定，英國議會通過了《英格蘭銀行條例》，又稱《皮爾條例》。該條例增加了英格蘭銀行沒有金銀準備作保證而發行銀行券的限額，同時又限制或減少了其他銀行的發行量。直到1928年，英格蘭銀行成為英國唯一的發行銀行。1854年，該銀行又成為英國銀行業的票據交換和清算中心。英格蘭銀行隨著英國金融業的發展而逐漸成為英國的中央銀行，它是最早全面發揮中央銀行功能的銀行。

19世紀至20世紀初，一些經濟和金融較為發達的國家和地區相繼建立了中央銀行，大約有29個國家建立中央銀行。1791年，美國政府出資20%成立

了美國第一聯邦銀行，其具有中央銀行的職能——發行貨幣、接受政府存款和向政府提供貸款。該行的經營期為 20 年，期滿後沒有通過展期申請。面對銀行數量大幅增加和金融秩序的混亂狀況，1816 年經國會批准建立了第二聯邦銀行，20 年經營期結束後也沒有延期。1913 年 12 月 23 日，國會通過了《聯邦儲備條例》；1914 年 11 月，美國建立了聯邦儲備體系，這標誌著中央銀行制度在世界範圍內基本確立。

第一次世界大戰期間，各國政府為了保障戰時的財政需要，大量向中央銀行借款，並且紛紛強迫中央銀行停止或限制銀行券兌現，導致戰後經濟金融混亂、通貨膨脹嚴重。1920 年，布魯塞爾國際貨幣金融會議通過了關於各國應平衡財政收支、割斷政府對發行銀行的控制，以穩定貨幣的重要決議。1922 年的日內瓦會議除了重申這些主張外，還進一步建議未設立中央銀行的國家應盡快設立。20 世紀 30 年代，大危機使得金本位制崩潰，管理貨幣供應、控制貨幣數量成為各國中央銀行的重要職責。1921—1942 年，世界各國改組或者新設立的中央銀行有 40 多家，其中，德國國家銀行、奧地利國家銀行、匈牙利國家銀行、蘇聯國家銀行、智利中央銀行、厄瓜多爾中央銀行是典型代表。

第二次世界大戰結束後，許多國家為了恢復經濟、穩定金融、滿足幣制重建和貨幣發行的制度化的需要，通過採取中央銀行國有化措施加強對中央銀行的控制。一些新成立的國家，由政府出資紛紛設立中央銀行，使中央銀行成為國家機器的重要組成部分，制定和實施貨幣政策成為中央銀行的主要職責。1945—1971 年，改組、重建和新設的中央銀行共有 50 多家。至此，中央銀行普遍在世界各國建立。

6.1.3 中央銀行制度的類型

雖然目前世界各國基本上都採取中央銀行制度，但並沒有統一的模式。就目前各國採取的中央銀行制度來看，大致可歸納為單一型中央銀行制度、複合型中央銀行制度、準中央銀行制度和跨國中央銀行制度四種類型。

(1) 單一型中央銀行制度

單一型中央銀行制度是指國家建立單獨的中央銀行機構，使之全面行使中央銀行職能的中央銀行制度。這種類型又分為兩種情況。

①一元式中央銀行制度。

一元式中央銀行制度指一國只設立一家統一的中央銀行行使中央銀行的權力並履行中央銀行的全部職責，中央銀行機構設置一般採取總分行制，逐級垂直隸屬。目前世界上絕大多數國家的中央銀行都實行這種體制，如英國、

法國、日本等。一元式中央銀行制度的特點是權力集中統一、職能完善、有較多的分支機構。中國的中央銀行——中國人民銀行亦採用一元式組織形式。

②二元式中央銀行制度。

二元式中央銀行制度是指中央銀行體系由中央和地方兩級相對獨立的中央銀行機構共同組成。中央級中央銀行和地方級中央銀行在貨幣政策方面是統一的，中央級中央銀行是最高金融決策機構，地方級中央銀行要接受中央級中央銀行的監督和指導，但在貨幣政策的具體實施、金融監管和中央銀行有關業務的具體操作方面，地方級中央銀行在其轄區內有一定的獨立性。這種制度一般與聯邦制的國家體制相適應，如目前的美國實行此種中央銀行制度，德國曾經也實行過該制度。

美國的中央銀行稱為聯邦儲備體系（Federal Reserve System，FED）。在中央一級設立聯邦儲備理事會（Board of Governors of the Federal Reserve System，BGFRS）、聯邦公開市場委員會（Federal Open Market Committee，FOMC）；在地方一級設立12家聯邦儲備銀行及其分支結構。

德國中央銀行在中央一級設立中央銀行理事會以及為其服務的若干業務職能機構，在地方一級設立了9個州中央銀行。

(2) 複合式中央銀行制度

複合式中央銀行制度是指國家不單獨設立專司中央銀行職能的中央銀行機構，而是由一家集中央銀行與商業銀行職能於一身的國家大銀行兼行中央銀行職能的中央銀行制度。這種中央銀行制度往往與中央銀行初級發展階段和國家實行計劃經濟體制相對應。蘇聯和以前多數東歐國家實行這種制度，中國在1983年前也實行這種制度。

(3) 準中央銀行制度

準中央銀行制度，是由政府授權專門機構行使對金融業的監督和管理職能，如金融管理局和貨幣局等，同時政府又授權大商業銀行開展貨幣發行、準備金保管等其他中央銀行業務的中央銀行制度。目前採取這種中央銀行組織形式的國家和地區有新加坡、馬爾代夫、斐濟、沙特阿拉伯、阿拉伯聯合酋長國、塞舌爾、中國香港等。

新加坡設立金融管理局，除貨幣發行權授予大商業銀行之外，金融管理局全面行使中央銀行的其他各項職能，包括制定和實施貨幣政策、監督管理金融業、為金融機構和政府提供各項金融服務等。馬爾代夫設立貨幣總局，負責貨幣發行和管理，制定和實施貨幣政策，同時授權商業銀行行使某些中央銀行職能。

中國香港在很長的時期內，並無一個統一的金融管理機構，長期實行英鎊匯兌本位，1972年港幣與美元掛勾，1983年10月開始實行與美元掛勾的聯繫匯率制度。1993年4月1日中國香港成立了金融管理局（HK Monetary Authority），集中行使貨幣政策制定、金融監管和支付體系管理職能，但貨幣發行由渣打銀行、匯豐銀行和中國銀行香港分行負責，票據結算則由匯豐銀行負責。

（4）跨國中央銀行制度

跨國中央銀行制度，即由多個國家聯合組織一家中央銀行，在成員國範圍內發行共同貨幣，制定和執行統一的貨幣政策，辦理成員國共同商定和授權的金融事項。這種體制早期存在於一些經濟欠發達、地域相鄰的經濟聯合體或貨幣聯盟的國家，主要有：1960年3月由喀麥隆、乍得、剛果、加蓬和中非共和國等五國聯合組成的「中非國家銀行」，並發行共同貨幣；1962年5月由貝寧、科特迪瓦（象牙海岸）、毛里塔尼亞、尼日爾、塞內加爾和布基納法索（上沃爾特）六國聯合組成的「西非國家中央銀行」，發行共同貨幣；1965年1月由安提瓜、多米尼加、格林納達、蒙德塞拉特、聖盧西亞和聖文森特等六國組成的「東加勒比海貨幣管理局」。該貨幣管理局只對成員國發放貸款，不負責對成員銀行進行監督，也不行使最後貸款人義務。跨國中央銀行制度最具代表性和具有劃時代意義的當屬「歐洲中央銀行」（European Central Bank，ECB）。

根據歐共體12國在1991年12月達成的《馬斯特里赫特條約》（簡稱《馬約》）的協議內容，1998年7月1日，歐洲中央銀行正式成立。從1999年1月1日起，歐洲中央銀行逐步從歐元區國家接收直接管理貨幣的權力。歐洲中央銀行的儲備金由各成員國按其在歐元區內的人口比例和國內生產總值所占比重來提供。各歐元區國家的中央銀行仍保留自己的外匯儲備。歐洲中央銀行是歐元區內最高的決策機構，負責發行歐元（EURO），制定歐元區內各國共同遵循的貨幣政策，而各成員國的中央銀行則是該體系中的執行機構，具體實施和執行歐洲中央銀行制定的政策。

6.1.4 中央銀行的資本類型

中央銀行的資本有以下五種類型。

（1）資本全部為國家所有

目前大多數國家中央銀行的資本金是國家所有的。一部分國家通過購買中央銀行資本中原來屬於私人的股份而對中央銀行擁有了全部股權，另一部

分中央銀行成立時，全部資本金來源於國家。一般說來，歷史比較久遠的中央銀行大多由私營銀行或股份制銀行演變而來，國家通過購買私人股份的辦法逐漸實行了中央銀行的國有化，如加拿大銀行（1938）、法蘭西銀行（1945）、英格蘭銀行（1946）、荷蘭銀行（1948）等。1920年，布魯塞爾國際經濟會議要求各國普遍建立中央銀行制度以後，原來未建立中央銀行制度的國家紛紛設立了自己的中央銀行。第二次世界大戰之後，一批新獨立的國家由政府撥款直接建立了自己的中央銀行。目前，中央銀行資本為國家所有的國家有英國、法國、德國、加拿大、澳大利亞、荷蘭、挪威、西班牙、瑞典、丹麥、俄羅斯等。中國人民銀行的資本組成也屬於國家所有的類型，《中華人民共和國中國人民銀行法》第八條規定：「中國人民銀行的全部資本由國家出資，屬於國家所有。」

(2) 資本部分為國家所有

關於這類資本組成，國家資本在50%以上，非國家資本即民間資本，包括企業法人和自然人的股份在50%以下。如日本銀行，政府擁有55%的股份，民間持股45%；墨西哥的中央銀行，國家資本占53%，民間資本占47%；巴基斯坦中央銀行，政府占51%，民間資本占49%，等等。也有些國家，如比利時、厄瓜多爾、委內瑞拉、卡塔爾等國的中央銀行的資本中，政府和民間股份各占50%。在國家不擁有全部股份的中央銀行中，法律一般都對非國家股份持有者的權利做了限定，如只允許有分取紅利的權利而無經營決策權，其股權轉讓也必須經中央銀行同意後方可進行等。由於非國家股份持有者不能參與經營決策，因此對中央銀行的政策基本上沒有影響。

(3) 資本全部為民間所有

關於這類資本組成，國家通常不持有股份，全部資本由其他股東投入。由法律規定該銀行執行中央銀行職能，美國、義大利和瑞士等少數國家的中央銀行屬於此類型。美國聯邦儲備銀行的股本全部由參加聯邦儲備體系的會員銀行所擁有；義大利銀行為公法銀行，其股份由儲蓄銀行、公營信貸銀行、保險公司、社會保障機構等所持有，股份轉讓也只能在上述機構之間進行，並須得到義大利銀行董事會的許可；瑞士國家銀行多數股份由州政府銀行持有，少數股份由私人持有，瑞士政府並不持有該銀行的股份，但掌握其人事權，國家銀行的董事大部分由政府指派。

(4) 無資本金的中央銀行

韓國的中央銀行是目前唯一沒有資本金的中央銀行。1950年韓國銀行成立時，註冊資本為15億韓元，全部由政府出資。1962年，《韓國銀行法》的

修改使韓國銀行成為「無資本的特殊法人」。該行每年的淨利潤按規定留存準備之後,全部匯入政府的「總收入帳戶」。會計年度中如發生虧損,首先用提存的準備彌補,不足部分由政府的支出帳戶劃撥。

(5) 資本為多國共有

跨國中央銀行的資本金是由各成員國按商定比例認繳的,各成員國以此認繳比例作為其在跨國中央銀行所有權的標準。

中央銀行的資本組成雖然有不同類型,但無論是哪種類型的中央銀行,都是由國家通過法律或條約賦予其執行中央銀行的職能。資本所有權的歸屬並不對中央銀行的性質、職能、地位、作用等造成實質性影響。

6.2 中央銀行的職能

6.2.1 中央銀行業務經營的特點及其職能

中央銀行代表國家管理金融,制定和執行金融方針政策,但它不同於一般的國家行政管理機構。除賦予特定的金融行政管理職責、採取通常的行政管理方式外,其主要管理職責都寓於金融業務的經營過程之中,就是以其所擁有的經濟力量對金融領域乃至整個經濟領域的活動進行調節和控製。

對於中央銀行的基本職能,歸納與表述的方法各不相同。一般的、傳統的歸納是銀行具有發行的銀行、銀行的銀行和國家的銀行三大職能。

6.2.2 發行的銀行

所謂發行的銀行,就是壟斷銀行券的發行權,成為全國唯一的現鈔發行機構。

目前,世界上幾乎所有國家的現鈔都由中央銀行發行,硬輔幣的鑄造、發行也多由中央銀行經管。

在實行金本位的條件下,對銀行券發行的管理,各國均有由立法程序確定的銀行券發行保證制度。20世紀以來,各國的貨幣流通均轉化為不兌現的紙幣流通。對貨幣供給的控製,均已擴及存款貨幣。控製的最小口徑也是 M_1,而我們習慣稱為現金的通貨——鈔票和硬幣,只占 M_1 的一小部分。表6-1為國際貨幣基金組織的統計中,幾個主要工業化國家通貨占「貨幣」(即 M_1)的比例。

表 6-1　　　　　2005 年年底工業化國家通貨量與貨幣量的比　　　　單位：10 億

	通貨量	貨幣量	通貨量占貨幣量的比例（%）
美國（美元）	708.3	1,342.6	52.8
德國（歐元）	159.1	884.5	18
法國（歐元）	110.17	514.3	21.4
日本（日元）	74,000.86	436.29	17.2
義大利（歐元）	97.89	691.78	14.2
加拿大（加元）	46.54	332.58	14

資料來源：國際貨幣基金組織，《國際金融統計》，2007-05

雖然中央銀行只發行銀行券，而存款貨幣的創造由存款貨幣銀行實現，其源頭仍在中央銀行。這就是說，對於現代經濟的貨幣供給，中央銀行居關鍵地位。

銀行券的發行是中央銀行的重要資金來源，為中央銀行調節金融活動提供了資金實力，見表 6-2。

表 6-2　2005 年年底工業化國家通貨發行與中央銀行主要資金來源的比

單位：10 億

	通貨量	儲備貨幣量	通貨量占貨幣量的比例（%）
美國（美元）	708.3	779.5	90.9
德國（歐元）	159.1	280.7	56.7
法國（歐元）	110.17	138.72	79.4
英國（英鎊）	32.65	42.7	76.5
日本（日元）	74,000.86	116.64	64.2
義大利（歐元）	97.89	117.44	83.4
加拿大（加元）	46.54	50.92	91.4

資料來源：國際貨幣基金組織，《國際金融統計》，2007-05

6.2.3　銀行的銀行

銀行固有的業務——辦理「存、放、匯」，同樣是中央銀行的主要業務內容，只不過其業務對象不是一般企業和個人，而是商業銀行與其他金融機構。作為銀行的銀行，其職能具體表現在三個方面：

（1）集中存款準備

法律通常規定，商業銀行及有關金融機構必須向中央銀行存入一部分存款準備金。該舉措的目的在於：一方面保證存款機構的清償能力，另一方面

有利於中央銀行調節信用規模和控製貨幣供應量。存入準備金的多少，通常是對商業銀行及有關金融機構所吸收的存款確定一個法定比例，有時還分不同種類的存款確定幾個比例。同時，中央銀行有權根據宏觀調節的需要，變更、調整存款準備金的存入比率。不同國家對這一制度的重視程度差異頗大。

(2) 最後貸款人

19世紀中葉前後，連續不斷的經濟動盪和金融危機使人們認識到，金融恐慌或支付鏈條的中斷往往是觸發經濟危機的導火線，因此提出應由中央銀行承擔「最後貸款人」的責任。最後貸款人的作用表現為：一是支持陷入資金週轉困難的商業銀行及其他金融機構，以免銀行擠兌風潮的擴大並最終導致整個銀行業的崩潰；二是通過為商業銀行辦理短期資金融通，調節信用規模和貨幣供給量，實現宏觀調控的意圖。

對於「最後貸款人」的作用，曾存在長期爭論。為保障支付體系的順暢運作，在19世紀接近中葉之際，包括馬克思在內的不少人，在剖析那時的支付危機、銀行危機、經濟危機時認為，英格蘭銀行面對可以避免的危機本來可以通過及時提供信用起化解作用，但錯誤的銀行券發行制度使之成為推動危機爆發的因素。在20世紀，貨幣主義者對1933年美國的金融危機也做出過聯邦儲備系統對中小銀行大量倒閉的漠視使得危機加劇爆發的判斷。對於歷史上的這些論戰，也許到今天還有不同見解。但無論如何，目前世界上的中央銀行已經十分明確地樹立起保障支付鏈條的指導方針。有些人甚至認為，在中央銀行的任務中，這一條應該擺在首位。

商業銀行從中央銀行融進資金的主要方式有：將自己持有的票據，包括國債，向中央銀行辦理再貼現（rediscount）、再抵押（re-mortgage, re-collateralize）；回購協議；直接取得貸款。

(3) 組織全國的清算（略）

6.2.4 國家的銀行

所謂國家的銀行，是指中央銀行代表國家貫徹執行財政金融政策，代理國庫收支以及為國家提供各種金融服務。

(1) 代理國庫（中國多年習慣稱之為經理國庫）。

通常說來，政府的收入與支出均通過財政部門在中央銀行內開立的各種帳戶進行。

(2) 代理國家債券的發行。

不少國家的中央銀行通常代理國家發行債券以及債券到期時的還本付息事宜。

（3）對國家財政給予信貸支持。

中央銀行作為國家的銀行，在國家財政出現收不抵支的情況時，事實上負有提供信貸支持的義務，主要採取以下兩種方式：

①直接給國家財政以貸款。這大多是用以解決財政先支後收等暫時性的矛盾。除特殊情況外，各國中央銀行一般不承擔向財政提供長期貸款的責任，因為人們普遍認為那樣做容易導致中央銀行淪為彌補財政赤字的簡單貨幣供給者。

②購買國家公債。中央銀行在一級市場上購進政府債券，資金直接形成財政收入，流入國庫；若中央銀行在二級市場上購進政府債券，則意味著資金是間接地流向財政。

（4）保管外匯和黃金儲備，並進行外匯、黃金的買賣和管理。

（5）制定和實施貨幣政策。

（6）制定並監督執行有關金融管理法規。

此外，中央銀行作為國家的銀行還代表政府參加國際金融組織，出席各種國際性會議，從事國際金融活動以及代表政府簽訂國際金融協定；在國內外經濟金融活動中，充當政府的顧問，提供經濟、金融情報和決策建議。

6.2.5 中央銀行的資產負債表

中央銀行在履行職能時，其業務活動可以通過資產負債表上的記載得到概括反應。由於各個國家的金融制度、信用方式等方面存在著差異，因此各國中央銀行的資產負債表的項目多寡以及包括的內容頗不一致。這裡僅就中央銀行最主要的資產負債項目概括成表6-3，旨在概略表明其業務的基本關係。

表6-3　　　　　　　　簡化的中央銀行資產負債表

資產	負債
國外資產	流通中通貨
貼現和放款	商業銀行等金融機構存款
政府證券和財政借款	國庫等公共機構存款
外匯、黃金儲備	對外負債
其他資產	其他負債和資本項目
合計	合計

雖然各國中央銀行資產負債表的格式和主要項目基本一致，但各項目所占的比重有明顯不同。表6-4為2011年年末中國人民銀行的資產負債表。

表 6-4　　　　　　　2011年年末中國人民銀行資產負債表　　　　單位：億元

資產			負債		
項目	金額	比重	項目	金額	比重
國外資產	237,898.06	84.67%	儲備貨幣	224,641.8	79.95%
外匯	232,388.73	82.71%	貨幣發行	55,850.07	19.88%
貨幣黃金	669.84	0.24%	其他存款性公司存款	168,791.7	60.07%
其他國外資產	4,839.49	1.72%	不計入儲備貨幣的金融性公司存款	908.37	0.32%
對政府債權	15,399.73	5.48%	發行債權	23,336.66	8.31%
其中：中央政府	15,399.73	5.48%	國外負債	2,669.44	0.96%
對其他存款性公司債券	10,247.54	3.65%	政府存款	22,733.66	8.09%
對其他金融性公司債券	10,643.97	3.79%	自由資金	219.75	0.08%
對非金融性部門債權	24.99	0.01%	其他負債	6,437.97	2.29%
其他資產	6,763.31	2.41%			
總資產	280,977.6	100%	總負債	280,977.6	100%

資料來源：中國人民銀行網站

在中國人民銀行的資產負債表中，最主要的資產項目是國外資產，其中外匯為232,388.73億元，佔全部資產總額的82.71%，2007年這一比例為68.09%，而1993年年底僅為10.47%。這反應出1994年，尤其是2005年外匯管理體制改革以來，中國對外經濟聯繫出現以下特點：淨出口大幅增加，經常帳戶和資本帳戶持續出現「雙順差」。在有管理的浮動匯率制度和強制結售匯制度下，中國人民銀行不得不購入大量的外匯，從而使外匯資產的比重迅速上升。第二位的資產項目是對中央政府的債權，佔全部資產總額的5.48%；自2007年起該項目大幅躍升至第二位（2007年該項目佔比一度高達9.65%）的原因，是中央銀行間接買入財政部當年發行的巨額特別國債，為其公開市場操作提供了載體。比重居第四位的是對其他存款性公司的債權，僅佔央行全部資產總額的3.65%，包括中國人民銀行發放的再貸款、再貼現和債券回購等性質的融資。在中國的銀行體制中，央行對存款貨幣銀行這類債權佔比之大曾極為突出（近30%）。近年大幅回落的原因自然與外匯佔款等項目的迅速上升直接相關，但也突出了銀行本應從市場融資的趨勢，而非依賴於中央銀行。在負債項目中，最主要的是對其他存款性公司的負債，佔全部負債總額的60.07%；第二位的負債項目是貨幣發行，佔全部負債的19.88%；第三位的負債項目是發行債券，佔全部負債的比重為8.31%，而在1998年，這一比重僅為0.38%，2007年曾高達20.38%。這主要是由於近年

中國商業銀行等金融機構流動性過剩，銀行信貸規模和貨幣供給量增長過快，通貨膨脹壓力增大。考慮到票據是對沖過剩流動的手段之一，中國人民銀行多次發行央行票據，從而該比重大幅上升。

6.3 中央銀行的相對獨立性

中央銀行所從事的業務與其他金融機構所從事的業務的根本區別在於，中央銀行所從事的業務不是為了盈利，而是為實現國家宏觀經濟目標服務，這是由中央銀行所具有的相對獨立性所決定的。

6.3.1 中央銀行相對獨立性的含義

所謂相對獨立性是指：第一，中央銀行要為政府服務，特別是在政府債務的籌集與管理方面給予支持，而不能完全獨立於政府不受其約束，也不能凌駕於政府機構之上；第二，中央銀行作為具體制定和貫徹執行宏觀貨幣政策及相關措施的機構，要以國家經濟發展目標為根本目標，遵從經濟發展的客觀規律和貨幣信用規律，獨立地制定和執行符合國民經濟發展的根本需要，並適應國民經濟發展特定階段需求的貨幣政策措施。這種相對獨立性說明了中央銀行不完全聽命於政府控製的決策過程，能夠對政府的超經濟行為，例如迎合特定政治需要或實行脫離實際的計劃行動等，起到制約作用，以防止國民經濟運行受短期行為影響而脫離正常軌道。

中央銀行與財政部之間的資金關係，是其與政府之間關係的具體體現，因而也是其相對獨立性強弱的重要決定因素。由於政府財政收支往往因季節、突發事件以及政治、外交需要等出現暫時的赤字，即收不抵支，因而需要中央銀行以債券發行或短期借款等融資方式給予資金支持。若政府財政出現長期或大量赤字，並以超經濟手段直接或間接迫使中央銀行予以融資，從而可能導致通貨膨脹等災難性後果，則中央銀行應從國民經濟宏觀管理的角度出發，不應屈從於此種要求。然而只有相對獨立性較強的中央銀行，才能夠真正做到這一點。如果一個中央銀行在與政府（財政部）的關係中不能獨立，且受到許多牽制，即相對獨立性較差，那麼在一些重大政策問題，特別是資金透支等問題上就不得不妥協，在政府的壓力面前也就可能「頂不住」，於是不得不實行增加貨幣供應量等不利於國民經濟長遠發展的政策與措施。

6.3.2 中央銀行相對獨立性的表現

任何一個國家，中央銀行的獨立性再強，也不能脫離政府及政治的影響，

而只能是相對獨立。一般來說,中央銀行的獨立性主要體現在以下幾個方面:

第一,建立獨立的貨幣發行制度,以維持貨幣的穩定。這裡包括了三層含義:一是貨幣發行權必須高度集中於中央銀行,必須由中央銀行壟斷貨幣發行,不能搞多頭發行,不能由政府或財政發行,也不能由中央銀行和財政部及其他部門共同發行。二是一定時期內,中央銀行發行多少貨幣,什麼時間發行,貨幣的地區分佈、面額比例等,應由中央銀行根據國家的宏觀經濟政策以及經濟發展的客觀需要自行決定,而不應該受來自政府或其他部門以及黨派、個人的干擾,以保證中央銀行獨立地發行貨幣,從而保護貨幣的穩定。三是中央銀行不應在政府的干預和影響下進行財政發行,也沒有向財政長期無限地提供資金或為財政透支的義務。也就是說,中央銀行應按經濟的原則獨立地發行貨幣,不能承擔財政透支,不能在發行市場上直接購買政府公債,不能給財政長期融通資金,不能代行使其他應由財政行使的職能,以保證貨幣發行權牢固地掌握在中央銀行手中。

第二,獨立地制定或執行貨幣金融政策。這裡包括了以下幾個內容:一是貨幣政策的制定權和操作執行權,必須掌握在中央銀行手中,而不是掌握在政府及政府其他部門的手中。當然,中央銀行在制定貨幣政策時,必須體現或考慮政府的宏觀經濟政策及意圖,盡可能地使中央銀行的貨幣政策與國家的宏觀經濟政策保持一致,但是在貨幣政策的執行過程中,必須保持高度的獨立性,不受各級政府和部門的干預。只要中央銀行的貨幣政策沒有違反國家的總體經濟目標和其他的大政方針,政府和其他部門、黨派、個人均無權干涉中央銀行的政策行動。二是中央銀行的貨幣政策在制定和執行上與政府發生分歧時,政府應充分尊重中央銀行在這方面的經驗和意見,盡可能地採取相互信任、相互尊重、平等討論問題的方式來解決,以防止由政府對中央銀行的行政干預而造成宏觀決策的失誤。三是在中央銀行貨幣政策的執行過程中,各級政府及有關部門應盡可能給予配合,以便中央銀行的貨幣政策能更有效地發揮作用,而不應採用各種直接或間接的方式來抵消貨幣政策的作用。

第三,獨立地管理和控製整個金融體系和金融市場。中央銀行應在國家法律的授權和保障下,獨立地行使對金融體系和金融市場的管理權、控製權和制裁權。所謂管理權,就是說中央銀行有權管理金融市場的交易,有權管理金融機構的建立和撤並,有權對金融機構的業務活動、經營狀況進行定期或不定期的檢查,並做出一些具體的規定。所謂控製權,就是說中央銀行有權把金融體系和金融市場的業務活動置於自己的監督和控製之下,使整個金融活動按貨幣政策的需要正常地進行。所謂制裁權,就是指中央銀行有權對

違反金融法規、抗拒管理的金融活動和金融機構給予經濟的、行政的制裁。此外，中央銀行在行使上述權力時，不應受到來自政府或其他部門的干擾。

6.3.3 中央銀行相對獨立性的不同模式

（1）三種獨立性模式介紹

中央銀行是「政府的銀行」，要代理國庫管理資金和為政府提供信用。任何一個國家的中央銀行，無一不與政府（財政）有著千絲萬縷的聯繫。雖然各國中央銀行與政府（財政）關係緊密程度有別，但綜觀世界各國，體現中央銀行相對獨立性模式不外乎以下三種：

①中央銀行獨立性較大。

這種模式的典型代表是美國聯邦儲備系統和德意志聯邦銀行。它直接對國會負責，政府不得對它發布命令指示，中央銀行獨立地制定貨幣政策，如與政府發生矛盾，要協商解決。

②中央銀行與政府（財政）處於平行關係。

日本大藏省（相當於財政部）大臣擁有對日本銀行的一般業務命令權、監督命令權、官員解雇命令權等；日本銀行的總裁和副總裁由內閣任命；貨幣政策委員會作為日本銀行最高決策機構，對存款準備金的設定、變更和廢止，要取得大藏大臣的認可。改革前的英格蘭銀行也是如此。這種模式的特點是名義上政府（財政）與中央銀行關係平行，但在重大問題決策權上往往要聽命於政府。

③獨立性較小。

在這種模式下，中央銀行接受政府的指令，貨幣政策的制定與實施要經政府批准，政府有權停止、推遲中央銀行決議的執行。這種模式的典型代表是義大利銀行。

（2）美國聯邦儲備體系和歐洲中央銀行的獨立性機制分析

①美國聯邦儲備體系。

美聯儲是公認的世界上獨立性最強的中央銀行之一，其成功經驗為各國所效仿。美國聯邦儲備體系是一個分權的中央銀行制度，由理事會控製的統一的中央銀行，具有行政管理和監督的職能。該理事會由7名成員組成（其中主席和副主席各1名、委員5名），須由美國總統提名，經美國國會上院之參議院批准方可上任，任期為14年。理事會主席由總統在理事會成員中遴選任命，任期只有4年，但是可以連任。在影響美國經濟方面，委員會主席被看作僅次於總統的實權人物。理事會主席制定理事會和聯邦公開市場委員會的議事日程，代表聯邦儲備體系對外發言。聯邦儲備理事會是美國貨幣政策

的制定者，可以控製貼現率，並在規定範圍內改變銀行的法定存款準備金率。它和聯邦公開市場委員會的其他成員一起控製著重要的貨幣政策工具——公開市場業務。

聯邦儲備體系對政府的獨立性很強，支撐其獨立性的最重要的原因在於聯邦儲備系統的人事獨立與預算獨立，聯儲理事會中7名理事全部由總統提名並需經參議院同意後任命。對於貨幣政策的決議，如調高或調低再貼現率，採用合議兼表決制，一人一票，並且為「記名投票」，聯儲主席的一票通常投給原本已居多數的一方。聯邦儲備體系不受國會控制的撥款程序的支配，經費自理且有大量節餘，能夠拒絕聯邦政府審計機構的審計，因此這一特點比任何其他因素都有助於它的獨立性。但由於國會的立法權，有時聯邦儲備體系在一些問題上不得不屈服讓步，以免國會取消它某些方面的獨立性，故仍然受到一定政治壓力的影響。

②歐洲中央銀行。

根據《歐洲聯盟條約》及其附件《歐洲中央銀行體系章程》的規定，歐洲中央銀行體系由歐洲中央銀行的決策機構來管理。歐洲中央銀行的組織機構主要包括執行董事會、歐洲央行理事會和擴大委員會。執行董事會由行長、副行長和4名董事組成，負責歐洲央行的日常工作；由執行董事會和歐元國的央行行長共同組成的歐洲央行理事會是負責確定貨幣政策和保持歐元區內貨幣穩定的決定性機構，歐洲央行理事會的決策採取簡單多數表決制，每個委員只有一票，當表決中出現讚成票與反對票相當時，理事會主席即歐洲中央銀行行長可以投出關鍵一票；歐洲央行擴大委員會由歐洲央行行長、副行長及歐盟所有國家的央行行長組成，其任務是保持歐盟中歐元國家與非歐元國家接觸。

歐洲中央銀行是以世界上獨立性最強的中央銀行——德意志銀行為模式創建的，成立以來便擁有了組織、職能和經濟三方面的獨立性。

組織獨立性體現在結構定位和人事安排上：一方面，結構上獨立於歐盟其他機構和成員國政府是確保歐洲中央銀行體系組織獨立性得以實現的首要方面；另一方面，人事安排方面的自主程度是衡量中央銀行組織獨立性的另一重要指標。人事任命程序的嚴肅性、任期設計的特殊性、罷免程序的複雜規定等都避免了成員國政府或歐盟其他機構借助人事安排對歐洲中央銀行體系可能產生的影響，從而在一定程度上維護了歐洲中央銀行體系的組織獨立性。

職能的獨立性是指歐洲中央銀行體系可以不受約束地追求貨幣政策的實現，包括可以自主地選擇貨幣政策仲介目標和貨幣政策工具，並擁有足夠的

權力來排除公共融資壓力和匯率政策的影響，以有效貫徹其貨幣政策。貨幣政策的權力雖然集中了，但是具體執行仍由各歐元國央行負責。

經濟上的獨立性對於中央銀行至關重要，主要表現為其擁有獨立的資金來源，而不依賴於成員國政府或歐盟其他機構的撥款。各歐元國央行仍保留自己的外匯儲備。歐洲中央銀行只擁有 500 億歐元的儲備金，由各成員國央行根據本國在歐元區內的人口比例和國內生產總值的比例來提供。

除此之外，歐洲中央銀行可以自主選擇貨幣政策中間目標和工具而且它們都是由《歐洲聯盟條約》和《歐洲中央銀行體系和歐洲中央銀行銀行法令》作為保障的。這也就是說，歐洲中央銀行不僅擁有法律上的獨立性，而且擁有實質的獨立性。

歐洲中央銀行體系與美國聯邦儲備體系在制度設計和運作模式上似乎相同，但其本質還是有區別的。歐洲中央銀行體系中各成員國中央銀行是各主權國家的中央銀行，所以在貨幣政策的決策和執行過程中發揮的作用要大得多。各成員國中央銀行行長都是歐洲中央銀行理事會成員，都有投票權，而美國聯邦儲備體系中，12 家聯儲銀行中只有 5 位行長參加聯邦公開市場委員會。另外，歐洲中央銀行是一個超國家的決策機構，它不可能直接進入各國的金融市場，所以歐洲中央銀行貨幣政策和匯率政策的執行必須依靠各成員國中央銀行的操作來配合與支持。而美國聯邦儲備體系操作只在紐約聯儲銀行的公開市場操作室就可以完成，政策執行簡單得多。

7 非銀行金融機構

7.1 保險公司

7.1.1 保險的含義

在日常生活和經濟活動中，發生意外損失的風險是必然存在的，但這一風險發生在哪個人身上，在什麼地方發生以及什麼時候發生，帶有很大的偶然性。正是因為風險發生存在的這種必然性和偶然性，人們才有被保險的需求，保險公司也才有經營和發展保險業務的積極性。

保險是分散風險的一種經濟補償制度，它通過對不確定事件發生的數理預測和收取保險費的方法，集合有同類性質危險的多數人的資金建立保險基金，由大多數人來分擔少數人的損失，實現保險購買者風險轉移和理財計劃的目標。分散風險、補償損失是保險的基本職能，投資和防災防損是保險的派生職能。保險在宏觀和微觀經濟活動中的作用有兩個：一是發揮社會穩定器作用，保障社會經濟的安定；二是發揮社會助動器的作用，為資本投資、生產和流通保駕護航。這是保險的自然屬性使然，無論是哪一種社會制度下的保險，概莫能外。

7.1.2 保險公司及其類型

保險公司是專門經營保險業務的專業性金融機構。保險公司通過合同形式與投保人建立權利義務關係，根據合同約定向投保人收取保險費，保險公司則對合同約定可能發生的災害事故所造成的財產損失承擔賠償保險金責任，或者當被保險人死亡、傷殘、患病或者達到合同約定的年齡、期限時，承擔給付保險金責任。

保險公司像銀行一樣，經營的業務也是金融仲介業務，其業務活動的實質是幫助公眾將一種資產轉化為另一種資產或保障，保險公司將收取的保險費投資於股票、債券及各類金融資產上，並運用這些金融資產所得的收益來

支付保單所規定的權益。實際上，保險公司把諸如債券、股票和貸款之類的資產轉換成了提供一系列服務（如權益的調整、儲蓄計劃、支善的保險代理人等）的保險單。如果保險公司在上述資產轉換過程中能夠有效地以較低的費用向客戶提供適當的保險服務，且能在其投資方面獲得回報，它就會盈利；否則，它就要承受損失。在世界各國特別是市場經濟發達的國家，保險公司是除銀行外最重要的金融機構，在國民經濟中發揮著重要作用。

從組織形式看，保險公司主要採用股份有限公司和相互保險公司形式。股份有限公司是現代企業制度最典型的組織形式，以其嚴密而健全的組織形式被各國保險業廣泛推崇，《中華人民共和國保險法》也將這一組織形式規定為中國保險公司設立的形式之一。相互保險公司是由所有參加保險的人設立的保險法人組織，是保險業特有的公司組織形式。與股份保險公司相比較，相互保險公司不以盈利為目標，其投保人具有雙重身分，既是投保人或被保險人，同時又是保險人。由於社會經濟制度、經濟管理體制和歷史傳統等方面的差異，各個國家對保險機構的組織形式都有特別限定。例如，美國規定的保險組織形式是股份有限公司和相互保險公司兩種；英國較為特殊，除股份有限公司和相互保險社以外，還允許個人保險組織形式經營保險，即允許「勞合社」採用個人保險組織形式；中國目前以保險股份有限公司為主。

從經營性質看，保險機構包括商業保險機構、社會保險機構和政策性保險機構。商業保險機構是以盈利為目的的保險機構，一般的保險公司、再保險公司、保險資產管理公司、保險仲介機構都以盈利為目的，並按照企業化要求進行運作。社會保險機構是國家為了勞動者在年老、生病、失業、工傷、生育時能夠得到基本生活保障而設立的非營利型保險機構。政策性保險機構是國家為了實施宏觀經濟政策對特殊行業進行扶持和保護而設立的事業型保險機構，包括出口信用保險公司、農業保險公司、存款保證保險機構等。

7.1.3 保險公司的主要業務

按照所承擔的風險種類不同，保險公司的主要業務可以分為財產保險業務、人身保險業務；按照分散風險的方式不同，保險業務又可分為原保險業務和再保險業務。

（1）財產保險業務

財產保險是以物質財富及其有關利益作為保險標的的保險，保險人承保的是災害事故中可能遭受的財產或利益損失。在財產保險發展初期，保險標的僅限於房屋、商品、交通工具等有形的物質財產。隨著保險需求的增長，對與有形財產有關的各種無形的利益也提出了保障需求，於是財產保險發展

成了廣義的財產保險。廣義的財產保險承保的對象擴大到了與有形財產有關的各種無形的利益，如預期利益、運費、權益、責任、信用等。國際上許多國家將上述廣義的財產保險稱為損失保險或損害保險。

財產保險的主要業務險種可分為以下幾類：火災及其他災害事故保險、貨物運輸保險、運輸工具保險、工程保險、責任保險、保證保險和信用保險等。每一險種中又有不同的險別，每個險別又有各自的適用範圍、承保責任和特約內容等。

（2）人身保險業務

人身保險是以人的生命和身體為保險標的的保險，即保險人通過訂立保險合同，向投保人收取一定的保險費後，對被保險人在保險期間遭受人身傷亡時或在保險期滿後根據保險合同的規定給付預定的保險金。與財產保險相比，人身保險具有如下基本特徵：①人身保險的保險標的是人的生命或身體；②人身保險的保險責任是不幸事故或疾病、衰老等原因造成的生、老、病、死、傷殘；③人身保險的給付條件是保險期內保險事故發生人的傷殘、死亡等，或是保險期滿被保險人生存；④人身保險金多是定額給付。

人身保險的主要業務險種可以劃分為三大類：人壽保險、人身意外傷害保險和健康保險。人壽保險又包括死亡保險、生存保險和兩全保險等。死亡保險進一步可分為定期死亡保險、終身死亡保險等，生存保險主要有年金保險形式，兩全保險是死亡與生存保險的結合。人身意外傷害保險分為普通意外傷害保險和特種意外傷害保險。健康保險可進一步分為醫療費用保險、疾病停工收入補償保險、特種疾病保險等。

（3）原保險與再保險

原保險是指投保人與保險人之間直接簽訂合同所形成的保險關係，保險人對所承保的保險事故在其發生時對被保險人或受益人進行賠償或者給付的行為，它又稱直接保險。再保險是與原保險相對應的概念。再保險又稱分保，它是指原保險人為避免或減輕其在原保險中所承擔的保險責任，將其所承保的風險的一部分再轉移給其他保險人的一種行為，是保險人之間的業務關係。

7.1.4　中國保險業概況

1949 年 10 月 20 日，中國人民保險公司在北京成立，中國保險業進入了新的歷史時期。由於受政治因素及其他條件的影響，中國大陸的保險業經歷了整頓、調整、停辦等階段，1958 年以後，保險業陷入停頓狀態，直到 1980 年才正式恢復。據中國保監會最新統計，改革開放以來，保險業保持年均 30% 左右的增速，是國民經濟中發展最快的行業之一。

(1) 行業規模迅速擴大

1980年中國保險市場僅由一家公司經營，全部保費收入只有4.6億元。到2008年年底，全國保險公司達到130家，從業人員320多萬人，實現保費收入9,784.1億元，市場規模增長2,000多倍，保費收入國際排名第六，成為新興保險大國。

(2) 保險市場體系逐步完善

改革開放初期，中國保險市場由中國人民保險公司獨家經營。黨的十六大以來，中國相繼成立和引進了一批保險公司，數量從2002年的42家增加到2009年年底的127家，保險市場已經形成多種組織形式、多種所有制並存，公平競爭，共同發展的市場格局。

(3) 保險改革深入推進

多家保險公司成功進行了改制上市。2003年，中國人保、中國人壽相繼實現海外上市。2004年，中國平安成為中國第一家以集團形式境外上市的金融企業。目前，中國人保、中國人壽、平安集團、中國太平、太平洋保險集團5家保險公司在境內外上市。保險公司資本實力大大增強，經營理念明顯轉變。

(4) 服務領域不斷拓寬

1979年恢復國內保險業務時，中國只有企財險、貨運險、家財險、車險等幾個財產保險種類。隨著保險業的不斷創新，服務領域不斷拓寬，險種已擴展到人壽保險、責任保險、信用保證保險、意外傷害保險、健康保險等領域，基本形成涵蓋所有可保風險領域的產品體系。

(5) 業務結構發生了改變

隨著市場環境的變化，人壽保險與非壽險業務的比重發生了根本的改變。20世紀80年代末期，財產保險占總保險業務的比例高達80%。隨著壽險業務的長足發展，財險比重大幅降低。目前，財險業務約占30%，而壽險業務增至70%。

(6) 保險資金運用向多領域擴展

過去保險資金運用渠道比較狹窄，主要是存銀行、買國債、買基金。近年來，在切實防範風險的前提下，國家穩健拓展保險資金運用渠道。保險資金投資已涉及銀行存款、國債、金融債、企業債、股票、基金、公司股權以及境外投資等多個領域。到2010年7月，保險公司資金運用金額為4.2萬億元。

(7) 全社會的風險意識和保險意識不斷增強

從社會公眾看，越來越多的消費者主動運用保險管理生產和生活中的各

種風險。從政府層面看，各級政府越來越重視發揮保險業的作用。很多地方政府專門下發了支持保險業改革發展的文件，並將保險業納入地方經濟社會發展的整體規劃。越來越多的部委也更加重視發揮保險機制的作用，保監會已與20多個部委開展合作，共同促進相關領域保險業務的發展。

7.2 證券公司

證券公司是專門從事各種有價證券經營及相關業務的機構。證券公司在不同國家有不同的稱謂，在美國稱為投資銀行。

7.2.1 證券公司的類型

按業務經營劃分，證券公司可分為經紀類證券公司和綜合類證券公司。

經紀類證券公司是指專門從事證券經紀業務的證券公司。這類證券公司的資本規模小，為了防範證券公司經營過程中可能出現的經營風險，各國法律一般規定其只能從事辦理委託交易的證券經紀業務。中國證券法規定，設立經紀類證券公司須滿足以下條件：註冊資本金最低限額人民幣5,000萬元；主要管理人員和業務人員必須具有證券從業資格；有固定經營場所和合格的交易設施；有健全的管理制度。

綜合類證券公司是指除經營證券經紀業務外，還從事證券承銷、證券自營和證券諮詢等業務的證券公司。這類證券公司一般資本規模較大，具備一定的風險承擔能力。中國證券法規定，成立綜合類證券公司一般須滿足以下條件：註冊資本金最低限額為人民幣5億元；主要管理人員和業務人員必須具有證券從業資格；有固定的經營場所和合格的交易設施；有健全的管理制度；有規範的自營業務與經紀業務分業管理體系。

7.2.2 證券公司的業務

（1）證券承銷業務

證券承銷是指證券公司依照協議或合同為發行人包銷或代銷證券的行為。證券承銷業務是證券公司的本源業務。證券公司從事股票承銷業務，必須具有經營股票承銷業務的資格。未取得資格證書或資格證書已失效的證券公司，除作為分銷商並以代銷方式從事股票承銷外，不得從事股票承銷業務。按國際慣例，證券承銷發行方式一般有兩種：一是協商議定式；二是公開招標式。前者在股票承銷中運用較多，後者主要適用於債券的承銷。

協商議定式是指符合條件的證券發行人（籌資者）根據自己的需要和證券市場的現狀，通過與證券公司進行直接協商，求得有關幫助，並與其達成發行交易條件的一種發行方式。協商議定式的具體程序包括：①協商階段。經批准可發行證券的機構，選擇一家證券公司協議募集資金的方式。對證券公司來說，如果委託人（發行人）符合有關規定條件，那將對籌資建議進行詳細分析。當委託人和證券公司就融資方式、發行規模、發行時間、基本價格、費用開支等有關問題原則上達成一致意見時，在市場行情還不錯的情況下，證券公司與發行者簽署意向書，但這個意向書沒有約束力。②審查階段。接受意向書後，證券公司要對發行者進行審查，主要內容包括發行者的生產經營狀況、證券投資項目的可行性、證券投資項目各項資金來源以及發行證券手續等方面。③決策階段。證券公司在進行嚴格的審查後，在正式接受委託前還須經過謹慎決策，在與發行企業不斷協商、雙方意見達成一致的情況下，簽訂承銷協議。協議包括雙方所承擔的責任和義務、承銷者的報酬、承銷交款日期以及發行數量、發行金額、發行價格、證券發行起止日期。④發行階段。證券公司首先要進行廣泛的宣傳，通過新聞媒介為發行做好準備。然後確定是獨立發行，還是與其他證券公司組成承銷團進行聯合發行。⑤結算階段。證券公司完成發售任務後，要負責處理最終結算。在檢查證券承銷協議的全部條件是否都已由參與各方履行之後，如果達標，將款項劃給發行者。

　　公開招標式是指證券發行人不與證券承銷商進行直接協商，而是通過公開招標方式決定發行證券的價格和報酬率等，並與中標的承銷商簽訂證券發行合同。公開招標或按標的不同可分為價格招標、利率招標和付款招標。在這種方式下，由於發行條件不是由發行者單方面決定的，而是由發行者與投標（資）者雙方通過市場來決定的，因此，這樣決定的發行條件最能體現公平合理的市場原則，能真實反應市場供求關係。

　　證券公司作為專門從事證券市場業務的專業性機構，擁有從事證券發行的豐富經驗和專業人才。在承銷證券過程中，證券公司充當發行人與投資者的橋樑和紐帶，並發揮著以下功能：①促進證券的發行與推銷。證券公司根據其代理發行的經驗和對市場狀況、公眾投資願望的瞭解，向發行人提出建議，協助確定適當的發行價格、發行時機和發行數量；根據需要設計銷售網路，掌握銷售進度；通過宣傳推介工作，將發行證券的情況告訴公眾，以便投資者做出合理的投資決策。②承擔證券發行風險。在發行過程中，由於證券市場本身的變化以及影響證券銷售的條件、因素的變化，發行人可能會面臨發行失常的風險。若證券公司以包銷方式承銷證券，發行失敗的風險由發

行人轉移給證券公司，不論發行成敗都可以按預定時間和金額獲得資金，保證發行人募集、使用資金的計劃和企業經營活動正常進行。③輔導發行人規範運行。證券公司在承銷證券過程中，擔負著輔導和幫助發行人按股份公司要求進行改組和規範運作的重任。目前中國法律明確規定，公開發行和上市股票的公司在其股票發行和上市過程中，必須聘請承銷機構進行輔導，由證券公司直接參與擬定公司的股份制改造事務，運用專業知識、經驗和人才等，對發行人的財務會計以及經營管理體制等實施改造，使其符合股份制公司的規範改革。

（2）證券自營業務

證券自營業務是指證券公司用資本金進行證券買賣，以獲取證券買賣收益為目的的經營業務。證券自營買賣業務有多種多樣，一般分為兩種：櫃臺式自營買賣及交易所式自營買賣。前者是指證券公司以其按一定標準制定的證券買賣價格，直接與投資者進行買賣證券的行為。後者指證券公司以自己的名義和資金在交易所內買賣有價證券的行為。中國法律規定，只有綜合類證券公司才能經營證券自營業務，證券經營機構從事證券自營業務，應當取得證監會認定的證券自營業務資格，並領取證監會頒發的《經營證券自營業務資格證書》。

證券公司自營業務的範圍：①一般上市證券的自營買賣。上市證券是證券公司自營買賣業務的主要方面，證券公司根據行情變化進行證券自營買賣業務。上市證券的自營買賣具有吞吐量大、流動性強等特點。②一般非上市證券的自營買賣。它又稱為櫃臺自營買賣，主要交易非上市證券，如非上市公司的股權證。根據《公司法》規定，投資者出資加入有限責任公司後取得股權證，券商加入了有限責任公司後，若要將股權撤出，就可將股權證轉讓。③兼併收購中的自營買賣。證券公司根據市場發展，可以從事投資銀行業務中的兼併收購業務。證券公司可以根據收購對象的潛在價值先行收購，這些收購包括上市公司的各種股份和非上市公司的各種股份以及非上市公司的股權，然後再將所收購股份出售給其他公司。④承銷業務中的自營買賣。證券承銷商在發行業務中一般採用餘額包銷方式。股票在發行中，由於種種原因未能全額銷售，根據協議，餘額部分由證券商買入。這種情況多在政策變動和股市疲軟時發生。關於這部分股票，證券公司將擇機賣出。

證券公司自營買賣業務的特點：①自主性。這表現在交易行為、交易價格和交易方式上的自主性。從交易行為上看，無論是櫃臺式還是交易所式的自營買賣，其交易行為具有極大自主性。在櫃臺式自營買賣中，買賣何種證券，以何種價格與投資者進行相對買賣，證券公司具有較大自主權；在交易

所自營買賣中，證券公司何時以何種價格買賣何種證券也完全由證券公司自主決定。從交易價格上看，櫃臺式自營買賣業務中，證券買賣價由證券公司確定，做到既能最大限度地賺取收益，又使其他投資者能接受。在交易所式自營買賣中，證券買賣價雖由市場行情而定，但證券公司可自由地選定一適宜價格買進或賣出證券。從交易方式上，證券公司欲買進或賣出某種證券，是採取櫃臺式還是交易所式自營買賣，由證券公司依一定時間、條件自主決定。②風險性。風險性是整個證券市場投資活動的一大主要特徵。由於自營業務中證券公司通過買賣差價獲利，而證券價格變化無常，因此證券公司須承受相應的買賣風險。③收益性。證券公司自營買賣收益來自於買賣證券的差價收益。在櫃臺式自營買賣中，以較低的掛牌買進價買進某種證券同時又以較高的掛牌賣出價將其賣出；在交易所自營買賣中，證券公司同樣在交易所內以較低的價格買進某種證券，待價格上漲後再賣出此種證券，以獲取差價收益。

(3) 證券經紀業務

證券經紀業務是指通過收取一定的佣金，促成買賣雙方的交易行為而進行的證券仲介業務。經紀業務是證券公司的基礎業務，是證券公司爭奪市場份額的主要渠道之一，是證券公司的重要利潤來源。證券經紀業務是隨著交易制度發展起來的。由於證券交易所內的證券種類繁多、數額巨大，交易廳內席位有限，因此一般投資者不能直接進入證券交易所進行交易，只能通過特許的證券經紀商作仲介來交易。

證券公司辦理經紀業務過程中證券公司只是代理客戶買賣證券，因而，對於客戶委託買賣何種證券以及委託的價格均無權干預。代理買賣從投資者角度上又稱委託買賣，目前中國的證券代理買賣業務絕大部分通過交易所完成。代理買賣的過程及運作如下：①開戶。根據中國目前交易所規定，投資者委託買賣證券必須開立兩個帳戶；一個是證券帳戶又稱股票帳戶，一個是資金帳戶。投資者的證券帳戶由證券登記公司統一辦理。投資者開立證券帳戶後，在正式進行證券委託代理買賣前，還需要到其所選擇的證券商處辦理名冊登記，開設保證金帳戶（資金帳戶），存入該帳戶中的保證金金額必須大於其欲委託證券公司購買某種證券所需的金額。證券公司在代理買賣過程中不予以墊款。②委託。投資者在開立了股票帳戶，辦妥了資金帳戶後，就可以開始辦理委託買賣證券。委託人買賣證券，須委託證券公司辦理，填寫委託買賣單。③委託買賣審查。證券公司受託櫃臺在收到投資者委託單後，根據規則在申報成交前，須對委託人的身分和委託內容進行審查。④申報與成交。證券公司審查完畢後，業務員按受託順序即刻通知駐場交易員，輸入交

易所計算機,公開申報競價。申報競價成交後買賣即成立,不可撤銷重整。
⑤清算交割。清算是指買賣雙方在證券交易所進行的證券買賣成交以後,通過證券交易所將各證券商之間證券買賣的數量和金額分別予以劃轉證券帳戶和應收、應付資金差額的一種程序。清算包括資金清算和證券清算兩個方面,交割是指投資者與受託證券公司就成交的買賣辦理資金與證券清算業務的手續。

(4) 諮詢服務業務

證券公司由於長期從事證券經營業務,因此較一般的投資者能夠掌握更多的證券市場信息。證券公司擁有專門的研究人員,可以利用其信息及專業優勢為投資者提供服務,幫助客戶建立更為有效的投資策略。證券公司把諮詢服務業務作為其業務的拓展方向。

(5) 其他業務

證券公司還從事資產證券化、基金管理、收購與兼併、衍生工具創造與交易等業務。值得一提的是,由於傳統業務的利潤率逐漸降低、證券公司同業之間競爭加劇,發達國家證券公司普遍開展業務創新、資產證券化以及兼併與收購等業務,且這些已經成為一些證券公司新的利潤來源。

7.2.3 證券交易所

證券交易所是依據國家有關法律,經證券管理部門批准設立的證券集中競價交易的有形場所,是二級市場的主體。證券交易所是獨立的法人實體,本身並不參與證券買賣,只提供交易場所和服務,同時也兼有管理證券交易的職能。

(1) 證券交易所的組織形式

公司制證券交易所,是由銀行、信託機構及各類公營或民營公司等共同出資組建的、以盈利為目的的公司法人。公司制交易所的優點是:交易所不直接參與證券交易;也不偏袒交易雙方中的任何一方,故能保證交易的公正性;交易所對在本所內的證券交易負有擔保責任,較易取得社會信任,從而有利於證券交易的發展;能提供完備的交易設施和服務,有利於交易的順利進行。但也有一些缺點:為了實現盈利的最大化,常常會擴大會員的人數,從而助長過分的投機;存在破產倒閉的可能。

會員制交易所是以會員協會形式成立的、不以盈利為目的的社團法人,主要由取得交易所會員資格的證券商組成。中國有兩家證券交易所——上海證券交易所和深圳證券交易所,都屬於會員制的交易所。會員制交易所的優點有:①不以盈利為目的,收取的交易費用較低,有利於交易的活躍;②不存在破產倒閉的風險。但也有缺點:①在未提供擔保的交易所中,投資者的

利益難以得到有效保障；②交易所的管理者與交易參與者合二為一，不利於交易公正性的實現。

證券交易所的組織結構均由會員、理事會、總經理和監事會組成。會員大會是交易所的最高權力機關。理事會是會員大會的日常事務決策機構，向會員大會負責。監事會主要監督本所的財務和業務工作，並向會員負責。

（2）證券交易所的會員制度

為了保證證券交易有序、順利地進行，各國的證券交易所都對進入交易所交易的會員做了資格限制。會員資格的標準主要包括申請者的背景、能力、財力、從事證券業務的學識及經驗、信譽狀況等方面。此外，有些國家和地區（如日本、新加坡和中國內地等）的證券交易所只吸收公司或合夥組織的會員，而大多數國家的交易所還允許個人成為交易所會員。按會員所經營業務的性質和作用劃分，各國證券交易所的會員可以分成不同的種類，如紐約證券交易所的會員可分為佣金經紀人、交易所經紀人、交易所自營商、特種經紀人等。以前，經紀商和交易商大多是各自獨立、不能兼營的，現在這兩種會員出現了兼營的趨勢。

很多國家交易所的會員，除了要滿足會員資格並經交易所董事會表決同意外，還要獲得交易所的席位才可成為正式會員。席位可直接向交易所購買，也可以向其他願意轉讓的會員購買，席位的價格通常是隨行就市的。很多發展中國家為了防止外國證券商操縱本國的證券市場，常常規定外國個人或公司不得成為本國證券交易所的會員。

（3）證券交易所的上市制度

證券上市是指證券交易所承認並接納某種證券在交易所內掛牌交易。各國的法律雖然很少直接對證券的上市條件做出明確的規定，但交易所為了提高在本證券交易所交易的質量，要求各種證券在本交易所掛牌交易之前辦理申請上市手續，經審查合格後，由該證券的發行人與交易所簽訂上市協議，繳納上市費後，才能在該交易所掛牌交易。

證券的發行上市制度主要有註冊制和核准制。註冊制即所謂「公開原則」，是指證券發行者在公開募集和發行證券前，需要向證券監管部門按照法定程序申請註冊登記，同時依法提供與發行證券有關的一切資料，並對所提供資料的真實性、可靠性承擔法律責任。在註冊制下，證券監管部門的權利僅限於保證發行人所提供的資料無任何虛假的陳述或事實。註冊制為投資者創造了一個透明的市場，提供了一個公平競爭的場所，在競爭中實現優勝劣汰和資金優化配置。但是，註冊制也存在缺陷，它發揮良好作用的前提是信息披露的充分性，投資者能夠根據所獲得信息做出理性的投資決策。從這一

點看，註冊制比較適合於證券市場發展歷史悠久、市場已經進入成熟階段的國家。核准制也稱為「實質管理原則」，是指證券發行者不僅需要公開有關所發行證券的真實情況，而且所發行的證券還必須符合《公司法》和《證券法》中規定的若干實質性條件，證券監管機關有權否定不符合實質條件證券的發行申請。核准制在信息公開的基礎上，附加了一些規定，把一些低質量高風險的公司排除在證券市場門外，一定程度上保護了投資者的利益，減少了投資風險，有助於新興市場的發展與穩定。但是，這樣很容易導致投資者產生完全依賴的安全感，而且證券監管機構的意見未必完全準確，尤其使一些高成長性、高技術性和高風險性並存的公司上市阻力加大，這些公司的發展對國民經濟的高速發展具有巨大的促進作用。綜上所述，核准制比較適合於證券市場歷史不長、經驗不多、投資者素質不高的國家。對這些國家來說，核准制有助於證券市場健康規範地發展。中國目前的證券發行管理採用核准制，即各類證券發行人在符合證券發行基本條件的同時，還要求發行人將每次證券發行報請主管機構進行實質性審查與批准，批准後方能進入發行程序。中國各類證券的發行曾經實行「發行額度管理」，各個省、自治區都有一定的發行指標計劃，沒有發行指標計劃的證券發行被嚴格禁止。目前中國已經廢除了「總額控制，限報家數」的管理方式，採用「審核制」發行管理方法。

(4) 證券交易所的交易制度

①證券交易席位。在美國，交易席位可以分為四種類型。第一類是佣金經紀人，即經紀公司在交易所場內的代理人，他們接受經紀公司客戶的指令並且負責在交易所內執行指令，經紀公司依據它們的服務向客戶收取佣金。第二類是特種會員，他們身兼經紀人和自營商的雙重角色。當佣金經紀人無法立即執行客戶的買賣委託時，他們就將這些委託轉給負責該證券的特種會員，以便在條件合適時執行，因而，特種會員也被稱為經紀人的經紀人；同時，當公眾不願要價或出價時，特種會員為了保證市場的連續、有序、公平，就得以自己的名義發出要價或出價。由此，可能帶來的損失通過資金和稅收上享有優勢得到補償，但也受到相應的職業通行準則的約束。特種會員還作為證券交易所指定股票的交易商維持一個連續的市場。第三類是場內經紀人，通常在交易所內自由行動，當進入市場的指令過多時，他們將協助佣金經紀人，以防止指令積壓。第四類是場內交易者，只為自己做交易，是在交易所內尋求獲利機會的投機者。

②證券交易方法。上市股票的交易一般採取公開競價法，是買賣雙方按「價格優先、時間優先」的原則進行集中競價。「價格優先」是指在不同價位，買方最高申報價格和賣方最低申報價格優先成交。「時間優先」是指在同

一價位，指令先到者優先成交。而申報競價有口頭唱報競價、計算機終端申報競價和專櫃書面競價等形式。除了公開競價法之外，在大批證券交易中有時還採用拍賣和標購法。在公開競價中，買賣雙方都有眾多的競爭者。而在拍賣中，賣者只有一個，買方有很多競爭者；在標購中，買者只有一個，賣方則有很多競爭者。

③證券交易類型。證券交易類型主要有現貨交易和信用交易。20世紀70年代以後，又出現了期貨交易和期權交易。現貨交易是指買賣雙方成交後立即辦理交割手續的交易。目前中國的證券交易僅以此為限。信用交易是指證券買者或賣者通過交付一定數額的保證金得到證券經紀人的信用而進行證券買賣的一種交易類型。

7.2.4 股票價格指數

（1）股票價格指數的作用

股票價格指數是用來表示多種股票平均價格水平及其變動並且衡量股市行情的指標。由於股票價格變幻無常，投資者必然面臨市場價格風險。對於單個股票的價格變化，投資者可以在股市交易行情表上得到，而對於多種股票的價格變化，要逐一瞭解，既不容易，也不勝其煩。為了能夠反應股票市場的總體變化，一些金融服務機構就利用自己的業務知識和熟悉市場的優勢，編制出股票價格指數，公開發布，作為市場價格變動的指標。

股票價格指數是一種價格平均指標。用這種指標來衡量整個市場總的價格水平，可以比較正確地反應股票市場的行情變化和股票市場的發展趨勢，從而有利於投資者進行投資選擇。同時，股票市場的變化趨勢往往能從一個側面反應國家整體宏觀經濟運行情況及發展趨勢，為政府管理部門提供信息。

（2）股票價格指數的種類

股票價格指數按編制方法通常分為兩大類：平均股價指數和綜合股價指數。平均股價指數是股價的簡單平均或加權平均，反應股市價格總水平的高低。有名的是道·瓊斯指數和日經指數。綜合股價指數是採用綜合加權平均數編制的、反應不同時期的股價變動情況的相對指標。具體做法是選定一個基日，以基日股價總水平作為基準，用即日股價總水平與基日股價總水平對比，反應即日股價總水平相對於基日股價總水平而言的高低和變動程度。

7.2.5 世界著名的股票價格指數

（1）道·瓊斯股價指數

道·瓊斯股價平均指數，是世界上最早、最具影響力的股票價格指數，

由美國道‧瓊斯公司計算並在《華爾街日報》上公布。早在 1884 年 6 月 3 日,道‧瓊斯公司創始人查爾斯‧亨利‧道和愛德華‧瓊斯,根據當時美國有代表性的 11 種股票編制股票價格平均數,並發表於該公司編輯出版的《每日通訊》上。1938 年,道‧瓊斯股價指數的樣本股逐漸擴大至 65 種,編制方法也有所改變,《每日通訊》也於 1889 年改為《華爾街日報》。

道‧瓊斯指數是一組股價平均數,包括四組指標:①道‧瓊斯工業股票平均價格指數。這種指數是以美國 30 種最有代表性的工業股票編制而成的。1897 年 6 月 5 日開始編制,最初以 12 家公司股票的價格簡單平均數計算出來。自 1928 年至今,採用的方法都是選擇 30 家公司股票,並改用加權平均法計算。即用貝氏加權平均式計算,式中的權重因子 W 為發行量。在增資或拆股時,需用調整除數法或調整股價法對其加以修正。由於該指數選擇的 30 家公司經濟實力雄厚,在美國經濟中佔有舉足輕重的地位,因此能較準確反應美國經濟發展的狀況及價格行情。②道‧瓊斯交通運輸業股票平均價格指數。關於該指數的編制,選擇了 20 家具有代表性的運輸企業,包括鐵路、公路、航空和船運公司的股票。③道‧瓊斯公用事業股票平均價格指數。該指數由代表美國公用事業的 15 家煤氣公司和電力公司的股票組成。④道‧瓊斯綜合平均價格指數。它是將以上三種道‧瓊斯指數(即工業指數、運輸業指數和公用事業指數)中所採用的全部 65 家公司股票綜合起來計算出的股價指數。

道‧瓊斯股價平均數以 1928 年 10 月 1 日為基期,基期指數為 200。該指數的計算方法原為簡單算術平均法,但由於這一方法的不足,從 1928 年起採用除數修正的簡單平均法,使平均數能夠連續、真實地反應股價變動情況。長期以來,道‧瓊斯股價平均數被視為最具權威性的股價指數,被認為是反應美國政治、經濟和社會狀況最靈敏的指標。

(2) 標準普爾指數

①標準普爾 500 指數。

標準普爾 500 指數以 1940—1943 年抽樣股票的平均市價為基期,以上市股票數為權數,按基期進行加權計算。標準普爾 500 指數中包含的 500 種股票,在 1976 年之前包括三種行業股票:425 種工業股票、15 種鐵路業股票、60 種公共事業股票,並分別編制分行業的股票價格指數。1976 年以後,標準普爾 500 指數調整為 83 個行業,分 4 大組,包括 400 種工業股票、20 種運輸業股票、40 種公共事業股票和 40 種金融業股票。相應地,有工業股票指數、運輸業股票指數、公共事業股票指數、金融業股票指數和 500 種股票指數。多年來,標準普爾對樣本股票的選擇非常重視,有一個專門的「標準普爾 500 委員會」討論股票的替換決策,因此,樣本股票的更迭也是常見的,但總數

始終保持在500種。由於該指數包括的股票種類較多，成分股所占的比重較大，代表了紐約股票交易所80%的市值，因此，標準普爾500指數能更好地反應股票市場的股價變動情況。在芝加哥商品交易所進行股票期貨交易的標的就是標準普爾500指數。

②標準普爾100指數。

標準普爾100指數也是投資人員經常使用的一種股票價格指數，是標準普爾500指數的成分股中最大的100家樣本公司構成的股票指數。而且在芝加哥期權交易所的股票期權合約中，標的是標準普爾100股票價格指數。

(3) 納斯達克指數

納斯達克指數（NASDAQ）包括納斯達克綜合指數和納斯達克100指數。前者包括了在NASDAQ市場中上市的所有公司股票，以市值進行衡量；後者選擇了NASDAQ市場中100家非金融類的上市公司的股票進行編制指數，反應了成長最快的非金融類公司的情況，要求樣本股票市值達到500萬美元，而且平均每日的交易量達到10萬股以上。

(4) 金融時報指數

金融時報指數是英國最具權威性的股價指數，由《金融時報》編制和公布。這一指數包括三種：一是《金融時報》工業股指數，又稱30種股票指數。該指數包括30種最優良的工業股票價格。它以1935年7月為基期，基期指數為100。二是100種股票交易指數，包括100家有代表性的大公司的股票。該指數自1984年1月3日起編制並公布，基值定為1,000。三是綜合精算股票指數，它從倫敦股市上精選700多種股票作為樣本股加以計算，自1962年4月10日起編制和公布，並以這二天為基期，令基期指數為100。這一指數的特點是統計面寬、範圍廣，能較全面地反應整個股市狀況。

(5) 日經股票指數

日經股價平均數又稱為「日經股價指數」，簡稱日經指數，是日本股票市場上最具代表性的股價指數。該指數於1950年9月由日本經濟新聞社根據東京證券交易所上市的225家公司的股票算出修正平均股價，當時稱為「東證修正股價平均數」。1975年5月1日，日本經濟新聞社向道·瓊斯公司買進商標，並採用道·瓊斯公司的修正法計算，這種股票指數也就改稱為「日經道·瓊斯股價平均數」。1985年5月以後改名為「日經股價平均數」。

(6) 恒生指數

香港恒生指數是香港最重要的股價指數，由恒生銀行所屬的恒生指數服務有限公司從1969年11月24日起每日公布。該指數選定33種成分股，原以1964年7月31日為基期，基期值為100。從1985年1月開始，恒生指數增加

4個分類指數（即工商業、金融業、房地產業和公用事業）來反應各類股票的交易狀況。同時，把恒生指數的基期日改為1984年1月31日，並將當日收市指數975.47定為新基期日指數。目前，香港的股價指數系統在恒生綜合指數下分為恒生指數、國企指數、紅籌指數和創業板指數。恒生指數採用加權法計算，具體方法是：某日的恒生指數＝（某日成分股總市值÷基期成分股總市值）×100。恒生指數每分鐘計算一次。

（7）上證綜合指數

上海證券交易所從1991年7月15日起編制並公布上海證券交易所股價指數，以1990年12月19日為基期，以全部上市股票為樣本，以股票發行量為權數，按加權平均法計算。自1992年2月起分別公布A股指數和B股指數；自1993年5月3日起正式公布工業、商業、地產業、公用事業和綜合五大類股價指數。其中，上證A股指數以1990年12月19日為基期，上證B股指數以1992年2月21日為基期。A股和B股為樣本，以發行量為權數進行加權計算。上證分類指數以1993年5月1日為基期計算。

（8）深證綜合指數

深圳證券交易所綜合指數包括：深證綜合指數、深證A股指數和B股指數。分別以在深圳證券交易所上市的股票、全部A股、全部B股為樣本，以1991年4月3日為綜合指數和A股指數的基期，以1992年2月28日為B股指數的基期，基期指數定為100，以指數股計算的日股份數為權數進行加權平均計算。

7.3　信託概述

7.3.1　信託

（1）信託的由來

信託是一種特殊的財產管理制度和法律行為，同時又是一種金融制度，與銀行、保險、證券、租賃一起構成了現代金融體系。

信託制度起源於英國，是在英國「尤斯制」的基礎上發展起來的，距今已有幾個世紀了。現代信託制度是在19世紀初傳入美國的，在傳入美國後信託才得以快速地發展壯大。美國是目前信託制度最為健全、信託產品最為豐富、發展總量最大的國家。

中國的信託制度最早誕生於20世紀初，但在當時中國處於半殖民地半封建的情況下，信託業得以生存與發展的經濟基礎極其薄弱，信託業難以有所

作為。中國信託業的真正發展開始於改革開放，是改革開放的產物。1978年改革初期，百廢待興，許多地區和部門對建設資金產生了極大的需求，為適應全社會對融資方式和資金需求多樣化的需要，1979年10月中國第一家信託機構——中國國際信託投資公司經國務院批准同意誕生了。它的誕生標誌著中國現代信託制度進入了新的紀元，極大地促進了中國信託行業的發展。

(2) 信託的定義及其特徵

由於信託是一種法律行為，因此在採用不同法系的國家，其定義有較大的差別。歷史上出現過多種不同的信託定義，但時至今日，人們也沒有對信託的定義達成完全的共識。隨著經濟的不斷發展和法律制度的進一步完善，中國於2001年出抬了《中華人民共和國信託法》，對信託的概念進行了完整的定義：信託是指委託人基於對受託人的信任，將其財產權委託給受託人，由受託人按委託人的意願以自己的名義，為受益人的利益或者特定目的進行管理或者處分的行為。

上述定義基本體現了信託財產的獨立性、權利主體與利益主體相分離、責任有限性和信託管理連續性這幾個基本法理和觀念。我們可以從以下幾個方面來把握信託的基本特徵：

①委託人對受託人的信任，這是信託關係成立的前提。一是對受託人誠信的信任，二是對受託人承托能力的信任。

②信託財產及財產權的轉移是成立信託的基礎。信託是以信託財產為中心的法律關係。沒有信託財產，信託關係就喪失了存在的基礎，所以委託人在設立信託時必須將財產權轉移給受託人，這是信託制度與其他財產制度的根本區別。財產權是指以財產上的利益為標準的權利，包括除身分權、名譽權、姓名權之外，其他任何權利或可以用金錢來計算價值的財產權，如物權、債權、專利權、商標權、著作權等都可以作為信託財產。

③信託關係是多方的，有委託人、受託人、受益人，這是信託的一個特徵；並且，受託人以自己的名義管理處分信託財產，這又是信託的另一個重要特徵。這種信託關係體現了五重含義：一是委託人將財產委託給受託人後對信託財產就沒有了直接控製權；二是受託人完全是以自己的名義對信託財產進行管理處分的；三是受託人管理處分信託財產必須按委託人的意願進行；四是此種意願是在信託合同中事先約定的，也是受託人管理處分信託財產的依據；五是受託人管理處分信託財產必須是為了受益人的利益，既不能為了受託人自己的利益，也不能為了其他第三人的利益。

④信託是一種由他人進行財產管理、運用、處分的財產管理制度。信託機構為財產所有者提供廣泛有效的服務是信託的首要職能和唯一服務宗旨，

並把管理、運用、處分、經營財產的作用體現在業務中。它已成為現代金融業的一個重要組成部分，與銀行業、保險業、證券業及租賃業等既有聯繫又有區別。

（3）信託行為

信託行為是指以設立信託為目的而發生的一種法律行為。信託行為的形成一般需要四個條件。

①信託當事人的真實意思表示。確認信託行為的成立，必須有當事人的真實意思表示。在現代信託中，這種意思表示一般採用書面形式，通常有三種具體方式：一是信託契約或合同，它由信託當事人經協商取得一致意見後簽字；二是個人遺囑，它由利益主任及委託人單方面確認；三是法院依法裁定或判決信託行為成立的法律文書的命令。

②特定的合法目的。信託目的是委託人通過信託行為所要達到的目的，是信託行為成立的依據。信託目的由委託人提出並在信託契約中寫明，受託人必須按照委託人提出的信託目的去管理、運用、處分信託財產。

③以財產為中心。確認信託行為的權利，要以財產為中心，不僅是因為財產是信託的標的物，還因為它的所有權可以轉移。信託當事人的一方（委託人）為自己或他人利益提出意見表示，為實現某種既定的目的，就得把信託財產的產權轉移給另一方（受託人），受託人同意為其依照一定目的管理或處分這些財產。所以，沒有以財產為中心，沒有財產所有權的轉移，信託行為是不能成立的。

④以信任為基礎。信託是一種代人理財的財產管理制度，它的確立必須以當事人之間相互信任為基礎。如果委託人和受益人對受託人不信任，或者受託人不能忠實履行其管理財產的職責，那信託行為難以發生。即便發生信託行為，因存在不信任，甚至帶有欺騙性，在法律上仍不能確認其有效。

7.3.2　信託關係

信託關係是指信託行為形成的、以信託財產為中心的、當事人之間的、特定的法律關係。信託關係與信託行為的存在完全一致。只要有信託行為存在，必然有信託關係存在。

信託關係貫穿於心理、法律、經濟和社會的各個方面：在心理上，委託人與受託人建立信任感；在法律上，委託人為自己或第三者的利益將信託財產轉移給受託人，並通過信託合同對信託財產的轉移做一定的限制；在經濟上，委託人通過設定信託達到為指定的人謀利的經濟目的；在社會上，信託關係是一種代辦關係。因此，信託關係不僅是經濟關係，而且是一種法律關

係和社會關係。

聯結信託關係各方的當事人總稱為信託關係人，包括委託人、受託人和受益人。自然人和法人都可以成為信託關係人。

在信託關係中，委託人提出信託行為，要求受託人代為管理或處理其財產，並將由此產生的利益轉移給受益人；受託人接受委託人的委託，代為管理和處理信託財產，並以自己的名義按委託人所提出的要求將信託財產利益轉移給受益人；受益人享受信託財產利益。在此過程中，體現了以下幾層關係：一是受託人是為受益人的利益管理並處理信託財產，而不是為自己或第三人；二是受託人必須恪盡職守，履行誠實、信用、謹慎、有效管理的義務，為受益人的最大利益管理、處理信託財產；三是受託人因管理、處理信託財產而支出的費用，由信託財產承擔。但應在書面信託文件中列明或明確告知委託人；四是受託人依照信託文件的約定取得信託報酬；五是受託人應按照事先約定的信託財產的運作範圍進行運作，受託人不承擔由此發生的信託財產虧損。

7.3.3 信託財產

（1）信託財產的概念

信託財產即為信託行為的標的物，是指由委託人通過信託行為轉給受託人，並由受託人按照一定的信託目的進行管理或處理的財產，同時還包括通過財產的管理和運用而取得的財產，如由於信託財產的管理和運用而取得的利息、租金等收入也屬於信託財產的範圍。信託財產必須具有價值，同時又可以轉讓。從形式上看，信託財產可以是有形財產，也可以是無形財產。關於信託財產的具體範圍，中國沒有具體規定，但必須是委託人自有的、可轉讓的合法財產。法律法規禁止流通的財產不能作為信託財產；法律法規限制流通的財產須依法經有關主管部門批准後，方可作為信託財產。

（2）信託財產的特徵

信託是一種為他人利益而轉移財產並加以管理的制度。信託財產作為其載體，具有下列特徵：

①他人性。

任何形式的財產在成為信託財產之前，財產所有權完全屬於財產所有人，財產所有人對於財產享有絕對支配權，即享有民法所賦予的佔有、使用、處分和收益的權利。信託關係建立後，財產作為信託標的物，財產所有權從委託人即財產所有人轉移給受託人。在維護委託人和受益人利益的前提下，受託人取得信託財產所有權，但並不享有信託財產的絕對支配權，受託人只是法律上的信託財產所有人，只能在信託合同規定的信託目的範圍內行使其權

利，與信託設立前的財產所有人即委託人享有的所有權不同。受託人是為他人利益而掌握信託財產。從本質上說，信託財產是他人的財產，這是信託財產的主要特徵，即所有權特徵。

②轉讓性。

信託的成立，以信託財產由委託人轉移給受託人為前提條件。因此，信託財產的首要特徵是轉讓性，即信託財產必須是由委託人獨立支配的可以轉讓的財產。信託財產的轉讓性，首先要求信託財產在信託行為成立時必須客觀存在。如果在要設立信託時，信託財產尚不存在或僅屬於信託人希望或期待可取得的財產，那該信託無法設立。其次，信託財產在設立信託時必須屬於信託人所有。如果信託財產在設立信託時雖然客觀存在，但不屬於信託人所有，則因委託人對該財產不享有處分權而無權將其轉移給受託人，信託無由成立。最後，信託財產的轉讓性要求，凡法律、法規禁止或限制流通的財產都不能成為信託財產。

③物上替代性。

物上替代性是指任何信託財產在信託終了前，不論其物質形態如何變換，均屬於信託財產。例如，在信託設立時信託財產為不動產，後因管理需要受託人將其出售，變成金錢形態的價款，再由受託人經營而買進有價證券。在這種情況下，信託財產雖然由不動產轉換為價款，再由價款轉換為有價證券，在物質形態上發生了變化，但其並不因物質形態的變化而喪失信託財產的性質。信託財產的物上替代性不僅使信託財產基於信託目的而在內部上結合為一個整體，不因物質形態的變化而喪失信託財產的性質，而且使信託財產在物質形態變化過程中不因價值量的增加或減少而改變其性質。

④獨立性。

信託財產最根本的特徵在於其獨立性。信託一旦有效設立，信託財產即從委託人、受託人和受益人的自有財產中分離出來而成為一項獨立的財產。就委託人而言，其一旦將財產交付信託，即喪失對該財產的所有權，從而使信託財產完全獨立於委託人的自有財產。就受託人而言，雖因信託而取得信託財產的所有權，但由於其並不能享有因行使信託財產所有權而帶來的信託利益，故其所承受的各種信託財產必須獨立於其自有財產。如果受託人接受不同委託人的委託，其承受不同委託人的信託財產也應各自保持相對獨立。就受益人而言，其雖然享有受益權，但這只是一種利益請求權。在信託法律關係存續期間，受益人並不享有信託財產的所有權。即使信託法律關係終了後，委託人也可通過信託條款將信託財產本金歸於自己或第三人所有，故信託財產也獨立於受益人的自有財產。由於信託財產在事實上為受託人佔有和

控制，故信託法對信託財產獨立性的維持主要是通過區別信託財產與受託人的自有財產來體現的。

(3) 信託財產的運動形式

信託財產的運動是以委託人轉移信託財產為起點，經過受託人仲介，以受益人在信託結束時接受信託財產為終點。信託財產的運動是單向的財產轉移運動，運動方向是：委託人→受託人（仲介）→受益人。在委託人和受益人為同一個人的情況下，當信託結束，信託財產及收益交付給受益人時，儘管受益人就是委託人，但並不表明信託財產回流，而只能說明信託關係人的身分在信託財產運動的不同階段的變化。在交付信託財產及收益時，原來的委託人已經處於受益人的地位，向受益人交付信託財產仍然是信託財產的單向運動。

以受託人為仲介劃分，信託財產的運動過程可以分為仲介前和仲介後兩個階段。在這兩個階段中，信託財產的實物形態和價值量都會發生變化，這是信託與其他信用活動的一個重要區別。

信託財產的運動目的具有兩重性，即確定性目的和不確定性目的。信託財產的確定性目的是指任何以委託人為起點的信託財產運動，都是為了受益人的利益，運動方向明確；信託財產運動的不確定性目的是指信託財產運動是按委託人的意思表示而運動的，具體目的隨著信託目的不同而變化。

7.3.4 信託的種類

信託的種類可根據形式和內容進行不同的劃分：

(1) 商事信託和民事信託

按受託人承受信託的目的是否盈利可分為商事信託和民事信託。商事信託的受託人多為法人；民事信託的受託人多為個人和自然人。早期的信託多為民事信託，現在的信託則多為商事信託。

(2) 公益信託和私益信託

按信託目的可分為公益信託和私益信託。公益信託是以促進社會福利、慈善事業、科技進步、學術研究、教育發展等公共利益為目的而設立的信託，其受益人為非特定的多數人；私益信託是為特定的他人或委託人自己的利益而設立的信託，其受益人是固定的。

(3) 設定信託和法定信託

按信託關係建立的依據不同，可以分為設定信託和法定信託。設定信託是按法律行為建立的信託；法定信託是按法律規定設立的信託。目前多數為設定信託。

(4) 契約信託和遺囑信託

按信託行為的不同可分為契約信託和遺囑信託。契約信託是通過訂立契

約、合同、協議建立的信託，又叫合同信託和生前信託；遺囑信託是通過遺囑這種法律行為而設立的信託，又叫死後信託。

(5) 自益信託與他益信託

按委託人與受益人關係的不同可分為自益信託和他益信託。自益信託是委託人將自己作為受益人；他益信託的受益人不是委託人。自益信託一定為私益信託，而私益信託不一定為自益信託。

7.3.5 信託的職能

信託的職能概括起來就是「受人之託，履人之囑，代人理財」，具體表現為：

(1) 基本職能——財務管理職能

信託的基本職能是財務管理職能，其表現為信託機構為委託人代為管理貨幣資金。信託關係建立後，儘管信託機構要按照委託人的要求運用財產，但在應用過程中，無論是信託貸款還是委託貸款，使信託財產不受損失和增殖所應當採取的措施則是由信託機構確定實施的。在履行財務管理這一職能中，呈現出以下特點：①管理內容具有廣泛性，即無論是有形資產還是無形資產，均可由信託機構代為管理；②管理目的具有特定性，即為受益人的利益而進行管理；③管理行為具有責任性，即若發生損失，只要符合信託合同規定，受託人不承擔責任，如由違反規定的受託人的重大過失導致的損失，受託人有賠償責任；④管理方法具有限制性，即受託人管理並處理信託財產，只能按信託目的來進行，不能按自己需要隨意利用信託財產。

(2) 派生職能

①金融職能即融通資金。

信託財產多數表現為貨幣形態，同時為使信託財產保值增值，信託投資公司必然派生出金融功能。這種職能主要表現在以放款信託和金錢信託為中心的「金錢的信託"的運用上，同時也表現在物資的融通上。信託融資的形式多樣，融資期限較長。

②諮詢服務職能。

從本質上說，信託公司是服務性機構，而經濟諮詢最能體現這種服務的屬性。信託公司接受客戶的委託而提供經濟諮詢的主要內容有：資信調查、財務管理、商情與商情分析等。信託公司可以從這種分析中得到報酬，重要的是這種服務可以提高整體經濟的社會化水平，為企業乃至某一行業的發展提供決策的依據。

③社會保障職能。

當把信託業務運用於社會福利事業時，信託機構就發揮著社會保障職能，

如信託機構開辦的公益基金信託、年金信託等。信託機構是否發揮這種職能，取決於該國信託機構在整個金融體系中所處的地位。

7.4 信託業務

信託業務是以信用委託為基礎、帶有一定經濟目的的一種經濟行為，即掌握資金（或財產）的部門（或個人），委託信託機構代其運用或管理，信託機構遵從其議定的條件與範圍，對其資金或財產進行運用、管理並按時歸還的行為。由於信託業務是代人管理或處理資財，因此，信託機構一要有信譽，二要有足夠的資金。信託業務範疇含商事信託、民事信託、公益信託等領域。國際上的金融信託業務，主要是經營處理一般商業銀行存、放、匯以外的金融業務。隨著各國經濟的發展，市場情況日趨複雜，客戶向銀行提出委託代為運用資金、財產，或投資於證券、股票、房地產的信託業務與日俱增。國內的信託業務是經央行批准的金融信託投資公司可以經營的業務，主要包括資金信託、動產信託及不動產信託等三大類信託業務。

7.4.1 資金信託

（1）定義

資金信託是指以貨幣資金為信託財產，各信託關係人以此建立的信託。資金信託最根本的特徵是以貨幣形態的信託資產為中心。信託終止時，受益人所得到的是貨幣形態的資產。

擁有貨幣資金的法人和自然人，為了更好地運用和管理自己的資金，獲得較好的經濟效益，或為了達到其他經濟目的，委託信託機構代為運用、管理和處理受託的貨幣資金。受託人通常為銀行的信託部門或信託公司。他們在受理這些業務時，收取一定的手續費和代理費。資金信託的運作方式如圖 7-1 所示。

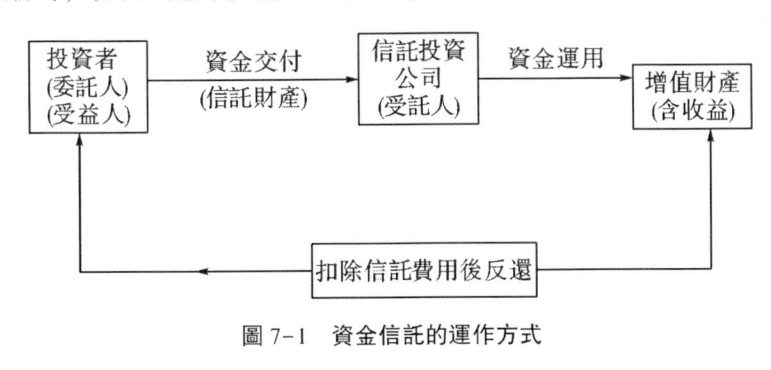

圖 7-1 資金信託的運作方式

（2）分類

根據資金信託的標的物——貨幣資金的不同運動方式和目的，資金信託可分為普通資金信託和特定資金信託兩種形式。

①普通資金信託。

普通資金信託是指委託人即貨幣資金的所有者將資金存入信託部門，不指定存款的應用範圍和形式，信託部門接收了存款後，根據自己經驗和判斷加以運用處理，並負責還本付息。

②特定資金信託。

特定資金信託是指委託人將資金存入信託部門後指定存款運用的範圍和具體對象，信託部門必須按照委託人發出的運用指示處理資金，並將有關信息反饋給委託人，而其本身則無決策的權力。

（3）特點

資金信託業務的特點可通過與銀行存款業務的比較來加以認識：

①法律關係不同。

銀行存款是「債的法律關係」，其中存款人是債權人，而銀行是債務人。信託基金則是「產權轉讓的法律關係」，委託人把作為信託財產的金錢交給信託機構運用，信託機構按信託合同的規定取得「有限制」的使用權，而且在信託期間取得法律上的所有權。

②目的不同。

銀行存款人的目的在於取得利息收入；信託基金委託人的目的在於要求信託機構按照信託合同的規定運用信託金，達到信託合同規定的目的。

③業務處理不同。

一是服務對象重點不同。銀行存款沒有規定突出的重點服務對象，而信託基金吸收的重點是以法人團體為主的。二是金錢吸收方式不同。銀行吸收存款類型沒有限制，而信託基金吸收的一般是大額、一次性、定期、長期使用的資金。三是收益分配不同。銀行存款的利率由市場情況決定並以此來支付利息，其收益是有保障的，而信託基金的收益則由其使用效果而定。四是破產時處理方式不同。銀行破產時，存款人作為債權人行使債權，與其他債權人處於同等地位；信託機構破產時，由於信託財產的獨立性，可排除其他債權人對信託基金的扣押。

（4）內容

①融資性資金信託。

融資性資金信託是最典型的資金信託業務。一方面，委託人將貨幣資金以信託存款和委託存款的方式存入信託機構；另一方面，信託機構作為受託

人按照其經驗或委託人指示，對信託金進行運用，並將收益所得交付收益人，這就使得這種信託方式帶有很明顯的融資性功能。它包括信託存款、信託貸款、委託存款和委託貸款四種形式。

②投資性資金信託。

投資性資金信託是指信託機構運用信託基金對工商企業和某些項目進行投資。根據投資對象確定方式的不同，可劃分為信託投資和委託投資。

③基金性資金信託。

基金性資金信託是指以基金形式的貨幣資金為標的物的資金信託，包括勞保基金信託、各種學會基金信託、科研基金信託等。

勞保基金信託是指以管理勞保基金為目的而設定的信託業務。信託機構受工商企業或政府機關、學校的委託，籌集和管理退休基金，並用所得收益支付退休職工的生活費。辦理勞保基金信託，無論對於個人、企業還是國家都非常有利。

學會基金信託和科研基金信託是由某種社會、科研主管部門或其事業單位將籌集的專用基金，委託信託機構管理和運用，並將收益用於促進某種學科的建設或某種專門領域的科研活動的信託。這是對科技進步的一種金融支持，在特定的領域起到了不可忽視的作用，是資金信託中不可缺少的組成部分。

7.4.2 動產信託

(1) 定義

所謂動產，是指可以移動的財產，如交通工具、設備、原材料等一切可以搬運、移位的財產。因此，動產信託又稱設備或動產設備信託，是財產信託的一種，主要以動產（主要指契約設備）的管理和處理為目的而設立的信託。即由設備的製造商及出售者作為委託人，將設備信託給信託機構，並同時將設備的所有權轉移給受託人；後者再將設備出租或以分期付款的方式出售給資金緊張的設備使用單位的一種信託方式。

動產信託的標的物，通常是價格昂貴、資金需要量大的產品。動產信託，不論是對於這類產品的生產者和銷售者（通常是動產信託的委託者）還是其用戶，都有方便之處。因此，動產信託的意義在於為設備的生產和購買企業提供了長期資金融通。

(2) 動產信託的方式

①處理方式動產信託。

在設立信託時，動產所有者把設備所有權轉移給信託機構，由信託機構代為出售給設備用戶，設備用戶向信託機構分期支付貸款和利息。

②管理方式動產信託。

在信託期間,動產所有者根據信託契約把動產所有權轉移給信託機構,由信託機構受託出租給用戶使用,並通過向用戶收取租金收回設備全部價值,信託期滿收回設備。

③管理處理方式動產信託。

在這種動產信託中,受託人在一個信託協議下承擔對信託財產進行管理和處理的兩項任務。在信託期間,信託機構在一個信託協議項下,先後承擔了屬於管理性的代出租和屬於處理性的代出售兩項業務。在實際中,管理處理型動產信託最具有普遍意義。根據採用的不同的融資方式,這種信託又有兩種不同的做法:一是出讓「信託受益權證書」方式動產信託;二是發行「信託證券」方式動產信託。其操作程序分別如圖 7-2、圖 7-3 所示。

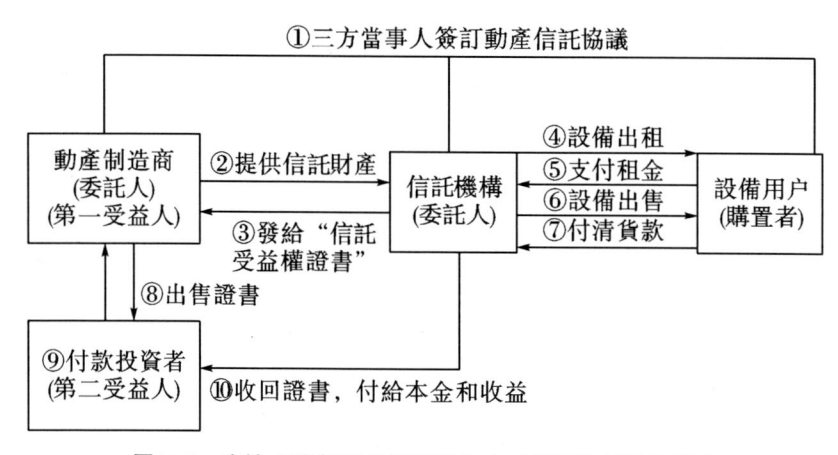

圖 7-2　出讓「信託受益權證書」方式動產信託操作程序

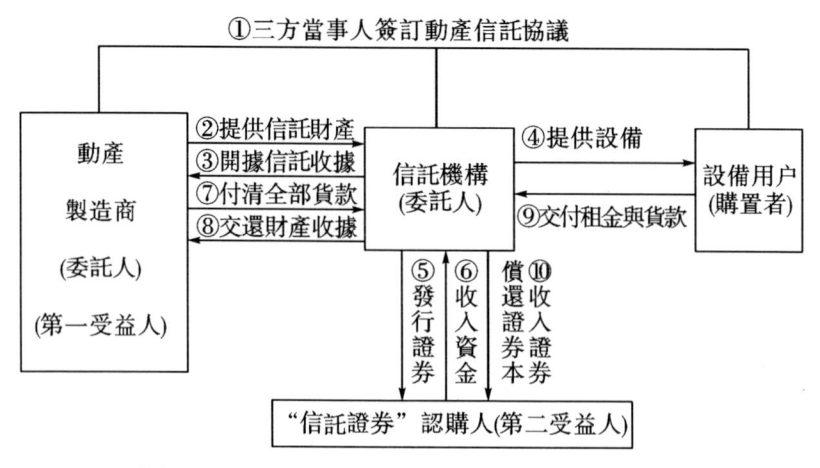

圖 7-3　發行「信託證券」方式動產信託的操作程序

（3）動產信託的特點

瞭解了動產信託的操作過程，我們可以把動產信託和與其相似的業務做比較，從而瞭解動產信託的特點。

①動產信託與租賃業務的比較。

動產信託與租賃業務一樣，可讓生產者及時收回貨款，從而加速資金週轉，保障再生產的正常進行。對於動產的使用者來說，通過這兩種業務，都可以取得延期付款的效果。對於價值昂貴的動產，使用者即使資金不足，也可以先取得設備使用權，然後再取得設備所有權，從而不影響使用。兩者的不同主要表現在以下三點：

a. 當事人不同。動產信託的三方當事人，即賣方、用戶和信託機構缺一不可；而租賃業務則不同，租賃公司買下機器設備之類的動產後，與動產的賣方無多大聯繫，租賃關係直接體現在租賃公司和動產租用者之間。

b. 動產所有權的最終歸屬不同。動產信託（管理處理方式）中，動產所有權在最後屬於用戶；而在租賃業務，特別是服務性租賃中，動產要歸還租賃公司，即使是融資性租賃，也只有在合同中事先申明，租賃期滿後，經過一定的手續，動產歸承租人所有，才能將動產所有權轉移給承租人，否則，租賃期滿後，動產仍屬租賃公司所有，並由租賃公司做出最後處理。

c. 租金繳納方法不同。租賃業務的租金每期繳納時間是固定的；而動產信託關係中的用戶，可以根據具體情況，分別採取不同的設備價款償還辦法，如定率法、定額法和本金均分法等，這就比租賃業務的租金靈活得多。

②動產信託與抵押貸款的比較。

動產信託業務中，委託人將生產設備的所有權移交給信託機構，由信託機構發行信託證券或由委託人出售信託受益權證書向社會籌資，類似於借款人將設備交與金融機構作為擔保品而取得資金，即抵押貸款，但這兩種業務還是存在著較大的差異：

a. 目的不同。抵押貸款中，財產抵押的目的是向抵押權人取得相應的資金或信用擔保；動產信託的目的是實現動產的出租或出售，受託方提供融資或信用只是手段。

b. 產權轉移方式不同。在抵押貸款中，只有貸款到期無法償還，抵押權人才能取得財產所有權，而且也不是全部的財產所有權，抵押品拍賣後若價值超過貸款額，則多餘部分應歸還借款人；而信託業務中，信託關係一經成立，受託方在法律上就取得了信託財產的所有權。

c. 財產管理方式不同。抵押財產在抵押期間必須保證其原有形態和價值不變；而信託財產在信託期內只需保持其原有價值，不一定要保持其原有形

態，但買方使用信託財產，必須嚴格按照信託協議進行，否則受託方可隨時收回信託財產。

d. 財產範圍不同。抵押財產範圍較大，可以是實物財產，也可以是有價證券等；動產信託中信託財產只能是動產。

7.4.3 不動產信託

（1）概念

不動產信託也可稱為房地產信託，簡單來說，就是不動產所有權人（委託人）為受益人的利益或特定目的，將所有權轉移給受託人，使其依信託合同來管理運用的一種法律關係。它是以不動產，如建築物、土地（不含耕地）等作為信託財產，由受託人按照信託合同，通過對不動產進行開發、管理、經營及處理等程序，提高不動產的附加價值，並將受託成果歸還給受益人的信託業務。

在不動產信託中，通常受託人代為管理和處理的業務主要是一些間接性的業務，如不動產的買賣、租賃、收租、保險等代管代營，代理有價證券或不動產的登記、過戶、納稅、代修房屋、代付水電費、代辦法律手續。此外，受託人還受理土地的丈量、建築物的設計和繪圖、建築工程的承包、不動產的鑒定、評價等業務。在不動產經營中，受託人處於仲介地位，一般不承擔債權、債務的經濟責任。

（2）種類

不動產信託可分為房屋信託、不動產保管信託、發行不動產債權信託、發行不動產分割證信託、房地產經租管理信託和土地執業信託等。

①房屋信託業務。

這種信託方式是指房屋開發商將建成的房屋委託給信託機構辦理先出租後售賣的信託。

②不動產保管信託。

這種信託方式運用在房地產交易中。買方一時資金短缺，和賣方、信託公司簽訂協議，由買方先支付部分價款，賣方再將房地產產權移交給信託機構，待日後買方還清貸款，交易才了結，房地產產權過戶於買方名下。

③發行不動產債權信託。

房地產開發企業為籌措某一項目的建設資金，將其持有的其他房地產作為抵押物過戶給信託機構保存。作為發行債券的擔保，信託機構代理發行不動產建設債券，銷售於市場。

④發行不動產分割證信託。

不動產分割證書，也稱不動產分有證書。不動產分割證書上的不動產專

指土地，不包括房屋。這種信託設立的目的在於充分利用土地資源。由於土地產權分散於分有證書持有人之間，而土地實際上又未向土地管理機關辦理分割和分別立戶，因而實質上只是將原整塊土地過戶給信託機構，分有證書持有人可以租用方式在分割出去的土地上建房，與信託機構訂立長期租賃契約。

⑤房地產經租管理信託。

這種信託方式是指房地產業主委託信託機構全面代理經租事宜，將產權過戶至信託機構名下，雙方訂立經租契約。

⑥土地執業信託。

這種信託方式是指信託機構受業主委託，全權代為執管產業的信託。

現實中，還有兩種常用的信託業務，即土地租賃信託與處理型土地信託，如圖 7-4、圖 7-5 所示。

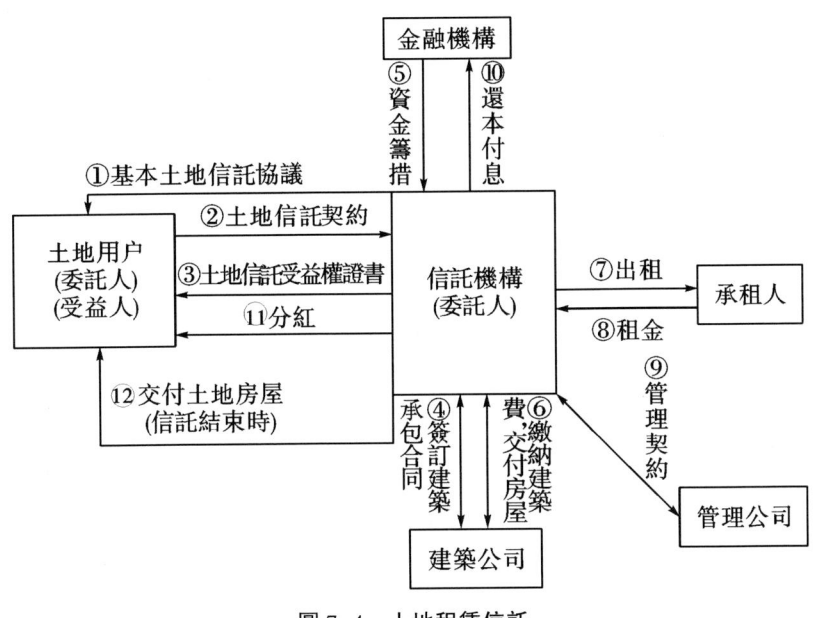

圖 7-4　土地租賃信託

（3）意義

不動產信託是以不動產為信託標的的信託業務。辦理不動產信託，可以起到以下三方面作用：

①免除了不動產業主因專業知識不足而遭受經濟損失的風險。

不動產的管理和處理，需要有相當的專業知識，如識圖用圖的知識、土地面積量算知識、土地經濟評價與土地定級估價知識等。如委託人（即業主）本人親自管理和處理，由於知識水平所限，極易蒙受損失。通過不動產信託

方式，信託機構只要有專業人才、經驗豐富，同時規模大、信譽卓著，辦事方便可靠，就能規避上述風險，收到較好的效益。

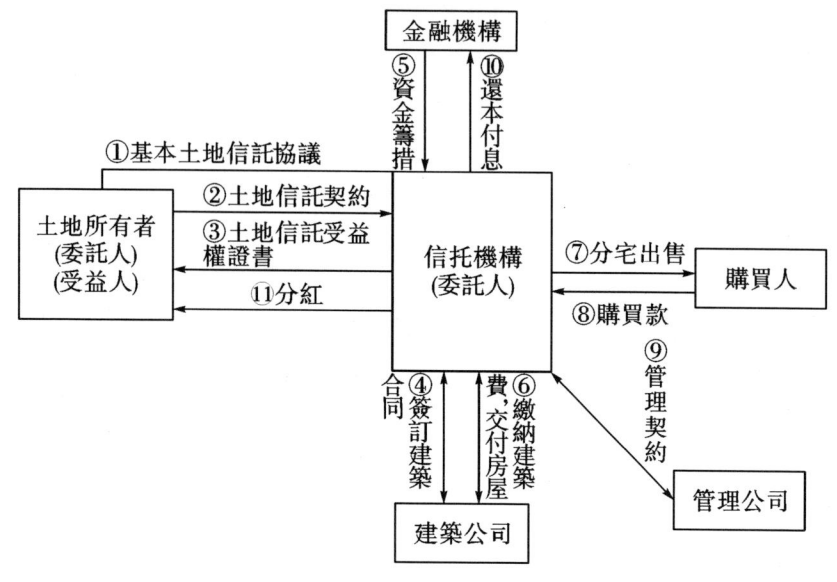

圖 7-5　處理型土地信託

②為改良不動產提供資金的方便。

如業主對部分土地需要開發利用，在其土地上新蓋或增建建築物，但缺乏資金。此時，業主可將其原有土地或土地使用權，以抵押的方式，作為擔保物，發行不動產債券。

③提供信用保證，實現不動產的銷售。

在不動產的銷售過程中，如果買方資金不足或賣方對買方的信用不夠瞭解，就會阻礙交易。如果將財產所有權轉移給受託人，並從受託人處獲得融資或信用擔保，就能最終實現不動產的銷售。

(4) 特點

不動產信託是針對委託人的不動產提供高度專業化管理，一方面著重對不動產標的本身的維護、修繕、改良、保全及環境的改善，以提高不動產標的本身的品質與價值；另一方面規劃不動產標的的最佳管理運用方式，如不動產標的以租賃、出售處理、重建等方式，以期對不動產的利用達到最高效益。因此，不動產信託有以下優點：

①確保產權移轉，避免遺產紛爭。

②專業管理經營，如出租、出售、開發。

③財產具有獨立性，不得強制執行。

7.5 其他機構

7.5.1 金融租賃公司

金融租賃公司是以辦理融資租賃為主要業務的非銀行金融機構。

(1) 金融租賃的特點

金融租賃又稱融資租賃，是指企業需要添置某些技術設備而又缺乏資金時，由出租人代其購進或租進所需設備，然後租給承租人在一定期限內有償使用的一種租賃方式。

金融租賃具有以下特點：第一，所有權與使用權相分離。在整個租賃合同期間，其設備的所有權屬於出租人，承租人在租期內以租金為代價，只獲得設備的使用權。第二，融資與融物相結合。金融租賃是借錢與借物融合在一起的信用活動，具有資金運動與物資運動相結合的特徵。出租人在將租賃資產出租的同時，相應地解決了承租人增置設備的資金需求，具有信用和貿易的雙重性。第三，租金的分期歸流。金融租賃償付的是租金（包括本息在內），而且租金是按照契約規定分次交付的，租賃期滿，租金的累計數應相當於設備價款和該項資金在租賃期內的利息。第四，金融租賃至少涉及三個方面的關係，包括兩個或兩個以上的合同，即出租方、承租方、供貨方之間的關係，出租方與承租方之間的租賃合同，出租方與供貨方之間的購銷合同。第五，承租人對設備和供貨商具有選擇的權力。在金融租賃中，承租人有權利選擇所需的設備及其生產廠商、供貨商，出租方只是根據承租方的要求出資購進設備，然後租給承租方使用。因此，設備的質量、規格、數量以及技術上的鑒定驗收等都由承租方負責。但是，出租方為了保障自己的利益，也可以拒絕一些不合適的設備。第六，合同具有不可撤銷性。第七，承租人對設備的保養、維修、保險和過時風險承擔責任。第八，租賃期滿後，承租人可進行留購、續租或退租。

(2) 金融租賃公司的主要業務

金融租賃公司根據承租人的不同要求及其自身的融資、融物能力，採取了多樣化的業務形式。常用的業務形式有以下三種：

①直接租賃。直接租賃又稱自營租賃，是購進租出的做法。金融租賃公司根據承租人的要求，自行從金融市場籌措資金，購進承租人所需的設備，租給承租人使用。租期一般定在 3 年以上。租賃期內物件的所有權完全歸屬出租人。租賃期滿，承租人有廉價購買其租賃設備的特權。承租人用租來的

設備所新增的利潤支付租金，租賃設備的維修、保養及保險由承租人負擔。直接租賃一般包括兩個合同：一個是租賃合同，由出租人與承租人簽訂；一個是購貨合同，由出租人與供貨商簽訂。

②轉租賃。轉租賃是租進租出的做法，即金融租賃公司從製造商或另一家租賃公司租進設備，然後轉租給用戶。金融租賃公司同時充當了承租人和出租人的雙重身分。這種租賃方式至少涉及三方面關係和兩份租賃合同。實際上是一個項目兩筆租賃，其租金一般比直接租賃高。中間租賃公司作為承租人向出租公司支付租金，又以出租人身分向用戶收取租金。設備的所有者與使用者之間沒有直接的經濟或法律關係。

③回租租賃。回租租賃是當企業急需生產週轉資金或新設備投資資金而告貸無門時，可以將自己擁有的設備按現值（淨值）賣給金融租賃公司，再作為承租人向金融租賃公司租回原設備繼續使用，並按期向金融租賃公司交付租金。回租租賃是一種緊急的融資方式，適合於資產流動性較差的企業。租賃物體的設備就是企業的在用設備，未做任何移動，其銷售只是一種形式。承租人既保持了原有設備的使用權，又能使這些設備所占用的資金轉化為企業急需的週轉資金和投資資金，使企業固定資產流動化，從而提高資金利用率。

7.5.2 基金管理公司

由於個人投資者的資金有限，不便直接在證券市場上買賣證券，且直接投資的風險和成本都很大，於是證券市場上出現了專門從事投資的機構投資者。最重要的機構投資者是證券投資基金和養老基金。從事證券投資基金和養老基金管理的基金管理公司是證券市場上越來越重要的一種金融仲介機構。

（1）投資基金的分類及特點

投資基金是通過發行投資基金匯集社會資金，委託專門投資管理機構進行投資，將投資收益分配給基金持有人的投資制度。投資基金的投資行為以市場為導向，投資基金的發起人、投資人、管理人、託管人的行為均以市場為主要依據，投向於收益最高、風險最小的證券或產業，追求長期利潤最大化。根據組織形態不同，投資基金可以劃分為契約型基金和公司型基金。契約型基金是基於一定信託契約原理組織起來的委託投資行為，由委託人、受託人和受益人三方訂立信託投資契約，委託人依照契約進行投資和負責保管信託財產，投資成果由投資者享受的一種基金形態。公司型基金是指設立專門的股份公司發行股票，向一般投資者吸收資金並從事各種證券投資，購買公司股份的投資者可享受定期獲取證券投資收益的權利。

根據不同的基金證券變現方式，基金可以分為封閉型基金和開放型基金。封閉型基金是指預定數量的基金證券一旦發行，在規定的時間內其資本規模不再增大或縮減的投資基金。在公募條件下，封閉式基金的證券可以在公開交易市場掛牌交易。投資者若想將所持有的基金證券變現，可在市場上出售。開放型基金是指基金證券數量及其基金資本可因發行新的基金證券或投資者贖回本金而變動的投資基金。這種基金的組織者可根據市場的變化、資本價值的變化和持有人的投資要求等，發行新的基金證券使基金規模擴大。基金持有人也可根據市場狀況、自己的投資取向變化等，要求基金管理機構將基金證券贖回。

　　根據不同的投資風險和收益，投資基金可分為成長型投資基金、收入型投資基金和平衡型投資基金。成長型投資基金是以資本長期增值作為投資目標的基金。其投資對象主要是市場中有較大升值潛力的小公司股票和一些新興行業的股票，這類基金一般很少分紅，將投資所得的股息、紅利進行再投資，以實現資本增值。收入型投資基金是以追求基金當期收入為投資目標的基金，其投資對象主要是績優股、債券、可轉讓大額定期存單等收入比較穩定的有價證券。收入型基金一般把所得的利息、紅利分配給投資者。平衡型基金是既追求長期資本增值，又追求當期收入的基金，主要投資於債券、優先股和部分普通股。這些有價證券在投資組合中，有比較穩定的組合比例，一般是把資產總額的 25%～50% 用於優先股和債券，其餘的用於普通股投資。其風險和收益狀況介於成長型基金和收入型基金之間。

　　投資基金還可以從其他角度進行分類：①債券基金。債券基金是以各國債券為主要投資對象的投資基金，是一種收入型基金，可以獲得定期收入，投資風險比較低，投資回報也不太高。②股票基金。股票基金著重投資於股票市場，以求增值和股息收入。由於股票基金投資於高風險高收益的股票市場，因而冒一定風險。對於投資者來說，既可賺取資本收益，又可使資本增值；既有高風險品種，又有低風險品種，適應多種投資者的需要。③創業基金。它也稱為風險基金，是由專業人士管理，以股本投資形式向尚未上市的企業，特別是高新技術企業融通風險資金提供多種服務，以出售上市企業的股票或股權，回收投資資金的新型組織機構。創業基金有其獨特的運行方式。一般先由高新技術企業提出申請，創業基金在接到申請後，組織細緻的評估和嚴格的篩選，對選中的項目採取多種方式進行投資，高新技術產業化過程中往往要追加資金，在高新技術企業成熟後，抽回升值後的風險資金完成一個風險投資週期，然後再進行新一輪的投資。④傘型基金。傘型基金是一種開放式基金的經營方式。在這種結構下，基金發起人根據兩份總的基金招募

書，發起設立多只相互之間可根據規定的程序及費率水平進行轉換的基金，稱為「子基金」，可依據不同的投資方針、投資目標進行獨立的投資決策，如債券、指數和股票基金等。由這些子基金共同構成的基金體系就合稱為傘型基金。⑤基金中基金。該類基金以其他基金作為投資對象，通過分散投資於其他基金，具有雙重專業管理、雙重分散風險功能，是一種較為穩健保守的投資基金。另外還有商品期貨投資基金、衍生工具投資基金、貨幣市場基金及貨幣基金等。

　　投資基金與其他金融工具比較，特點表現在：第一，規模經營效應。大多數中小投資者個體資金有限，直接進入股票市場較為困難。投資基金匯聚眾多投資者資金，解決了中小投資者「錢不多，入市難」的問題。投資基金總額龐大，在買賣股票或其他有價證券時，數量和金額都佔有優勢，在大額證券交易中獲得交易佣金的折扣優惠，降低了投資成本，投資收益得到了提高。第二，分散風險。由眾多投資者出資組織成立的投資基金，資產規模較大，能夠應用各種投資技術將資產投資到不同的領域，實現投資多樣化，形成有效的投資組合，構成了有效的風險分散機制。第三，專業性管理。投資基金管理人一般都具有相當豐富的投資管理經驗，專門分析國內外的經濟發展動態，隨時掌握各種產業、上市公司的經營狀況和瞬息萬變的市場信息，通過發達的通信網路與金融市場緊密聯繫，可獲得專業人士在知識、信息、經驗上的全面支持，避免了個人投資的盲目性。第四，流動性強。投資基金的購買程序簡便，投資者可以直接到基金公司辦理買入手續，或通過委託投資顧問公司、證券經紀公司代為買入。開放式投資基金每天都公開進行報價買賣，投資者可以隨時購買或贖回，流動性相當強。封閉式基金可以通過證券交易所進行市場交易，有較好的流動性。由於投資基金具有較好的流動性，因此其既適合個人投資者，也適合機構投資者。

　　（2）基金管理公司的主要業務

　　投資基金有三方當事人，即基金份額持有人（投資人）、基金管理人、基金託管人。基金託管人必須由合格的商業銀行擔任，基金管理人必須由專業的基金管理公司擔任。

　　基金管理公司的職責包括：發起、設立基金；從事基金管理；按基金契約的規定運用基金投資；管理基金資產；保存基金的會計帳冊，編制基金的財務報告、及時公告；及時足額向基金持有人支付基金收益等。

7.5.3　財務公司

　　財務公司亦稱「財務有限公司」。由於各國的金融體制不同，財務公司承

辦的業務範圍也有所差別。有的專門經營抵押貸款業務；有的依靠吸收大額定期存款作為貸款或投資的資金來源；有的專門經營耐用品的租購或分期付款銷貨業務。財務公司的短期資金來源主要是在貨幣市場上發行商業票據，長期資金來源於推銷企業股票、發行債券。多數財務公司接受定期存款，向銀行借款的比重很小。

中國的企業集團財務公司（除中外合資的財務公司外）都是依託大型企業集團而成立的，主要為企業集團成員單位的技術改造、新產品開發和產品銷售提供金融服務。中國財務公司的業務範圍可以劃分為四大類：一是負債類業務，包括吸收集團成員單位的定期存款、發行財務公司債券、同業拆入資金；二是資產類業務，包括向集團成員單位發放貸款，向集團成員單位產品的購買者提供買方信貸，買賣各種有價證券、金融機構及成員單位的股權，對成員單位辦理票據承兌和票據貼現，辦理集團成員單位產品的融資租賃業務、同業資金拆出；三是中間業務，包括對單位辦理委託貸款、辦理銀團貸款及辦理轉貸款、辦理成員單位的委託投資業務、代理集團成員單位買賣債券、代理集團成員單位承銷及代理發行企業債券，其中也包括承銷財務公司債券；四是外匯業務，由於中國尚未實現人民幣自由兌換，因此，財務公司開辦外匯業務必須另行經國家外匯管理部門審批，經批准後可以經營相關外匯業務。

7.5.4 金融資產管理公司

金融資產管理公司是專門處理銀行不良資產的專業機構。20 世紀 80 年代以來，許多國家的銀行體系都曾經或正在經受不良資產的困擾。這些國家都在積極地採取各種方式和措施予以處理，其中，成立專門的機構處理銀行不良資產是最流行的方式之一。

1999 年，中國相繼成立了信達、華融、東方、長城四家金融資產管理公司（Assets Management Corporation，簡稱 AMC），分別負責處理中國建設銀行、中國工商銀行、中國銀行、中國農業銀行四家國有商業銀行的不良資產，存續期為 10 年，以最大限度保全資產、減少損失為主要經營目標，依法獨立承擔民事責任。

中國金融資產管理公司的註冊資本為人民幣 100 億元，由財政部核撥；向工商行政管理部門依法辦理登記；金融資產管理公司設立分支機構，須經財政部同意。

金融資產管理公司在其收購的國有銀行不良貸款範圍內，管理和處置因收購銀行不良貸款形成的資產時，可以從事下列業務活動：追償債務；對所

收購的不良貸款形成的資產進行租賃或者以其他形式轉讓重組；債權轉股權，並對企業進行階段性持股；資產管理範圍內公司的上市推薦，及債券股票承銷；發行金融債券，向金融機構借款；財務及法律諮詢，資產及項目評估；中國銀行業監督管理委員、中國證券監督管理委員會批准的其他業務活動。金融資產管理公司可以向中國人民銀行申請再貸款。

7.5.5 信用合作社

信用合作社主要是為了適應商品生產和流通領域對資金的需求而產生的。從世界各國信用合作社產生的實踐看，信用合作社大體可分為兩種類型。一類是由小生產者和其他勞動者個人聯合出資組建的信用合作社，特點是以互助為主要宗旨，基本經營目標是以簡便的手續和較低的利率向社員提供信貸服務，幫助經濟力量薄弱的個人解決資金困難，以免高利率剝削。它存在的客觀基礎是信用合作社吸收的資金，多用於社員生產和流通需要，每一生產流通循環結束後，都能再生出還本付息的貨幣資金；同時，社員間的合作精神和社員本身的人格信用保證，使得信用社的貸款風險大大降低。信用社比商業銀行擁有更低的交易成本。商業銀行為了判斷貸款申請人的償還能力，需要收集有關當事人的個人信息，而對於一筆小額貸款來說，這種信息收集方面的成本很高。信用合作社則解決了小額貸款信息成本高的難題，合作社內部人員日常累積的免費信息，節省了對社員信用度的個別評估的費用；社員共同承擔無限責任的形式，使信用社貸款有充足的信用保證。因此，在分散小額的貸款領域，信用社有著商業銀行無可比擬的優勢，這是信用社擁有持久生命力的原因所在。

另一類信用合作社組織，是由生產合作社或消費合作社等直接出資組建的信用合作社，合作經濟組織以每位社員提供一定的股金作為合作社運作的基礎，由於合作社社員能夠投入合作社的資金有限，而且合作社社員入社自願、退社自由，這造成了合作社營運資金的不穩定性。同時，合作社制度排除了股份制度直接融資的形式，商業銀行又不願意向合作社貸款，所以，只能轉向利用合作信用制度進行融資。一些合作社最初在內部設立儲蓄部，隨著業務量的擴大逐漸發展成具有相對獨立性的信用社，有些合作社則聯手直接組建自己的金融組織——信用合作社。

信用合作社是居民個人集資入股的互助性組織，可根據不同的標準進行分類。①以地區為標準可分為：城市信用合作社和農村信用合作社。城市信用合作社以城市的中小工商業、勞動者等為對象，以專營為主；農村信用合作社分佈於農村鄉鎮，主要的對象是農民及合作企業，既有兼營，也有專營。

②以經營制度為標準可分為：專營信用合作社和兼營信用合作社。專營信用合作社專職經營信用業務及有關信用的附屬業務，不涉及其他合作業務；兼營信用合作社在經營信用業務以外，還兼營其他各種合作業務，如生產、消費、運輸等。③以組織性質為標準可分為：區域性信用合作社和職業性信用合作社。區域性信用合作，是凡屬某個區域內居民，只要符合規定均可參加的組織；職業性信用合作社以機關團體職員為限，並非人人都可參加。④以組織成員為標準可分為：基層信用合作社和信用合作聯合社。基層信用合作社即基層組織單位，主要成員是自然人，一些不以盈利為目的的法人也可申請加入成為法人社員；信用合作聯合社，以構成完整的信用合作社組織系統，其成員是單位社員。⑤以社員和信用社的權責關係為標準可分為：有限責任信用合作社、保證責任信用合作社和無限責任信用合作社。有限責任信用合作社，即社員負責任僅以其所認股份額為限；保證責任信用合作社，即社員所負責任以其所認股份額及保證金額為限；無限責任信用合作社，即社員以其所有的全部財產，對合作社的債權負責任。信用合作社主要經營金融業務，其資金來源有股金、會費、公積金、各項存款以及借入款；資金運用主要有社員放款和貼現。此外，信用合作社還辦理社員票據承兌、代理收付和代保管等業務。中國的信用合作社分為農村信用合作社和城市信用合作社。農村信用合作社普遍建於20世紀50年代，1996年進行了改革：農村信用合作社與農業銀行脫離行政隸屬關係，轉而由縣級聯社負責其業務管理；按照合作制原則重新規範農村信用合作社，絕大部分恢複合作制性質。2001年11月12日，江蘇省江陰市、張家港市、常熟市三家農村商業銀行的成立，標誌著中國農村金融體制的重大變革和突破。目前以縣為單位的信用聯社統一法人股份制改造，以省為單位成立信用社理事會，統一管理信用社的業務經營。

　　城市信用合作社是為城市集體企業、個體工商戶以及城市居民服務的金融企業，實行獨立核算、自主經營、自負盈虧、民主管理。經營業務涉及辦理城市集體企業和個體工商戶的存、放、匯業務；辦理城市個人儲蓄存款業務；代辦保險及其他代收代付業務和中國人民銀行批准的其他業務等。中國城市信用社自20世紀90年代初期開始，逐步改組為城市商業銀行。

8 貨幣政策

8.1 貨幣政策及其目標

8.1.1 何謂貨幣政策

當前,通常說的貨幣政策在西方國家比較概括的提法為中央銀行在追求可維持的實際產出增長、高就業和物價穩定時所採取的用以影響貨幣及其他金融環境的措施。通俗一些,也可以說貨幣政策是指中央銀行為實現給定的經濟目標、運用各種工具調節貨幣供給和利率所採取的方針與措施的總和。

貨幣政策包括三個方面的基本內容:①政策目標;②實現目標所運用的政策工具;③預期達到的政策效果。從確定目標、運用工具到實現預期的政策效果,中間還存在著一些作用環節,其中主要有仲介指標和政策傳導機制等。

8.1.2 中國對貨幣政策認識的演變

市場經濟國家實行了大半個世紀的現代貨幣政策。在中國,直到 20 世紀 80 年代末,連這個詞還很少用。問題很清楚,在計劃經濟體制下,貨幣、信用在經濟生活中不佔重要地位,雖然實際上也存在有關貨幣政策這樣性質的問題,但這左右不了經濟的發展,因而也就不會成為一個獨立的政策擺到決策者的桌面之上。當然,在特定的時候,若客觀需要,政府也會採用縱無貨幣政策之名卻有貨幣政策之實的舉措。比如在 20 世紀 60 年代初,在極其嚴重的供不應求的局面之下,在財政緊縮的同時,中國政府就曾通過緊縮信貸的手段實施了事實上的緊縮貨幣政策,並有力地促成了物價的回落。

改革開放之後,商品貨幣關係迅速擴展,市場經濟化的過程不斷推進,金融在經濟中的地位日益受到重視。這樣的趨勢在 20 世紀 80 年代初就已非常明顯。1984 年年底至 1985 年年初,一方面是物價新一輪上漲的勢頭極為強勁,另一方面則是信貸總額急速擴大和對現金發行的壓力猛然大增,這就促

使人們把目光聚焦於貨幣、金融之上。雖然貨幣政策的概念尚未提出，但把控制貨幣看作抑制物價和掌握經濟關鍵環節的議論一時成為非常主流的聲音。1989 年下半年，為了壓下 1988 年過高的通貨膨脹率，中國政府採用了強力的緊縮貨幣政策；1989 年年底至 1990 年，為了阻止經濟的下滑，中國政府曾兩度採用了「啓動」措施，即擴張的貨幣政策，這可以視為最高決策層對貨幣政策的典型運用。隨著中國體制改革的終極目標確定為社會主義市場經濟體制，貨幣政策也明確地列入了宏觀經濟調控體系之中。1993 年，中共中央《關於建立社會主義市場經濟體制若干問題的決定》提出：「運用貨幣政策與財政政策，調節社會總需求與總供給的基本平衡，並與產業政策相配合，促進國民經濟和社會的協調發展。」

8.1.3 貨幣政策的目標：單目標與多目標

到目前為止，就各發達國家來看，它們的貨幣政策目標有所不同。美聯儲在 2006 年 2 月宣布了最大限度的就業和價格穩定的雙重目標。歐洲中央銀行將保持價格穩定設定為首要的貨幣政策目標；在不違背價格穩定目標的前提下，歐元體系也為共同體其他目標的實現提供了支持，包括高就業率和無通貨膨脹的增長。英格蘭銀行的貨幣政策目標為：保持價格穩定，並以此支持產出增長和就業增加的政府經濟目標。2006 年 3 月，日本銀行法規定的貨幣政策原則是：通過追求價格穩定，促進國民經濟的健康發展。

就不同時期而言，各個國家的貨幣政策目標也在發展變化。20 世紀 30 年代以前，各國中央銀行貨幣政策的主要目標是穩定幣值和匯率。到了 20 世紀 40 年代中期，凱恩斯主義的國家干預經濟主張盛行以後，英、美等國相繼以法律形式宣稱，謀求充分就業是其貨幣政策的目標之一。這樣，貨幣政策目標就由原來的單一目標轉化為穩定幣值和實現充分就業。自 20 世紀 50 年代起，由於普遍的、持續的通貨膨脹，在各國中央銀行的貨幣政策目標中，穩定的分量又加重了，如把穩定解釋為將物價上漲控製在可以接受的水平之內等。到了 20 世紀 50 年代後期，西方國家中經濟增長理論廣泛流行，許多國家為了保持自身的經濟實力和國際地位，都把發展經濟、促進經濟增長作為貨幣政策目標的重點。從 20 世紀 60 年代開始，一些國家國際收支逆差的出現，對維持固定匯率造成困難。隨後，在 20 世紀 70 年代，伴隨著兩次美元危機，一些國家又將平衡國際收支作為一項貨幣政策目標。20 世紀 70 年代中後期，「滯脹」促使一些西方國家的貨幣政策目標先後轉為以穩定貨幣為主。20 世紀 80 年代末，面對更加嚴重的通貨膨脹，各國再一次將降低通貨膨脹作為主要目標，有些國家更是直接採用通貨膨脹目標制。21 世紀初的前幾年，

一些負面事件使經濟受到打擊,當時很多國家貨幣政策的主要目標轉為促進經濟增長。近幾年,價格穩定重新成為各國的重要目標。同時,隨著經濟增長的放緩,不少國家將促進經濟增長及高就業添加到貨幣政策目標之中。

如果說存在著被廣泛承認的幾項貨幣政策目標,那實際上是經歷了一個逐步發展的過程。而就各國中央銀行在不同時期的目標選擇來說,有的是明確突出一個目標,有的則是明確追求幾個目標。前者稱為單目標,後者稱為多目標。

國際貨幣基金組織和其他國際金融組織對於貨幣政策的主流觀點都是強調單目標的穩定幣值。

8.1.4 中國關於貨幣政策目標選擇的觀點

按照《中華人民共和國中國人民銀行法》,中國的貨幣政策目標為:「保持貨幣幣值的穩定,並以此促進經濟增長。」顯然,在「穩定」與「增長」之間,有先後之序、主次之分。

對於中國貨幣政策應有什麼樣的目標,中國一直存在爭論:

(1) 單一目標觀點

單一目標觀點又可分成兩種相當對立的意見:一種是從穩定物價乃是經濟正常運行和發展的基本前提出發,強調物價穩定是貨幣政策的唯一目標。另一種是從貨幣是再生產的第一推動力出發,主張以最大限度的經濟增長作為貨幣政策的目標,並在經濟發展的基礎上穩定物價。

(2) 雙重目標觀點

中央銀行的貨幣政策目標應當同時兼顧發展經濟和穩定物價兩方面的要求。強調它們兩者的關係是:就穩定貨幣而言,應是一種積極的、能動的穩定,即在經濟發展中求穩定;就經濟增長而言,應是持續、穩定、協調的發展,即在穩定中求發展,若不兼顧,則兩者的要求均不能實現。

(3) 多重目標觀點

鑒於經濟體制改革的進一步深化和對外開放的加快,就業和國際收支問題對宏觀經濟的影響越來越重要。有人認為中國的貨幣政策目標必須包括充分就業、國際收支均衡和經濟增長、穩定物價等諸多方面。

2007年11月,中國人民銀行指出,中國貨幣政策要堅持多目標,強調促進經濟發展,通過發展來不斷解決工作中所面臨的各種難題,要兼顧多個重要經濟參數變量。

無論從外國貨幣政策目標的演變過程看,還是從中國貨幣政策目標的演

變過程看，對目標都不應做過分機械的論證。

8.1.5 通貨膨脹目標制

通貨膨脹目標制是一套用於貨幣政策決策的框架，其基本含義是：一國當局將通貨膨脹作為貨幣政策的首要目標或唯一目標（該目標具有無可爭議的優先權），迫使中央銀行通過對未來價格變動的預測來把握通貨膨脹的變動趨勢，提前採取緊縮或擴張的政策，使通貨膨脹率維持在事先宣布的水平上或範圍內。在通貨膨脹控製得比較好的國家，這是當局所認定不可避免的（如對調動潛在生產力所必需的）通貨膨脹率；對高通貨膨脹率的國家則是當局認定的可能實現的反通貨膨脹的目標，以實現長期的價格穩定。20世紀90年代以來，一些發達國家及發展中國家直接採用通貨膨脹目標製作為貨幣政策目標。

通貨膨脹目標制有利於增加貨幣政策的透明度；向公眾闡釋了實現其最關切的通貨膨脹目標所需的代價和手段，也提高了貨幣政策的可信度。

通貨膨脹目標制是一種高度前瞻的貨幣政策框架，同時也是一種長期貨幣政策目標。它並不排除中央銀行在特殊情況下，以充分就業、經濟增長和匯率穩定等短期貨幣政策目標為重心，允許在短期內偏離長期通貨膨脹目標。然而，在大多數情況下，通貨膨脹目標制仍是一種偏重於單一目標追求的貨幣政策框架。一旦實際通貨膨脹率與目標通貨膨脹率產生較大偏離，後者就會成為「壓倒一切」的目標。

雖然近年來，主張在貨幣政策中實施通貨膨脹目標制似乎正在成為主流見解，但也有相當普遍的觀點認為，到目前為止，給予通貨膨脹目標制肯定的評價為時尚早。

最初，只有不多的幾個工業化國家實施了通貨膨脹目標制，如新西蘭、加拿大、英國、瑞典、芬蘭、澳大利亞、西班牙；此後，一些新興市場國家也開始實行該貨幣政策框架，如巴西、智利、捷克、以色列、波蘭、南非、韓國、泰國等。2012年1月，美國聯邦公開市場委員會宣布其長期通貨膨脹目標為2%，由此意味著美國聯邦儲備體系在建立通貨膨脹目標制貨幣政策框架的道路上走出了重要一步。隨後，日本中央銀行於2012年2月中旬首次設定中長期物價穩定目標，即將短期消費物價指數（CPI）的同比增幅設定為1%，中長期CPI目標設定在2%以內，該目標原則上每年進行調整或更新。

8.1.6 貨幣政策與資本市場

由於貨幣政策操作會對資金供給、市場利率產生影響，因而必然影響資

本市場的價格，並通過資本市場影響其他微觀經濟行為，諸如投資、消費等，最後則會在產出和通貨膨脹等方面表現其宏觀經濟效應。因而近些年在國外，是否必須把資本市場的穩定發展納入貨幣政策目標的範圍之內，就成為一個討論熱點。

在專業理論界之外，政界、經濟界乃至經濟學界的部分人士，有一種相當強烈的見解，即要求貨幣當局應對資本市場的運行負有干預的責任。實質性的要求是，當資本市場上資產價格下滑，應採取降低利率、擴張信用等措施，以阻止下滑；當資本市場上資產價格過高，應採取提高利率、緊縮信用等措施，以防止過熱。

對於干預資本市場的主張，貨幣當局明確持反對立場。以美聯儲為例，他們認為自己的職責就是控製通貨膨脹率和失業率。至於資本市場的走勢，不在他們調控的職責之內。他們論辯，這絕不是不關注資本市場的態勢，但出發點不是干預資本市場的走勢，而是因為資本市場的態勢，通過如下途徑作用於貨幣政策所要調控的目標。他們的基本思路可簡單概括為：資產價格→財富效應→支出效應→貨幣需求→貨幣供給→通貨膨脹壓力、失業壓力→貨幣政策做出反應。

在實踐中，美聯儲在1999年年中至2000年年初的5次密集調高利率和2001年「9・11」事件之前的7次密集調低利率，與股市先是直線攀升，而後一路下探有極高的相關度。但美聯儲始終堅持，通貨膨脹與就業的壓力同樣是解釋利率調整的依據。

從另一個角度來說，貨幣政策決策的依據和追求的目標必須是可以把握及度量的經濟過程。通貨膨脹、就業、經濟成長等當前過程多少是可以把握的；變動前景雖有不確定性，但波動範圍大體可以預期。至於資本市場的波動、振盪，變化於朝夕之間，以之作為政策目標，缺乏可操作性。

在非常情況之下，中央銀行通常會毫不遲疑地採取緊急措施，提供充足的流動性，以保證資本市場不至陷入崩盤境地。

8.1.7　相機抉擇與規則

如何處理貨幣政策與經濟週期的關係，最早的原則是「逆風向」調節：經濟趨熱，相應緊縮；經濟趨冷，相應擴張。這種模式的貨幣政策稱為「反週期貨幣政策」。「相機抉擇」主要是指這樣的調控模式。

反週期的政策指導思想先後受到兩方面的批評：先是來自貨幣主義。貨幣主義者不主張國家干預經濟生活，他們認為，由於干預的時滯等原因，反

週期的干預會導致週期波動的加劇。根據自己的貨幣需求理論，他們主張貨幣政策應該遵循固定的貨幣增長率的規則。對於這種主張，可概括為「單一規則」或簡稱「規則」，以區別於「相機抉擇」；隨後是來自理性預期學派的批評。理性預期學派認為，對於宏觀干預政策，公眾依據預期會採取相應行動。我們這裡有一個說法：「上有政策，下有對策。」其結果會使政策不能實現預定的目標，這就是他們有名的政策無效命題。

在不斷的發展中，初期的「相機抉擇」與「規則」這組對立概念已經在演進。現在，對「相機抉擇」概念有否定意義的解釋，即把它解釋為貨幣當局以不同於公開目標的隱蔽目標來貫徹自己的政策意向；與此同時，也有肯定意義的解釋，即肯定貨幣當局有必要針對不同的經濟形勢相機調節自己的政策措施，但要求這樣的「相機抉擇」應有「規則」。今天所講的「規則」也非「單一規則」，而是在更一般的意義上，要求中央銀行在貨幣政策目標的決策中遵循規則，包括「相機抉擇」的「規則」。

例如，通貨膨脹目標制的理論依據是綜合的：它承認有一個由當前條件決定的基本通貨膨脹率。對應於這個通貨膨脹率，可按規則控製貨幣供給；同時，又承認有諸多外在的引發通貨膨脹的因素，因而需要採取相機抉擇的對策。

再如，20世紀90年代提出並頗受重視的「泰勒規則」可作為說明「規則」含義的例證。泰勒規則論證，美聯儲聯邦基金利率的確定取決於：①當前的通貨膨脹率；②均衡實際利率；③現實的通貨膨脹率與目標通貨膨脹率之差；④現實的GDP產出與潛在GDP產出之差。對於如何執行由這四個因素建立的方程，有下述既講遵守規則又講依據具體情況進行調節的思路：①存在通貨膨脹，那麼聯邦基金利率的基準利率應是均衡利率加上通貨膨脹率。②現實的經濟生活不可避免地伴隨有一個低的通貨膨脹率，可視為潛在通貨膨脹率，是控製通貨膨脹率的目標。如果現實的通貨膨脹率高於目標通貨膨脹率，那麼聯邦基金利率應從基準利率相應調高，以抑制通貨膨脹；反之，則應從基準利率相應調減。③現實產出高於潛在產出，說明經濟偏熱，聯邦基金利率應從基準利率相應調高，以抑制過熱；反之，則應從基準利率相應調減，以促成可能的潛在產出得以實現等。

8.2　貨幣政策中間目標與政策工具

貨幣政策中間目標的選擇是實現貨幣政策最終目標的前提條件。因為最終目標的資料統計需要較長時間的收集和整理，所以中央銀行對整體經濟狀況的運行數據無法隨時掌握。為了及時瞭解政策工具是否得力，掌握政策工具的調節是否能實現預期的目標，中央銀行實施貨幣政策時需要設置有效的貨幣政策中間目標。

8.2.1　貨幣政策中間目標

（1）貨幣政策中間目標的含義

貨幣政策的中間目標，是指中央銀行在貨幣政策實施中為考察貨幣政策的作用，在貨幣政策操作目標和最終目標之間設立的一些過渡性指標。貨幣當局必須在較短時間內利用一些能夠反應經濟形勢變化狀況的金融變量，作為考察貨幣政策工具最終目標實施效果的信號。

（2）貨幣中間目標選擇的原則

中間指標的選擇，是貨幣政策運行過程中的重要環節，它直接關係到貨幣政策執行的效果。選擇時一般要符合可控性、可測性、相關性、抗干擾性四個原則。

可控性是指中央銀行通過運用貨幣政策工具可以直接或間接地控制和影響中間目標的變動狀況及趨勢。當貨幣政策工具的參數改變後，這種指標的數值隨之發生變化。

可測性是指貨幣政策中間目標能及時顯現其數量變動，並通過迅速收集相關數據來反應貨幣政策工具參數變化後中間目標的變化趨勢。透過這些資料和信息，我們能夠準確觀察、分析和監測貨幣政策的效果及實施進度。

相關性是指選定的貨幣政策中間目標與最終目標之間有穩定的、較高的統計相關度。當這種指標的數值發生變化時，最終目標的實現程度也隨之發生變化。

抗干擾性是指選定的貨幣政策中間目標在中央銀行運用貨幣政策調節過程中，受其他非貨幣政策因素的干擾度較低。

（3）可選擇的貨幣政策中間目標

貨幣政策中間目標，一般有如下四個：

①利率。

利率作為貨幣政策的中間目標，具有極好的可測性、較強的可控性和較好的相關性。首先，利率的數據和信息的獲取比較容易，也易於分析。利率能夠反應貨幣和信用的供求變動，也能反應經濟中投資和消費的變動。利率水平趨高表明銀根緊縮，利率水平趨低則表明銀根鬆弛。其次，利率能夠為中央銀行所控製。中央銀行可通過變動再貼現率或在公開市場買賣有價證券等方式影響利率水平和利率結構。最後，利率與收入水平、物價水平、國際儲備水平等反應貨幣政策目標的宏觀經濟指標密切相關。利率變動後，這些指標均受到不同程度的影響。

但是，利率作為中間目標，也存在很大缺陷。利率經常變動，影響利率變動的因素也很多，有些因素是按同一方向影響利率變動的，有些因素之間則相互抵消。這樣，當市場利率發生某種變化時，中央銀行難以準確判斷其成因，所採取的調節措施就不一定完全奏效。在存在通貨膨脹的條件下，決定借款主體行為的根本因素是實際資本損益，而不是名義利率變動帶給他們的那些表面影響。但是，中央銀行能夠觀察和控製的是名義利率，而不是實際利率，這也會影響中央銀行對經濟形勢的判斷。

②貨幣供應量。

從貨幣供應量的相關性、可測性和可控性等方面來看，把貨幣供應量作為貨幣政策中間目標較為理想。首先，貨幣供應量容易觀測，數據容易獲得。它直接來源於中央銀行的有關報表，各國中央銀行都普遍將貨幣供應量劃分為不同層次，並定期公布各個層次的貨幣供應量監控指標。其次，貨幣供應量可以為中央銀行所控製。中央銀行通過對貨幣發行的控製及對商業銀行再貼現和再貸款的控製，掌握著基礎貨幣的擴張和收縮，因而使貨幣供應量受到控製和調節。最後，貨幣供應量與反應貨幣政策目標的宏觀經濟變量相關性較高。經濟增長較快時，信貸需求增加，貨幣供應量增加；經濟衰退時，信貸需求減少，貨幣供應量就要收縮。

但作為貨幣政策中間指標，貨幣供應量也存在一些不足：首先，貨幣供應量與物價水平之間的對應關係是非線性的，其變動方向和數量關係不是很穩定；其次，不同層次貨幣的流動性及功能強弱存在很大差異，貨幣供應結構的變動客觀上對經濟活動的總量和結構會產生不同的影響；最後，中央銀行在短期內控製貨幣供應量比較困難。

③基礎貨幣。

基礎貨幣由流通中現金和商業銀行在中央銀行的準備金存款構成。基礎貨幣與穩定貨幣幣值之間具有較高的相關性，並且基礎貨幣具有較好的可測

性和可控性,所以基礎貨幣是一個良好的貨幣政策中間目標。首先,基礎貨幣受中央銀行直接控制。現金發行是由中央銀行壟斷控制的,商業銀行的準備金存款則可由中央銀行通過再貼現、再貸款、買賣證券等方式進行調節。其次,基礎貨幣的變化能夠影響貨幣政策目標的實現。基礎貨幣是貨幣供應量擴張和收縮的基礎。基礎貨幣發生變化,通過貨幣乘數的作用,貨幣供應總量就會成倍地變化,而貨幣供應總量的變化會引起物價水平、投資規模和經濟增長水平的變化。

但是,選擇基礎貨幣作為貨幣政策的中間目標時也應注意一些問題。通過基礎貨幣這一中間目標來調控貨幣供應量的前提條件是貨幣乘數必須穩定,而貨幣乘數常常受現金漏損、超額準備變動等因素影響而發生變動,這就使得基礎貨幣與貨幣供應量之間的關係並非完全一致。

④超額準備金。

超額準備金是商業銀行全部準備金中扣除了應繳中央銀行法定準備金後剩餘的準備金。這一貨幣政策中間目標,主動權在商業銀行,中央銀行對它的監控和調節較為有限,因此,這一中間目標能發揮的作用也是有限的。儘管超額準備金可以由中央銀行通過調整法定存款準備金率、再貼現率和公開市場操作而調節和控制,但超額準備金的多少主要取決於商業銀行業務經營的原則。

(4) 貨幣政策中間目標使用應注意的問題

①在經濟週期的不同階段,社會經濟的主要矛盾不同,貨幣政策最終目標的側重點也有所不同,因此,中間目標必須與貨幣政策最需要解決的社會經濟矛盾緊密聯繫。一般來說,衰退時期的中間目標以利率和信貸為主較好,而膨脹時期的中間目標以控制貨幣供應量為佳。

②中間目標的表現形式多樣,選擇時要適應不同國家的不同情況。

③任何貨幣政策中間目標甚至貨幣政策本身都不是萬能的。

中央銀行能否同時選擇利率和貨幣供應量兩個中間目標呢?答案是「不能」。選擇貨幣供應量作為中間目標必然失去對利率的控制。如圖 8-1 所示,如果中央銀行預計的貨幣需求在 M_D 處,但若產生意外增加或減少或者物價水平的意外變動,貨幣需求曲線可能在 M_{D_1} 和 M_{D_2} 之間移動。如果貨幣供應量保持穩定比率,貨幣供應在 M_0 處,那麼估計的利率水平為 i。然而當貨幣需求曲線在 M_{D_1} 和 M_{D_2} 之間移動時,利率在 i_1 和 i_2 之間波動。所以將貨幣供應量作為中間目標就意味著利率波動。

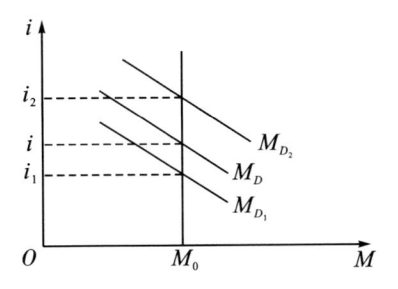

圖 8-1　貨幣供應量作為中間目標

　　同樣，如圖 8-2，如果中央銀行預計的貨幣需求在 M_D 處，但若產生意外增加或減少或者物價水平的意外變動，貨幣需求曲線可能在 M_{D_1} 和 M_{D_2} 之間移動。如果利率水平保持不變，貨幣供應在 M_0 處，那麼估計的利率水平為主。然而當貨幣需求曲線在 M_{D_1} 和 M_{D_2} 之間移動時，供應量在 M_1 和 M_2 之間波動。如果貨幣需求下降時，利率會下跌，中央銀行為了防止利率下跌就需要在公開市場上賣出債券，收進貨幣，這就導致市場上貨幣供應量減少。相反的情形會引起市場上貨幣供應量增加。所以將利率作為中間目標就意味著貨幣供應量出現波動。

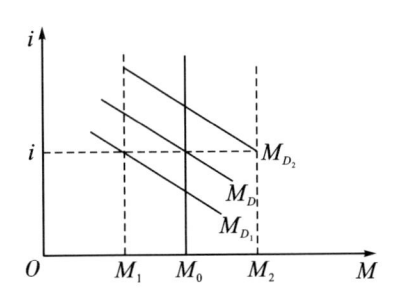

圖 8-2　利率作為中間指標

（5）美國的貨幣政策中間目標——聯邦基金利率

　　聯邦基金利率是美國金融機構間的準備金頭寸調整的隔夜拆借貸款利率。1994 年 2 月，美聯儲實施了新的政策秩序。美聯儲開始公布聯邦基金利率的變動，一年共八次，每次美聯儲公開市場委員會會議後，公布聯邦基金利率指標是提高、降低或是保持不變。美聯儲公開市場委員會通過調整公開市場業務操作，引導金融機構之間拆借利率的調整，通過短期同業拆借利率這一渠道，將貨幣政策決策傳遞到經濟中。美聯儲銀行的資產 90% 以國債形式持有，如果美聯儲決定向商業銀行體系注入資金，在公開市場上購買債券，那麼公開市場利率就會下跌，金融機構之間的拆借利率也會下跌，這會推動美國其他市場利率走低，減少投資成本，提高消費能力，最終實現經濟增長

目標。

(6) 中國貨幣政策中間目標的選擇

中國正處在金融高速發展的時期，各種政策制度的變化使貨幣政策中間目標的選擇具有不穩定的特性。我們曾長期將貸款規模既作為操作工具，又作為中間目標。在治理20世紀80年代中後期較嚴重的通貨膨脹的過程中，貸款規模事實上起到了控制信用、控制貨幣量的重要作用。隨著金融體系的擴展和信用形式的多樣化，只控制信貸規模已經很難達到控制貨幣供應量的目的。而且，貸款規模的控制有強烈的行政干預色彩，不利於各項改革的深入進行。1993年年底，國務院發布的《關於金融體制改革的決定》提出將貨幣供應量、信用總量、同業拆借利率和銀行備付金率作為中間目標和操作指標。其中，貨幣供應量很快在1994年9月被中國人民銀行正式納入監控目標，並按季公布不同層次的貨幣供應量統計指標，作為分析貨幣金融形勢的重要依據，1996年，又進一步將M_1和M_2作為貨幣政策操作的實際依據。1998年以後，中國貨幣政策重點監測、分析的指標和調控中間目標是M_2和新增人民幣貸款。

以貨幣供應量作為貨幣政策中間指標，具有以下三方面的優勢：①能夠滿足可測性要求。②具有較強的可控性。隨著間接調控工具的廣泛運用和不斷完善，中央銀行有能力通過各種間接調控工具對貨幣供應量進行控制並影響其變動趨勢。③選擇貨幣供應量作為貨幣政策標的，能夠有效地抵抗非貨幣政策因素的干擾。但目前中國的貨幣供應量指標還需要不斷完善，比如，優化貨幣供應量統計結構，減少貨幣供應量增長率變化中的行政干預，提高貨幣供應量與經濟變量之間的穩定聯繫等。

近年來，中國社會融資結構發生了很大變化，直接融資快速發展、非銀行金融機構對實體經濟的資金運用增加、商業銀行表外業務大量增加，中國人民銀行從2012年起增加社會融資規模作為中間目標進行監測分析，如表8-1的2012年第一季度社會融資規模。社會融資規模是指一定時期內（每月、每季或每年）實體經濟從金融體系獲得的全部資金總額。社會融資規模的內涵主要體現在三個方面：①金融機構通過資金運用向實體經濟提供全部的資金支持，即金融機構資產的綜合運用，主要包括人民幣各項貸款、外幣各項貸款、信託貸款、委託貸款、金融機構持有的企業債券、非金融企業股票、保險公司的賠償和投資性房地產等；②實體經濟利用規範的金融工具在正規金融市場通過金融機構服務所獲得的直接融資，主要包括銀行承兌匯票、非金融企業股票籌資及企業債的淨發行等；③其他融資，主要包括小額貸款公司貸款、貸款公司貸款、產業基金投資等。

表 8-1　　　　　　　　　2012 年第一季度社會融資規模　　　　　　單位：億元

社會融資規模	25,420	10,659	25,488
其中：人民幣貸款	10,721	6,200	10,625
外幣貸款	1,795	1,149	1,509
委託貸款	2,061	1,426	1,748
信託貸款	2,108	1,816	4,321
未貼現銀行承兌匯票	5,798	-1,838	2,731
企業債券	2,222	1,427	3,856
非金融企業境內股票融資	244	165	208

資料來源：中國人民銀行. 2012 年上半年中國人民銀行社會融資規模統計數據報告 [R]. 北京：中國人民銀行，2012.

8.2.2　貨幣政策工具

貨幣政策目標需要中央銀行採取有效的措施和手段去實現，這些措施和手段又稱為貨幣政策工具。中央銀行通過對政策工具進行操作，改變基礎貨幣的供應，控製貨幣供應量或者影響利率，進而影響投資和消費；或者影響商業銀行的行為，影響其創造存款貨幣的能力；或者影響社會公眾的預期心理，改變他們的經濟行為。貨幣政策工具是多種多樣的。按照工具影響範圍來劃分，對經濟體系有普遍影響的政策工具可稱為一般性貨幣政策工具。影響部分地區和部分業務對象的政策工具可稱為選擇性貨幣政策工具。

（1）一般性貨幣政策工具

一般性貨幣政策工具是從總量的角度對貨幣和信用進行調節和控製的，從而對整個經濟體系發生普遍性影響的工具。這類工具主要有三個：法定存款準備金率、再貼現率、公開市場業務。人們習慣上稱之為中央銀行貨幣政策的「三大法寶」。

①法定存款準備金率。

法定存款準備金率，就是以法律形式規定商業銀行等金融機構將其吸收存款的一部分上繳中央銀行作為準備金的比率。規定這一比率最初只是為了建立集中的準備金制度，以增強商業銀行的清償能力。從 20 世紀 30 年代初起，一些國家相繼把調整存款準備金率作為中央銀行調節信用、調節貨幣供應量的手段之一。當經濟處於需求過度和通貨膨脹狀態時，中央銀行可以提高法定存款準備金率，借以收縮信用和貨幣量；而當經濟處於衰退狀態時，中央銀行就可以降低存款準備金率，使銀行及整個金融體系的信用和貨幣量

得以擴張，達到刺激經濟增長的目的。

　　法定存款準備金率是威力巨大的貨幣政策工具，它的調整可以使商業銀行持有的超額準備金直接受到影響。這樣，商業銀行存款貨幣創造能力會發生變化，即貨幣乘數的變化，其結果使貨幣供應量大大改變。中央銀行調高法定存款準備金率，就是向金融體系和社會公眾發出了緊縮信號，金融機構和公眾立刻會根據市場變化做出判斷或預期，並調整各自的行為。例如，商業銀行可能會調整準備金頭寸、調整資產負債結構，企業可能會改變融資計劃，家庭可能會改變支出計劃，等等。所有這些都會影響貨幣供應量的變化。所以，法定存款準備金率的調整具有很強的告示效應。

　　法定存款準備金率作為貨幣政策工具具有明顯的優點：作用速度快、效果明顯。對於信用制度不太發達的發展中國家而言，政策工具操作簡便。但這一工具存在明顯的缺陷，其作用效果過於猛烈。由於貨幣乘數效應，即使法定存款準備金比率的微小變動，也會造成法定準備金的較大波動，從而對經濟造成嚴重影響；同時也給商業銀行帶來許多不確定性，增加了商業銀行資金流動性管理的難度。

　　②再貼現率。

　　再貼現是隨著中央銀行的產生而發展起來的。中央銀行通過再貼現業務發揮其最後貸款人功能並維持銀行體系儲備供給的彈性制度。再貼現是相對於貼現而言的，企業將未到期商業票據賣給商業銀行，得到短期貸款，稱為貼現；商業銀行在票據未到期以前將票據賣給中央銀行，得到中央銀行的貸款，稱為再貼現。中央銀行在對商業銀行辦理貼現貸款時所收取的利息率，稱為再貼現率。作為中央銀行貨幣政策工具的再貼現率，在實際中的運用原則一般是：當經濟出現需求過度、通貨膨脹時，就調高再貼現率；而當經濟出現需求乏弱、生產下降時，就降低再貼現率。

　　調整再貼現率能起到調節信用和貨幣量的作用。中央銀行提高了再貼現率，商業銀行或者減少向中央銀行融資，或者相應地提高向工商企業貸款的利率。商業銀行貸款利率上升，直接增加了企業的生產經營成本，降低了投資的邊際效益，使貸款需求受到抑制，造成信貸總規模必然縮小。同時，再貼現率的調整還能起到很好的告示效應，提高再貼現率是中央銀行緊縮銀根的信息，金融機構和社會公眾的經濟行為都會發生相應變化，這就導致信用的收縮和貨幣供應量的減少。

　　再貼現率作為中央銀行貨幣政策工具，其變化直接反應了中央銀行的政策取向，告示效應明顯。但再貼現率調整政策的效果取得，其主動權不在中央銀行，而在商業銀行。另外，發揮再貼現率調整政策工具的作用需要有一

個相當規模的完善的票據市場。如果政策工具操作的市場彈性很小，政策工具的操作效果就不理想。

③公開市場業務。

公開市場業務是中央銀行在金融市場上公開買進或賣出有價證券的活動。20世紀20年代，美國聯邦儲備體系首先選用公開市場業務工具。此後，公開市場業務逐漸成為各國中央銀行最重要的貨幣政策工具。中央銀行買賣有價證券並非以盈利為目的，而是借此活動達到調節信用和貨幣供應的目的。中央銀行買賣的有價證券主要是政府短期債券，交易對象的主體主要是商業銀行。公開市場業務作為中央銀行貨幣政策工具，其運用原則一般是：當經濟中出現需求過大、物價上漲趨勢，有必要收縮貨幣時，中央銀行就賣出有價證券；而當經濟中出現需求不足、生產下降趨勢，有必要擴張貨幣時，中央銀行就買進有價證券。

中央銀行通過買賣有價證券產生的影響表現在：①引起基礎貨幣供應的變化。中央銀行將一筆證券賣給某家商業銀行時，這家銀行或者減少庫存現金，或者減少準備金存款，表現為基礎貨幣收縮；反之，會引起基礎貨幣擴張。②引起利率的變化。當中央銀行要買進或賣出政府債券時，會直接導致市場對政府債券的需求增加或減少，這種需求的變化會推動政府債券價格的上升或下降，從而促使其利率水平反方向變動，市場其他利率也相應受到影響。

在中央銀行的一般性貨幣政策工具中，公開市場業務通常被認為是最重要、最常用和效果最理想的工具。其優勢是：①中央銀行在操作中始終處於主動地位。在證券買賣的操作中，中央銀行可以主動決定買賣時機和買賣數量，變動商業銀行的準備金，從而達到調節信用和貨幣量的目的。②中央銀行可以進行反向操作，具有糾錯功能。公開市場業務是一種經常性、連續性的操作，調節的方向和力度隨時可以根據變化了的經濟金融形勢而改變，如果出現操作過頭可以及時糾正。③操作時對經濟的震動很小。公開市場操作以經常性和連續性交易活動的形式出現，減少對市場狀況的突發性改變，間接調控優勢明顯。

但是，公開市場業務這一工具的啟用和作用的發揮，必須要有發達的金融市場，尤其是國債市場要有相當規模。中央銀行必須持有相當數量的證券，主要是國債，否則就沒有足夠的調節力量。

（2）選擇性貨幣政策工具

選擇性貨幣政策工具是中央銀行針對個別部門、企業和特殊用途的信貸而採用的政策工具。選擇性政策工具主要有以下幾種。

①間接信用控製工具。

這類工具的作用過程通過市場供求關係或資產組合的調整才能實現。主要工具有優惠利率、消費信用控製、預繳進口保證金制度、房地產信貸控製、證券保證金比率等。優惠利率是指中央銀行對優先發展或重點發展的部門或產業制定較低的貼現率，鼓勵這些部門和產業的發展。消費信用控製是指中央銀行通過一系列手段調整特定商品消費信用的規模，以期達到消費市場的穩定有宇。這些手段包括最低首付比率、最高償付期限和信貸利率等。預繳進口保證金制度是指中央銀行根據進出口狀況，主動調整進口商按進口商品總價值一定比率預繳的資金，以其為保證金，改變進口成本，影響進出口交易。房地產信貸控製是指中央銀行運用信貸政策調整來影響房地產開發和經營企業的成本，引導房地產市場平穩發展。

②直接信用管制工具。

這類工具是中央銀行用行政命令的方式直接對商業銀行放款或接受存款的數量進行限制。最普遍的工具是銀行貸款最高限額和銀行存款利率的最高限額：中央銀行對商業銀行貸款最高限額的控製主要有直接控製貸款總量的最高限額和控製貸款增長幅度的限額兩種。中央銀行對商行銀行存款利率進行限制，是指中央銀行規定商業銀行吸收存款的最高利率，主要是為了防止商業銀行之間的惡性競爭，規避銀行系統性風險。在市場經濟條件下，這類工具的使用大為減少，只有在出現戰爭、經濟危機和金融秩序混亂時，中央銀行才會採取直接的信用管制手段。

③道義勸告、窗口指導等。

道義勸告是指中央銀行利用其地位和權威，對商業銀行和其他金融機構發出書面通知或口頭通知，向商業銀行通報經濟形勢，勸其採取相應措施，配合中央銀行貨幣政策的實施。窗口指導是指中央銀行根據產業行情、物價趨勢和金融市場動向，向商業銀行貸款提供風險提示，並提出貸款要求。在中央銀行的權威性和公信力較強的情況下，這類工具的使用將更為有效。貨幣政策的實現過程如圖8-3所示。

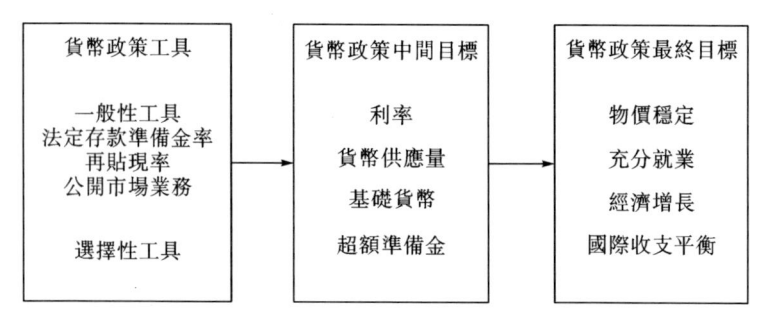

貨幣政策工具	貨幣政策中間目標	貨幣政策最終目標
一般性工具 法定存款準備金率 再貼現率 公開市場業務 選擇性工具	利率 貨幣供應量 基礎貨幣 超額準備金	物價穩定 充分就業 經濟增長 國際收支平衡

圖8-3　貨幣政策的實現過程

（3）中國的貨幣政策工具

1995年3月頒布的《中華人民共和國中國人民銀行法》規定：中國人民銀行為執行貨幣政策，可以運用下列貨幣政策工具：①要求金融機構按照規定的比例繳存存款準備金；②確定中央銀行基準利率；③為在中國人民銀行開立帳戶的金融機構辦理再貼現；④向商業銀行提供貸款；⑤在公開市場上買賣國債和其他政府債券及外匯；⑥國務院確定的其他貨幣政策工具。這些政策工具的最終確定，一是借鑑了發達國家的經驗，二是肯定了十多年貨幣政策工具探索和改革的成果。目前，中國人民銀行可以根據宏觀經濟形勢，靈活地、有選擇地運用法律所確定的這些政策工具。

近十年來，持續、大量的國際收支順差倒逼中央銀行購入外匯、吐出基礎貨幣、直接增加貨幣供應，從而形成流動性過剩的壓力，中國人民銀行把存款準備金工具發展為常規的、與央行票據為主要業務的公開市場操作相互搭配的流動性管理工具。央行創造性地建立了差別準備金制度並將其納入動態調整機制，並且2004年將總量調控和個體風險差異相結合，促進貨幣政策傳導、加強流動性管理並抑制貨幣信貸盲目擴張。2008年，全球金融危機爆發後，為了構建逆週期的金融宏觀審慎管理制度框架，中國人民銀行自2011年起明確了對金融機構採取差別準備金動態調整機制，並作為一種支持、激勵性工具加以運用。同時，中國人民銀行加強了選擇性貨幣政策工具「窗口指導」和信貸政策工具的運用。央行通過對商業銀行進行「窗口指導」，及時提示金融機構高度重視因貸款過快增長而可能產生的風險，以保持合理、均衡放款；引導金融機構強化資本約束，樹立持續穩健的經營理念以提高風險控製能力，按照國家宏觀調控政策及產業政策的要求加強信貸結構調整和信貸支持；引導商業銀行通過拓展中間業務調整盈利結構，增強持續盈利能力。

8.2.3 影響貨幣政策效應的主要原因

一般認為，影響貨幣政策效應主要因素有三個，即貨幣政策時滯、貨幣流通速度變動和人們對貨幣政策的合理預期。

（1）貨幣政策時滯

貨幣政策時滯是指貨幣政策從研究、制定到實施後發揮實際效果全過程所經歷的時間。如果貨幣政策時滯較短或者中央銀行對貨幣時滯能準確預測，貨幣政策效果就容易確定，貨幣政策工具在實施和傳導的選擇中就容易把握方向和力度。如果貨幣政策時滯較長且不穩定，政策效果就難以觀察和預測，那麼，政策工具在實施和傳導中就可能變得無所適從，政策的取向和力度不能根據對政策生效程度的判斷而隨時確定和靈活調整，就難以實現理想的政

策目標。貨幣政策時滯太長，期間的經濟形勢已發生很大變化，還可能導致最初採取的政策工具和選取的傳導仲介變得無效，從而使政策徹底失敗。

為了準確地預測和把握貨幣政策時滯，人們通常將時滯進行分段分析。簡單的分段法，將時滯分為內部時滯和外部時滯兩部分。

①內部時滯，是指時滯從政策開始制定到實施政策工具為止的這段時間。其中又細分為兩個階段。第一段叫認識時滯。它是指經濟生活發生變化時，中央銀行要獲得反應這種變化的各種資料並進行分析和研究，以確定貨幣的政策意向所需要的時間。第二階段叫決策時滯。它是指貨幣政策意向確定後，中央銀行要根據對經濟活動變化規律及其後果等分析，決定實施具體的政策工具所需要的時間。內部時滯的長短，取決於中央銀行收集資料、判斷形勢、制定決策等項工作的效率，也取決於經濟形勢的複雜程度。

②外部時滯，又稱為效應時滯，是指從中央銀行開始操作貨幣政策工具到對政策目標產生影響所經過的時間。決定和影響外部時滯的因素要比內部時滯複雜得多。要首先作用於商業銀行等金融機構、作用於金融市場，然後又進一步作用於企業、個人家庭等經濟主體，通過經濟主體投資、消費活動的變化使政策目標得以實現。在政策工具與政策目標之間，須經過由利率、貨幣供應量、基礎貨幣、超額準備金等作為中間指標的複雜的傳導過程。傳導過程中的任何一個環節、一個指標發生預料不到的變化，都將影響對時滯的準確預測和把握。

時滯客觀存在，其中認識時滯和決策時滯可以通過各種措施縮短，但不可能完全消失；效應時滯則涉及更複雜的因素，一般說來也是難以控制的。時滯的存在可能使政策決策時的意圖與實際效果脫節，從而不可避免地導致貨幣政策的局限性出現。

（2）貨幣流通速度變動

貨幣流通速度變動是貨幣政策有效性的一種主要限制因素。貨幣學派認為，貨幣流通速度對貨幣政策效應的重要性表現在，貨幣流通速度中的一個小的變動，有可能使貨幣政策效果受到嚴重影響，甚至有可能使本來正確的政策走向反面。

（3）人們對貨幣政策的合理預期

合理預期對貨幣政策效果的影響很大。合理預期的含義是：人們對未來的經濟變量的變動能夠做出合乎理性的，從而也是正確的預期。

合理預期對貨幣政策效果的影響表現為：中央銀行貨幣政策推出後，各經濟主體立刻會根據所獲取的各種信息來預測政策的影響並很快做出對策。貨幣政策的作用可能被這種對策衝銷。如：擴張性貨幣政策的推出使人們通

過所掌握的各種信息預期社會總需求要提高，物價水平會上升。在這種情況下，企業預期原材料要漲價，工人的工資會由於工會的力量強大而提高，生產成本會由此上升，投資利潤率會由此而下降，於是，投資需求必然減少，其結果是，物價上漲了，產量卻沒有增長甚至會減少，貨幣政策最終無效。這就是說，貨幣政策只有在人們不存在正確合理的預期，而盲目跟從的時候才會有效，但事實上，經濟生活中的主體都是「理性人」，他們都會在效用最大化和利潤最大化原則的驅使下，對任何一條有用的信息做出理性反應。中央銀行的貨幣政策信息更不例外，合理預期是一定存在的，貨幣政策的作用就難免被抵消。

當然，合理預期對貨幣政策效果的這種影響不能過分誇大，因為公眾預期的普遍形成要有一個過程，不可能沒有「時滯」，而且這種預期不一定始終完全正確，即使是有了完全正確的預期，要採取一定的對策以及這些對策發生作用也得有一個過程。如果再考慮到中央銀行同樣會對經濟主體的行為做出正確預期這一因素，那麼就可以說，只有未被中央銀行預期到的行為才會抵消貨幣政策的作用。所有這些都決定了合理預期對貨幣政策效果的影響是有限的。

8.3　貨幣政策與財產政策的搭配

宏觀經濟調控目標的實現，往往是各種政策措施共同作用的結果，在調控經濟活動中，為了避免政策效果的相互抵消，增強調控力度，某種政策的制定和實施往往是與其他政策相配合而進行的。中央銀行的貨幣政策若想取得最好效果，中央銀行則必須與政府其他部門特別是財政部進行充分合作和協調。因此，衡量和評價貨幣政策的效果，還要看貨幣政策與其他政策協調與配合的情況。下面著重從貨幣政策與財政政策的協調與配合上展開說明。

宏觀經濟協調穩定發展的基本判斷標準就是社會總需求與社會總供給的平衡，而貨幣政策和財政政策是直接影響社會總需求的兩個最主要的政策。原因是，社會總需求是貨幣購買力的總和，是由貨幣供給形成的，而貨幣政策和財政政策都與貨幣供應量的變化有密切關係。貨幣政策主要通過信貸活動和貨幣發行的變化影響貨幣供應量，財政政策主要通過財政收入和支出的變化影響貨幣供應量，這樣，中央銀行和商業銀行的信用活動和貨幣創造，財政的各種收支活動等就在共同影響貨幣供應量，影響社會總需求的過程中緊密地聯繫在了一起，以調節信用和貨幣創造為主的貨幣政策和以調節財政

收支為主的財政政策也就必然地聯繫在一起了。這就要求兩種政策始終要保持相同的目標，在政策工具、調節範圍、調節力度等方面必須相互銜接，密切配合。財政政策與貨幣政策相互配合的必要性是由財政與金融的密切關係，以及財政政策與貨幣政策的不同特點決定的。

8.3.1 財政與金融的內在聯繫

首先，從兩者對宏觀經濟的影響來看，其共同點在於：都是通過影響社會總需求進而影響經濟增長的。在金融方面，銀行貸款數量、證券發行規模、貨幣供應量以及利率水平的變化，都要影響社會總需求；而財政的稅收和支出的變化以及財政收支盈餘或赤字狀況，也都涉及社會總需求。正因為如此，各國政府在調節宏觀經濟時無不重視財政政策與貨幣政策的配合使用。

其次，在資金運行過程中，財政與金融資金之間也有著密切聯繫，從而影響到兩種資金的需求變化，這主要表現在以下方面：

（1）銀行代理國家金庫

銀行代理國家金庫，這是世界各國中央銀行的普遍職能，中國也不例外。在銀行代理國家金庫的情況下，財政取得的收入在未使用之前都存在銀行的帳戶上，使銀行經常有大量存款，並構成了銀行信貸資金的重要來源。

（2）財政向銀行增撥信貸基金

這是屬於財政對國有銀行的投資，是銀行取得自有資金的一種方式，是銀行的一項長期性資金來源。

（3）財政發行國家債券

當國家發行債券時，一方面會增加財政收入，另一方面則會減少銀行信貸資金的來源，並影響金融市場資金供求狀況。

（4）銀行利率的調整

在中國，利率是調節經濟的一個重要槓桿，而利率的變動對財政和信貸都會產生影響。提高貸款利率，擴大存貸利差，會增加銀行利潤，同時會相應減少企業利潤，從而減少財政收入；反之，則會減少銀行結餘，同時會相應增加企業利潤，從而增加財政收入。

由此可見，財政與銀行、金融之間需要相互配合、協調行動，以利於國民經濟的穩定、持續發展。

8.3.2 財政政策與貨幣政策的功能差異

貨幣政策的工具主要是存款準備率、再貼現率和公開市場業務等，作用對象主要是商業銀行和金融市場，主要通過中央銀行的資產負債業務活動實

施政策。在一般情況下，要求緊縮經濟時，貨幣政策則能比較及時和靈活地操作，見效較快，財政政策在執行壓縮開支、提高稅率等措施時阻力較大，見效較慢。

財政政策的工具主要是徵稅範圍、稅率、預算收支、公債、補貼等，作用對象主要是納稅人、財政性支出單位，主要通過立法和行政程序推行政策，因此，兩種政策發揮作用的特點和效果是不相同的。一般情況下，要求擴張經濟時，財政政策比貨幣政策更直接和更迅速，因為擴張財政支出、降低稅率執行起來都很容易，對投資的作用也很直接。

8.3.3 財政政策與貨幣政策的配合

(1) 財政政策與貨幣政策的主要配合方式

①「雙鬆」。

「雙鬆」即同時執行放鬆的貨幣政策和財政政策。在出現社會總需求嚴重不足，經濟嚴重衰退，社會存在大量閒置資源情況時，可選擇這種組合。

②「雙緊」。

「雙緊」即同時執行緊縮的貨幣政策和財政政策。在出現社會總需求過旺，存在嚴重通貨膨脹時，可選擇這種組合。

③「鬆貨幣緊財政」。

「鬆貨幣緊財政」即執行放鬆的貨幣政策和緊縮的財政政策。在總供求大體平衡，但政府與公眾間的投資動力不同，政府投資過熱，財政赤字較大，而民間投資不足，經濟處於萎縮狀態時，可採取這種組合。

④「緊貨幣鬆財政」。

「緊貨幣鬆財政」即採取緊縮性的貨幣政策和放鬆性的財政政策。這種組合應在經濟較為繁榮，但投資支出不足時較為有效。

政策之間的配合，不管採取什麼方式，都應根據不同經濟情況需要而靈活運用。目前財政政策與貨幣政策的配合已被許多國家實踐，有較好的效果。

(2) 中國和美國的貨幣政策與財政政策的配合實踐

①中國貨幣政策與財政政策的配合。

1979—1988 年，總體上實行的是「雙鬆」配合。

1989—1997 年，總體上是「雙緊」的配合。

1998—2001 年，基本實行的是「雙鬆」的配合。

2002—2008 年，總體上是「雙緊」的配合。

2008 年年底至今，為了應對全球性的金融危機，中國又實行了適度「雙鬆」的政策。

②20 世紀 80 年代美國的貨幣與財政政策配合。

為了應付通貨膨脹，美國在 1979 年年末實施緊縮的貨幣政策。1981 年，里根提出的減稅和增加國際開支方案啓動時，擴張性財政政策終於就位。其結果是緊縮帶來了衰退，擴張驅動了復甦。1988 年結束前，經濟接近充分就業，通貨膨脹大約為 5%。

1990 年 7 月衰退開始。1990 年年末，美聯儲開始降低利率。1991 年年末又急遽降低利率，並將其壓低到自 1972 年以來的最低水平。

8.4　貨幣政策效應

貨幣政策有效性，是指中央銀行貨幣政策的實施所達到的實際效果與希望達到的效果之間的偏離程度。每一項貨幣政策的出抬都希望產生預期的理想效果，即實現貨幣政策最終目標。但這是一種主觀願望，而貨幣政策效應是一種客觀現實，結果不確定。正常情況下，從貨幣政策工具操作開始，其作用會沿著預期的傳導路徑運行，但也可能偏離預期的傳導路徑。貨幣政策調節方向和力度的選擇是否得當，靠經濟運行的結果來檢驗。可從兩方面來看：一是時間衡量，即分析和測算貨幣政策實施後發揮作用的快慢，通常用貨幣政策時滯來表現。二是效力衡量，即分析和比較貨幣政策發揮作用效力的大小，以及貨幣政策所取得的效果與預期所要達到的目標之間的距離。

8.4.1　貨幣政策有效性理論

制定與實施貨幣政策的目標是實現一定的經濟目標。目標能否實現以及能夠在多大程度上實現，反應出貨幣政策的效力如何，是理論界長期爭論的問題。概括而言，理論界有兩種基本觀點：一是認為貨幣政策無效；二是認為貨幣政策在某種程度上有效。這兩種觀點的爭論，實際上是與經濟自由主義和政府干預主義兩大思潮的交替起伏相伴而生的。

(1) 古典學派的貨幣政策有效性理論

古典學派是貨幣中性論的首倡者。該學派信奉工資和價格極富彈性假說，認為工資可以適應勞動力供求的變化而迅速變動，當勞動市場上供給小於需求時，工資會迅速上升；而當供給大於需求時，工資會迅速下降。價格也是隨著商品供求關係的變動而變動的。由於工資水平和物價水平迅速變化，整個社會經濟總處於充分就業狀態，因此如果貨幣當局增加名義貨幣供給，那利率會下降，進而會刺激投資，造成過量需求。由於經濟活動始終處於充

就業狀態，在這個假說的基礎上，整個社會經濟活動總是能迅速調整到自然產出率水平，並又處於充分就業水平。古典總供給曲線為一垂直線。這樣，擴張性貨幣政策除了造成名義工資和物價水平變化外，對收入、就業、利率、投資、總需求等都無影響。因此，貨幣對經濟不發生任何實質性影響，貨幣是覆蓋在實物經濟之上的一層「面紗」，貨幣對經濟的影響是中性的。

（2）凱恩斯學派的貨幣政策有效性理論

20世紀30年代凱恩斯認為，貨幣政策能夠影響產出和就業，對刺激經濟有很大的作用，極力主張實施廉價的貨幣政策以增加有效需求，促進充分就業，但無法把握貨幣政策作用的大小，因而與貨幣政策相比，更看重財政政策。凱恩斯主義的繼承者在LM-IS模型下通過對貨幣需求的利率彈性、投資需求的利率彈性等問題進行分析，對貨幣政策的有效性有了更為肯定的把握。但凱恩斯學派也看到，貨幣政策必須通過利率這一中間環節才能影響經濟。因此，貨幣政策對經濟的作用是間接的。

正常經濟條件下，實施擴張性貨幣政策，增加貨幣供給量，必然導致利率下降。而投資是利率的函數，利率下降勢必刺激投資擴大，推動總需求與社會產出的增加；貨幣供給減少，則會帶來相反的結果。在經濟嚴重蕭條，特別是經濟危機時，擴張性貨幣政策增加的貨幣供給量可能會被相應擴大的流動性偏好所吸收，從而難以達到降低利率、增加實際投資的目的。加上名義利率的降低是有限的，不可能降到零，這時，通過利率傳導的貨幣政策會完全失靈，這種極端情況被稱為出現了「流動性陷阱」。

總之，凱恩斯學派從貨幣供給對利率的影響以及利率變動對總需求的影響出發，得出了貨幣政策在經濟危機時期無效，而在非經濟危機時期在不同程度上是有效的結論。

（3）貨幣學派的貨幣政策有效性理論

貨幣學派的代表人物弗里德曼認為，現代社會中一切經濟活動都離不開貨幣信用形式，一切經濟政策和調節手段都要借助貨幣量的變動發揮作用，一切經濟變量的變動都與貨幣有關。而且貨幣政策能夠防止貨幣本身成為經濟波動的根源，可以為經濟提供一個穩定的環境，有助於抵消經濟體系中其他方面的衝擊，因此，得出了「貨幣最重要」的著名命題。

貨幣學派反對國家干預經濟，主張貨幣供給的「單一規則」，即公開宣布並長期採用一個固定不變的貨幣供給量增長率，作為中央銀行執行貨幣政策的準則。其目的是通過將穩定的政策公之於眾，穩定公眾的預期，減少人們心理上的不安定感，同時，也將中央銀行的行為置於公眾的監督之下。在貨幣學派看來，消費函數具有穩定性，消費函數的穩定性決定了貨幣需求的穩

定性，貨幣需求的穩定決定了貨幣供給的穩定性，為與貨幣供給穩定性相適應，其貨幣政策自然主張所謂的「單一規則」。貨幣學派還進一步認為，貨幣政策應是政府主導性的經濟政策並起支配作用，財政政策、收入政策、外貿政策等其他政策要發揮其應有的作用且都離不開與貨幣政策的配合。貨幣學派對貨幣政策作用的強調走向了極端。實際中，「單一規則」的貨幣政策是很難完全適應經濟運行的複雜多變的現實。因此，貨幣政策不是萬能的。

（4）合理預期學派的貨幣政策有效性理論

合理預期學派又稱為新古典宏觀經濟學派，於20世紀70年代初形成於美國，代表人物是美國芝加哥大學的盧卡斯。合理預期學派認為，理性預期使中央銀行不能達到預期的目標，擴張性的政策只會帶來通貨膨脹而不是經濟的增長，貨幣政策在短期和長期均是無效的。合理預期學派假定，人們的行為都是理性的，價格具有完全的彈性，人們能充分運用其所掌握的知識和信息對未來做出最佳的預測，並採取最明智的行動，中間沒有任何時滯，這樣，貨幣政策在實施的當時就將失去效果。

如果中央銀行實施的貨幣政策是突然的和反常的，超出了公眾預期，那麼貨幣政策將在短期內是有效的。因為，公眾會將政策反常變動納入自己的預期，增加警惕，當中央銀行再次運用反常政策時仍會失效。只要有公眾的理性預期，貨幣政策無論在短期還是長期內、無論是規則的還是反常規的都無效。當然，合理預期學派的觀點與社會現實情況有很大的差別，因為信息充分是有限的，人們的知識水平和判斷力也是有限的，很難指望每個人的判斷都是理性的、正確的。

8.4.2 開放條件下影響貨幣政策效應的實際因素

從貨幣政策工具操作開始，貨幣政策會沿著預期的傳導路徑運行。但也可能由於預想不到的原因偏離預期的傳導路徑，沒有達到或沒有完全達到預期方案所希望的最終目標。實際中，這種預期效果能否及時實現，取決於多種因素的影響，如貨幣政策工具操作的技術性、傳導途徑及其經濟環境。歸納起來，影響中央銀行貨幣政策有效性的因素主要有：貨幣政策時滯、一國經濟結構的特徵、貨幣流通速度、預期效應、貨幣政策與財政政策的相互配合以及一國經濟對外開放的程度等。

（1）貨幣政策時滯

貨幣政策時滯，是指從經濟形勢變化需要制定政策開始，到貨幣政策產生最終效應的時間過程。貨幣政策對經濟的調節通過一定的傳導機制發生作用，不能在短時間完成，因為從貨幣政策工具操作到實現貨幣政策目標需要

一定的時間。狹義的貨幣政策時滯（外部時滯），是指中央銀行操作貨幣政策工具→金融機構判斷→金融市場交易→企業投資決策→社會群體消費→進出口貿易等環節的時間過程。廣義的貨幣政策時滯包括中央銀行對經濟金融信息搜集分析→提出貨幣政策方案→選擇最優貨幣政策方案（內在時滯）→操作貨幣政策工具→金融機構判斷→金融市場交易→企業投資決策→社會群體消費→進出口貿易等過程。以中央銀行行為為界，貨幣政策時滯可分為內在時滯和外部時滯。

①貨幣政策內在時滯，是指中央銀行從認識到政策調整的必要，研究並決定政策調整方案到開始貫徹執行政策所耗費的時間。貨幣政策內在時滯分為認識時滯和行為時滯。

第一，認識時滯是指從客觀經濟形勢變化確有實行某種政策的需要，到中央銀行認識到這種需要所耗費的時間。認識時滯的產生主要是由於人們一般不能立即瞭解經濟在任意時期所發生的變化，因為我們收集各種信息資料需要耗費一定的時間，同時對各種經濟現象做出客觀符合實際的分析判斷需要耗費一定的時間，還不得不通過在一個較長的時間內對經濟現象進行觀察，以消除隨機事件的影響。

第二，行為時滯是指從中央銀行認識到必須採取政策措施到政策措施的實施所需耗費的時間。中央銀行一旦認識到客觀經濟過程需要實行某種政策，就著手擬訂政策實施方案，並按規定程序報批，然後公布，並貫徹實施。整個過程的每一個步驟都需要耗費一定的時間。內在時滯的長短，一方面取決於中央銀行對作為決策依據的各種信息資料的佔有程度和對經濟金融形勢的分析判斷能力，體現著中央銀行決策水平和金融調控能力；另一方面取決於中央銀行的獨立性。獨立性較高的中央銀行能夠對經濟中出現的情況及時採取應變措施，而獨立性較低的中央銀行對於貨幣政策的重大決策，須報經政府部門批准。這就有了政策部門對此問題的認識時滯和決策時滯，無形中延長了內在時滯。期間還容易造成政策消息的提前洩露，降低貨幣政策的效用。

②貨幣政策外部時滯，是指從中央銀行採取政策措施開始到對最終目標產生作用，並收到一定效果為止所經歷的時間。貨幣政策外部時滯也叫作用時滯，是貨幣政策時滯的主要部分，既包括政府、商業銀行、企業、個人等市場主體在新貨幣政策出抬後的決策過程，也包括他們的行為對儲蓄、投資、消費、物價、產出等重要經濟變量的影響過程。

外部時滯的存在具有客觀必然性，時滯長短取決於傳導機制的特徵。貨幣政策外部時滯可分為三個環節：第一環節是從中央銀行調整政策工具到對仲介指標發生作用所耗費的時間。在貨幣政策的實施過程中，無論使用何種

政策工具都要通過操作變量的變動來影響仲介變量，以控製商業銀行的貸款能力和金融市場的資金融通。第二環節是商業銀行、企業、個人等微觀主體根據中央銀行的政策措施調整自己的決策行為，使社會的投資、消費發生變動。第三環節是企業、個人的投資、消費變動引起最終目標的變動。總之，貨幣政策外部時滯的長短取決於貨幣政策的操作力度和商業銀行及其他微觀主體對貨幣政策工具的反應能力和敏感程度，不像內在時滯那樣可由中央銀行掌握，是要通過經濟結構的變動和其他部門的行為共同決定才能起到預期效果的。

貨幣政策時滯是影響貨幣政策有效性的一個重要因素，其反應了貨幣政策在其各個環節上的運行效率和運行質量。如果時滯過長，貨幣政策就難以及時發揮應有的效用，或隨著時間條件的變化，還有可能導致經濟形勢進一步惡化，迫使中央銀行不得不採取力度更大的政策措施，或延長政策作用的時滯。因此，瞭解和掌握貨幣政策時滯及其變化規律有利於中央銀行有效地實施貨幣政策。但在實際中對貨幣政策時滯的衡量往往是不確定的。美國學者喬治·考夫曼在所著的《現代金融體系》一書中講到在美國貨幣政策的操作中，認識時滯一般不超過 3 個月，決策時滯大致在 1 個月，外部時滯相對較長而且變化較大，對其衡量是十分困難的。但從實際中可觀察得到，貨幣政策行為的大部分影響可以在 3～12 個月以後產生，對價格的影響在 1～2 年後才能產生。

總之，從一項需要採取措施的事件發生到大部分貨幣政策對實際收入產生影響大約需要 3～15 個月。正因為貨幣政策滯後效應的存在，許多學者認為，即使經濟陷入低谷，實際產出遠比潛在產出的水平低，也不一定需要實施擴張的貨幣政策。因為，貨幣政策的滯後效應使刺激經濟的影響要到衰退最嚴重的階段過去之後才到最高點。如果衰退是短暫的，跟隨而至的是經濟復甦、活躍，而貨幣政策擴張的刺激將會在最不需要它的時候發揮最強烈的作用。

（2）一國經濟結構的特徵

國家經濟結構特徵可分為兩種情況：一是欠發達的國家存在資源約束下的短缺型經濟結構特徵；二是發達的市場經濟國家存在需求約束下的過剩經濟特徵。

在欠發達國家，受生產力發展水平的限制，產品生產能力低下，社會物質財富相對匱乏，過強的投資需求和消費需求欲望會造成總供給缺口。一般情況下，增加貨幣供給完全可以被較強的貨幣需求空間所吸收或容納。儘管這一過程容易因有效需求的擴張導致通貨膨脹產生，但貨幣政策的擴張在一

定程度上會刺激經濟的增長、就業水平的提高。因此，短缺經濟條件下，貨幣政策對經濟的影響較強。

發達國家由於生產力水平的高度發達，造成了豐富的財富累積，人們的物質生活已獲得很大的滿足，因而消費需求和投資需求相對不足。貨幣需求空間已為現有的貨幣供給存量占滿，若通過增加貨幣供給來解決有效需求不足問題就是得微不足道。因而在過剩經濟條件下，貨幣政策對產出的影響是弱效的甚至是無效的，而財政政策的作用效果明顯。

2008年12月，美國聯邦基金利率下調至1%的水平。但是，這些擴張性的貨幣政策對經濟的刺激效應並未完全達到預期的效果。中國經濟已由資源約束型短缺經濟向需求約束型過剩經濟轉化，貨幣對實質經濟的影響處於由非中性向中性的轉變過程中，從而使貨幣政策對擴張有效需求、刺激經濟增長的作用逐漸減弱。中國在2009年前後面臨著通貨緊縮的壓力。為瞭解決有效需求不足，促進經濟增長，所採取的是積極的財政政策和適度鬆的貨幣政策。

(3) 貨幣流通速度的變化

貨幣流通速度是指單位貨幣在一定時期媒介商品交換的次數。貨幣流通速度的變化往往比較微小，在經濟發展的穩定時期甚至沒有變化。因而許多經濟學家在研究經濟與金融問題時，假設貨幣流通速度是一個常量。但是貨幣流通速度出現較小的變化可能會使貨幣政策效果受到嚴重的影響，因為貨幣流通速度影響著貨幣供應量，貨幣供應量的改變會直接影響到社會支出。

根據貨幣學派的觀點，貨幣供應量的變化將同時在貨幣市場、資本市場和商品市場上觸發廣泛的資產結構調整效應，進而改變社會總支出。一旦貨幣流通速度的變動幅度超過了中央銀行的預期範圍，實際的貨幣供應量增長率就大於或小於中央銀行控制的目標，貨幣政策最終目標就難以達到預期的效果。如中央銀行實施擴張性的貨幣政策，有可能會因貨幣流通速度出現下降導致新增的貨幣供應量被「稀釋」，甚至完全沒有發揮增加投資和消費的效果，不能擴大有效需求而難以奏效。現實中貨幣流通速度具有很強的內生性。人們的收入水平、利率、通貨膨脹率、儲蓄行為、貨幣化程度、人口總量、消費結構、社會公眾的預期等，均能通過消費、投資影響貨幣流通速度。而中央銀行對這些因素的控制和估算能力因為統計和技術條件有限性而難以準確掌握，在一定程度上影響了貨幣政策的有效性。

(4) 微觀主體預期的影響

經濟運行過程中微觀主體的預期，會對貨幣政策效用產生一定的抵消作用。當某一項貨幣政策提出時，微觀主體會根據可能獲取的各種信息預測政

策的後果，從而做出相應的對策使貨幣政策有效性受到影響。

微觀主體的預期，只有在貨幣政策的取向和力度沒有或沒有完全為社會公眾知曉的情況下，才能產生預期效果。實際上，中央銀行不可能長期不讓社會公眾知曉其採取的政策。或即使公眾的預測非常準確，實施對策也要有一定的作用過程，貨幣政策仍可奏效，只是公眾的預期行為會使政策效應打折扣。

(5) 貨幣政策與財政政策的配合

對貨幣政策有效性的評判還要考慮貨幣政策與財政政策的配合。貨幣政策與財政政策通過不同渠道、不同方式對產出的影響，決定了它是國家調節宏觀經濟運行最主要的政策手段。只有在一定條件下相互配合、避免摩擦，才能形成引導經濟的合力，縮短政策作用時滯，達到調節經濟的理想效果。

財政政策與貨幣政策有以下配合模式：第一，雙緊政策，即緊縮的財政政策和緊縮的貨幣政策。第二，雙鬆政策，即寬鬆的貨幣政策與寬鬆的財政政策。第三，一緊一鬆的政策，包括緊縮的財政政策與寬鬆的貨幣政策。緊縮的貨幣政策與寬鬆的財政政策。其中，雙緊或雙鬆政策反應著財政政策與貨幣政策的目標和側重點保持一致，而一鬆一緊的政策反應著財政政策與貨幣政策在總體要求一致的前提下，政策目標的側重點不同。

①擠出效應下的財政政策與貨幣政策效應。擠出效應是指政府採取擴張性財政政策後，在貨幣供給量不變下，政府增加支出而私人投資和支出因之減少的現象。換言之，政府用於增加支出的資金來源直接得自於被擠掉的私人支出。在 IS-LM 模型下（見圖 8-4），當通過擴張性財政政策增加有效需求時，IS 曲線向右移動至 IS′。若貨幣供給不變，即 LM 曲線保持在初始位置時，利率水平趨於上升，由主 i_0 升至主 i_1。由於利率的提高擠出了一部分私人消費和投資，新的均衡點只能處於 E' 點，其產生效果僅為 $Y_1 - Y_0$。如果增加貨幣供給，推動至 LM 曲線向右移動 LM′，以保持利率水平不變，新的均衡點到達 E''，這時達到理想的產出效果 $Y_2 - Y_0$。因此為了克服由擴張性的財政政策帶來的擠出效用，需要「適合」的貨幣政策來配合。

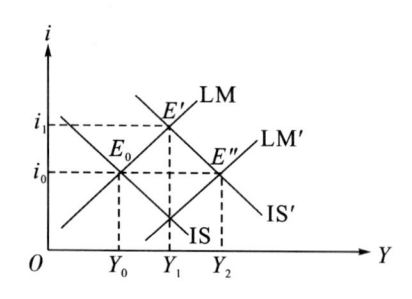

圖 8-4　IS-LM 模型中擠出效應

②不同經濟週期下的財政政策與貨幣政策效應。從經濟週期變化來看，經濟蕭條時期宏觀經濟改革的重點在於增加就業刺激經濟增長，而對經濟增長直接產生作用的是財政政策，貨幣政策作用的效果甚微。若經濟陷入流動性陷阱，貨幣政策就完全失效。要走出經濟低谷，促進經濟復甦，需要借助於財政政策。貨幣政策影響經濟的傳導效應，決定了發生作用的間接性和滯後性。因此，對付經濟衰退的宏觀經濟政策應側重於財政政策。在經濟復甦階段，經濟增長預期偏高，投資增加，就業擴大。為了避免可能引致的經濟過度擴張的壓力，應及時調整宏觀經濟政策，針對財政政策和貨幣政策可採用一緊一鬆的配合模式，即用一類擴張型的政策來支持經濟增長，用緊縮型的另一類政策來限制經濟的過度擴張。至於孰鬆孰緊，應視一國當時經濟發展水平、金融制度、客觀經濟狀況而定。在經濟膨脹時期，抵制通脹的壓力迫使政府不得不採取緊縮的政策，而對物價水平直接產生作用的是貨幣政策，貨幣政策效果明顯，財政政策效果甚微。若經濟處於古典區域所描述的經濟增長和物價都達到最高水平的經濟膨脹時期，那麼財政政策完全失效，而貨幣政策效應最高。

③貨幣一體化下的財政政策與貨幣政策效應。貨幣一體化是在一些國家因生產要素自由流動、經濟發展水平和通貨膨脹率比較接近、經濟政策容易協調所形成的貨幣聯盟基礎上，採用統一的貨幣，執行統一的貨幣政策，建立共同的國際儲備，建立共有的中央銀行。歐洲統一貨幣——歐元是迄今為止貨幣一體化合作中最令人矚目的成果，是區域經濟發展和貨幣合作的典範。實現貨幣一體化有利於減少貨幣兌換成本，節約外匯儲備，消除資本在各成員國間的投機性流動，更重要的是有利於消除匯率浮動對成員國相互貿易和投資產生的不確定影響，從而促進區域經濟的發展。但是，貨幣的統一和跨國中央銀行的建立使各成員國失去了本國貨幣政策的獨立性，使其不能再自主地調節貨幣供應量。也就是說，在單一貨幣區總政策目標下，如果一個成員國相對於別的成員國來說存在著高失業率，不能用擴大貨幣供給量的辦法來增加就業。相反，如果一成員國相對於別的成員國來說發生了較高通貨膨脹，也不能用收縮貨幣供給量的辦法來降低物價水平。實際上，每個國家都根據各自的情況有著不同的政策偏好，但因總體政策目標和各成員國政策偏好的不一致，以及各國經濟發展速度、發展水平的不同就很難指望跨國中央銀行會不斷變動貨幣政策以解決成員國的個別問題。相應地，通過財政政策調節經濟的作用得到各國的重視。但是，分散的財政政策必然會給統一的貨幣政策實施帶來干擾，從而影響貨幣政策的最終效果。因為在政治利益及短期目標的推動下，各國政府具有推動擴張性財政政策以換取經濟繁榮的內在

衝動。同時，單一貨幣制度下所形成的統一金融市場又為成員國政府大肆舉債提供了便利，依靠舉債支撐的擴張性財政政策最終會危害統一貨幣政策的獨立性和穩定性。我們從歐元誕生後歐洲中央銀行貨幣政策的操作可以看到，維護歐元幣值穩定目標與歐元區各國財政政策存在著尖銳矛盾。

(6) 一國經濟對外開放的程度

一國對外經濟的發展，建立了本幣與外幣的溝通渠道，增加了本外幣政策的互通途徑，從而改變了原來封閉條件下貨幣政策的運行機制和作用效果，使得貨幣政策原來主要局限在國內的政策效應開始擴大和外溢，相應地，影響一國貨幣政策有效性的因素也隨之增多。

①匯率制度對貨幣政策的影響。

在資本可自由流動的情況下，如果一國維持固定匯率制度，那貨幣政策作用效果較弱。比如中央銀行實行擴張性貨幣政策，在實際貨幣需求沒有發生變化時，貨幣供給的增加在使實際收入增長的同時，也導致了利率下降。這樣，一方面，實際收入的增加導致進口需求上升，經常項目出現逆差；另一方面，利率下降造成資本大量外流，資本項目也出現逆差，本幣面臨貶值壓力。為了維持固定匯率，中央銀行不得不在外匯市場上賣出外幣、購進本幣，或在外匯儲備耗盡時不得不採取外匯管制，否則固定匯率就無法繼續維持下去。但是這種干預的結果減少了本國貨幣存量，抵消掉了最初貨幣擴張的效果。這意味著在固定匯率條件下，任何通過擴張性貨幣政策來影響總產出的努力都是徒勞的，無法起到增加實際收入的目的。同理，固定匯率制度下，緊縮性貨幣政策無法達到收縮經濟的目的。浮動匯率條件下，貨幣政策的變動會引起資本流動和匯率變動，對經濟的影響面擴大。假定在浮動匯率條件下，銀行增加貨幣供給量，實施擴張經濟的政策，會導致利率下降和資本外流，外匯市場上本幣的過度供給造成本幣對外幣的貶值而本幣貶值有利於提高本國產品的出口競爭力，拉動經濟的增長。這樣，貨幣擴張效應通過匯率途徑實現最終目標。因此，浮動匯率條件下，貨幣政策效果明顯。同理，緊縮性貨幣政策最終會使實際收入下降。

②貨幣政策溢出效應對貨幣政策的影響。

在金融全球化、一體化的趨勢下，各國都在不斷增強金融領域的國際合作。一國的貨幣政策在作用於國內經濟的同時也會波及國外，這就是在開放經濟條件下貨幣政策必然存在的溢出效應。溢出效應對貨幣政策的影響是深遠的，它會使一國金融仲介發生結構性的變化和功能性的變化，從而影響貨幣政策的有效性。表現在：金融開放條件下國內商業銀行積極參與國際金融市場的交易，增強融資能力，拓寬融資渠道，自然與中央銀行之間的資金交

易減少，使中央銀行貨幣政策的調控能力有所下降。由於金融運行機制的變化改變了宏觀經濟指標之間的相關性，貨幣政策仲介指標的穩定性趨於減弱。經濟對外開放程度的提高使得一國的外匯儲備、國際收支狀況、匯率等與對外經濟活動緊密聯繫的經濟變量變動的隨機性更強，常常使中央銀行在政策操作上處於被動地位。由於國內外金融市場的融合與統一，外部因素對一國貨幣政策的制定和執行影響加大。如果維持固定匯率制度，各國將喪失貨幣政策的獨立性，只有那些能夠影響全球經濟的大國才能保持貨幣政策的獨立性。大規模、投機性極強的國際資本流動也是傳遞各國貨幣政策溢出效應、干擾各國貨幣政策有效實施的重要因素。從全球範圍來看，開放經濟條件下，由於各種對外因素的影響，貨幣政策有效性在下降。在新的經濟環境下，提高貨幣政策有效性已經成為一項國際性的研究課題，其中各國貨幣政策以及其他金融政策之間的相互協調對實現貨幣政策目標、提高貨幣政策有效性有著重要的意義。從中國實際情況看，隨著經濟貨幣化程度的提高，金融運行對經濟運行的作用明顯加強，貨幣政策在中國宏觀政策中的地位急遽上升。但是，由於中國貨幣政策運行環境不理想、金融市場發展滯後、貨幣政策傳導渠道不暢等原因，貨幣政策常常不能達到預定的政策目標，形成貨幣政策的低有效性。如何提高貨幣政策的有效性，已成為當前中國金融界面臨的十分重要的現實問題。

8.4.3 1997—2008 年中國貨幣政策實踐

1997—2008 年，中國貨幣政策經歷了這樣一個軌跡：穩健的貨幣政策→適度從緊的貨幣政策→從緊的貨幣政策→適度寬鬆的貨幣政策。

1997 年，亞洲金融危機爆發成為中國實施穩健貨幣政策的導火索。1997年亞洲金融危機爆發以後，中國經濟增長放慢，投資和消費增長趨緩，出口大幅度回落，市場有效需求不足，物價連續負增長，出現了通貨緊縮的壓力。為了應對當時嚴峻的經濟形勢，中國及時採取擴大內需的方針，實行穩健的貨幣政策。穩健貨幣政策的核心思想是中央銀行根據經濟變化的徵兆來調整政策取向：當經濟出現衰退跡象時，貨幣政策偏向擴張；當經濟現出過熱時，貨幣政策偏向緊縮。最終反應到物價上，就是保持物價的基本穩定。1998—2002 年，中國穩健的貨幣政策取向是增加貨幣供應量。從實施的效果來看，穩健的貨幣政策使中國有效抵禦了亞洲金融危機，使中國在世界經濟不景氣的大環境下「一枝獨秀」。

2003 年以來，在國民經濟經歷了連續 5 年兩位數的增長後，中國經濟形勢又發生了較大的變化，經濟運行中貸款、投資、外匯儲備增長過快，居民

消費價格持續上漲，通貨膨脹壓力極大。面對經濟的新變化，「防止經濟增長由偏快轉為過熱，防止物價由結構性上漲演變為明顯的通貨膨脹」被確定為宏觀調控的首要任務。

2007年，中國人民銀行按照國務院的統一部署，為了防止物價上漲和經濟過熱，加大調控力度，實行信貸規模控製，防止經濟增長由偏快轉向過熱，此時的貨幣政策從「穩中適度從緊」變為「從緊的貨幣政策」。

2008年，國際金融危機的爆發對中國金融經濟產生衝擊，中國經濟出現流動性短期，經濟增長減速。對此，國家開始採取「適度寬鬆」的貨幣政策。

宏觀調控的目標是在於盡可能地維持經濟的平穩運行。當經濟環境變化時，國家需要採取不同的貨幣政策。因此，貨幣政策要因時制宜。

9 金融市場

9.1 金融市場概述

9.1.1 金融市場的含義

金融市場是市場體系的一個重要組成部分。簡單地說，金融市場是資金融通的場所。由於計算機技術和網路技術在金融交易中被廣泛運用，資金融通日趨無形化，因此，越來越多的人更傾向於將金融市場理解為多種金融商品交易活動的組織系統或營運網路。金融市場發達與否已成為衡量一國市場經濟發達程度的重要標誌。

金融市場有廣義和狹義之分。廣義的金融市場是指一切從事貨幣資金借貸的場所，包括貨幣的借貸、票據的承兌與貼現、有價證券的買賣、黃金和外匯的交易。狹義的金融市場特指證券市場，即股票和債券的發行與流通市場。

9.1.2 金融市場的基本要素

金融市場與普通商品市場一樣，是由交易主體、交易客體、交易價格、組織形式等基本要素組成的。

金融市場上的交易主體包括任何參與交易的個人、企業、各級政府和金融機構。金融市場主體可以分為非專門從事金融活動的主體與專門從事金融活動的主體兩大類。非專門從事金融活動的主體主要由個人、企業和政府部門構成，它們不以金融交易為主，參與交易是為了自身在資金供求方面的需要，在它們之間發生的金融交易是直接金融。專門從事金融活動的主體則主要由以金融活動為主的機構或個人組成，包括各類銀行和各種非銀行金融機構等。

金融市場的交易客體，也稱交易對象，是指金融市場的參加者進行交易的標的物——金融工具。如商業票據、政府債券、公司債券、股票、可轉讓

大額定期存單以及各種金融衍生工具等。金融工具是能夠證明債權債務或所有權關係並據以進行貨幣資金交易的合法憑證，一般具有期限性、流動性、風險性和收益性四個基本特徵。期限性是指一般具有規定的償還期限；流動性是指在必要時迅速轉變為現金而不致遭受損失的能力；風險性是指購買的本金和預定收益遭受損失可能性的大小；收益性則是指能夠帶來價值增值的特性。具體到不同的金融工具，上述四個特徵體現的程度也不相同。

在金融市場上，各種交易都是在一定的價格下實現的，但金融市場的交易價格不同於商品市場的商品交易價格，商品市場的商品交易價格反應交易對象的全部價值，而金融市場的交易價格有不同的表現形式。在借貸市場上，借貸資金的價格就是借貸利率；在專門的證券市場上，金融工具的價格通常表現為它的總值，即本金加收益；而在外匯市場則通常用匯率反應貨幣的價格。

組織形式即指金融市場的交易場所。金融市場的交易既可以在有形市場中進行，又可以在無形市場中進行。

9.1.3 金融市場的功能

金融市場對經濟發展有著巨大的推動作用，這種推動作用具體表現為金融市場的幾大功能。

金融市場具有集中和分配資金的功能。金融市場能提供一個理想場所，利用自己的獨特形式、多樣化工具把居民個人、企業、政府部門、金融機構的分散的、小額的閒置資金聚集起來，並通過競爭機制使這些資金流向最需要的地方。這種將資金從低效率利用的部門轉移到高效率利用的部門的功能，實現了資金的合理配置和有效利用。

經濟生活中存在大量的不確定性，風險的存在是客觀的，因此，完全消除風險是不可能的，但可以分散風險。由於金融工具的可分割性與流動性，金融市場可以為投資者分散風險提供一個合理的機制。投資者可採用各種證券組合方式來分散風險，提高資金的安全性與盈利性，也可利用對沖交易、套期保值交易來規避和分散風險。利用各種金融工具，還可以把風險從較厭惡風險的人轉嫁給厭惡風險程度較低的人，從而實現風險的再分配。

金融市場的存在和發展則為國家調節、控製經濟提供極好的場所和途徑。一方面，金融市場是國家貨幣政策傳導的必要的中間環節，當中央銀行實施某項貨幣政策時，首先要影響到金融市場的各種變量，然後再影響到整個國民經濟。另一方面，各國中央銀行宏觀調控經濟的一個重要手段——公開市場業務，必然通過金融市場來開展。

金融市場歷來被稱為國民經濟的「晴雨表」和「氣象臺」，是公認的國民經濟信號系統。各種金融工具的交易價格靈敏地反應了經濟運行的狀況及態勢，可以為金融決策、投資決策和政府宏觀經濟管理提供大量信息資料。投資者通常以股價變化趨勢以及上市公司公告的各類信息作為金融決策的依據。企業可以根據證券行情漲落所反應的公眾對各產業、各企業的心理預期，來調整經營戰略進行投資決策。中央銀行依據金融市場的各類信息，通過公開市場業務、調整再貼現率等手段調節貨幣供應量，實現宏觀經濟的基本平衡。這實際上就是金融市場反應功能的寫照。

9.1.4　金融市場的分類

金融市場是一個複雜的有機整體，其中又包含著許多相互獨立的子市場。按不同的劃分標準，金融市場可分為如下不同類別。

（1）按融資的期限長短不同，可分為貨幣市場和資本市場，這是金融市場最重要的分類方法。貨幣市場又稱短期資金市場，是指融資期限在一年以內的金融市場，其中包括同業拆借市場、商業票據市場、回購協議市場以及短期證券市場等。資本市場又稱長期資金市場，是指融資期限在一年以上或未規定期限的金融市場，主要有股票市場和債券市場。

（2）按金融市場交易的性質不同，可分為發行市場和流通市場。發行市場，也稱為初級市場或一級市場，是指新發行的金融工具第一次出售的金融市場。流通市場，也稱為次級市場或二級市場，是指已發行的金融工具轉手買賣的金融市場。各類市場參與主體因為各種交易對象的產生、流通和清算而進入金融市場。二級市場只改變證券的所有權（賦予證券的流動性），並不增加社會資金量。二級市場的流動性激活一級市場，從而增加社會資金的資本化水平。二級市場的效率影響交易成本。

（3）按金融交易的方式不同，可分為直接金融市場和間接金融市場。直接金融市場是指資金供給者和資金需求者不通過任何金融仲介機構而直接進行融資的金融市場，如企業之間賒銷商品、預付貨款，企業直接發行股票、債券。間接金融市場是指資金供給者和資金需求者通過金融仲介機構進行融資的金融市場，如銀行信貸市場。

（4）按金融交易的對象不同，可分為拆借市場、票據承兌與貼現市場、證券市場、外匯市場、黃金市場等。證券市場又可進一步分為債券市場、股票市場等。

（5）按金融交易的交割期不同，可分為現貨市場和期貨市場。現貨市場又稱現金交易市場，是指買賣雙方在成交後 1~3 日內進行清算交割的金融市

場。期貨市場是指買賣雙方協定在未來某一規定時間進行清算交割的金融市場。

（6）按交易的地域範圍不同，可分為國內金融市場和國際金融市場。國內金融市國際金融市場是在國際範圍內進行的融資活動，包括國際資金的融通、外匯買賣和黃金交易等。

9.2　貨幣市場

貨幣市場有許多子市場，如票據貼現市場、銀行間拆借市場、短期債券市場、大額存單市場、回購市場等。

9.2.1　票據與票據市場

貨幣市場中交易的票據有商業票據和銀行承兌票據兩類。

典型的商業票據產生於商品交易中的延期支付，有商品交易的背景。但商業票據只反應由此產生的貨幣債權債務關係，並不反應交易的內容，這叫作商業票據的抽象性或無因性。相應的特徵則是不可爭辯性，即只要證實票據不是偽造的，付款人就應該根據票據所載條件付款，無權以任何借口拒絕履行義務。此外，商業票據的簽發不需要提供其他保證，只靠簽發人的信用。因此，商業票據能否進入金融市場，要視簽發人的資信度而定。

在商業票據中，除了具有交易背景的票據外，還有大量並無交易背景而只是單純以融資為目的發出的票據，通常稱為融通票據。相對於融通票據，有商品交易背景的票據則稱為真實票據。在發達市場經濟國家的商業票據市場上，目前大量流通的是非金融機構的公司所發行的期限在 1 年以內的融通票據，購買者多為商業銀行、投資銀行等金融機構。融通票據的票面金額已經標準化。銀行承兌票據是在商業票據的基礎上，由銀行介入，允諾票據到期履行支付義務。票據由銀行承兌，信用風險相對較小。對於這項業務，銀行收取手續費。在發達市場經濟國家，銀行承兌匯票的發行人大多是銀行自身，因而是銀行籌資的手段。

用票據進行短期融資的主要方式是出售票據一方融入的資金低於票據面值，票據到期時按面值還款，差額部分就是支付給票據買方（貸款人）的利息。這種融資的方式叫作貼現，利率則稱為貼現率。例如，有人要將 3 個月後到期，面額 50,000 元的商業票據出售給銀行，銀行按照 6% 的年率計算，貼息為 750 元（50,000×6%÷4），銀行支付給對方的金額為 49,250 元

（50,000-750）。

不僅商業票據、銀行承兌匯票多採用貼現方式，國債的發行也是採用貼現的規則。因此，短期融資市場也稱貼現市場。

9.2.2 中央銀行票據

中央銀行票據，簡稱為央行票據或者央票，是中央銀行向商業銀行發行的短期債務憑證，其目的是調節商業銀行的超額準備金。中央銀行票據其實是一種中央銀行債券，之所以稱作「中央銀行票據」，是為了突出其短期性特徵。

中央銀行票據與金融市場上其他類型的債券有著顯著區別：發行各類債券的目的是籌集資金，而央行票據則是中央銀行調節基礎貨幣的一項貨幣政策工具，其目的是減少商業銀行的可貸資金規模。商業銀行在認購央行票據的同時，其可貸資金規模將會相應減少。

中央銀行票據主要採用回購交易方式，回購交易分為正回購和逆回購兩種。正回購為中央銀行向一級交易商賣出有價證券，並約定在未來特定日期買回有價證券的交易行為，正回購意味著中央銀行從市場收回流動性；逆回購為中央銀行向一級交易商購買有價證券，並約定在未來特定日期將有價證券賣給一級交易商的交易行為，逆回購意味著中央銀行向市場上投放流動性。

在中國，中央銀行票據的發行始於20世紀90年代初。2009年6月以來，為了控制銀行信貸快速增長，中國人民銀行在銀行間市場重新啟動正回購操作，隨後也重啟發行1年期央行票據，同時還向部分商業銀行發行懲罰性的定向央行票據。

9.2.3 票據貼現與貼現市場

用票據進行短期融資有一個基本的特徵——利息先付，即出售票據一方融入的資金低於票據面值，票據到期時按面值還款，兩者的差額部分就是支付給票據買方（貸款人）的利息。這種融資的方式叫作貼現，利率則稱為貼現率。例如，有人欲將3個月後到期、面額50,000元的商業票據出售給銀行，銀行按照6%的年率計算，貼息為750元（$50,000 \times \frac{6\%}{4}$）；銀行支付給對方的金額則是49,250元（50,000-750）。

貼現率的高低取決於商業票據的質量。對於不同資質的企業來說，投資人承受的風險是不一樣的。一般來說，企業發行商業票據前都要經過信用評級機構評級。評級越高的商業票據，貼現率越低，發行價格越高。

票據貼現是短期融資的一種典型方式。因此，短期融資的市場也稱票據貼現市場，或貼現市場。在票據貼現市場中，充當買方的一般是商業銀行、貼現公司、貨幣市場基金等專門從事短期借貸活動的金融機構，也有手裡掌握短期閒置資金的非金融機構。

如果將金融產品是否按照貼現方式發行作為市場類別的劃分標準，那麼貼現市場幾乎囊括了所有短期融資市場的內容。因為不僅商業票據、銀行承兌匯票多採用貼現方式，國庫券的發行也是採用貼現的規則。

目前，世界上最著名的貼現市場當屬英國的倫敦貼現市場。倫敦貼現市場是世界上最古老的貼現市場，迄今為止已經有 150 年的歷史。該市場的發展得益於 18 世紀末 19 世紀初英國發達的票據經紀業務。工業的迅速發展和融資需求產生大量的商業票據，於是形成大量專門從事票據買賣的經紀人，以及專門從事票據貼現業務的貼現行。目前，倫敦貼現市場的交易品種已經遠遠超過傳統意義的商業票據，大量的交易品種是融通票據、銀行承兌匯票、國庫券。在這個市場上，主要的金融機構是貼現行、英格蘭銀行、清算銀行、商人銀行、承兌行和證券經紀商。

貼現市場不僅是企業融通短期資金的場所，也是中央銀行進行公開市場業務的場所。

現在，中國絕大部分商業票據是銀行承兌票據。票據貼現市場的規模小，辦理貼現業務的金融機構只有商業銀行。貼現市場不發達的原因主要是用於貼現的票據少，而且質量不高。同時，也有其他短期金融產品，如國家債券所起的替代作用。隨著中國金融業的發展，貼現市場必將進一步擴大。

9.2.4　國庫券市場

這裡要講的是由政府發行的短期國庫券，期限品種有 3 個月、6 個月、9 個月和 12 個月。國庫券的期限短，有政府信譽支持，可以當作無風險的投資工具。

國庫券的發行頻率高。在許多國家，國庫券是定期發行的，如確定每季度一次或每月一次。美國 3 個月和 6 個月的國庫券是每周發行。

國庫券發行多採用貼現發行方式。通過競爭性報價方式確定發行價格和貼現率——市場國家的無風險利率。

國庫券市場的流動性在貨幣市場中是最高的，幾乎所有的金融機構都參與這個市場的交易。許多國家的中央銀行都選擇國庫券市場開展公開市場業務。

9.2.5 可轉讓大額存單市場

大額存單是由商業銀行發行的一種金融產品，是存款人在銀行的存款證明。可轉讓大額存單與一般存單不同的是，金額為整數，並且在到期之前可以轉讓。

1986年，交通銀行、中國銀行以及中國工商銀行曾相繼發行大額存單。1989年中國人民銀行首次頒布《關於大額可轉讓定期存單管理辦法》（後於1996年修訂），允許最高利率上浮幅度為同類存款利率的10%。利率上浮空間使大額存單成為極具吸引力的儲種，出現了存款「大搬家」的情況。1997年4月，中國人民銀行決定暫停大額可轉讓定期存單的發行。

9.2.6 回購市場

回購市場是指對回購協議進行交易的短期融資市場。回購協議是證券出售時賣方向買方承諾在未來的某個時間將證券買回的協議。

以回購方式進行的證券交易其實是一種有抵押的貸款：證券的購買，實際是買方將資金出借給賣方，約定賣方在規定的時間購回證券、歸還借款，而抵押品就是相關的證券。

如果證券公司不是賣出證券，而是先買入證券，承諾以後按規定價格賣還給對方，那麼證券公司做的就是逆回購的交易——充當資金的貸出方。

回購交易的期限很短，通常以天計，為期1天的也稱「隔夜」，最長不過1年。中國的回購市場比較活躍，表9-1是中國近年來交易所回購占比情況。

表 9-1　　2005—2011年上海證券交易所債券市場的交易量　　單位：億元

年份	交易所債券總交易額	國債回購交易額	占比
2005	26,345.75	22,147.65	84.07%
2006	17,024.73	15,487.34	90.97%
2007	19,814.12	187,608.92	93.92%
2008	26,331.45	24,306.77	92.31%
2009	37,105.19	35,273.2	95.06%
2010	68,832.64	65,877.79	95.71%
2011	203,752.1	199,581.5	97.95%

資料來源：據中國債券信息網整理

9.2.7 銀行間拆借市場

銀行間拆借市場是指銀行之間短期的資金借貸市場。市場的參與者為商

業銀行以及其他各類金融機構。拆借期限很短，有隔夜、7天、14天等，最長不過1年。中國銀行間拆借市場是1996年1月聯網試運行的，其交易方式主要有信用拆借和回購兩種方式，其中主要是回購方式，見表9-2。

表9-2　　　2005—2011年銀行間拆借市場回購與同業拆借情況　　單位：萬億元

年份	回購成交額	同業拆借成交額
2005	15.90	1.28
2006	26.59	2.15
2007	44.80	10.7
2008	58.13	15.05
2009	69.75	19.35
2010	87.59	27.87
2011	99.48	33.44

資料來源：各年度《第四季度中國貨幣政策執行報告》

由於銀行間拆借市場是中國規模最大的一種貨幣市場，因此該市場也成為中國人民銀行進行公開市場操作的場所。

9.3　資本市場

資本市場是一年期以上的長期金融資產交易所形成的供求關係及其運行機制的總和。資本市場的活動主要是為了獲得資金的增值。資本市場就其結構而言，可分為股票市場、債券市場、基金市場等若干個子市場。

9.3.1　資本市場的特徵

資本市場是期限在一年以上的中長期金融市場，其基本功能是實現並優化投資與消費的跨時期選擇。資本市場上融通資金的工具主要是種類繁多的股票和債券，它們與貨幣市場工具相比具有以下特點：

①期限長。資本市場工具的期限最短為1年，最長可以是無期限的，如股票。市場主體融通資金主要作長期投資之用。

②流動性低。資本市場因其工具的長期性，致使其安全性、流動性均不如貨幣市場工具。

③金融工具的差異大。由於發行者的信用、工具期限、發行條件等方面存在的差別，資本市場上的工具不具有同質性和利率趨同性，即使同一主體

發行的融資工具，其「價格」差異也很大。

④有形與無形市場相結合。資本市場工具的交易往往採用有形與無形相結合的方式，既有大量證券在證券交易所內進行交易，也有規模巨大的場外交易時刻在發生。

9.3.2 資本市場的要素

作為金融市場的另一個重要子市場，資本市場的要素也同樣由交易主體、交易工具和交易價格等構成。

（1）資本市場的交易主體

資本市場的交易主體主要由機構和個人組成。資本市場上的機構主要包括投資銀行、保險公司、信託公司、基金公司等非銀行金融機構及企業等，其中，投資銀行扮演著重要角色，以承銷商、經紀商、交易商、做市商等多種身分參與資本市場交易。個人為獲取資本增值也成為資本市場的重要主體。

與貨幣市場不同，中央銀行一般不直接參與資本市場，而是借助貨幣市場間接影響資本市場。一般而言，大多數國家的資本市場均由專門的機構進行監管，如美國資本市場的監管者是證券交易委員會，中國是中國證監會。

（2）資本市場的交易工具

資本市場的交易工具都是長期金融工具，主要包括股票、債券和基金。

股票是投資者向股份有限公司投資入股提供資金的權益合同憑證，是投資者借以取得股息紅利收益的一種有價證券。股份有限公司發行股票進行融資，所籌集到的資金稱為股本。公司的股本按相等金額劃分成若干單位，稱為股份，然後，以股票的形式為各股東所有。股票可以作為流通交易的對象進行買賣或抵押，是金融市場上主要的長期金融工具之一。

股票是一種有價證券，主要具有以下幾個基本特徵：

①權利性。股票所有者作為公司的股東，享有對公司的剩餘索取權和剩餘控製權。所謂剩餘索取權，就是對公司淨利潤的要求權。此時，股東的權益在利潤和資產分配上表現為索取公司對債務還本付息後的剩餘收益。在經營狀況良好時，公司有義務向股東分配股息和紅利。但在公司破產的情況下股東一般將一無所得，但股東應以當初投資入股的這部分資金對公司的債務相應比例進行清償，即僅僅負有限責任。即使公司資產不足以清償全部債務時，股東個人財產也不受追究。而剩餘控製權是指對公司經營決策的參與權。股東有權投票決定公司的重大經營決策，諸如選擇經理、企業併購、大型項目投資等。每一份股票擁有的權利相等，擁有越多的公司股票意味著擁有越多的公司控製權。實際上，只有股東持有的股票達到一定數量，才能真正影

響公司的經營決策。總之，股東擁有剩餘索取權和剩餘控製權，而這兩者構成了公司的所有權。

②不可返還性。投資股票後，持有者就不能向公司要求退還股本。因為股票反應的不是債權債務關係，而是所有權關係。但投資者可以在金融市場上出售股票，抽回資金。但這僅僅是投資者之間的股權轉讓，對公司而言只是股東的改變，並不減少公司的資本。

③流通性。在資本市場的各種金融工具之間，股票的流通性是較強的。在金融市場裡，股票可以隨時轉讓以換取現金，也可以進行抵押融資。這種高度的流通性使投資出現了集中風險分散化、長期投資短期化，吸引了大量閒散資金介入，因此它是股票市場繁榮發展的重要基礎。

④收益性。投資股票的根本目的是獲利。股票投資者的投資收益來自兩個方面：一是公司派發的股息和紅利；二是在公司業績上升，二級市場股價上揚後獲得的差價。

⑤風險性。股票投資的相對高收益也帶來了相對高風險。股票持有者能否獲取收益，主要取決於公司經營效益和股票的市場價格。如果公司經營不善，或其他意外原因使公司利潤減少，股票的收益就會下降。一旦公司倒閉，該公司的股票將一文不值。股票的市場價格更易受到公司經營狀況及相關的經濟、政治、社會、心理等諸多因素的影響，產生劇烈波動。因此，股票投資者要承擔較大的投資風險。

股票按股東權益可分為普通股和優先股兩種。普通股是最普通的股票形式，是股份公司最重要的股份，是構成公司資本的基礎。普通股股東享有三方面權利：一是對股份公司的經營決策權。即股東可參加股東大會，對公司重大經營決策問題進行表決，可按出資比例投票選舉董事等。出資比例決定了表決權和選舉權的大小。二是對股份公司的利潤和資產的分配權。股東可以從公司獲得的利潤中分配到股息。在公司破產或解散時，還可分享公司的剩餘財產。三是在公司增發普通股股票時，有新股優先認購權。這個權利可以維護股東在公司的表決權和選舉權的比重不變。優先股是公司在籌集資本時，給予投資者某些優惠特權的股票。一般在公司利潤分配和公司解散或破產時的剩餘財產分配等方面，優先股要優先於普通股。但優先股的股息是事先確定的，不隨公司經營業績的變化而變化，因此不能享受公司利潤增長帶來的額外收益。此外，優先股股東一般不能參加公司的經營決策，在公司董事會的選舉中，沒有選舉權和被選舉權。

債券是債務人依照法定程序發行，承諾按約定的利率和日期支付利息，一併在特定日期償還本金的書面債務憑證。它反應了籌資者和投資者之間的

債權債務關係，和股票一樣，是有價證券的重要組成部分。債券既具有一般有價證券的共性，又具有自身的特點，主要表現在以下方面：

①期限性。債券的期限性表現為債券依照一定的法律程序，並在發行時就約定了還本付息的日期。債券的期限變化範圍很大，從幾十天到幾十年不等，資本市場的債券期限在一年以上。債券一般明確規定期限，但也有例外情況，如英法政府曾發行過一種永不償還本金的永久性債券，債權人不得要求政府償還本金，若要收回本金，可在流通市場上出售轉讓。

②安全性。債券的安全性表現在債券的發行人一般是政府、與政府有關的公用事業單位、銀行和信用較高的企業等。加之債券的發行和還本付息都有法律保障，使投資者的資金具有較高的安全性。

③流動性。主要表現在債券可以在較大範圍內流通，可以隨時變現。一般來說，一國證券市場發達、交易便利、債務人資信度高、債券期限較短、利息支付方式較靈活，債券的流動性就強；反之，流動性較弱。

④收益性。由於債券的利率一般較為固定且高於儲蓄存款利率，加上本利回收有較高的安全性，因此在市場較為穩定的條件下，債券不失為一種收益性較高的投資工具。

債券與股票的區別表現在以下方面：第一，持有者權利不同。債券所有人是公司的債權人，無權參與公司的經營決策；股票持有者即股東是公司的所有人，對公司的經營具有經營決策的權利。第二，期限不同。債券一般有明確的還本付息期限；而股票則無還本期限，股東只能通過轉讓出售方式收回本金。第三，收益穩定性不同。債券的還本付息受到法律保障，且利息率是固定的，因此，收益較為穩定；股票特別是普通股收益與公司的經營狀況密切相關，具有較大的不穩定性。一般而言，公司經營狀況好，盈利水平高，股票收益就高；反之，股票收益就低。第四，分配和清償順序不同。公司債券的債息支付是作為費用從銷售收入中扣除的，在稅前列支；股息不屬於費用支出，屬於淨收益分配，在稅後利潤中支付。在公司因經營不善倒閉時，債券的清償順序總是位於股票之前。

債券的種類很多，按發行人劃分可分為政府債券與企業債券。政府債券是由政府及政府所屬機構發行的債券，包括中央政府債券、地方政府債券和政府機構債券；企業債券又稱公司債券，是公司為籌措資金而發行的債務憑證，所籌資金主要用於長期投資和擴大生產規模。公司債券的發行者多為一流的大公司，但信用度仍不能與政府債券相比，因此，風險較大，利率一般高於政府債券。

9.3.3 股票市場

股票市場由發行市場和流通市場組成。發行市場是流通市場的前提和基礎，而流通市場則是發行市場生存和壯大的必要條件。有了發行市場的股票供應，才有流通市場的股票交易，股票發行的種類、數量和發行方式決定著流通市場的規模和運行，而流通市場為股票的轉讓提供保證，才使發行市場充滿活力和生機。

因此，兩者相互依存又相互制約，是股票市場不可或缺的組成部分。

(1) 股票發行市場

股票發行市場稱為一級市場，是新股票初次發行的市場，也是股份公司籌集社會閒散資金，將其轉化為生產資金的場所。

按發行方式的不同，股票發行可分為公募發行和私募發行。

①公募發行。公募發行又稱公開發行，是以不特定的廣大投資者為發行對象公開推銷股票的方式。這種發行方式有利於擴大股東範圍，分散持股，防止股票被少數人操縱，還可以增強股票的流動性。但對公司要求較高，且手續比較複雜，費用較高。

②私募發行。私募發行又稱非公開發行，是指發行者只對特定的發行對象推銷股票的方式。這種發行方式通常在股東配股和私人配售的情況下採用，有利於節省費用，降低發行成本，但股票流動性差，不能在市場上公開出售轉讓。

(2) 股票流通市場

股票流通市場又稱二級市場，是已發行在外的股票進行買賣交易的場所。股票流通市場通常可分為有組織的證券交易所和場外交易市場，此外，還存在具有混合特徵的第三市場和第四市場。

①證券交易所是由證券管理部門批准的，為證券的集中交易提供固定場所和有關設施，並制定各項規則以形成公正合理的價格和有條不紊的秩序的正式組織。世界各國的證券交易所的組織形式大致有兩類：公司制證券交易所和會員制證券交易所。

②場外交易市場是相對於證券交易所而言的。凡是在證券交易所之外的股票交易活動都可稱作場外交易。由於這種交易起先主要是在各證券商的櫃臺上進行的，因而也稱為櫃臺市場。場外交易市場與證券交易所相比，沒有固定的集中的場所，而是分散於各地，規模有大有小，由自營商來組織交易。場外交易比證券交易所受的管制少，更顯得靈活方便，因而，為中小型公司和具有發展潛力的新公司提供了二級市場，特別是許多新科技型公司。

③第三市場是指原來在證券交易所上市的股票移到場外進行交易而形成的市場。可以這樣認為，第三市場交易是既在證券交易所上市又在場外市場交易的股票，以區別於一般含義的櫃臺市場。

④第四市場是指大機構繞開通常的經紀人，彼此之間利用電子通信網路直接進行的證券交易。

(3) 股票價格

票面價值，即股票票面上標明的金額，表示每股的資本額。但股票的面值並不能表示公司的實際資產價值，也不代表股票的實際價值。

帳面價值，即股票的資本淨值，指每股股票所代表的公司實際資產的金額。它是公司經營管理者、證券分析家和投資者分析公司財務狀況的重要招標，其計算公司如下：

每股股票的帳面價值＝（資產總額－負債總額）／股票總份額

發行價格，即新股票發售時的實際價格。發行價格可以等於股票的票面金額（平價發行），也可以高於股票的票面金額（溢價發行），或低於股票的票面金額（折價發行）。

市場價格，即由股票市場的供求關係所決定的價格。隨著股票交易的進行，股票的市價每時每刻都在變動。

內在價值，也稱為股票的理論價值，即股票未來收益的現值，其取決於股票收入和市場收益率。股票的內在價值決定股票市場價格，但又不等於市場價格。股票的市場價格受多種因素影響，圍繞著股票內在價值上下波動。

9.3.4 債券市場

債券市場也由發行市場和流通市場構成。

(1) 債券的發行市場

債券的發行市場是將新發行的債券從發行人手中轉移到初始投資者手中的市場。

債券發行主體包括中央政府、地方政府、金融機構、企業等。由於發行主體不同，其發行債券的目的也不盡相同。中央政府和地方政府發行債券主要為了彌補財政赤字和擴大公共投資；金融機構發行債券的目的主要是擴大貸款額，拓展自身業務；企業發行債券的目的相對比較複雜，主要有籌集長期低成本資金、轉移通貨膨脹風險、分散並降低公司整體籌資風險、維持對公司的控製權等目的。

除國債外，債券發行時往往要進行信用評級。債券的信用評級是指按一定的指標體系對準備發行債券的還本付息的可靠程度做出客觀公正的評定。

進行債券信用評級的最主要目的，是為廣大投資者提供投資決策的重要參考。由於受到時間、知識和信息的限制，廣大投資者尤其是中小投資者無法對眾多債券進行分析和選擇，因此，專業的信用評級機構做出的公開的權威性的資信評級，就成了投資者衡量其投資風險及評估其投資價值的最主要依據。此外，債券信用評級還有助於高資信的發行人降低籌資成本，幫助證券監管機構加強對債券的管理等。

目前，國際上公認的最具權威的信用評級機構，主要有美國的標準普爾和穆迪投資服務公司。它們都是獨立的私人企業，不受政府控制。由於擁有詳盡的資料，採用先進的科學分析技術，又有豐富的實踐經驗和大量專門人才，因此做出的信用評級具有很高的權威性和參考價值。標準普爾公司信用等級標準從高到低可劃分為：AAA級、AA級、A級、BBB級、BB級、B級、CCC級、CC級、C級和D級。穆迪投資服務公司信用等級標準從高到低可劃分為：Aaax級、Aa級、A級、Baa級、Ba級、B級、Caa級、Ca級和C級。兩家機構的劃分大同小異，前四個級別債券信譽高，違約風險小，是「投資級」債券，從第五級開始的債券信譽低，是「投機級」債券。

（2）債券的流通市場

債券的流通市場，是指已發行的債券在投資者之間轉手買賣的場所。債券的流通市場可分為有組織的交易所市場和場外交易市場，但絕大多數債券的流通是通過場外市場實現的。這有別於大多數股票集中在證券交易所交易的情況。這主要是因為債券種類繁多，而證券交易所容量有限，難以容納高達數萬種的債券交易；債券頻繁的還本付息的業務處理，將使證券交易所不堪負擔；債券投機性比股票小得多，便於管理，場外交易的簡單管理便已足夠。加之場外交易市場的交易成本低，費用省，因此，場外交易市場成為債券流通市場的核心。

①債券市場供求關係。債券的供給是指新債券的發行和已發債券的出售。一般而言，債券供大於求時，債券價格下跌；反之，債券價格上升。

②市場利率。一般來說，市場利率上升，債券價格會下跌；反之，債券價格上升。

③經濟週期。一般而言，在經濟週期的復甦、繁榮階段，企業需要大量資金進行生產。發行新債券是其籌資渠道之一，發行新債券使得債券供給增加，而需求相對減少，因此債券價格下跌；反之，在經濟衰退、蕭條階段，企業會用過剩資金購買債券，從而增加債券需求，而供給相對減少，因此，債券價格上升。

④宏觀經濟政策。一國實行緊縮的貨幣政策時，由於資金供應緊張，市

場利率會上升，導致債券價格下跌；反之，債券價格上升。

(3) 中國的債券市場

1981年，中國恢復了國庫券的發行，但當時的國庫券採用行政攤派的方式發行，還不具備真正的發行市場。1988年，財政部首次通過商業銀行和郵政儲蓄櫃臺銷售了一定數量的國債，改變了單行政分配的發債方式，這標誌著中國國債發行市場的建立。1991年，中國第一次實現了通過承購包銷發行國債，徹底改變了通過行政分配認購發行國債的辦法。1996年起，公開招標方式被廣泛採用。

中國企業債券的發行採用嚴格的審批制。企業債券發行資格審批嚴格，發行規模和所籌資金用途均受到嚴格限制。2007年8月，中國首只公司債——長江電力公司債券發行，這標誌著中國真正意義上的公司債券的出現。

9.4　金融衍生品市場

9.4.1　遠期交易

遠期交易是20世紀80年代初興起的一種保值工具。它是交易雙方約定在未來某個時期按照預先簽訂的協議交易某一特定產品的合約。該合約規定雙方交易的資產、交換日期、交換價格等，其具體條款可由交易雙方協商確定。

遠期協議主要有遠期利率協定、遠期債券交易、遠期貨幣協定等。

(1) 遠期利率協定

①什麼是遠期利率協定？

假定你是某公司的財務經理，3月30日，你預計自6月1日起將有總額1億元、期限為3個月的遠期資金需求。同時，你還認為，未來利率可能會上升，因此，你打算為公司節省一筆財務費用，對沖利率上升的風險。於是，在4月1日，你從某銀行買了一份2×5的遠期利率協定，約定銀行以4.75%貸給你們公司1億元，合約的參考利率為上海銀行間同業拆借利率（Shibor）。該合約到8月31日為止，約定以360天計一年。如果在6月1日，Shibor真的上升到了5.25%，那麼，由於你事先與該銀行簽訂了遠期利率協定，你就可以以4.75%的利率為公司借入資金1億元，從而成功地通過遠期利率協定規避了利率上升的風險。反之，若市場利率沒有像你預期的那樣上升，而是下跌到了4.00，那麼，公司也必須以4.75%的利率借入1億元。由此可見，銀行就通過遠期利率協定規避了利率下降的風險。

從這個例子中可以看出，遠期利率協定就是交易雙方對未來某一期間的

固定利率合約，不管未來市場利率是多少，按照遠期利率協定，都要支付/收到約定承諾的利率。如果參考利率上升到了合約協定的利率之上，合約的賣方就要向買方支付一筆現金。如果借款者預期借款成本會上升，那麼為了規避這種風險，他就會買進遠期利率協定。如果參考利率下降到合約協定的利率之下，合約的買方就要向賣方支付一筆現金，以補償這其中的差額，因此，希望規避未來利率下降風險的貸款者會賣出遠期利率協定。遠期利率協定可以鎖定利率。但是，遠期利率協定的交易並非一點風險也沒有。在上面的例子中，當 Shibor 上漲到 5.25% 以後，你們公司固然可以獲一定的補償，但如果未來利率下降了，買方必須補償賣方，他就得不到利率下降帶來的任何好處。就像上面的例子中，當 Shibor 下跌到 4% 後，你們公司就必須支付相對於市場利率更高的利息。

②遠期利率協定基本要素。

遠期利率協定主要包含以下一些基本要素：

名義本金：實際上，真正的遠期利率協定的交易者並不一定需要像上面的例子中那樣需要借入或貸出資金，一部分交易者純粹基於對未來利率走勢的變動簽訂遠期利率協定來獲取利率波動的收益。真正的遠期利率協定中並沒有本金的交換，貸款或存款都只是名義上的資金，買方/賣方沒有義務在市場上實際地貸出或存入他們的資金。由於沒有本金的交換，遠期利率協定是一種資產負債表外的工具，它所涉及的風險只是利率風險，而不會對本金安全構成威脅。在上面的例子中，名義本金就是 1 億元。

遠期期限：遠期利率協定通常以 $m \times n$ 的形式來表示它的期限。m 表示合約在 m 個月後開始生效，n 表示合約在四個月後結束。例如，一份 1×4 的遠期利率協定就表示 1 個月後開始生效，4 個月後結束的遠期合約，它的實際期限為 3 個月。

在上面的例子中，遠期期限為 2×5，即在兩個月後的 6 月 1 日開始生效，5 個月後合約終止。通常有以下一些遠期期限，見表 9-3。

表 9-3　　　　　　　　　常見的遠期期限

3 個月系列			6 個月系列		
	遠期開始	遠期結束		遠期開始	遠期結束
1×4	1 個月	4 個月	1×7	1 個月	7 個月
2×5	2 個月	5 個月	2×8	2 個月	8 個月
3×6	3 個月	6 個月	3×9	3 個月	9 個月
6×9	6 個月	9 個月	6×12	6 個月	10 個月

合約利率，即遠期利率協定交易雙方約定交換的利率水平。在上面的例子中，合約利率就是 4.75%。

參考利率，即雙方在合約交割時所參考的利率。參考利率一般是某種貨幣市場利率，如倫敦同業拆借利率。在上面的例子中，參考利率就是上海銀行間同業拆借利率。中國遠期利率協定的參考利率可以是全國銀行間同業拆借中心發布的 Shibor，也可以是中國人民銀行公布的基準利率。參考利率的作用在於，在合約到期日，將參考利率與合約利率加以比較，以確定交易雙方的利息補償。一般而言，如果參考利率高於合約利率，遠期利率協定的賣方就要向買方按照名義本金額、參考利率與合約利率之間的利差，支付一定的利息補償；反之，買方要向賣方支付相應金額的利息補償。

年準基，即一年是以 365 天還是以 360 天計算。上面的例子中，年基準就是 360 天。

確定日，即合約生效的日期。上例中的合約生效日為 6 月 1 日。

到期日，即合約終止的日期。上例中的合約到期日為 8 月 31 日。

③遠期利率協定結算支付額。

若在 6 月 1 日，Shibor 上升到了 5.25%，這時參考利率高於 4.75% 的合約利率。雖然你從某銀行買入了 2×5 的遠期利率協定，但它必須在貨幣市場上以 5.25% 的利率籌集資金，以滿足生產流通的需求。由於參考利率上升到了合約利率之上，因此，該銀行就必須向你們公司支付其間的利差，以補償該公司在 6 月 1 日借入 1 億元的額外利息損失。

(2) 遠期債券交易

另一項管理利率風險的遠期交易就是債券遠期交易。它是交易雙方約定在未來某一日期，以約定價格買賣一定數量標的金融合約。比如，假設某只國債的票面年利率為 6%，半年付息一次，付息日分別為 5 月 20 日。若甲認為，三個月之後市場利率會下跌到 4%，因此，該債券的市場價格會上漲。所以在達甲乙雙方達成交易的當日，該債券已支付了全部的應計利息。進一步假設 5 月 20 日市場利率同樣為 6%，該債券當時的市場價格與其面值相同，即每份債券的價格為 100 元。但是，甲預期 3 個月後市場利率會下降到 4%。甲乙兩公司在某個 5 月 20 日達成一筆遠期債券交易協議。它們約定，3 個月之後，即 8 月 20 日甲從乙那裡買入每份面值 100 元、總共 100 萬份某只國債，即遠期買入該債券的面值總額為 1 億元。若協定的價格（淨價）為 100.5 元/份，則到了 8 月 20 日，無論該債券的（淨）市場價格高於還是低於 100.5 元，甲都要向乙支付相應的金額，乙則向甲轉讓約定的 100 萬份該債券。

若半年後市場利率真的下跌到了 4%，該債券（不含應計利息）的價格約

為101.923,1元。對甲而言，通過這樣一筆遠期債券交易，就獲得了相應的收益。

債券遠期合約的主要內容如下。

標的債券：遠期交易的債券對象。比如遠期交易的某一只國債、中央銀行債券或金融債券等。

標的債券數量：遠期交易的標的債券面值總額，單位為萬元。

成交日：交易雙方訂立成交合同的日期。上面的例子中，成交日即為5月20日。

結算日：交易雙方約定的進行債券交割和資金支付的日期。在上面的例子中，結算日是每年的11月20日。

遠期交易期限：成交日至結算日的實際天數，含成交日，不含結算日。中國債券遠期交易期限最短為2天，最長為365天。交易雙方可在此區間內自由選擇交易期限，但不得展期。

最小交易數額：每一筆遠期債券交易合約的起始金額，債券遠期交易數額最小為債券面額十萬元，交易單位為債券面額一萬元。

遠期交易淨價：交易雙方在成交日約定、在結算日進行交割的標的債券的淨價，單位為元/百元面值；淨價就是債券當時的市場價格與債券包含的應付利息之間的差額。之所以以淨價交易，是因為在交割結算之前，遠期交易的債券是由賣方持有的，其應付利息應歸遠期債券的賣方所有。

應計利息：上次付息日（或起息日）至結算日為止（不含結算日）累計的按百元面值計算的債券發行人應支付債券所有人的利息，單位為元/百元面值。

結算金額：遠期交易結算時，買方向賣方支付的資金額。結算金額應該包括應計利息。在上面的例子中，從5月20日至8月20日，有3個月的應計利息，即每份100元面值債券的應計利息為1.5元，100萬份債券總應計利息為150萬元，應歸賣出方乙所有。所以甲應向乙支付的總金額應該為1.02億元〔（100.5+1.5）×100萬〕。

結算方式：交易雙方約定採用的債券交割和資金支付方式，包括券款對付、見券付款和見款付券三種。券款對付是指在結算日債券交割與資金支付同步進行並互為約束條件的一種債券交易結算方式。見券付款是指在結算日遠期債券買方得知賣方有履行合約所需的足額債券，即向對方劃付款項並予以確認的遠期債券結算方式。見款付券則與見券付款相反，它是指遠期債券賣方（付券方）確定收到賣方（收券方或付款方）應付款項後予以確認，要求中央結算公司辦理債券交割的結算方式。

為了控製遠期債券交易的流動性風險和市場風險，單只債券遠期交易賣出與買入總餘額占該只債券流通量的比例分別不得超過20%；同時，市場參與者遠期交易賣出總餘額與其可用自有債券總餘額的比例不得超過200%；市場參與者遠期交易淨買入總餘額與其實收資本（淨資產、基金資產淨值、人民幣營運資金）的比例不得超過100%。為了保證雙方履行遠期交易合同，交易雙方可按照交易對手的信用狀況協商設定保證金或保證券。

　　(3) 遠期外匯交易

　　遠期外匯交易是以按當前約定的匯率並在約定的未來某一個日期進行交割的外匯交易協定。

　　例如，某年7月10日，一家德國公司從美國進口了一批機器零部件，在三個月後用美元付款，公司現在只有歐元，沒有美元。但是，三個月後美元與歐元之間的匯率可能會發生變化，使該公司的進口成本上升。於是，該公司的財務經理進行了一筆遠期外匯交易，於7月10日按約定的匯率買進三個月的遠期美元，賣出歐元。某年10月10日清算時，不管這一天的美元兌歐元的匯率是多少，都必須按照最初約定的遠期匯率交換美元和歐元。可見，純遠期外匯交易以當前確定的匯率鎖定了未來不確定的匯率，從而規避了匯率風險。

　　在遠期外匯交易中，遠期匯率如何確定呢？為了說明這個問題，我們先來看一個例子。假設現在三個月期美元和歐元的存款利率分別是5.5%和3.5%，當前美元與歐元之間的即期匯率是1∶1.122,0，即1美元可以換回1.122,0歐元，再假定你有1,000美元。那麼，你有這樣兩種選擇。

　　選擇一：如果你存入1,000美元，期限三個月，利率為5.5%，那麼，到期時你得到的利息總額為：

$$1,000 \times \frac{5.5}{100} \times \frac{90}{360} = 13.75 \text{ 美元}$$

　　三個月後你的本息總額為1,013.75美元。

　　選擇二：將這1,000美元換成歐元，存期三個月。按照當前的即期匯率，你可以換回1,120歐元。三個月後，你的這筆歐元存款的本息為：

$$1,120 \times \left(1 + \frac{3.5}{100} \times \frac{90}{360}\right) = 1,129.8 \text{ 歐元}$$

　　如果三個月後的遠期匯率與當前的匯率相同，那麼三個月後你將歐元存款的本息換回美元時，你可以得到1,008.75美元，比你直接用美元存款少了5美元。這表明存在套利空間。

　　但是，套利者會充分地利用這個套利機會。不管是用歐元存款，還是用

美元存款，三個月後用同一種貨幣來計值時，存款的本息總額應該是相等的，設遠期匯率為 e，則有：

$$1,013.75 = \frac{1,129.8}{e}$$

得到遠期匯率應該為 1.114,5。

在中國現在的遠期結售匯，實際上是一種很特殊的遠期外匯交易。如果某企業剛剛簽訂了一份出口合同，合同金額為 2,000 萬美元，但要在六個月之後才能收到貨款。現在美元與人民幣之間的匯率為 1：6.25。但如果六個月後美元兌人民幣的匯率貶值到 1：6.000,0，那麼，該公司出口所獲得的 2,000 萬美元就只能換回 1.2 億元人民幣了，相對於原來的 6.250,0 匯率而言，就減少了 500 萬元人民幣的出口收入。為了規避這種風險，該公司可與某一銀行——比如說，中國銀行——簽訂一份遠期結匯合約。雙方約定，甲公司在六個月後以 1：6.250,0 的匯率賣給中國銀行 2,000 萬美元。不管六個月後美元與人民幣之間的匯率發生什麼變化，雙方都是按照事先約定的匯率結算的。這對中國銀行而言，叫作遠期結匯。相反，如果甲公司簽訂了進口 2,000 萬美元的進口合同，在六個月後付款，如果它擔心人民幣在六個月後與美元之間的匯率會下跌到 1：6.500,0，那麼它同樣可以與中國銀行簽訂遠期外匯交易合約，約定在六個月後以 1：6.250,0 的匯率從中國銀行購買 2,000 萬美元的外匯。這對中國銀行而言就是遠期售匯。可見，通過遠期結售匯，就鎖定了外匯交易的匯率，避免了匯率波動的風險。

9.4.2 期貨

(1) 什麼是期貨與期貨交易

期貨就是在遠期交易基礎上發展起來的一種衍生產品。期貨是買賣雙方約定的，在將來的某一天，以合約約定的價格、數量，買入或者賣出某項特定商品的一種標準化合同。期貨交易就是在期貨交易市場內買賣各種商品標準化合同的行為。

期貨按照其原生產品的不同可以分為商品期貨和金融期貨。商品期貨就是以實物商品為原生產品的期貨，如銅、綠豆、穀物、小麥、石油等期貨交易。金融期貨，顧名思義就是金融原生產品為交易對象的期貨交易。金融期貨主要包括利率期貨、股指期貨與貨幣期貨等。

利率期貨是指在期貨市場上所進行的標準化的以債券利率為主要原生產品的期貨合約。由於債券的價格與利率水平密切相關，因此被稱為利率期貨。1994—1995 年，中國開展的國債期貨實際上就是一種利率期貨。隨著中國債

券市場交易規模的擴大，以及利率市場化的深入，未來中國定會重新推出利率期貨合約。

股指期貨是股票價格指數期貨的簡稱，是指以股票價格指數為交易對象的標準化期貨合約。由於股票指數是當期股票價格平均值與基期價格平均值之間的比率，並不是實在性的金融資產，其本身無法進行交割，所以，這種交易通常採用的是現金交割方式。股指期貨的出現，使投資者可以在更為廣泛的範圍內投資於整個股市而不只是單只股票上，從而避免了進行證券組合投資的麻煩。中國金融期貨交易所的滬深300指數期貨合約就是標準化的、採用現金交割的金融期貨。

外匯期貨是以各種可以自由兌換的外國貨幣作為交易對象的標準化期貨合約，在最終交易日按照當時的匯率將一種貨幣兌換成另外一種貨幣的期貨合約。外匯期貨是國際上出現最早的金融期貨。目前，較為活躍的外匯期貨主要有美元、英鎊、歐元、日元等。

期貨交易的過程大致可以概括為建倉、持倉、平倉或實物交割。建倉也叫開倉，是指交易者新買入或新賣出一定數量的期貨合約。期貨合約到期時，就要進行平倉。一般有兩種平倉方式，即：實物（或現金）交割和對沖平倉。實物（或現金）交割就是用實物（或現金）交收的方式來履行期貨交易的責任。因此，期貨交割是指期貨交易的買賣雙方於合約到期時，對各自持有的到期未平倉合約按交易所的規定履行實物（或現金）交割，了結其期貨交易的行為。然而，進行實物交割的是少數，一般都在最後交易日結束之前擇機將買入的期貨合約賣出，或將賣出的期貨合約買回，即通過一筆數量相等、方向相反的期貨交易來衝銷原有的期貨合約，以此了結期貨交易，解除到期進行實物交割的義務。這種買回已賣出合約，或賣出已買入合約的行為就叫對沖平倉。建倉之後尚沒有平倉的合約，叫未平倉合約或未平倉頭寸，也叫持倉。

（2）期貨交易的特點與期貨市場的功能

期貨交易有以下幾個方面的基本特徵：

①場內交易。期貨交易是在有組織的交易所進行的，屬於場內交易。比如，中國就有大連商品交易所、鄭州期貨交易所、上海期貨交易所、中國金融期貨交易所。每個交易所都買賣不同商品的期貨合約。例如，上海期貨交易所買賣的期貨合約為黃金、白銀、銅等金屬；股指期貨合約則是在中國金融期貨交易所買賣的。

②公開競價。交易是集中在期貨交易所以公開競價的方式進行的，不是一對一私下簽訂契約。只有交易所會員或其委託的代表有資格直接進入交易

所進行期貨交易，一般投資者只能委託經紀公司代理交易，這一點與證券交易所的股票交易沒什麼區別。

③標準化合約。期貨交易合約是標準化的。每一份期貨合約都有固定的金額、交割時間、交割期限等，期貨投資者無法自行決定。後面會具體地介紹期貨合約的主要內容。

④風險管理或賺取差價收益。交易目的不是獲得實物商品，而是轉移有關商品的價格風險或賺取期貨合約的買賣差價收益。比如，儘管一些國際金融機構並不需要大量的原油、銅、黃金等實物商品，但國際商品期貨的交易量大多是由它們買賣的，其目的就在於獲得商品期貨價格波動的收益。

⑤保證金交易。投資者在進行期貨交易時，只需繳納少量的保證金和佣金即可。

用少量的資本做成大量的交易，是期貨交易的一大特點。一般情況下，保證金金額約占合約價格的5%~18%，大多數期貨交易的保證金甚至不超過15%。如果保證金為5%，也就意味著自己用5萬塊就可以實現總額達100萬元的期貨交易。所以，期貨交易是一種「以小搏大」的槓桿交易。期貨保證金分為初始保證金和追加保證金，保證金比率會隨著風險的變化而調整。風險越高，要求的保證金比率就會越高。初始保證金就是在開始買賣某種期貨合約時，按照交易所規定的保證金比率而繳納的保證金數額。但是，期貨的市場價格是每天都在變化的。為了保證買賣雙方的履約，期貨買賣實施逐日盯市結算與零負債制度。具體說來是依據每天的成交、平倉、持倉以及盈虧狀況，來調整保證金數額，這就是追加保證金。如果期貨價格的變化與交易者原來的預期完全相反，經盯市結算後，交易者保證金帳戶的權益出現了負值，這種情形就叫爆倉。

一般而言，期貨市場的功能主要有兩個方面：

第一，價格發現。價格發現是指期貨市場上買賣雙方通過公開、公平、公正的競爭，不斷更新期貨交易商品的未來價格，並使之逼近某一均衡水平，從而為未來的現貨價格確定提供充分信息的過程。

第二，規避風險。規避風險指的是期貨交易的產品的持有者在期貨市場上買進或賣出與其所持產品數量相當、但交易方向相反的期貨合約，以期抵償因現貨市場價格變動而帶來的實際價格風險的過程。這個過程就是對沖，或叫掉期交易。

（3）期貨市場上的套期保值與期貨投機

人們購買期貨的目的有兩類，即套期保值和期貨投機。

①套期保值。

套期保值是指交易者在現貨市場買賣某種原生產品的同時，在期貨市場中設立與現貨市場相反的頭寸，從而將現貨市場價格波動的風險通過期貨市場上的交易轉嫁給第三方的一種交易行為。

套期保值交易可以降低企業的財務風險，但要進行有效的套期保值，必須遵循以下四個原則：交易方向相反；原生產品相同；交易數量相等；月份相同。

交易方向相反，即在現貨和期貨市場上同時或先後採取相反的買賣行為，從而建立起一種互相衝銷的機制。具體地說，在現貨市場上買進（或賣出）的同時，在期貨市場上賣出（或買進）該原生產品的期貨合約。這樣，套期保值才能取得在一個市場上虧損的同時，而在另一個市場上必定會盈利的結果，兩者相抵，才能達到保值的目的。

原生產品相同是指套期保值所選擇的期貨產品必須與現貨市場上買賣的原生產品種類相同。例如，你在現貨市場上買進股票，但在期貨市場上賣出外匯，或者現貨市場上買入的是 A 股票，而在期貨市場上賣出的是 B 股票，這樣就達不到套期保值的目的。

交易的數量相等是指在做套期保值時，選擇的期貨合約的數量要與在現貨市場上買進或者賣出的實際數量相等，只有這樣才能達到套期保值的效果。

月份相同是指所選用的期貨合約的交割月份最後與交易者將來在現貨市場上實際買進或賣出的現貨商品的時間相同或相近。這是因為相同或相近的期貨價格與現貨價格會互相趨同，才能到交割月份進行對沖，完成套期保值交易。

②期貨投機。

與套期保值不同，期貨投機交易的目的不是對沖風險，而是投機者通過預測未來價格的變化，利用自己的資金買賣期貨合約，以期在價格出現對自己有利的變動時對沖平倉、獲取利潤的行為。平倉是指期貨交易者買入或者賣出與其所持期貨合約的品種、數量及交割月份相同但交易方向相反的期貨合約，了結期貨交易的行為。

期貨投機純粹是一種買空賣空行為，即實際上是對期貨合約的買賣，並不需要擁有實際的原生產品。當投機者預測期貨價格會上漲時，他就進行多頭交易，買入期貨合約，並在漲勢過程中適時地賣出手中的期貨合約，從而獲得價差利潤。當他認為期貨價格會下跌時，他就進行空頭交易，賣出期貨合約，在價格下跌過程中以較低的價格買入相同數量的合約，以補足先前賣出的合約，即通過空頭回補在高價賣出低價買入的差價中獲得利潤。

(4) 期貨合約的主要內容

期貨合約是由期貨交易所制定的、高度標準化的、受法律約束並在將來某一特定地點和時間交割某一特定原生產品的交易合同。在介紹期貨合約的主要內容之前，先看看上海期貨交易所黃金期貨合約的標準條款。如表 9-4 和表 9-5：

表 9-4　　　　　上海期貨交易所黃金期貨標準合約的主要內容

交易品種	黃金
交易單位	1,000 克/手
報價單位	元（人民幣）/克
最小變動價位	0.01 元/克
每日價格最大波動限制	不超過上一交易日結算價±5%
合約交割月份	1～12
交易時間	上午 9:00—11:30 下午 1:30—3:00
最後交易日	合約交割月份的 15 日（遇法定假日順延）
交割日期	最後交易日後連續五個工作日
交割品級	金含量不小於 99.95%的國產金錠及經交易所認可的倫敦金銀市場協會（LBMA）認定的合格供貨商或精煉廠生產的標準金錠
交割地點	交易所制定交割金庫
最低交易保證金	合約價值的 7%
交易手續費	不高於成交金額的萬分之二（含風險準備金）
交割方式	實物交割
交易代碼	AU
上市交易所	上海期貨交易所

資料來源：上海期貨交易所網站

表 9-5　　　　　中國金融期貨交易所滬深 300 股指期貨合約主要內容

合約標的	滬深 300 指數
合約乘數	每點 300 元
報價單位	指數點
最小變動價位	0.2 點
合約月份	當月、下月及隨後兩個季月
每日價格最大波動限制	上一個交易日結算價的±10%
最低交易保證金	合約價值的 12%

表9-5(續)

最後交易日	合約到期月份的第三個周五，遇國家法定假日順延
交割日期	同最後交易日
交割方式	現金交割
上市交易所	中國金融期貨交易所

任何一家期貨交易所交易的期貨合約，都有類似於上海期貨交易所黃金期貨合約中某些條款的內容。這裡介紹主要期貨合約條款：

①交易單位。

對於同一交易所的同一種期貨品種，它的每份合約的交割數量是統一固定的，但同一次交易可以買賣多份期貨合約。比如，上海期貨交易所黃金期貨的交易單位為1,000克/手，每次交易都按整數手買賣；合約總值就等於當時的期貨價格與交易手數、交易單位的乘積。在期貨交易中，之所以要將交易單位標準化，其主要目的在於最大限度地簡化期貨交易過程，以便使期貨交易成為一種只記錄期貨合約買賣數量的交易。

②最小變動價位。

最小變動價位，又稱最小波幅，是指期貨交易所公開競價或計算機自動撮合過程中，商品或金融期貨價格報價的最小變動金額。上海黃金期貨價格的最小變動單位就是0.01元/克。滬深300股指期貨合約的最小變動單位為0.2點。最小變動金額的計算公式為：

最小變動金額=最小變動價位×合約交易單位

一般說來，針對不同的期貨品種，最小變動價位也不相同。如英鎊期貨的最小變動價位為0.000,5美元，加拿大元期貨的最小變動價位為0.000,1美元。中國黃金期貨與滬深300指數期貨合約的最小變動單位就很不同，這是由交易的標的工具的屬性決定的。

③每日最高波動幅度。

每日最高波動幅度，又稱漲跌停板幅度，是指交易所規定的在一個交易日內期貨價格的最高漲跌幅度限制。這一點與我們的股票市場漲跌停板限制完全相同。上海黃金期貨價格的最大波動幅度就是不超過上一個交易日結算價的±5%。若一個交易日內期貨價格波動幅度超過了這一限制，交易所將會停止當日交易，第二天的交易將在漲跌停板的基礎上重新開始。期貨交易中設置漲跌停板的主要目的，是對期貨交易的價格變動幅度進行控製，以限制風險，促使期貨投資者在期貨價格出現猛漲或暴跌行情時，能夠調整行為，避免重大損失。

④標準交割時間。

標準交割時間包括標準交割月份和標準交割日期。標準交割月份也叫合約月份，是指由各個交易所自己規定的期貨合約交割的未來月份。標準交割日期是指期貨交割月份的具體交割日。例如，倫敦國際金融期貨交易所規定交割月份的第二個星期三為交割日，芝加哥貨幣市場規定的交割日為交割月份的第三個星期三。上海期貨交易所的黃金期貨交割月份為1—12月，交易日期為最後交易日後的連續五個交易日，滬深300股指期貨的交割時間為合約到期月份的第三個周五。

⑤保證金。

保證金是指為保證合約得以履行而要求期貨投資者向結算會員（經紀人或經紀公司）儲存的保證金，以保證期貨價格發生變動時虧損一方能夠及時支付。設置保證金的目的有三個：有效地控製期貨市場風險；向在交易所內進行的期貨交易提供履約擔保；保證交易所的財務安全性、完整性和健全性。正如前述，由於期貨價格的波動，期貨交易所可能會要求追求保證金。上海黃金期貨的最低交易保證金比率為7%，中國金融期貨交易所滬深300股指期貨合約的最低保證金比率為12%。保證金的高低主要取決於期貨市場價格波動的頻繁程度和劇烈程度。保證金比率過高，會限制期貨市場的槓桿作用，降低其流動性，影響期貨市場的活躍程度；反之，保證金比率過低，則又不利於控製期貨交易的風險。

(5) 期貨交易風險

雖說期貨市場的產生的初衷主要是規避原生產品價格波動的風險，但由於期貨交易特徵與交易制度，期貨交易本身也具有很高的風險性。期貨交易的風險主要有：

①市場風險。

在期貨交易中，最大的風險來源於市場價格的波動。期貨價格波動會給期貨交易帶來交易盈利或損失。由於期貨交易是保證金交易，具有槓桿效應，期貨交易者的損益會與保證金比率相一致地被放大。當期貨價格與預料的相反時，由於槓桿效應，就可能出現巨額虧損。因期貨價格市場風險而招致巨額損失的機構並不在少數，有的甚至遭受滅頂之災，如專欄中的巴林銀行。

②流動性風險。

這是指期貨交易難以迅速、及時、方便地成交所產生的風險。流動性風險在建倉與平倉時表現得尤為突出。如建倉時，交易者難以在理想的時機和價位入市建倉，難以按預期進行期貨交易；平倉時則難以用對沖方式進行平倉，尤其是在期貨價格呈連續單邊走勢或臨近交割時期時，市場流動性降低，

交易者不能及時平倉，可能會遭受慘重損失。

③強行平倉風險。

期貨交易一般都有每日結算制度。期貨交易所每天都要對交易者的盈虧狀況進行結算，並根據結算結果決定交易者是否追加保證金。當期貨價格波動較大、保證金不能在規定時間內補足的話，交易者可能面臨強行平倉風險。除了保證金不足造成的強行平倉外，如持倉總量超出一定限量時，也會被強行平倉。因此，在交易時，要時刻注意自己的資金狀況，防止因保證金不足而被強行平倉。

④交割風險。

期貨合約都有期限。當合約到期時，所有未平倉合約都必須進行實物交割。若不準備進行實物交割，應在合約到期之前將持有的未平倉合約及時平倉，以免承擔交割責任。在交割時，若現貨市場價格與原來的期貨價格不一致，就會產生交割的風險。

9.4.3 期權

(1) 什麼是期權

在金融領域，也存在類似廣泛的期權交易。只不過，它比我們在一般買賣中交定金的期權要正式得多。期權就是事先以較小的代價購買一種在未來規定的時間內以某一確定價格買入或賣出某種金融工具的權利。其中，購買這種權利所費的代價就是權利金，未來買入或賣出某種金融工具時的價格就是履約價格。

按照不同的履約的時間，期權分為美式期權和歐式期權。美式期權是指期權的購買者可以在期權到期日以及到期日之前的任何時間裡執行權利的期權。與美式期權不同，歐式期權只能在期權的到期日執行期權。實際上，美式期權與歐式期權的差別與地理名稱沒有任何聯繫。在美國期權市場上有不少歐式期權，在歐洲期權市場上也有不少美式期權。

利用期權交易可以很好地進行風險管理。即使未來現貨市場價格出現了未預料到的變化，放棄執行期權的權利，所損失的也只不過是權利費。不過，期權的賣方要承擔較高的風險。

(2) 買入期權與賣出期權

按照購買者的權利來劃分，期權分為兩種，即：買入期權和賣出期權。

①買入期權。

買入期權也叫看漲期權，是指期權的購買者預期某種產品的價格將會上漲時，就以一定的權利金購買在未來約定的時期內以約定的價格購買該種產

品的權利。

②賣出期權。

賣出期權也叫看跌期權，是指期權的購買者預期某種產品的價格將會下跌時，就以一定的權利金購買在未來約定的時期內以約定的價格賣出該種產品的權利。

(3) 期權交易平衡點

在期權交易中，什麼時候不賺不賠呢？或者說未來原生產品的市場價格為多少時，買入期權的購買者才不至於虧損呢？這就需要計算平衡點。買入期權和賣出期權的平衡點的計算方法並不一樣。

買入期權的平衡點為：

平衡點＝履約價格＋權利金

當買入期權的原生產品未來的市場價格高於平衡點時，期權的購買者就有利可圖；反之，如果未來原生產品的價格低於平衡點，那麼，期權購買者執行期權就會虧損，因此，他會放棄執行期權。在上面益智股票的買入期權中，平衡點為18元即履約價格17元加上1元的權利金，因此，當未來益智公司股票的價格高於18元時，期權購買者就可以執行期權，不但可以收回權利金成本，而且還可以獲得一定的利潤。

賣出期權的平衡點為：

平衡點＝履約價格－權利金

當賣出期權的原生產品未來市場價格低於平衡點時，期權的購買者就有利可圖；反之，如果未來原生產品的價格高於平衡點，期權購買者執行賣出期權就會虧損，因此，他會放棄執行期權。上面益智公司股票賣出期權的平衡點為12元即履約價格13元減去1元的權利金。只要益智股票的市場價格低於12元，賣出期權的購買者執行期權就不僅可以收回權利金成本，而且還可以賺取一定的利潤。

(4) 期權的價值

一般而言，期權價格等於期權的內在價值與時間價值之和。期權的內在價值是指期權的溢價部分，即原生金融工具（或者標的金融工具、基礎金融工具）市場價格與履約價格之間的差額。對於買入期權，內在價值等於市場價格減去履約價格。例如，在上面的例子裡，你從王小二那裡買入期權，由於益智股票（原生工具）的市場價格為15元，而履約價格為17元，因此每一份買入期權的內在價值為-2元；對於賣出期權，內在價值等於履約價格減去市場價格。依此計算，在上面賣出期權的例子裡，履約價格為15元，而益智股票當時的市場價格為15元，所以這份賣出期權的內在價值為0。

期權的內在價值可能大於零、小於零，也可能等於零。當期權的內在價值大於零時，就叫實值期權；當期權的內在價值小於零時，就叫虛值期權；當期權的內在價值等於零時，則叫平值期權。

從理論上說，在期權交易中，一個期權是絕不會以低於其內在價值的價格出售的。如果以低於內在價值的價格出售，套利者就立刻買進所有他可能買到的期權並執行期權。他所得的利潤就是溢價部分與低於內在價值的期權價格之間的差額。套利者頻繁套利的結果會使期權的內在價值趨於零。

期權的時間價值是指，隨著時間的延長，相關原生金融工具未來價格的變動可能導致期權增值時，期權的購買者樂意為這一期權所付出的權利金金額。前面已經指出，期權的買方支付期權費後獲得了以約定價格買入或賣出某原生金融工具的權利。對期權的買入者而言，其最大的損失就是他所付出的期權費，並且潛在收益非常高。因此，原生金融工具同樣幅度地上升或下降，對期權價值的影響是不對稱的，使得期權總價值超過了其內在價值，這就是期權時間價值的根本來源。與內在價值不同，通常不易直接計算期權的時間價值，因此，一般將期權的總價值與其內在價值之差視為其時間價值。又以上面你購買的買入期權為例。因為當時益智的市場價格為15元，履約價格為17元，其內在價值為-2元，在這種情況下，你還願意花1元的價格購買一份期權，所以其時間價值為3元。

一般來說，影響期權時期價值的因素有多種。首先，期權的時間價值取決於期權剩餘有效期的長短。剩餘有效期越長，期權的時間價值也就越大，因為對買方而言，期權有效期越長，獲利的機會就越大；對賣方而言，期權的有效期越長，被要求履約的風險也就越大，期權的售價也就越高。期權的時間價值隨著到期日的臨近而減少，到到期日時，時間價值為零。其次，原生金融工具價格的波動性。由於期權的購買者最大虧損額僅限於期權價格，最大盈利額則取決於原生金融工具市場價格與履約價格之差，因此，原生金融工具波動率越大，無論是看漲期權還是看跌期權，其時間價值都應越大。最後，期權的時間價值還受期權內在價值的影響。這一點在上面的例子中就可以看出，無須多說。

（5）金融期權

上面介紹的股票期權實際上就是一種金融期權。除此而言，還有以下幾種金融期權：股指期權、利率期權、貨幣期權和期貨期權。

①股指期權。

股票指數期權，簡稱股指期權，是指期權的購買者在支付一定的權利金後，持有者可以在約定的時期內或到期日，要求期權出售者按實際股票指數

與約定的股票指數之間的差值，以支付現金的方式履約的選擇權。利用股票指數期權可以較好地管理股票價格波動的風險。

股票指數期權是一種特殊的金融期權。一般的金融期權是以某種特定的原生金融產品為標的物，股票指數期權則是以股票的價格指數為標的物的期權。由於股票指數本身並不是實在性的資產，因此與股票期貨一樣，它的交割是以現金支付的。

②利率期權。

利率期權就是買方向賣方支付一筆權利金後，有權利但沒有義務在約定的日期或在此之前以約定的價格買進或者賣出特定數量利率期貨的一種合約。一般而言，利率期權的原生產品就是國庫券、中長期政府債券等。利率期權是規避利率風險的一種有效手段。

利率期權包括買入期權和賣出期權。買入利率期權就是期權的購買者在支付權利金後，在未來以事先確定的利率借入貨幣的權利。賣出利率期權則是期權的購買者在支付權利金後，在未來以事先確定的利率貸出貨幣的權利。

依然假定你是你們公司的財務經理，公司三個月後需要借入5,000萬元的流動資金，現在的市場利率為5.25%。你預計，三個月後的市場利率會上升到5.75%。為了規避利率上升的風險，你可以和甲銀行簽訂一份遠期利率協定，約定三個月後你們以5.25%的利率借入5,000萬元資金。如果利率真的如你所預料的那樣上升了，那麼通過遠期利率協定就有效地規避了利率風險。但是，如果利率是下降到了5.00%，由於遠期利率協定是不可撤銷的，因此按照遠期利率協定中約定的利率借款，你們公司就要多支付0.25%的利率。

為了更有效地規避利率波動的風險，你最好買入利率、買入期權。由於買入期權是一種選擇權，當利率出現了與預期相反的波動時，你就可以放棄執行期權的權利，轉而從市場上以更低的利率融資；反之，若市場利率出現了預料中的變化，你就執行買入期權，以5.25%的利率替公司借入資金。即使加上購買期權的權利金，實際的融資成本也會低於按市場利率借入資金的融資成本。

③貨幣期權。

貨幣期權就是期權的購買者在向期權的出售者繳納權利金後，在未來約定的時間內可以以雙方事先確定的匯率買入或賣出某種貨幣權利。貨幣期權是管理匯率風險、鎖定財務成本的有效方式之一。中國外匯市場上交易的貨幣期權叫人民幣外匯期權，是指在未來某一交易日以約定匯率用人民幣買賣一定數量外匯的權利。在人民幣外匯期權交易中，期權買方以支付期權費

的方式擁有權利，期權賣方收取期權費，並在買方選擇行權時履行以約定的價格買入或者賣出約定外匯的義務。

④期貨期權。

期貨期權是對期貨合約買賣權的交易，包括商品期貨期權和金融期貨期權。一般所說的期權通常是指現貨期權，而期貨期權則是指「期貨合約的期權」。

9.5 外匯市場與黃金市場

9.5.1 外匯與外匯市場

（1）外匯的含義

外匯是國際匯兌的簡稱，具有動態和靜態雙重含義。其動態含義指國際匯兌行為，即人們用一種貨幣兌換另一種貨幣的過程；靜態含義則指以外幣表示的在國際上可以自由兌換且能被各國普遍接受與使用的一系列金融資產。這些金融資產可用於充當國際支付手段、外匯市場干預手段和國際儲備手段等，可充分發揮外匯的多功能作用。

根據1997年1月14日修正後的《中華人民共和國外匯管理條例》第三條，外匯是指下列以外幣表示的可以用作國際清償的支付手段和資產：①外國貨幣，包括紙幣、鑄幣；②外幣支付憑證，包括票據、銀行存款證、郵政儲蓄憑證等；③外幣有價證券，包括政府債券、公司債券、股票等；④特別提款權、歐洲貨幣單位；⑤其他外匯資產。其他外匯憑證包括記帳外匯、租約、地契、房契等。

（2）外匯市場的含義

外匯市場是指經營外幣和以外幣計價的票據等有價證券買賣的市場，是金融市場的主要組成部分。國際上因貿易、投資、旅遊等經濟往來，總免不了產生貨幣收支關係。但各國貨幣制度不同，要想在國外支付，必須先以本國貨幣購買外幣；同時，從國外收到外幣支付憑證也必須兌換成本國貨幣才能在國內流通。這樣就發生了本國貨幣與外國貨幣的兌換問題。兩國貨幣的比價稱為匯價或匯率。西方國家中央銀行為執行外匯政策，影響外匯匯率，經常買賣外匯。所有買賣外匯的商業銀行、專營外匯業務的銀行、外匯經紀人、進出口商以及其他外匯供求者都經營各種現匯交易與期匯交易。這一切外匯業務組成一國的外匯市場。

（3）外匯市場的發展

貿易往來的頻繁及國際投資的增加，使各國經濟形成密不可分的關係。全球的經常性經濟報告如通貨膨脹率、失業率及一些不可預期的消息，如天災或政局的不安定等，皆為影響幣值的因素。幣值的變動也影響了這個貨幣的國際供給與需求。而美元的波動持續抗衡世界上其他的貨幣。國際性貿易及匯率變動的結果造就了全球最大的交易市場——外匯市場，即一個具高效率性、公平性及流通性的一流世界級市場。

國際外匯市場是現行國際市場中最年輕的市場，創建於1971年廢止金匯兌本位的時期。FOREX市場的日流通額達到4萬億~5萬億美金——是世界交易數量最大的市場。再沒有如此穩定和安全的市場。FOREX市場是世界經濟的中樞系統，它總是反應當前時事事件、市場不能承受崩盤和突發事件。

外匯市場是全球最大的金融市場，單日交易額高達1.5兆億美元。在傳統印象中，認為外匯交易僅適合銀行、財團及財務經理人，但是經過這些年，外匯市場持續成長，並已連接了全球的外匯交易人，包括銀行、中央銀行、經紀商及公司組織如進出口業者及個別投資人。許多機構組織包括美國聯邦銀行都透過外匯賺取豐厚的利潤。現今，外匯市場不僅為銀行及財團提供了獲利的機會，也為個別投資者帶來了獲利的契機。

（4）外匯市場的分類

①按外匯市場的外部形態進行分類，外匯市場可以分為無形外匯市場和有形外匯市場。

無形外匯市場，也稱為抽象的外匯市場，是指沒有固定、具體場所的外匯市場。這種市場最初流行於英國和美國，故其組織形式被稱為英美方式。現在，這種組織形式不僅擴展到加拿大、東京等其他地區，而且也滲入歐洲大陸。無形外匯市場的主要特點是：第一，沒有確定的開盤與收盤時間；第二，外匯買賣雙方無須進行面對面的交易，外匯供給者和需求者憑藉電傳、電報和電話等通信設備進行與外匯機構的聯繫；第三，各主體之間有較好的信任關係，否則，這種交易難以完成。目前，除了個別歐洲大陸國家的一部分銀行與顧客之間的外匯交易還在外匯交易所進行外，世界各國的外匯交易均通過現代通信網路進行。無形外匯市場已成為今日外匯市場的主導形式。

有形外匯市場，也稱為具體的外匯市場，是指有具體的固定場所的外匯市場。這種市場最初流行於歐洲大陸，故其組織形式被稱為大陸方式。有形外匯市場的主要特點是：

第一，固定場所一般指外匯交易所，通常位於世界各國金融中心。第二，從事外匯業務經營的雙方都在每個交易日的規定時間內進行外匯交易。在自由競爭時期，西方各國的外匯買賣主要集中在外匯交易所。但進入壟斷階段

後，銀行壟斷了外匯交易，致使外匯交易所日漸衰落。

②按外匯所受管制程度進行分類，外匯市場可以分為自由外匯市場、外匯黑市和官方市場。

自由外匯市場是指政府、機構和個人可以買賣任何幣種、任何數量外匯的市場。自由外匯市場的主要特點是：第一，買賣的外匯不受管制；第二，交易過程公開。例如：美國、英國、法國、瑞士的外匯市場皆屬於自由外匯市場。

外匯黑市是指非法進行外匯買賣的市場。外匯黑市的主要特點是：第一，是在政府限制或法律禁止外匯交易的條件下產生的；第二，交易過程具有非公開性。由於發展中國家大多執行外匯管制政策，不允許自由外匯市場存在，因此這些國家的外匯黑市比較普遍。

官方市場是指按照政府的外匯管制法令來買賣外匯的市場。這種外匯市場對參與主體、匯價和交易過程都有具體的規定。在發展中國家，官方市場較為普遍。

③按外匯買賣的範圍進行分類，外匯市場可以分為外匯批發市場和外匯零售市場。

外匯批發市場是指銀行同業之間的外匯買賣行為及其場所。其主要特點是交易規模大。

外匯零售市場是指銀行與個人及公司客戶之間進行的外匯買賣行為及場所。

9.5.2 外匯交易

按交割期限不同，外匯交易分為即期外匯業務、遠期業務、外匯期貨、外匯期權等。

（1）即期外匯交易與遠期外匯交易

即期外匯業務也稱現匯業務，是指買賣雙方在外匯買賣成交後，原則上在兩個營業日以內辦理交割（Delivery）的外匯業務。即期外匯業務是外匯市場中業務量最大的外匯業務。特別是從1973年各國普遍實行浮動匯率以來，匯率波動極為頻繁，進出口商為了加速資金週轉和避免匯率波動的風險，經常選擇即期外匯業務。經營外匯業務的銀行，為了及時平衡外匯頭寸，也大量採用即期業務，使即期外匯業務的規模迅速擴大。

遠期外匯業務又稱期匯業務，是一種買賣外匯雙方先簽訂合同，規定買賣外匯的數量、匯率和將來交割外匯的時間。到了規定的交割日期買賣雙方再按合同規定，賣方交付外匯，買方交付本幣現款的外匯交易。通過遠期外

匯交易買賣的外匯稱為遠期外匯或期匯。遠期外匯結算到期日以1個星期、2個星期、1個月期、2個月期、3個月期、6個月居多，有的可達1年或1年以上。

從事國際貿易的進出口商，從事外匯業務的銀行都可以通過遠期外匯業務規避外匯風險。對進出口商來說，從事遠期外匯業務可以得到兩方面的好處：一是可以在將來某一特定時間以合約規定的匯率出售或購買合約中規定數量的外匯，而不管在支付或收到外匯貨款時匯率發生了什麼變化，從而規避了外匯風險。二是雖然外匯貨款的收付在將來才發生，但通過遠期外匯業務，出口商或進口商在簽訂貿易合同時就可以精確地計算出貿易合同的本幣價值，有利於成本核算。

也有一部分投機者利用遠期外匯市場進行外匯投機。當投機者預測某種外匯在將來的市場價格將超過目前市場遠期匯價時，在遠期外匯市場買進遠期外匯進行投機；相反，當投機者預測該貨幣在將來的市場價格將低於當前市場遠期匯價，在遠期外匯市場賣出遠期外匯。

(2) 套利與套匯

套匯又稱地點套匯，它指套匯者利用不同外匯市場之間出現的匯率差異同時或者幾乎同時在低價市場買進，在高價市場出售，從中套取差價利潤的一種外匯業務。由於空間的分割，不同外匯市場對影響匯率諸因素的反應速度和反應程度不完全一樣，因而在不同的外匯市場上，同一種貨幣的匯率有時可能出現較大差異，這就為異地套匯提供了條件。

套匯業務有兩種形式，即直接套匯和間接套匯。直接套匯又稱「雙邊套匯」或「兩角套匯」，這是指利用兩個外匯市場之間出現的匯率差異而進行的套匯活動。間接套匯又稱「多邊套匯」或「三角套匯」，是指套匯者利用三個不同外匯市場中三種不同貨幣之間交叉匯率的差異，同時在這三個外匯市場賤買貴賣，從中賺取差額利潤。

(3) 套利業務

套利又稱利息套匯，是指套利者利用金融市場兩種貨幣短期利率的差異與這兩種貨幣遠期升（貼）水率之間的不一致進行有利的資金轉移，從中套取利率差或匯率差利潤的一種外匯買賣。

由於金融市場自身調節機制和投機者行為的作用，國際金融市場上高利率的貨幣遠期匯率一般表現為貼水，低利率的貨幣期匯匯率表現為升水，而且根據利率平價理論，從長期來看，兩種貨幣的利率差異與這兩種貨幣之間的遠期升（貼）水趨於相等。但是，在任意給定的一個時點上，兩種貨幣的利率差異往往不等於它們之間的遠期升（貼）水水平。此時，投機者就可以

利用這種「不一致」進行有利的資金轉移，從中套取利潤。我們把國際金融市場上兩種貨幣的利率差異和遠期升（貼）水不相等稱為「利率平價」失衡。「利率平價」失衡是投機者從事套匯活動的基本條件，而具體的套利途徑要視情況的差異而定。

9.5.3 黃金市場

1973 年 3 月因美元貶值，再次引發了歐洲拋售美元、搶購黃金的風潮，至此布雷頓森林貨幣體系完全崩潰，從此也開始了黃金非貨幣化的改革進程。國際貨幣基金組織在 1978 年以多數票通過批准了修改後的《國際貨幣基金協定》。該協定刪除了以前有關黃金的所有規定，宣布黃金不再作為貨幣定值標準，廢除黃金官價，規定可在市場上自由買賣黃金。

黃金非貨幣化的 20 年來也正是世界黃金市場得以發展的時期。可以說，黃金非貨幣化使各國逐步放鬆了黃金管制，是當今黃金市場得以發展的政策條件。國際黃金非貨幣化的結果是，黃金成為了可以自由擁有和自由買賣的商品。黃金從國家金庫走向了尋常百姓家，其流動性大大增強，黃金交易規模擴大，因此為黃金市場的發育、發展提供了現實的經濟環境。同樣需要指出的是，國際貨幣體系中黃金非貨幣化的法律過程已經完成，但是黃金在實際的經濟生活中並沒有完全退出金融領域，當今黃金仍作為一種公認的金融資產活躍在投資領域，充當國家或個人的儲備資產。

當今的黃金分為商品性黃金和金融性黃金。國家放開黃金管制不僅使商品黃金市場得以發展，同時也促使金融黃金市場迅速地發展起來。並且由於交易工具的不斷創新，幾十倍、上百倍地擴大了黃金市場的規模。現在，商品黃金交易額不足總交易額的 3%，占市場份額 90% 以上的是黃金金融衍生物，而且世界各國央行仍保留了高達 3.4 萬噸的黃金儲備。在 1999 年 9 月 26 日歐洲 15 國央行的聲明中，再次確認黃金仍是公認的金融資產。因此我們不能單純地將黃金市場的發展歸結為黃金非貨幣化的結果，也不能把黃金市場視為單純的商品市場。客觀的評價是：在國際貨幣體制的條件下，黃金開始由貨幣屬性主導的階段向商品屬性迴歸的階段發展，國家放開了黃金管制，使市場機制在黃金流通及黃金資源配置方面發揮出日益增強的作用。但目前黃金仍是一種具有金融屬性的特殊商品。

9.5.4 黃金市場交易

（1）世界主要的黃金市場

不論是商品黃金市場，還是金融性黃金市場都得到了發展。商品黃金交

易與金融黃金交易在不同地區、不同市場中的表現和活躍程度有所不同。據不完全統計，現在世界上有 40 多個黃金市場，具體分佈情況如表 9-6。

表 9-6　　　　　　　　　　　世界各國黃金市場

洲別	國別	市場名稱	洲別	國別	市場名稱
歐洲	瑞士	蘇黎世	亞洲	黎巴嫩	貝魯特
	英國	倫敦		印度	孟買、新德里、加爾各答
	法國	巴黎		巴基斯坦	卡拉奇
	比利時	布魯塞爾		新加坡	新加坡
	德國	法蘭克福		中國	香港、澳門
	義大利	米蘭、羅馬		日本	東京、橫濱、神戶
	葡萄牙	里斯本		泰國	曼谷
	荷蘭	阿姆斯特丹		菲律賓	馬尼拉
	土耳其	伊斯坦布爾		以色列	特拉維夫
	瑞典	斯德哥爾摩	美洲	加拿大	多倫多、溫尼伯
	希臘	雅典		烏拉圭	蒙德維的亞
非洲	摩洛哥	卡薩布蘭卡		委內瑞拉	加拉加斯
	塞內加耳	達喀耳		墨西哥	墨西哥
	利比亞	的黎波里		巴西	里約熱內盧、聖保羅
	索馬里	吉布提		阿根廷	布宜諾斯艾利斯
	埃及	開羅、亞歷山大		巴拿馬	巴拿馬
	扎伊爾	金莎薩		美國	紐約、芝加哥、底特律、布法羅、舊金山

　　目前世界上比較著名的、有影響的黃金市場主要集中在倫敦、蘇黎世、紐約和中國香港等地。

　　國際上黃金市場的主要投資方式有：金條（塊）、金幣、黃金企業股票、黃金期貨、黃金期權、黃金管理帳戶等。所謂黃金管理帳戶是指經紀人全權處理投資者的黃金帳戶，這是一種風險較大的投資方式。其關鍵在於經紀人的專業知識、操作水平以及信譽程度。

　　（2）國際黃金價格的決定因素

　　20 世紀 70 年代以前，黃金價格基本由各國政府或中央銀行決定，國際上黃金價格比較穩定。20 世紀 70 年代初期，黃金價格不再與美元直接掛鈎，黃金價格逐漸市場化，影響黃金價格變動的因素日益增多。具體來說，供給方面因素主要有：

①地上的黃金存量。全球目前大約存有 13.74 萬噸黃金，而地上黃金的存量每年大約以 2%的速度增長。

②年供求量。黃金的年供求量大約為 4,200 噸，每年新產出的黃金占年供應的 62%。

③新的金礦開採成本。黃金開採平均總成本大約略低於 260 美元/盎司。由於開採技術的發展，黃金開發成本在過去 20 年以來持續下跌。

④黃金生產國的政治、軍事和經濟的變動狀況。

⑤央行的黃金拋售。中央銀行是世界上黃金的最大持有者，1998 年官方黃金儲備大約為 34,000 噸，占已開採的全部黃金存量的 24.1%。

⑥需求因素也影響著黃金的價格，黃金的需求與黃金的用途有直接的關係。黃金的需求主要包括首飾業、工業等相關行業產生的黃金實際需求量，人們出於保值目的而產生的黃金需求量以及由黃金市場上的金價波動而引發的投機需求等。

還有一些其他因素也會影響著黃金價格走勢，如美元匯率。美元匯率也是影響金價波動的重要因素之一。一般在黃金市場上有美元漲則金價跌，美元降則金價揚的規律。美元堅挺一般代表美國國內經濟形勢良好，美國國內股票和債券將得到投資人競相追捧，黃金作為價值貯藏手段的功能受到削弱，而美元匯率下降則往往與通貨膨脹、股市低迷等有關，黃金的保值功能又再次體現。這是因為：首先，美元貶值往往與通貨膨脹有關，而黃金價值含量較高，在美元貶值和通貨膨脹加劇時往往會刺激黃金保值需求和投機性需求上升。其次，各國的貨幣政策與國際黃金價格密切相關。通貨膨脹對金價的影響要做長期和短期的分析，並要結合通貨膨脹在短期內的程度而定。從長期來看，每年的通脹率若是在正常範圍內變化，那麼其對金價的波動影響並不大。只有在短期內，物價大幅上升，引起人們恐慌，貨幣的單位購買力下降，金價才會明顯上升。國際上重大的政治、戰爭事件都將影響金價。政府為戰爭或為維持國內經濟的平穩而支付費用、大量投資者轉向黃金保值投資，這些都會擴大對黃金的需求，刺激金價上揚。如美國「9‧11 事件」曾使黃金價格飆升至近 $300。股市行情對金價有一定影響，如股市下挫，金價上升。這主要體現了投資者對經濟發展前景的預期，如果大家普遍對經濟前景看好，那資金大量流向股市，股市投資熱烈，金價下降。

除了上述影響金價的因素外，國際金融組織的干預活動，本國和地區的中央金融機構的政策法規也將對世界黃金價格的變動產生重大的影響。

9.5.5 中國黃金市場交易的發展

2002 年 2 月 6 日，上海黃金交易所在國家工商行政管理局正式註冊成立。

上海黃金交易所是經國務院批准，由中國人民銀行組建，不以盈利為目的，實行自律性管理的法人。黃金交易所實行會員制組織形式，會員由在中華人民共和國境內註冊登記，從事黃金業務的金融機構，從事黃金、白銀、鉑等貴金屬及其製品的生產、冶煉、加工、批發、進出口貿易的企業法人，並具有良好資信的單位組成。標準黃金、鉑金交易通過交易所的集中競價方式進行，實行價格優先、時間優先撮合成交。非標準品種通過詢價等方式進行，實行自主報價、協商成交。會員可自行選擇通過現場或遠程方式進行交易。如表 9-7 所示。

表 9-7　　　　　　　　　中國黃金交易品種表

交易品種	黃金(Au)					銀(Ag)	鉑(Pt)
合約	Au99.99	Au99.95	Au50g	Au(T+5) Pt(T+5)	Au(T+D)	Ag(YQ)	Pt99.95
交易保證金	100%			10%			107%
交易單位	0.1千克/手	1千克/手	50克/手	1千克/手			
報價單位	元/克					元/千克	元/克
最小變動價位	0.01元/克					1元/千克	0.01元/克
交易時間	10:00—11.30　　　13:30—15:30			9:45—11:30　　　13:30—15:30			10:00—11:30 13:30—15:00
可交割條塊	1千克	3千克	50克	1千克、3千克		15千克	0.5千克、1千克、3千克、4千克、5千克、6千克
可交割成色	99.99%	99.95%以上	99.99%	99.95%以上		99.9%以上	99.95%以上
最小提貨量	1千克	3千克	50千克	1千克、3千克		15千克	3千克
交易方式	自由報價、撮合成交						
提貨方式	擇庫存貨、擇庫取貨（任意制定倉庫取貨）	擇庫存貨、定庫取貨（制定倉庫存取）		擇庫存貨、擇庫取貨（任意制定倉庫存取）		擇庫存貨、擇庫取貨（任意制定倉庫存取）	定庫存貨、定庫取貨（制定倉庫）
交割期	交即時		成交後第5個工作日		交割申請日		成交即時

10 貨幣的供求與均衡

10.1 貨幣需求

10.1.1 前人的貨幣需求思想

人們對貨幣的需求，通常簡稱貨幣需求，是金融理論探索的重要對象。沒有貨幣需求，經濟生活中就不會有貨幣。

中國在古代就有貨幣需求思想的萌芽。例如，約兩千年前的《管子》一書中，有「幣若干而中用」的提法，意思是鑄造多少錢幣可以夠用。當時的思路是以生產按每人平均鑄幣多少即可滿足流通需要，並一直成為中國控製鑄幣數量的主要思路。直至新中國成立前夕，在有的革命根據地議論鈔票發行時，仍然有人均多少為宜的考慮。

在西方，有許多古典經濟學家對於貨幣流通數量的問題做了多方面的理論分析。早在 17 世紀，英國的約翰·盧克（John Looke，1632—1704）就提出了商品價格決定於貨幣數量的學說；後來，貨幣數量論的代表人物大衛·休謨（David Hume，1711—1776）認為：商品的價格決定於流通中的貨幣數量；一國流通中的貨幣代表著國內現有的所有商品價格；貨幣的價值決定於貨幣數量與商品量的對比。法國重農學派的創始人和古典政治經濟學的奠基人魁奈（Francois Quesnay，1694—1774）明確指出了商品流通決定貨幣流通的觀點。

10.1.2 馬克思關於流通中貨幣量的理論

馬克思在提出這一問題時，有時是問流通中「有」多少貨幣，有時是問流通中「需要」多少貨幣，有時是問流通「可吸收」多少貨幣。對於馬克思的這些提問，我們通常用「貨幣必要量」的概念來表述。為了分析方便，馬克思以完全的金幣流通為假設條件。他的論證是：①商品價格取決於商品的價值和黃金的價值，而價值取決於生產過程，所以商品是帶著價格進入流通

的；②商品價格有多大，就需要有多少金來實現它，比如值5克金的商品就需要5克金來購買；③商品與貨幣交換後，商品退出流通，金卻留在流通之中，並可以使另外的商品得以出售，從而一定數量的金流通幾次，就可使相應倍數價格的商品出售。因此，有

$$執行流通手段職能的貨幣量 = \frac{商品價格總額}{同名貨幣的流通次數} \qquad (10.1)$$

公式表明：貨幣量取決於價格的水平、進入流通的商品數量和貨幣的流通速度這三個因素。

馬克思在分析這個問題時還有一個極其重要的假設，即在該經濟中存在著一個數量足夠大的黃金貯藏：流通中需要較多的黃金，金從貯藏中流出，進入流通；流通中有一些黃金不需要了，多餘的金退出流通，轉化為貯藏。也正是由於假設存在這樣一個調節器，因此流通需要多少貨幣，就有多少貨幣存在於流通之中。但在實際經濟生活中，並不一定必然存在這樣的假設條件。

馬克思進而分析了紙幣流通條件下貨幣量與價格之間的關係。他指出，紙幣是由金屬貨幣衍生來的。紙幣之所以能流通，是因為國家的強力支持。同時，紙幣本身沒有價值，只有流通，紙幣才能作為金幣的代表。如果說流通中可以吸收的金量是客觀決定的，那麼流通中無論有多少紙幣也只能代表客觀所要求的金量。假設流通中需要10萬克黃金，若投入面額為1克的10萬張紙幣，那麼1張紙幣可以代表1克黃金。若投入20萬張，則每張只能代表0.5克黃金，即價格為1克金的商品。用紙幣表示，就要2張面額為1克的紙幣，即物價上漲1倍。也就是說，紙幣流通規律與金幣流通規律不同：在金幣流通的條件下，流通所需要的貨幣數量是由商品價格總額決定的；而在紙幣作為唯一流通手段的條件下，商品價格水平會隨紙幣數量的增減而漲跌。

馬克思還曾分析過銀行券的流通規律，並認為這類信用貨幣的流通規律也服從於他根據金幣流通所分析出來的規律。

10.1.3 費雪方程式與劍橋方程式

20世紀初，美國耶魯大學教授歐文·費雪提出了交易方程式，也稱費雪方程式。這一方程式在貨幣需求理論研究的發展進程中是一個重要的階梯。

費雪認為，假設以 M 為一定時期內流通貨幣的平均數量，V 為貨幣流通速度，P 為各類商品價格的加權平均數，T 為各類商品的交易數量，則有

$$MV = PT \text{ 或 } P = MV/T \qquad (10.2)$$

這個方程式是一個恒等式，其中 P 的值取決於 M、V、T 這三個變量的相

互作用。不過，費雪分析：在這三個經濟變量中，M 是一個由模型之外的因素所決定的外生變量；V 由於制度性因素在短期內不變，因而可視為常數；交易量 T 對產出水平常常保持固定的比例，也是大體穩定的。因此，只有 P 和 M 的關係最重要。所以，P 的值主要取決於 M 的數量變化。

雖然費雪關注的是 M 對 P 的影響，但是反過來，從這個方程式中也能導出一定價格水平之下的名義貨幣需求量。也就是說，由於 $MV=PT$，故

$$M=\frac{PT}{V}=\frac{1}{V}\times PT \tag{10.3}$$

費雪方程式沒有考慮微觀主體動機對貨幣需求的影響。許多經濟學家認為，這是一個缺陷。以馬歇爾和庇古為代表的劍橋學派，在研究貨幣需求問題時，重視微觀主體的行為。他們認為，處於經濟體系中的個人對貨幣的需求的實質是選擇以怎樣的方式保持自己資產的問題。決定人們持有貨幣多少的因素有個人的財富水平、利率變動以及持有貨幣可能擁有的便利等。但是，在其他條件不變的情況下，對每個人來說，名義貨幣需求與名義收入水平之間總保持著一個較為穩定的比例關係，對整個經濟體系來說也是如此。因此，有

$$M_d=kPY \tag{10.4}$$

式中，Y 為總收入；P 為價格水平；k 為以貨幣形態保有的財富占名義總收入的比例；M_d 為名義貨幣需求。這就是有名的劍橋方程式。

比較費雪方程式與劍橋方程式，兩者的主要區別有：

（1）費雪方程式強調的是貨幣的交易手段功能，而劍橋方程式則重視貨幣作為一種資產的功能。

（2）費雪方程式把貨幣需求與支出流量聯繫在一起，重視貨幣支出的數量和速度，而劍橋方程式則從用貨幣形式保有資產存量的角度考慮貨幣需求，重視這個存量占收入的比例。所以，也有人稱費雪方程式為現金交易說，而將劍橋方程式稱為現金餘額說。

（3）費雪方程式從宏觀角度用貨幣數量的變動來解釋價格；反過來，在交易商品量給定和價格水平給定時，也能在既定的貨幣流通速度下得出一定的貨幣需求結論。而劍橋方程式則是從微觀角度分析：保有貨幣最為便利，但同時要付出代價，如不能帶來收益，也正是在這樣的比較中決定了貨幣需求。顯然，劍橋方程式中的貨幣需求決定因素多於費雪方程式，特別是利率的作用已成為不容忽視的因素之一。

不過，用 Y 代替 T，即用一個較大口徑的收入量代替交易商品量，以及把 V 視為既代表交易貨幣的流通次數，又代表與收入水平對應的流通速度，即

$1/V=k$，就宏觀角度來說，並不是不能成立的。

10.1.4 凱恩斯的貨幣需求分析

凱恩斯對貨幣需求理論的突出貢獻是關於貨幣需求動機的分析。他認為，人們的貨幣需求行為取決於三種動機，即交易動機、預防動機和投機動機。

凱恩斯肯定，交易媒介是一個十分重要的貨幣功能，用於交易媒介的貨幣需求量與收入水平存在著穩定的關係。他又指出，人們所保有的依賴於收入水平的貨幣需求不僅出於交易動機，而且出於預防動機。所謂的預防動機是指應付可能遇到的意外支出而持有貨幣的動機。

投機動機分析是凱恩斯貨幣需求理論中最有特色的部分。他認為，人們保有貨幣除去為了交易需要和應付意外支出外，還有可能是為了儲存價值或財富。

凱恩斯把用於儲存財富的資產分為兩類：貨幣與債券。貨幣是不能產生利息收入的資產；債券是能產生利息收入的資產。人們持有貨幣，貨幣在持有期間不能給其持有者帶來收益，即收益為零。人們持有債券則有兩種可能：如果利率趨於上升，債券價格就要下跌；如果利率趨於下降，債券價格就要上升。在後一種情況發生時，當然持有者有收益；而在前一種情況發生時，假若債券價格的下跌幅度很大，使人們在債券價格方面的損失超出了他們從債券中獲得的利息收入，則收益為負。如果持有債券的收益為負，持有非生利資產就優於持有生利資產，人們就會增大對貨幣的需求；在相反的情況出現時，人們的貨幣需求自然會減少，而對債券的持有量則會增加。在此，關鍵是微觀主體對現存利率水平的估價。假若人們確信現行利率水平高於正常值，這就意味著他們預期利率水平將會下降，從而債券價格將會上升。在這種情況下，人們必然傾向於持有債券。如果有相反的預期，那會傾向於持有貨幣。因此，投機性貨幣需求與利率存在著負相關關係。

由交易動機和預防動機決定的貨幣需求取決於收入水平，基於投機動機的貨幣需求則取決於利率水平。因此，凱恩斯的貨幣需求函數如下：

$$M = M_1 + M_2 = L_1(Y) + L_2(r) \qquad (10.5)$$

式中，M_1為由交易動機和預防動機決定的貨幣需求，是收入 Y 的函數；M_2代表投機性貨幣需求，是利率的函數。

公式中的 L_1、L_2 是作為「流動性偏好」函數的代號。凱恩斯的「流動性偏好」概念是指人們對貨幣的需求行為，其理由是：貨幣最具有流動性，有貨幣在手，則機動靈活；放棄貨幣也就是放棄機動靈活。由這個判斷出發，他還提出了著名的「流動性陷阱」假說：當一定時期的利率水平降到不能再

低時，人們就會產生利率上升從而債券價格下跌的預期，貨幣需求彈性就會變得無限大，即無論增加多少貨幣都會被人們儲存起來。

10.1.5 後凱恩斯學派對貨幣需求理論的發展

凱恩斯的後繼者認為，凱恩斯的貨幣需求理論需要修正、補充和發展。從 20 世紀 50 年代開始，他們在兩個方面取得了進展：一是交易性貨幣需求和預防性貨幣需求同樣都是利率的函數；二是人們多樣化的資產選擇對投機性貨幣需求的影響。

凱恩斯學派的一些經濟學家分析：如果微觀主體把他們預定用於交易的貨幣收入，在花光之前始終以貨幣形態握在手中，那麼這種貨幣需求自然只取決於收入。但在貨幣的旁邊有生利資產，如債券，他們可以用一部分預定用於交易的貨幣購買債券取得收入，當手中貨幣用完時可再把債券賣出，以換成貨幣。問題是，買賣債券要付出代價，如佣金、時間的消耗等。那麼，微觀主體無疑就要比較把貨幣換成債券可能帶來的收入與持有債券的成本，因此就會形成一個使收益最大化的均衡點。根據這樣的思路，他們提出了一個「平方根法則」。其表達形式如下：

$$M = kY^{\frac{1}{2}}r^{-\frac{1}{2}} \tag{10.6}$$

這個式子表示：交易性貨幣需求是收入 Y 的函數，隨著用於交易的收入數量的增加，貨幣需求量隨之增加。Y 的指數說明其增加的幅度會較小，即交易性貨幣需求有規模節約的特點。這個式子同時又表明，貨幣需求是利率 r 的函數；而 r 的指數 $-\frac{1}{2}$ 說明，交易性貨幣需求與利率的變動呈反方向變化，其變動幅度比利率變動幅度小。

沿著類似的思路，凱恩斯學派一些經濟學家也論證了利率對預防性貨幣需求的影響。

凱恩斯在論證其投機性貨幣需求時設定：投資者通過對利率的預期，會在貨幣和債券之間選擇能帶來最大收益的資產。仍然假設社會財富只有貨幣和債券兩種形式，在現實生活中，微觀主體的選擇並非貨幣或債券只取其一，而大多數情況是既持有貨幣又持有債券，變動的只是兩者的比例。

在現實生活中，人們事實上並非只考慮收益，而且還要考慮風險；收益高低和風險大小也有好多層次。從持有債券的角度考慮，當存在許多不確定因素的情況下，既要考慮持有債券能夠獲得的利息收入，也要考慮將要冒多大的債券跌價風險。也就是說，持有債券的比重增加，預期財富也會增加；但同時意味著風險增大，遭受損失的可能性相應加大。至於保存貨幣，雖然

無收益，但風險較小，而且等於保有流動性。由於利弊得失是多方面的，微觀行為主體事實上不得不全面權衡，並找出持有貨幣和債券的最佳比例關係。這屬於多樣化資產組合問題。

10.1.6　弗里德曼的貨幣需求函數

貨幣主義是一個與凱恩斯主義、凱恩斯學派直接對立的西方經濟學流派。在其理論體系中，弗里德曼設計的貨幣需求函數具有代表性。

作為現代貨幣主義的代表人物，弗里德曼基本上承襲了傳統貨幣數量論的觀點，即非常看重貨幣數量與物價水平之間的因果聯繫；同時，他也接受了劍橋學派和凱恩斯以微觀主體行為作為分析起點和把貨幣看作受到利率影響的一種資產的觀點。對於貨幣需求的決定問題，他曾用過不只一個函數式，下面是一個具有代表性的公式：

$$\frac{M_d}{P} = f\left(y, w; r_m, r_b, r_e, \frac{1}{P} \times \frac{dP}{dt}; u\right) \tag{10.7}$$

式中，M_d/P 為實際貨幣需求；y 為實際恆久性收入；w 為非人力財富占個人總財富的比率或得自財產的收入在總收入中所占的比率；r_m 為貨幣預期收益率；r_b 為固定收益的債券利率；r_e 為非固定收益的證券利率；$\frac{1}{P} \times \frac{dP}{dt}$ 為預期物價變動率；u 為反應主觀偏好、風尚及客觀技術與制度等因素的綜合變數。

恆久性收入是弗里德曼分析貨幣需求時提出的概念，可以理解為預期未來收入的折現值，或預期的長期平均收入。貨幣需求與恆久性收入正相關。強調恆久性收入對貨幣需求的重要作用是弗里德曼貨幣需求理論的一個特點。

弗里德曼把財富分為人力財富和非人力財富兩類。他認為，對大多數財富持有者來說，主要資產是其個人能力。但人力財富很不容易轉化為貨幣，如失業時人力財富就無法取得收入。所以，在總財富中人力財富所占的比例越大，出於謹慎動機的貨幣需求也就越大；而非人力財富所占的比例越大，則貨幣需求相對越小。這樣，非人力財富占個人總財富的比率與貨幣需求為負相關關係。

r_m、r_b、r_e 和 $\frac{1}{P} \times \frac{dP}{dt}$ 在其貨幣需求分析中被統稱為機會成本變量，也就是能從這幾個變量的相互關係中衡量出持有貨幣的潛在收益或損失。這裡需要解釋一點：在介紹凱恩斯的貨幣需求函數時，貨幣是作為不生利資產看待的，如鈔票，持有它沒有回報；而弗里德曼考察的貨幣擴及 M_2 等大口徑的貨幣形

態有相當部分（如定期存款）是有收益的。

物價變動率也是保存實物的名義報酬率。物價向上的變動率越高，其他條件不變，貨幣需求量越小。把物價變動納入貨幣需求函數，是通貨膨脹的現實反應。在其他條件不變，貨幣以外其他資產（如債券、證券）的收益率越高，貨幣需求量越小。

u是一個代表多種因素的綜合變數，因此可能從不同的方向對貨幣需求產生影響。

對於貨幣需求，他最具概括性的論斷是：由於恆久性收入的波動幅度比現期收入的波動幅度小得多，因而貨幣需求函數相對穩定，這就意味著貨幣流通速度（恆久性收入除以貨幣存量）也是相對穩定的。貨幣流動速度穩定和貨幣需求對利率不敏感，是弗里德曼的貨幣需求理論與凱恩斯的貨幣需求理論之間的主要差異。

10.1.7 貨幣需求理論的發展脈絡

以上是對貨幣需求理論發展的極其簡略的描述，從中可以看出如下的脈絡：

（1）貨幣需求理論中所考察的貨幣，馬克思及其前人重視的是貴金屬。不過，到了馬克思研究這一問題的時候，他也用了相當的篇幅分析紙幣的規律。建立費雪方程式的時候，金幣本身在視野中已不再佔有重要的地位，而存款通貨已經受到重視。至於凱恩斯所指的收益為零的貨幣，明確是指現鈔和支票存款；而貨幣主義所說的貨幣，其邊界已是M_2或較之更大的口徑。簡言之，對貨幣需求考察所面對的具體貨幣形態，是從金到擺脫金，從紙幣到一切可稱為貨幣的金融資產。

（2）將宏觀總量作為考察這一問題的出發點是費雪及其前人一貫的思路。在這樣的思路下，雖然也有分析個人對貨幣需求的動機，但並未由此建立微觀行為主體的貨幣需求模型。源自劍橋學派的思路則是一個大轉折，那就是把微觀行為主體的持幣動機作為考察貨幣需求這個宏觀經濟範疇的出發點。換了一個角度，就產生了質的變化——擴大了對貨幣需求觀察的範圍。

（3）僅從宏觀角度考察這一問題，那麼納入視野的就只是商品實現的需求和各種支付的需求，從而需要的只是作為購買手段和支付手段的貨幣。而將考察角度轉向微觀經濟行為主體，則顯然不僅有交易的需求、支付的需求，還有保存自己財富的需求。這樣，所需求的就不只是起流通職能的貨幣，還有起保存價值職能的貨幣。

（4）於是，貨幣需求函數如果可以這樣粗略地加以表述，就從$f(Y)$發

展為 $f(Y, r)$，並不斷納入更多的自變量。

這樣的演變過程說明，任何精闢的貨幣需求理論均受其時代條件的局限，只能構成這一理論發展中的一個環節。客觀經濟生活不斷發展，這一理論也在不斷發展，永無止境。當然，古典貨幣需求理論的合理內核，仍是發展了的需求理論的有機構成內容，但也只有從發展的觀點把握它，才可用以指導當前的實踐。同樣，用發展了的論斷來否定前人的理論成果，也不可能真正把握發展了的理論的真正精神。

10.2 貨幣供給

10.2.1 貨幣供給及其理論

（1）貨幣供給的含義

貨幣供給是指時點上為社會經濟運轉服務的貨幣量，由包括中央銀行在內的金融機構供應的存款貨幣和現金兩部分構成。

關於貨幣供給的定義，需要說明的是：①貨幣供給中所指的貨幣，關係到貨幣供給的具體內容。但迄今為止，理論界對此沒有一個統一的認識。由此，許多金融理論和實務問題，如貨幣供給在整個社會經濟活動中的重要性、貨幣政策對宏觀經濟的調控作用等，還都存在爭議。因此，有必要進一步弄清貨幣供給的定義和包含的內容。②貨幣供給是一個存量概念，貨幣供給量是指一國某一時點上的貨幣存量。貨幣供給量不外乎是指由財政部門、各個生產經營單位、家庭個人持有，由銀行體系供給的存款量和現金發行量。因此，影響和決定貨幣供給存量大小的是銀行的信貸收支。銀行是供給和改變貨幣存量大小的重要機構。③貨幣需要量雖也是一個有客觀數量界限的存量，但畢竟是一個預測量。而貨幣供給是實實在在地反應在銀行資產負債表上的一定時點上的銀行負債總額。具體地說，存款量是商業銀行的負債，而現金發行量則是中央銀行的負債。④因為中央銀行能夠按照自身的意圖運用貨幣政策工具對社會的貨幣量進行擴張和收縮，即貨幣供給量的大小在很大程度上為政策所左右，所以貨幣供給首先是一個外生變量。然而，貨幣供給量的變化又受制於客觀經濟過程，即除受中央銀行貨幣政策工具的操作左右外，還取決於經濟社會中其他經濟主體的貨幣收付行為。它同時又是一個內生變量，即不為政策因素所左右的非政策性變量。因此，中央銀行對貨幣供給量的調控就變得十分困難。

(2) 貨幣供給理論的主要內容

現實中，貨幣供給與貨幣需求相伴而生。在理論中，與貨幣需求理論相比，貨幣供給理論相對滯後。直到20世紀60年代初期，現代意義上的貨幣供給理論才逐漸產生。此後許多經濟學家，諸如弗里德曼、施瓦茨、卡甘、喬頓等人對貨幣供給理論做出了重要貢獻。在此，我們介紹主要的貨幣供給理論及其模型。

首先，根據相關定義有以下公式：

貨幣存量（M）＝通貨（C）＋活期存款（D）

基礎貨幣（H）＝通貨（C）＋總準備金（R）

總準備金（R）＝活期存款法定準備金（R_d）＋定期存款法定準備金（R_t）＋超額準備金（R_e）

①弗里德曼-施瓦茨的貨幣供給模型。弗里德曼和施瓦茨關於貨幣供給量的決定因素的分析，見於他倆合著的《1867—1960年的美國貨幣史》一書。模型為

$$M = C+D = \frac{C+D}{H} \cdot H = \frac{C+D}{C+R} \cdot H = \frac{\frac{C+D}{C \cdot R}}{\frac{C+R}{C \cdot R}} \cdot H = \frac{\frac{1}{R}+\frac{D}{R} \cdot \frac{1}{C}}{\frac{1}{R}+\frac{1}{C}} \cdot H = \frac{\frac{D}{R}+\frac{D}{R} \cdot \frac{D}{C}}{\frac{D}{R}+\frac{D}{C}} \cdot H$$

$$= \frac{\frac{D}{R}\left(1+\frac{D}{C}\right)}{\frac{D}{R}+\frac{D}{C}} \cdot H$$

$$m = \frac{\frac{D}{R}\left(1+\frac{D}{C}\right)}{\frac{D}{R}+\frac{D}{C}}，則 M = Hm，其中 m 就是貨幣乘數。$$

其中，基礎貨幣 H 由中央銀行決定，而影響貨幣乘數的變量在弗里德曼-施瓦茨的分析中簡化為兩個：存款準備金比率（D/R）和存款與通貨的比率（D/C）。由方程式可看出，決定貨幣存量的三個因素是 H、D 和 D/C，他稱之為「貨幣存量的大致的決定因素」。

基礎貨幣是非銀行公眾所持有的通貨與銀行的存款準備金之和。之所以被稱為高能貨幣，是因為一定量的基礎貨幣被銀行作為準備金而持有後，可引致數倍的存款貨幣。弗里德曼與施瓦茲認為，高能貨幣的一個典型特徵是能隨時轉化為（或被用作）存款準備金，不具備這一特徵就不是高能貨幣。

弗里德曼與施瓦茲利用上述分析方法，檢驗1867—1960年美國貨幣史，

得出基本結論：高能貨幣量的變化是廣義貨幣存量長期性變化和週期性變化的主要原因；D/R 比率和 D/C 比率的變化對金融危機條件下的貨幣運動有著決定性影響；D/C 比率的變化還對貨幣存量長期緩慢的週期性變化起重要作用。

②卡甘的貨幣供給模型。幾乎就在弗里德曼和施瓦茲寫作《1867—1960 年的美國貨幣史》的同時，美國著名經濟學家菲利普·卡甘系統研究了美國 85 年中貨幣存量的主要決定因素，並於 1965 年出版了專著《1875—1960 年美國貨幣存量變化的決定及其影響》。就分析貨幣量而言，兩部著作所使用的方法很相似，而且，這三位經濟學家在寫作過程中，經常交流研究成果。卡甘貨幣供給模型的推導如下：

$$M = \frac{H}{\frac{H}{M}} = \frac{H}{\frac{H \cdot D}{M \cdot D}} = \frac{H}{\frac{(C+R) \cdot D}{M \cdot D}} = \frac{H}{\frac{C \cdot D + R \cdot D}{M \cdot D}} = \frac{H}{\frac{C \cdot D + R(M-C)}{M \cdot D}}$$

$$= \frac{H}{\frac{C \cdot D + M \cdot R - R \cdot C}{M \cdot D}} = \frac{H}{\frac{C}{M} + \frac{R}{D} - \frac{C}{M} \cdot \frac{R}{D}}$$

$$m = \frac{1}{\frac{C}{M} + \frac{R}{D} - \frac{CR}{MD}}$$

則 $M = Hm$，m 是貨幣乘數。

卡甘的這一模型與弗里德曼-施瓦茲的模型相似，但略有不同。他也認為決定貨幣乘數的變量只有兩個：一是通貨與貨幣存量的比率（C/M），並以此取代存款與通貨比率；二是準備金與存款比率（R/D），並以此取代存款準備金比率。但是，這些區別並沒有多大理論意義，（R/D）只是（D/R）的倒數，而（C/M）和（D/C）一樣也反應了 M、C、D 三者之間的關係，因為 M = C+D。

③喬頓的貨幣供給模型。美國經濟學家喬頓於 1969 年對前面所講的兩個模型進行了改進和補充，導出了一個數額比較簡潔明瞭的貨幣供給模型。在提出以後，喬頓模型得到了大多數經濟學家的認可或接受，並被大多數教科書採用。因此，該模型被看作貨幣供給機制的一般模型。

喬頓模型採用的貨幣定義仍為 $M = C+D$。根據現代貨幣供給理論，貨幣供給量是基礎貨幣（H）與貨幣乘數（k）的乘積。則

$$M = k \cdot H$$

$$M = C+D = \frac{C+D}{H} \cdot H = \frac{C+D}{C+R} \cdot H = \frac{\frac{C}{D}+1}{\frac{C}{D}+\frac{R}{D}} \cdot H = \frac{\frac{C}{D}+1}{\frac{C}{D}+\frac{R_d+R_T+R_e}{D}} \cdot H$$

$$= \frac{\frac{C}{D}+1}{\frac{C}{D}+\frac{R_d}{D}+\frac{R_t}{D}+\frac{R_e}{D}} \cdot H = \frac{\frac{C}{D}+1}{\frac{C}{D}+\frac{R_d}{D}+\frac{R_t}{D_t}\cdot\frac{D_t}{D}+\frac{R_e}{D}} \cdot H$$

以 c、r_d、r_t、t、e 分別表示通貨活期存款比率（C/D），活期存款法定準備金比率（R_d/D），定期存款法準備金比率（Rt/Dt），定期存款與活期存款比率（Dr/D）以及超額準備金比率（Re/D），代入上式可得到：

$$M = \frac{1+c}{r_d+r_t \cdot t+e+c} \cdot H$$

除了前面介紹的一些經濟學內容的貨幣供應理論外，其他學者如布倫納、梅爾澤、史密斯等人都有各自的貨幣供應理論和貨幣供應模型，彼此不盡相同，有些差別還較大。但正統的貨幣供給理論都有著一個統一的模式，即貨幣供給量是基礎貨幣和貨幣乘數兩個因素的乘積。

10.2.2 貨幣供給的形成

（1）貨幣出自銀行

由於貨幣供給量是存在於流通領域之中由各經濟單位（銀行系統以外的個人、家庭、企業和機關團體等）持有的貨幣存量，如果把「經濟單位」劃分為兩個部分：一是個人、家庭為一部分，簡稱為「個人」；二是企業、機關團體為一部分，簡稱為「社會各單位」，那麼，流通中的貨幣從哪裡來的問題就轉為個人手中的貨幣從哪裡來和社會各單位的貨幣從哪裡來兩個問題。

個人手持貨幣主要來自於：①社會各單位發放的工資、獎勵、撫恤金、補貼、稿酬等。②出售商品或提供勞務所得的收入。③來自銀行等金融機構。這又包括借款所得、金融機構付給的利息、將個人持有的金銀和外匯賣給銀行。④非金融機構借款，包括民間借貸。⑤親友贈送。

社會各單位所持有的貨幣，在中國通稱「貨幣資金」。如果做一次歸類，有以下的五種情況：①通過銷售商品從買主那裡得來。②銀行借款。③上級撥入。④同業拆入（包括對單位和個人的借款、預收貨款等）。⑤金融市場收入（包括股票和債券的發行收入和買賣有價證券的業務收入）。

上述對個人和社會各單位貨幣收入來源的分析說明：現實生活中的貨幣都出自銀行、財政、企業單位、機關團體及個人等，但他們只是貨幣的運用

者，不得發行貨幣，貨幣只由銀行發行，又不斷迴歸銀行，所以，銀行是整個貨幣流通的中心環節。

（2）出自銀行的貨幣都是信用貨幣

銀行作為一個信用媒介的機構，早為原始銀行業所具備，主要體現在銀行的業務活動之中。而近代銀行作為信用媒介機構和信用創造機構的統一，本質特徵在於信用創造方面，即銀行可以在相當範圍內，通過增加自身的負債去增加貨幣供給量，由此影響社會各種資源的配置、再生產諸環節的協調、各種經濟槓桿的作用發揮以及幣值本身的穩定。與此同時，這一信用創造功能還使銀行在國民經濟中的地位有了根本改變，一方面大大強化了現代商品經濟中的信用經濟性質，另一方面促使整個經濟的運轉與金融活動息息相關，不可分離。

10.2.3 貨幣供給的決定機制

（1）由存款派生引出的貨幣乘數與貨幣供給模型

在說明存款貨幣創造機制時，常使用原始存款和派生存款這對概念。對於一筆存款派生過程而言，即用微觀方法剖析存款貨幣創造的機制，應該說，選定任何一點都是成立的。在此意義上，原始存款與派生存款的含義都是相對的。

實際上，貨幣乘數與信用擴張乘數雖都旨在說明存款派生的量，但是，有以下區別：①貨幣乘數說明增加一個單位基礎貨幣的供給可相應引起商業銀行存款貨幣增加多少；而信用擴張乘數通常指商業銀行存款與法定存款準備金的比率。②貨幣乘數是包括商業銀行繳存中央銀行的存款準備金和流通中包括現金在內的中央銀行對社會總負債的改變量；而信用擴張乘數只反應中央銀行對商業銀行負債的改變量，是中央銀行全部負債數量的一部分。

所謂貨幣乘數，也稱為「信用的擴張倍數」或「存款的擴張倍數」，是指一定量的基礎貨幣發揮作用的倍數。亦即銀行系統通過對一定量的基礎貨幣運用之後，所創造的貨幣供給量與基礎貨幣的比值。

在基礎貨幣一定的條件下，貨幣乘數決定了貨幣供給的總量。貨幣乘數越大，則貨幣供給量越多；反之，貨幣乘數越小，則貨幣供給量也就越少。所以，貨幣乘數是決定貨幣供給量又一個重要的甚至是更為關鍵的因素。

設 M_s 為貨幣供給量，m 表示貨幣乘數，B 是基礎貨幣，那麼，整個貨幣供給量模型為：

$$M_s = m \cdot B$$

貨幣乘數模型為：

$$m = M_s / B$$

從動態看，增量基礎貨幣 ΔB 與貨幣乘數決定著即將增加的貨幣供應量 ΔM，用公式表示：

$$\Delta M = m \cdot \Delta B$$

(2) 基礎貨幣「質」和「量」的規定性

第一，基礎貨幣「質」的規定性。基礎貨幣亦稱「高能貨幣」或「強力貨幣」，又可稱為「貨幣基數」。把基礎貨幣通俗地定義為金融體系能夠以其為基礎創造出更多貨幣的貨幣。所以，從「質」的角度看，基礎貨幣具有如下顯著特點：①是中央銀行的負債。②有很強的流動性。即持有者能夠自主運用，是所有貨幣中最活躍的部分。③派生性。能夠產生出數倍於它本身量的貨幣，具有多倍的伸縮功能。④較高的相關度。它的變化對於貨幣供給變化起著主要決定作用。⑤可控性，即中央銀行能夠控制它，並且通過對它的控制來控制整個貨幣供給量。

第二，基礎貨幣「量」的規定性。從大多數西方學者的著述和解釋中看出，基礎貨幣一般都包括現金和商業銀行的準備金兩大部分。對於現金，計算口徑略有差別：有的是指整個銀行體系以外社會公眾持有的現金，有的則指中央銀行體系以外社會公眾與商業銀行持有的現金。對於商業銀行在中央銀行的存款，也有人只指商業銀行上繳的法定存款準備金，而另一些人則包括法定準備金與超額準備金。

從以上對基礎貨幣質和量的分析，可以得出：基礎貨幣的完整定義應該是指創造存款的商業銀行和金融機構在中央銀行的存款準備金與流通於銀行體系之外的通貨這兩者的總和。前者包括商業銀行在中央銀行的法定存款準備金以及超額存款準備金，用 R 表示；C 表示流通於銀行體系之外的現金通貨。基礎貨幣「量」的組成通常用以下公式表示：

$$B = R + C$$

(3) 基礎貨幣變動與中央銀行控制

基礎貨幣的高能和強力作用，能向社會提供多倍於它的貨幣量，所以，研究影響基礎貨幣變動的因素尤為重要。如前所述，一般認為，基礎貨幣主要由以下兩個部分組成：一是存款準備金；二是流通在銀行體系以外的現金。那麼，影響基礎貨幣變動的因素就是影響組成基礎貨幣的兩個方面的因素。

第一，影響商業銀行存款準備金變動的因素：①存款準備金比率。如果中央銀行提高存款準備金的比率，那麼商業銀行上繳的存款準備金會增加，基礎貨幣量會增加；反之，中央銀行降低存款準備金的比率，商業銀行上繳的存款準備金則會減少，基礎貨幣量也會減少。②流通中的現金量。流通中

的現金流入銀行系統的數量增加，能使商業銀行上繳存款準備金隨之增加；流通中現金流出銀行系統，能使商業銀行的上繳存款準備金減少。前面已提到，一些國家財政部門有直接向流通中投入現金的權力，所以財政部門直接投入流通中現金量的多少，也會相應地增減存款準備金。③中央銀行的行為。這包括中央銀行買賣信用證券的數量以及中央銀行對商業銀行放款和貼現的鬆緊。中央銀行通過公開市場業務買進有價證券，就能使商業銀行的上繳存款準備金增加；反之，如果賣出有價證券，商業銀行的上繳存款準備金減少。中央銀行作為「最後的貸款者」，如果它擴大或放鬆對商業銀行的放款和貼現，商業銀行在中央銀行的存款準備金也能夠增加；反之，會使商業銀行的上繳存款準備金減少。

　　第二，影響流通在銀行體系以外現金量變動的主要因素：①公眾收入增加和消費傾向。一般來說，公眾貨幣總收入會逐年增加，手持現金量也會有所增加。同時，由消費傾向決定的支出構成變化，也會引起現金量的複雜變動，表現為：積蓄和待用部分現金存入銀行轉化為存款；因購買中高檔消費品和大中型生產資料而形成手持現金暫時增加；因勞務供應增加促使實際現金流通量增加。②物價變動狀況。一般來說，在幣值和物價比較穩定的情況下，公眾的手持現金除了隨著季節性的變化有所變動外，基本上是比較穩定的。但是，在幣值和物價不穩定，甚至出現持續的嚴重通貨膨脹狀況下，往往出現提取存款、手持現金、搶購商品等混亂狀況，一時會出現流通中現金增加現象。③經濟發展和體制變動情況。如商品交易的發展、就業人數增加、集貿市場擴大、價格調整等因素，往往會促使流通中現金量增加。④存款和現金比例的變化。如收購農副產品付現比重提高，農業貸款、個人貸款中相當部分的付現等，也會促使現金流通量增加。⑤信用發展程度。銀行存款利率的提高、儲蓄網點的增多、非現金結算的廣泛開展等因素往往會影響流通中現金量。

　　可見，中央銀行雖對基礎貨幣的決定有重要作用，但是，影響基礎貨幣的諸因素並不都是同向關係，而是在錯綜複雜的聯繫中，呈現相互消長的趨勢。所以，對於基礎貨幣來說，並不是某一因素的影響即有變化，而是最終取決於諸因素（包括來自銀行部門和來自非銀行部門）的合力和消漲作用。

10.2.4　貨幣供給的運行機制

（1）現金運行機制

中國現金——人民幣（紙幣加硬幣）由中國人民銀行發行，具體是由中國人民銀行設置的發行基金保管庫（簡稱發行庫）來辦理的。在運行過程中，

可將其表述為：

中央銀行將現金從發行庫調至商業銀行的業務庫，從而進入流通程序。單位或個人從銀行提取現金後，進行購買或支付，然後商品的售出者或款項的收受人再將收取的現金存入商業銀行。最後，現金由商業銀行的業務庫回籠到中央銀行的發行庫。用圖 10-1 表示為：

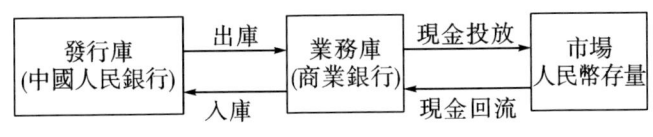

```
┌──────────┐  出庫  ┌──────────┐ 現金投放 ┌──────────┐
│  發行庫   │──────▶│  業務庫   │────────▶│   市場   │
│(中國人民銀行)│◀──────│(商業銀行) │◀────────│人民幣存量│
└──────────┘  入庫  └──────────┘ 現金回流 └──────────┘
```

圖 10-1　現金運行機制

縱觀現金運行機制，有如下特點：①現金主要在銀行之外流通，進入銀行體系之後或走出銀行體系之前，都不是流通中的，儘管它仍然以現金形態存在；②如果銀行體系既不增加現金投入，也不組織現金回籠，那麼無論現金如何流通，它只會發生持有人結構的變化，而不會有數量上的增減；③現金流通一般主要對應於小宗商品即消費品的交易。

（2）原始存款和派生存款

原始存款，是指商業銀行吸收的現金存款或中央銀行對商業銀行貸款所形成的存款，包括商業銀行吸收到的增加其準備金的存款。商業銀行的準備金以兩種具體形式存在：一是商業銀行持有的應付日常業務需要的庫存現金；二是商業銀行在中央銀行的存款。這兩者都是商業銀行持有的中央銀行的負債，也是中央銀行對社會公眾總負債中的一部分。

派生存款，是相對於原始存款而言的，是指由商業銀行以原始存款為基礎運用轉帳方式發放貸款或開展其他資產業務而引申出來超過最初部分存款的存款。具體可從以下三點進行理解。

①派生存款必須以一定量的原始存款為基礎。派生存款作為商品經濟條件下銀行信用活動中必然產生的普遍現象，作為銀行的經濟活動中提供信用流通工具的一種機能，並非可以憑空創造，必須具有派生的基礎，即有一定量的原始存款給予保證。

②派生存款是在商業銀行（或稱存款貨幣銀行）體系內直接形成的。在現實的銀行信用活動中，凡是在銀行具有創造信用流通工具的能力以及實行轉帳結算的條件下，就有創造派生存款的能力。

③以原始存款為基礎通過商業銀行內的存貸活動形成的派生存款量。數量界限應是由貸款引出的超過最初部分的存款。例如，1 萬元的貸款轉為 1 萬元的存款，通過存款的派生，形成 5 萬元的存款，其中，派生存款數應是 4 萬元（即二者之差）。

(3) 存款貨幣的創造與收縮過程

考察和理解存款貨幣的創造以及收縮過程，對於認識商業銀行的信用創造功能和貨幣供給機制均有著極為重要的意義。

存款貨幣的多倍擴張和收縮，會受到多種因素的影響。為了分析的簡便，我們做如下假設：①整個銀行體系由中央銀行及至少兩家商業銀行構成；②中央銀行規定的法定存款準備率為20%；③準備金由商業銀行的庫存現金及其在中央銀行的存款組成；④商業銀行只保留法定準備金，而不持有超額準備金，其餘均用於貸款或投資；⑤公眾不保有現金，即客戶將全部貨幣收入都存入銀行體系。

存款貨幣多倍擴張過程實際上就是商業銀行通過貸款等行為引起成倍的派生存款的過程。就整個銀行體系而言，一家銀行發放貸款，將使另一家銀行獲得存款，而這家銀行也因此發放貸款，從而使第三家銀行也獲得存款。於是，通過整個銀行體系的連鎖反應，一筆原始存款將創造出數倍的派生存款。

假設，甲銀行接受客戶A存入的100萬元活期存款。由於法定準備金率為20%，該銀行需要提取20萬元的準備金，並將剩餘的80萬元全部用於發放貸款。當甲銀行將80萬元貸出後，客戶用於購買或其他支付。假設客戶手中不得保有現金，故借款人B又將這筆款項存入另一家銀行——乙銀行。乙銀行在得到活期存款並不保留超額準備金的前提下，依照20%的比率提取16萬元的法定存款準備金。然後，將其餘的64萬元貸出去，這個過程不斷繼續下去。那麼，最初由客戶存入甲銀行的100萬元原始存款，經過銀行體系的反覆使用，成倍增長。從理論上講，這種擴張將一直進行到全部原始存款都已成為整個銀行體系的存款準備金，而任何一家銀行都已沒有任何剩餘準備金可用於貸款為止。

從這一系列變化過程中，我們能夠看到銀行之所以能夠創造存款貨幣，是運用原始存款發放貸款的結果。就前面分析而言，法定準備金率的高低直接影響銀行創造存款貨幣的能力大小。準備金率越高，銀行運用原始存款創造信用的能力就愈低，存款貨幣量就愈小；反之，準備金率越低，創造存款貨幣的數額就愈大。就個別銀行而言，銀行只能對超過法定準備金的那部分加以運用，也即只能創造與其超額準備金相等的存款。但就整個銀行體系而言，則能創造大於原始存款若干倍的存款貨幣。這就是我們在前面分析過的存款貨幣的創造過程。

表10-1表明，在部分準備金制度下，由於整個銀行體系運用擴張信用，一筆原始存款可產生大於原始存款若干倍的存款貨幣。此擴張的數額，主要

決定於兩大因素：一是原始存款量的大小，二是法定準備率的高低。原始存款量越多，創造的存款貨幣量越多；反之，則越少。法定準備金率越高，擴張的數額越小；反之，則越大。

表 10-1　　　　　銀行體系創造存款的擴張過程　　　　　單位：萬元

銀行數	存款	法定準備金	貸款
1	100	20	80
2	80	16	64
3	64	12.8	51.2
4	51.2	10.24	40.96
⋮	⋮	⋮	⋮
總計	500	100	400

如以 D 代表存款總額，R 表示存款準備金（本例中為原始存款），r 表示法定準備金比率，則存款貨幣的多倍擴張可用公式表示如下：

$$D=R/r$$

如把上例代入公式，則為：

$D=R/r=1,000,000/20\%=5,000,000$（元）

可見，存款總額由 100 萬元擴張到 500 萬元，其中，100 萬元是原始存款，400 萬元為派生存款。在本例中，擴張以後的存款總額是原始存款的 5 倍。

(4) 存款的多倍收縮過程

存款貨幣多倍收縮的過程與多倍擴張的過程正好相反。如果說存款貨幣的多倍擴張是由商業銀行的準備金增加所引起的，那麼，存款貨幣的多倍收縮就是由商業銀行的準備金減少引起的。通常商業銀行準備金的減少有兩個原因：一是存款人從銀行提取存款，二是中央銀行向商業銀行出售有價證券。

現在假設某存款人從甲銀行提取 100,000 元現金，這就使得在甲銀行減少 100,000 元存款的同時，其準備金也減少 100,000 元。但是，根據中央銀行規定的法定準備金率，甲銀行只能減少 20,000 元（即存款總額的 20%）。由於假定商業銀行不持有超額準備，故甲銀行發生準備金短缺，金額為 80,000 元，必須通過回收貸款等方式加以彌補，現假設甲銀行收回貸款以彌補準備金的不足。然而，甲銀行收回貸款必然使其他銀行減少存款，從而引起其他銀行的準備金也發生短缺並同樣通過收回貸款等方式來彌補。假定因甲銀行收回貸款而使得乙銀行減少了 80,000 元存款，並相應減少了 80,000 元準備金。根據 20% 的法定準備率，乙銀行只能減少 16,000 元準備金，於是需要補

足 64,000 元。此時，乙銀行也通過收回貸款來補足準備金。

很顯然，在準備金制度下，這種存款的減少必然引起準備金的不足，從而也必須收回貸款或證券等。於是，經過整個銀行體系的連鎖反應，存款總額將會成倍收縮。所以，存款貨幣的多倍收縮過程實際上是多倍擴張的反向過程。

（5）存款貨幣創造在量上的限制因素

通過上述分析，可以看出乘數（即擴張倍數）與法定存款準備率之間呈倒數關係，但事實並非如此簡單。在以上分析中，只考慮了法定準備率這一個因素，但實際上，在商業銀行存款創造的過程中，還要受諸如超額準備金、現金漏損率等因素的影響。下面我們繼續考察和理解各種因素對存款創造倍數的限制。

①現金漏損率（c）。前面假設公眾將所有貨幣收入都存入銀行而不在手中保有現金，但事實上是不現實的，尤其是對於銀行制度不發達的國家來說，人們總會將部分收入以現金形式保留在手中。這樣就出現了現金漏損，即銀行在擴張信用及創造派生存款的過程中，難免有部分現金會流出銀行體系，保留在人們的手中而不再流回。由於現金外流，銀行可用於放款部分的資金減少，因而削弱了銀行體系創造存款貨幣的能力。這種現金漏損對於銀行擴張信用的限制與法定存款準備率具有同等的影響，而當把現金漏損問題考慮進去後，銀行體系創造存款的擴張乘數公式應擴展為：

$$k = \frac{1}{r+c}$$

②超額準備金率（e）。前面假設商業銀行不持有超額準備金，而在實際經營中為了保持流動性，銀行實際持有的準備金總是大於法定準備金，這種差額稱為超額準備金。不過，為了實現利潤最大化，其持有的超額準備金通常較少。從實證分析我們發現，銀行的超額準備金同存款在數量之間也保持著某種有規律的關係，故對其可用超額準備金率來表示。這樣，銀行體系創造存款的擴張乘數公式應為：

$$k = \frac{1}{r+c+e}$$

同法定準備率及現金漏損率一樣，超額準備率的變化在存款創造時起著同等作用。如果超額準備金率大，那銀行信用擴張的能力會縮小；如果超額準備金率低，那銀行信用擴張的倍數會提高。

③定期存款準備金對存款創造的限制。經濟行為主體既會持有活期存款，也會持有定期存款。當活期存款被轉入定期存款時，儘管不致使原持有的準

備金額下降，但這種變動會對活期存款乘數產生影響。因為法律規定，銀行對定期存款（D_t）也要按一定的法定準備金率（r_t）提留準備金（定期存款的法定準備金率往往不同於活期存款的法定準備金率）。定期存款（D_t）同活期存款總額（D_d）之間也會保有一定的比例關係，當令 $t=D_t/D_d$ 時，（$r_t \cdot D_t$）$/D_d = r_t \cdot t$。也就是說每一個貨幣單位的活期存款中就會有 $r_t \cdot t$ 作為法定準備漏出（假定對個人定期存款不保持超額準備），考慮到這部分對存款乘數的影響，從而乘數公式進一步擴展為：

$$k = \frac{1}{r+c+e+r_t \cdot t}$$

10.3 貨幣供求與社會總供求的均衡

10.3.1 社會總供給的含義

社會總供給與社會總需求是宏觀經濟學中的一對基本概念，兩者間的基本平衡是穩定、協調發展國民經濟的一項基本要求。

（1）社會總供給

社會總供給是指一個國家或地區在一定時期內（通常為一年）由社會生產活動實際可以提供給市場的可供最終使用的產品和勞務總量。它包括兩個部分：一是由國內生產活動提供的產品和勞務，既包括農林牧漁業、工業、建築業等行業提供的產品，也包括由交通運輸、郵電通信、銀行保險、商業服務業等行業提供的服務，即國內生產總值。二是由國外提供的產品和勞務，即商品和勞務輸入。其計算公式為社會總供給＝本期國內生產總值＋本期進口－本期不可分配部分。本期不可分配部分是指國內生產總值中當年不能進行分配的部分，如人工培育正在生長過程中的牲畜、樹木、由於天災人禍造成的損失等。

由於各時期的供求狀況相互影響，在測算社會總供給時，應考慮各時期之間的銜接。其計算公式又可表示為：

社會總供給＝本期形成的社會總供給＋期初供給結餘總額

（2）社會總需求

社會總需求是指一個國家或地區在一定時期內（通常為一年）由社會可用於投資和消費的支出所實際形成的對產品和勞務的購買力總量。它包括兩個部分：一是國內需求，包括投資需求和消費需求。投資需求由固定資產投資需求和流動資產投資需求組成。消費需求由居民個人消費需求和社會集團

消費需求組成。二是國外需求，即產品和勞務的輸出。

(3) 社會總供求平衡

社會總供求之間既存在總量平衡關係，也存在各結構的協調關係，但首先是總量平衡關係。在社會總供給大於社會總需求的情況下，部分商品出現過剩，妨礙生產和經濟的進一步增長；在社會總需求大於社會總供給的情況下，商品供給不足，經濟生活會出現緊張現象，同樣不利於經濟的正常運行。在這兩種總量失衡下，當然也無法去談兩者的結構協調問題。為使國民經濟穩定、有序地發展，必須使社會總供給與社會總需求保持基本平衡。

在商品貨幣經濟條件下，社會總供給（無論是消費資料還是生產資料的供給）都需要一定量的貨幣作媒介來實現，從而提出對貨幣的需求；同時，社會總需求作為社會貨幣購買力的總額，其載體是貨幣。因此，一定量的社會總需求的形成也離不開相應的貨幣供給。所以，社會總供求與貨幣的供給和需求又有著密切聯繫。

10.3.2　社會總供給與貨幣需求

在商品貨幣經濟條件下，社會總供給表現為商品生產和流通的統一過程，並且處於不斷循環之中。無論是組織生產或實現銷售，都需要一定量的貨幣媒介。為準備進行生產，首先得有貨幣購買原材料和設備以及支付工資。貨幣在這裡所起的作用，就是組合各種生產要素，以啟動生產。商品生產出來後，要進行銷售，也需要貨幣媒介。如果再生產是一種擴大再生產，那麼為使增產的產品全部實現，則需要追加貨幣量。可見，社會商品供給規模是制約貨幣需要量的重要因素。

社會總供給對貨幣的需求，還表現在生產週期的長短上。在包括生產時間和流通時間在內的生產週期一定的情況下，投入一定量的貨幣就可以使生產不間斷地循環進行。如果生產週期延長，那貨幣返回時間相應延長。為使生產過程不間斷，還需另外追加貨幣量，用以購買原材料、設備和支付工資。因此，即使生產規模不變，生產週期的延長也要求追加貨幣量。

上面的討論是在假定商品價格不變的條件下展開的，沒有計入價格因素。但如果商品價格水平上漲或下跌，也會擴大或減少對貨幣的需求。

總之，社會總供給從商品數量、價格等多方面影響貨幣需求量。

10.3.3　社會總需求與貨幣供給

社會總需求作為一定時期內的社會貨幣購買力總額，由該時期內貨幣供給量與貨幣流通速度乘積構成。在貨幣流通速度不變的情況下，社會總需求

與貨幣供給量呈同方向變動趨勢。

銀行貨幣供給對社會總需求的影響有兩種：一種是直接影響，即銀行發放流動資金貸款和固定資金貸款，相應直接形成投資需求，用於購買生產資料；另一種則是間接影響，即由貸款進入流通的貨幣供給量，經由複雜的收入分配與再分配過程後，形成企業、政府機構和個人的收入，再分配則由他們來支用，從而構成消費需求和投資需求。由於同一筆貨幣可以進行多次媒介商品交易，因此，形成的社會總需求通常是銀行貨幣供應量的倍數。

在中國，過去銀行很少對消費者提供消費性貸款，因而銀行貨幣供給並不直接形成消費需求，而是經過多次分配和週轉以後形成消費需求。隨著經濟體制改革的深化、居民住房和耐用品消費貸款的推廣，銀行貸款和貨幣供給會逐漸直接影響消費需求。

10.3.4 貨幣供求與社會總供求

通過以上分析，社會總供求與貨幣供求之間的關係可用圖 10-2 來表述。

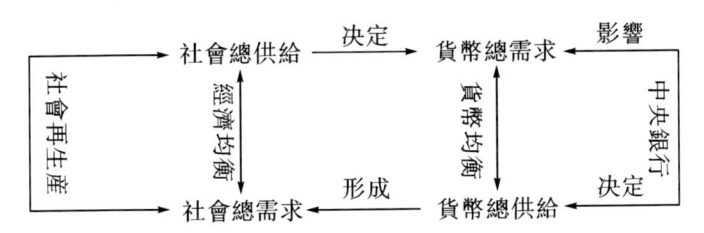

圖 10-2　貨幣供求與社會總供求之間的關係

由此可見，①商品的供給決定了一定時期的貨幣需求。②貨幣的需求決定了貨幣的供給。③貨幣的供給形成了對商品的需求。④商品的需求必須與商品的供應保持平衡。在這個關係圖中，貨幣供求的均衡是整個宏觀經濟平衡的關鍵。

貨幣供求與社會總供求之間的關係可通過量化分析來得到。

（1）貨幣供求相等時，社會總供求平衡

在貨幣供給量等於貨幣需求量的情況下，根據公式：貨幣需要量=待銷售商品數量×商品平均價格/單位貨幣流通速度，可得，貨幣供給量×單位貨幣流通速度=待銷售商品數量×單位商品價格。

由於貨幣供給量會形成相應的社會總需求，因此，上式左方即表示社會總需求，而右方正好表示社會可供商品總額，兩方處於真正的平衡狀態。也就是說，貨幣供求若處於平衡狀態，則社會總供求也必然處於平衡狀態。

（2）貨幣供給量大於貨幣需要量時

當貨幣供給量×單位貨幣流通速度＞待銷售商品數量×單位商品價格時，則有貨幣供給所形成的社會總需求會大於社會總供給，出現通貨膨脹，衝擊市場和經濟的穩定。

（3）貨幣供給小於貨幣需求時

當貨幣供給量×單位貨幣流通速度＜待銷售商品數量×單位商品價格時，則有貨幣供給所形成的社會總需求小於社會總供給。由於貨幣供給不足，社會可供商品難以全部實現，從而影響生產的增長。

由此可見，貨幣供求的變化會直接影響社會總供求的平衡，因此，正確組織貨幣供給，使之與貨幣需求保持協調，是宏觀經濟調控中的一項重要問題，有利於實現社會總供求的平衡。

在對外開放的條件下，影響社會總供求的變量在外延上擴大了，諸如商品進出口、資本流出入等都會影響社會總供求對比狀況，並成為調節社會總供求的重要因素。

在社會總需求大於社會總供給的情況下，國內商品供給不足會引起進口的增加，從而增加外匯支出，導致外匯支出大於外匯收入，出現外匯收支逆差的壓力。為了保持國內社會總供求平衡的同時，又保持外匯收支平衡，則需要相應引進外資流入，保持資本的淨流入。

在社會總供給大於社會總需求的情況下，通過多出口、增加外匯收入和外匯儲備，資本流出，以調節社會總供求、實現國際收支的平衡狀況。

因此，開放條件下的商品進口、商品出口、資本流入和流出都是調節社會總供求的變量。

11　金融創新和金融發展

11.1　金融創新的主要理論

自熊彼特（Joseph Alois Schumpeter）於 1912 年提出「創新」一次至今，創新理論不斷發展並被應用於實踐。20 世紀 60 年代以來，西方國家掀起了一場金融創新的熱潮，金融工具、金融業務、金融體制的創新，不僅改變了金融機構的經營方式、經營理念，也極大地推動了金融深化和金融國際化的進程。金融創新是金融發展的核心動力，促使金融業日新月異不斷向前發展，促進經濟發展。

11.1.1　金融創新的含義

狹義的金融創新特指第二次世界大戰以後，特別是 20 世紀 70 年代西方國家放鬆金融管制以來，金融領域內的各種要素重新組合和產生性變革所產生的金融現象。廣義的金融創新泛指金融發展史上出現的任何創新性變革，從貨幣產生、信用發展、銀行建立，直至 20 世紀 70 年代令人眼花繚亂的創新都屬於金融創新的範疇。

關於金融創新的定義，國內外經濟學家迄今為止尚無統一的解釋，有關金融創新的定義大多數根據熊彼特的創新定義衍生而來。熊彼特在《經濟發展理論》（Theory of Economic Development）一書中對創新所下的定義是：創新是指新的生產函數的建立，也就是企業對生產要素實行新的組合。它包括五種情形：①新產品出現；②新生產方法或技術的採用；③新市場的開拓；④新原材料供應來源的發現；⑤新企業管理方法或組織形式的推行。美國著名經濟學家弗里德曼認為，金融創新實際上「是一種國際貨幣制度的變革或改變」。國際貨幣制度的空前發展「使得金融市場上的各種金融創新層出不窮，創造出新的金融工具和結構」。美國《銀行辭典》專門列出金融創新這一詞條。這部辭典將金融創新定義為「支付制度促進銀行及一般金融機構作為資金供求仲介作用的減弱或改變」。並指出金融創新包括四個方面：①技術創

新,如電子通信系統,即以電子借記和貸記代替支票轉帳;②風險轉移創新,如可調利率抵押放款,將信用風險從一方轉移到另外一方;③產生信用的創新,如住宅信用的創新,它是借款人獲得使用金融資產的新途徑,並且增加了信貸的有效供給;④產生股權的創新使銀行獲得了一種比發行新普通股成本更低卻可以提高權益資本的新途徑。1986年,西方十國集團中央銀行編寫的《近年來國際銀行業的創新》的研究報告中指出:「金融創新從廣義角度看包括兩種情況,一種是金融工具的創新,主要是指票據發行便利、貨幣和利率互換、外匯期權和利率期權、遠期利率協議;另一種是金融創新的三大趨勢,主要是指金融領域的證券化趨勢、資產表外業務與日俱增的趨勢和金融市場全球一體化的趨勢。」中國著名經濟學家、北京大學的陳岱孫、厲以寧主編的《國際金融學說史》根據熊彼特經濟創新的定義將金融創新定義為:金融創新就是在金融領域內建立「新的生產函數」,「是各種金融要素的新的結合,是為了追求利潤機會而形成的生產改革。它泛指金融體系和金融市場上出現的一系列新事物,包括新的金融工具、新的融資方式、新的金融市場、新的支付手段以及新的金融組織形式與管理方法等。整個金融業的發展史就是一部金融創新不斷出現的歷史,金融業的每一次重大發展都離不開金融創新。信用貨幣的出現、商業銀行的誕生、支票制度的推廣等是歷史上及其重要的金融創新。」

簡而言之,金融創新是各種金融要素的重新結合,是金融機構為追求微觀利益、金融當局為提高整個金融業宏觀效益而發生的金融創造性變革。主要是指新的金融產品、金融業務、金融市場、金融機構、金融制度的創造和推廣。理解金融創新需要注意三點:①金融創新是一個動態的概念。金融創新伴隨著金融發展的全過程,從過去到現在,又將走向未來。金融創新不是一個國家特有的現象,而是出現在各個國家和全球範圍內的共同趨勢,包括了完成組合、變革和發現的整個過程。金融創新永遠豐富多樣,既有歷史上各種貨幣和信用形式所導致的貨幣信用制度、金融管理制度創新,又有金融機構組織和經營管理以及金融業結構的創新,還有金融工具、交易方式、操作技術、服務種類以及金融市場的創新。②金融創新可以通過政府和市場兩條途徑產生。政府通過金融立法和有關管理條例的變更可以引導金融創新,如通過修改金融法規、存款貸款管理條例、金融交易等制度性變化激發金融創新。這種金融創新和金融發展的主要動力來自政府,我們稱之為政府主導型金融創新。政府主導型金融創新在經濟轉型國家比較多見。市場主導型金融創新是由於市場條件或環境發生變化產生了對新的金融工具需求,金融機構根據金融市場變化和金融服務的需要,通過供給有效金融產品和金融服務

而出現的金融創新。市場主導型金融創新是當前世界主要國家的創新方式。③金融創新具有明顯的歷史階段性。在不同的歷史時期，金融創新的環境、背景不同，因而金融要素重新組合的基礎就不同，表現的特徵不同，對經濟的影響也不同。一般來說，狹義金融創新多用於微觀金融研究，廣義金融創新多用於宏觀金融研究。

11.1.2 金融創新理論

20世紀30年代以來，金融創新蓬勃發展，究其原因是經濟發展對金融領域產生了新的需求。它包括兩個階段：第一階段，是20世紀30年代開始，經濟大危機以後，凱恩斯的國家干預經濟理論成為主流派，宏觀需求管理對金融業務、金融制度、金融機構等產生了重大影響。第二階段，是二次世界大戰以後，西方國家的經濟在布雷頓森林貨幣體系下穩定運行，進入20世紀70年代西方國家普遍出現的高通脹和布雷頓森林貨幣體系解體，對凱恩斯經濟思想提出了挑戰，經濟學界出現了多元化思想，貨幣主義、預期學派等成為關注的焦點，這些多元化思想對金融創新產生了重大影響。金融創新理論源於20世紀50年代對於金融創新生命力和原動力的探索，從不同視角提出了各種有價值的見解。

(1) 約束誘導金融創新理論

約束誘導理論的代表人物，是美國著名的經濟和金融學家威廉·L.西爾柏（W. L. Silber）。1983年5月，西爾柏發表了《金融創新發展》一文，詳細闡述了金融創新的原因，並用直線程序模型加以說明。他從金融機構利潤最大化的創新這個表面現象出發，認為人們創造新的金融工具或業務是為了消除或減輕外部對其生產的金融限制而採取的「自衛」行為，是為了追求利潤最大化。西爾柏還認為，在金融創新中最重要的因素是技術和立法。這兩種因素有時通過約束起作用，但更多的時候是獨立發揮作用。技術進步為金融工具和業務創新提供了可能，同時也加快了金融創新的速度。遵守法規同樣也會增加企業成本，許多金融手段都是用來對付法規的，即使這些立法所引起的金融創新並非真正是外部因素，例如不斷增長的稅收負擔、通貨膨脹會刺激金融創新。西爾柏從微觀金融供給角度探討金融機構的業務和工具創新，分析金融創新的成因時指出，金融創新就是為了利潤最大化，並且強調了「逆境選擇」，但這樣的成因解釋同樣適用於普通企業的創新，不能充分體現金融創新的特徵和個性。該理論過分強調了金融企業在金融創新中的作用，對與金融企業相關聯的市場創新及宏觀經濟環境引發的金融創新避而不談。因此，西爾柏的理論不能完美地解釋各種形式的金融創新，連西爾柏本人也

承認他所設計的模型，只能解釋 1970—1982 年間美國金融創新的 60%。

約束誘導型創新理論主要從供給方面探討金融創新，認為引發金融創新的根本原因在於金融業內部和外部存在著各種約束因素。金融機構之所以發明種種新的金融工具、交易方式、服務種類，目的是擺脫或逃避面臨的種種約束。

(2) 技術推進金融創新理論

熊彼特在《經濟發展理論》中曾對技術創新的影響提出了創建性的探討，強調新技術的發明、應用和推廣是經濟發展和企業循環的主要原因。後來，又在《資本主義、社會主義與民主》中提出了技術創新理論，認為企業規模越大，市場結構越集中，技術創新的可能性就越高。因為在現代資本主義制度下，新技術發明創新需要大量的研究與開發費用，中小企業無法獨自負擔，只有大企業或企業聯合才能完成。熊彼特的技術創新理論只針對企業創新，沒有涉及金融創新，但該理論為金融創新中技術推進研究奠定了基礎。真正從技術創新角度探討金融創新問題的是韓農（T. H. Hannon）和麥道威（J. M. McDowell）。他們在 1984 年發表的《市場集中與技術在銀行業的推廣》一文中，通過實證研究發現 20 世紀 70 年代美國銀行業新技術的採用和擴散與市場結構變化密切相關，認為新技術的採用是金融創新出現的主要因素。但是，他們進行實證研究的資料過於具體，僅限於自動提款機，對電子計算機和電子通信設備的技術革新與金融創新的相關性研究未能取得充分證據。因而，他們提出的技術創新理論是局部的，不具有一般代表性，而且該理論也無法解釋許多政府放寬管制而出現的金融創新。

概括地說，技術推進理論認為新技術革命的出現，特別是電腦、電信工業的技術和設備成果在金融業的應用，是促成金融創新的主要原因。其理由是高科技在金融業的廣泛應用，促成了金融業務的電子計算機化和通信設備現代化，為金融創新提供了物質上的保證。新技術在金融領域的引進和運用促進了金融業務創新，大大縮小了空間和縮短了時間，加快了資金的調撥速度，降低了成本，使全球金融市場一體化、24 小時全球金融交易成為現實。

(3) 制度改革金融創新理論

制度改革理論主要是制度學派一些學者的觀點，如諾斯（D. North）、戴維斯（L. E. Davies）、塞拉（R. Scylla）等。這些學者主張從經濟發展史的角度來研究金融創新，認為金融創新並不是 20 世紀電子時代的產物，而與社會制度緊密相關。在計劃經濟體制下，由於高度集中和嚴格的計劃管理，金融創新不是無法展開就是受到極大的阻礙，金融活動的規模和範圍很小，金融工具的種類較少，金融服務和管理都比較落後，很難形成功能齊全、規模

適度、真正自由的金融市場和國際金融中心。但若在完全的自由放任市場制度下，金融業研究得到充分發展，金融創新可施展的空間很小，沒有為了規避官方管制而創新的必要。因此，制度學派的這些學者認為，全方位的金融創新只能在受管制的市場經濟中出現。制度學派將金融創新解釋為「管制→創新→再管制→再創新」的螺旋式發展過程，其中暗含著，政府的管制干預行為本身就是金融制度領域內的創新。

制度改革理論認為，金融創新是一種與經濟制度相互影響、互為因果的制度改革。基於這種觀點，金融體系中任何因制度改革而引起的變動，都可以視為金融創新。從上述制度學派觀點看，該學派將政府行為也視為金融創新的成因。實際上，將金融創新的內涵擴大到金融業務創新與制度創新兩方面。制度學派將帶有金融管制性質的規章制度也視為金融制度。這是其他學者難以接受的，因為金融管制本身就是金融創新的阻力和障礙，起到管製作用的規章制度只能是金融革命的對象。

(4) 規避管制金融創新理論

該理論由美國經濟學家凱恩（E. J. Kave）於 1984 年提出。凱恩認為，規避是指對各種規章制度的限制性措施實行迴避，規避創新是迴避各種金融控製和管理的行為的創新。這意味著當外在市場力量、市場機制與機構內在要求相結合，迴避各種金融控制和規章制度時，金融創新行為就產生了。政府為保持經濟均衡、穩定而進行各種形式的經濟立法，與經濟個體為追求利潤最大化而尋求規避之間存在著創新與管制的動態博弈。

規避管制金融創新理論認為，許多形式的政府管制與控製，實質上等同於政府對金融機構的隱含稅收，阻礙了金融機構從事已有的盈利性活動。因此，金融機構會通過創新來逃避政府管制。當金融創新危及金融穩定與貨幣政策時，金融當局又會加強管制，新管制又會導致新的創新，兩者不斷交替形成一個相互推動的過程。規避管制金融創新理論，在某種程度上可以說是約束誘導金融創新理論和制度改革金融創新理論的綜合。該理論一方面同意約束誘導金融創新理論的觀點，認為企業是為了規避政府的種種限制和管制而進行了種種創新。另一方面，該理論也讚同制度學派的說法，認為政府當局在金融創新嚴重妨礙貨幣政策或危害金融穩定時，也會做出反應加強金融管制，這種市場力量和政治勢力的對抗構成金融創新的辯證過程。但是我們必須看到，凱恩的規避管制金融創新理論與西爾柏的約束誘導創新理論、諾斯等人的制度改革創新理論有很大的區別。西爾柏的創新理論主張從內、外制約兩方面探討金融管制對金融創新的影響，至於金融創新對金融管制的反作用力未曾談及。與此不同，規避創新理論主要強調金融創新主要源自外部

環境約束的影響,強調外部約束與金融規避的相互作用,全面分析了外部約束與企業規避間的作用力與反作用力;規避創新理論與制度創新理論的主要區別在於對金融管制的定位不同,前者將金融管制視為金融創新的外部壓力,是金融創新的動因,後者則將金融管制視為金融規避創新的一個組成部分,在分析規避創新的同時強調技術創新的重要性。

(5) 交易成本金融創新理論

該理論的代表人物是希克斯 (J. R. Hicks) 和尼漢斯 (J. Niehans)。希克斯把交易成本、貨幣需求與金融創新聯繫起來,得出以下結論:交易成本是作用於貨幣需求的一個重要因素,不同的需求產生對不同類型金融工具的要求,交易成本高低使經濟個體對需求的預期發生變化。交易成本降低的發展趨勢使貨幣向更高級的形式演變和發展,產生新的交換媒介和新的金融工具。不斷地降低交易成本就會刺激金融創新,改善金融服務。

該理論的基本命題是「金融創新的支配因素是降低交易成本」,即交易成本的降低是金融創新的主要動因。其具體含義有兩個:①降低交易成本是金融創新的首要動機,交易成本的高低決定了金融業務和金融工具的創新是否具有實際價值;②金融創新實質上是對科技進步導致交易成本降低的反應。交易成本理論把金融創新的動因歸結為微觀金融機構的逐利動機,通過微觀經濟結構的變化來降低成本有一定的合理性。但科技進步並不是交易成本下降的唯一決定因素,競爭也會使得交易成本下降,促進新的金融創新工具產生。

(6) 貨幣促成金融創新理論

該理論代表性人物是貨幣主義的米爾頓·弗里德曼 (Milton Friedman)。弗里德曼認為:「前所未有的國際貨幣體系是促成金融創新不斷出現並形成放鬆金融市場管理壓力要求的主要原因。」他認為,20世紀60年代美國通貨膨脹的加劇,導致了1971年布雷頓森林體系的崩潰,割斷了美元與黃金的聯繫,使世界上所有貨幣直接或間接建立在不兌換紙幣的基礎上。布雷頓森林體系解體拆除了政府實施通貨膨脹的障礙,反過來又加劇20世紀70年代通貨膨脹及其在世界各地的傳播。通貨膨脹和匯率的頻繁變動使利率反覆變動,從而引起經濟不穩定,促使金融機構進行創新。

總之,該理論的核心是把金融創新歸於貨幣方面因素的變化促成的。該理論認為20世紀70年代的通貨膨脹和匯率、利率反覆無常是金融創新的重要成因,金融創新作為抵制通貨膨脹和利率波動的產物而出現。貨幣促成理論可解釋20世紀70年代布雷頓森林體系解體後出現的多種轉嫁匯率、利率、通貨膨脹的創新工具和業務,但對20世紀70年代以前躲避管制及20世紀80

年代產生信用和股權的金融創新無法解釋。

（7）財富增長金融創新理論

該理論的代表人物是格林鮑姆（S. L. Greenbem）和海沃德（C. F. Haywood）。這兩位經濟學家在研究美國金融業發展歷史時，得出了財富增長是金融創新需求的主要因素的結論。他們認為，經濟的高速發展所帶來的財富迅速增長，是金融創新的主要原因。因為科技的進步引起財富增加，隨著財富增加人們要求避免風險的願望增加，加大對金融資產和金融交易的需求，促進了金融創新以滿足日益增長的金融需求。

財富增長理論主要從金融需求角度探討金融創新的成因，從金融資產的需求角度分析金融創新的成因，以及放鬆金融管制的前提條件。當金融當局出於穩定的目的對金融業施加管理，特別是在經濟困難時期實施嚴厲管制時，無疑會抑制需求產生替代效應，即高利率和利率變動對金融創新的影響。因此，這種理論對20世紀70年代以後出於轉嫁利率、匯率和通貨膨脹的各種金融創新無從解釋。換言之，財富增長理論解釋20世紀70年代以前的金融創新尚可立足，而解釋20世紀70年代以後的金融創新就顯得力不從心。

（8）對上述金融創新理論的評價

西方金融創新理論的主要流派對創新動因的解釋各不相同，有的從科技進步角度、有的從金融制度角度、有的從成本下降角度，充分說明了金融創新的複雜性和豐富性。不同流派的金融創新理論內容有相似之處，例如技術推進理論和交易成本理論都強調科技進步在金融創新中的推動作用；又如約束誘導理論、制度改革理論及規避管制理論都主張金融制度的逆境動因。這說明不同流派的金融創新理論都認識到，金融創新進程中科技進步不可磨滅的特殊貢獻，以及金融管制與金融創新的相互促進作用；說明儘管各種金融創新理論流派觀點有差異，但對金融創新生成機理有共識之處。

從理論本身的產生和發展來看，各種理論確實能說明一定時間和空間跨度內金融創新背後的生成機理，但都偏重於某個側面而忽略了各因素的互相作用合力。例如20世紀50年代末至20世紀60年代，歐洲貨幣市場的產生和發展就是源於因西方國家嚴格的金融管制而出現的市場創新。就這個階段的金融創新而言，約束誘導金融創新理論和規避管制金融創新理論的解釋無疑是準確的。而20世紀70年代的金融創新主要是風險轉移創新，這又可以從需求推動金融創新理論得到印證。但這些理論對金融創新的研究主要側重於動因研究，對金融創新的效果和後果研究得很少。除了約束誘導金融創新理論外，其他金融創新理論都忽視了金融創新的根本原因——趨利動機。但就動因研究來說，各理論又多從某個側面來研究金融創新，要麼是規避管制，

要麼是技術推進，沒有將宏觀與微觀層面以及供給與需求層面結合起來綜合研究，缺乏系統性。另外，約束誘導、規避管制等理論都強調了金融管制對金融創新的逆境推動，但金融管制不是金融創新的根本原因。在金融機構沒有逐利動機的情況下，就沒有規避管制、增加收益的欲望，金融創新也就無從產生。計劃經濟體制下中國金融創新幾乎處於空白就是最好的例證。

11.2 金融創新的內容及影響

金融創新的內容十分廣泛，各種創新又有著自己的目的與要求。所以，金融創新可以有不同的分類方法。例如：按創新的主體來劃分，金融創新可以分為市場主導型和政府主導型；按創新的動因來劃分，金融創新可以分為逃避管制型、規避風險型、技術推動型和理財型等；按創新的內容來劃分，金融創新可以分為工具的創新、機構的創新、業務的創新、制度的創新等。下面就按照廣泛的劃分理解，對金融制度的創新、金融工具的創新，以及金融業務的創新及其影響進行分析論述。

11.2.1 金融制度的創新

金融制度是金融體系中一個非常重要的方面。在一系列的金融創新與金融自由化的過程中，金融制度的變化是不可避免的。在制度變革的基礎上，金融自由化又會在一個更新的層面上展開，進而推動金融創新的深入發展。所謂金融制度的創新是指金融體系與結構的大量新變化，主要表現在以下三個方面：

（1）分業管理制度的改變

長期以來，在世界各國的銀行體系中，歷來有兩種不同的銀行制度，即以德國為代表的「全能銀行制」和以美國為代表的「分業銀行制」。二者主要是在商業銀行業務與投資銀行業務的合併與分離問題上的區別。但自 20 世紀 80 年代以來，隨著金融自由化浪潮的不斷升級，這一相互之間不越雷池一步的管理制度已經發生改變。美國於 1999 年年底廢除了對銀行業經營嚴格限制 60 多年的《斯蒂格爾法案》，允許商業銀行合業經營。從目前來看，世界上大多數國家的商業銀行的上述兩個傳統特徵和分業界限已逐漸消失，商業銀行的經營範圍正不斷擴大，世界上著名的大銀行實際上已經成為「百貨公司」式的全能銀行。從其發展動向看，商業銀行經營全能化、綜合化已經成為一種必然趨勢。

（2）對商業銀行與非銀行金融機構實施不同管理制度的改變

由於商業銀行具有信用創造的特殊功能，因此，世界上的大多數國家都對商業銀行實行了比非銀行金融機構更為嚴格的管理制度。如對其市場准入的限制、存款最高利率的限制、不同存款準備金率的差別限制、活期存款不得支付利息的限制等。但是，在不斷發展、擴大的金融創新中，非銀行金融機構正是看準了這一制度上的薄弱之處，進行了大膽創新與發展，使非銀行金融機構的種類、規模、數量、業務範圍與形式等都得到了迅速發展，使商業銀行在新的市場競爭中處於明顯的弱勢。鑒於經濟環境、市場條件發生的巨大變化，各國政府都先後縮小了兩類金融機構在管理上的差別，使商業銀行與非銀行金融機構在市場競爭中的地位趨於平等。

（3）金融市場准入制度趨向國民待遇，促使國際金融市場和跨國銀行大發展

在20世紀80年代以前，許多國家針對非國民進入本國金融市場以及本國國民進入外國金融市場均採取了種種限制措施，尤以日本為最，在金融自由化浪潮的衝擊下，這些限制正逐漸取消。

經濟一體化和金融全球化的發展，為跨國銀行的出現以及國際金融中心的建立創造了條件。各國大銀行爭相在國際金融中心設立分支機構，同時在業務經營上加快電子化、專業化和全能化的步伐。金融創新使各國之間的經濟、金融聯繫更加緊密，使經營的風險加大，從而使全球金融監管出現自由化、國際化傾向，各國政府在對國際金融中心、跨國銀行的監管問題上更加注重國際協調與合作。

11.2.2　金融業務的創新

金融業務的創新是把創新的概念進一步引申到金融機構的業務經營管理領域。它是金融機構利用新思維、新組織方式和新技術，構造新型的融資模式，通過其經營過程，取得並實現其經營成果的活動。因為商業銀行業務在整個金融業務中占據舉足輕重的地位，所以，商業銀行的業務創新構成了金融業務創新的核心內容。此處，我們重點分析商業銀行的業務創新。

（1）負債業務的創新

商業銀行負債業務的創新主要發生在20世紀60年代以後，其主要表現在商業銀行的存款業務上。

①商業銀行存款業務的創新。

商業銀行存款業務的創新是對傳統業務的改造、新型存款方式的創設與拓展上，其發展趨勢表現在以下四個方面：①存款工具功能的多樣化，即存

款工具由單一功能向多功能方向發展；②存款證券化，即改變存款過去那種固定的債權債務形式，取而代之的是可以在二級市場上流通轉讓的有價證券形式，如大額可轉讓存單等；③存款業務操作電算化，如開戶、存取款、計息、轉帳等業務均由計算機操作；④存款結構發生變化，即活期存款比重下降，定期及儲蓄存款比重上升。

②商業銀行存款帳戶五花八門。

商業銀行的新型存款帳戶可謂五花八門，各有妙處，個性化、人性化突出，迎合了市場不同客戶的不同需求。主要有：可轉讓支付指令帳戶（NOW）；超級可轉讓支付指令帳戶（Super NOW）；電話轉帳服務和自動轉帳服務（ATS）；股金匯票帳戶；貨幣市場互助基金；協議帳戶；個人退休金帳戶；定活兩便存款帳戶（TDA）；遠距離遙控業務（RSu）等。

③商業銀行借入款的範圍、用途擴大化。

過去，商業銀行的借入款項一般是用於臨時、短期的資金調劑，而現在日益成為彌補商業銀行資產流動性、提高收益、降低風險的重要工具，籌資範圍也從國內市場擴大到全球市場。

（2）資產業務的創新

商業銀行的資產業務的創新主要表現在貸款業務上，具體表現在以下四個方面：

①貸款結構的變化。

長期貸款業務尤其是消費貸款業務，一直被商業銀行認為是不宜開展的業務。但是，在20世紀80年代以後，商業銀行不斷擴展長期貸款業務，在期限上、投向上都有了極大的改變。以美國商業銀行為例，以不動產貸款為主的長期貸款已經占到商業銀行資產總額的30%以上；在消費貸款領域，各個階層的消費者在購買住宅、汽車、大型家電、留學、修繕房屋等方面，都可以向商業銀行申請一次性償還或分期償還的消費貸款。消費信貸方式已經成為不少商業銀行的主要資產項目。

②貸款證券化。

貸款證券化作為商業銀行貸款業務與國債、證券市場緊密結合的產物，是商業銀行貸款業務創新的一個重要表現，它極大地增強了商業銀行資產的流動性和變現能力。

③與市場利率聯繫密切的貸款形式不斷出現。

在實際業務操作過程中，商業銀行貸款利率與市場利率緊密聯繫、並隨之變動的貸款形式，有助於商業銀行轉移其資產因市場利率大幅度波動所引起的價格風險，是商業銀行貸款業務的一項重要創新。具體形式有：浮動利

率貸款、可變利率抵押貸款、可調整抵押貸款等。

這些貸款種類的出現，使貸款形式更加靈活，利率更能適應市場變化。

④商業銀行貸款業務「表外化」。

為了規避風險或為了逃避管制，還可能是為了迎合市場客戶之需，商業銀行的貸款業務有逐漸「表外化」的傾向。具體業務有：回購協議、貸款額度、週轉性貸款承諾、循環貸款協議、票據發行便利等。

另外，證券投資業務上的創新主要有股指期權、股票期權等形式。

(3) 中間業務的創新

商業銀行中間業務的創新，徹底改變了商業銀行傳統的業務結構，極大地增強了商業銀行的競爭力，為商業銀行的發展找到了巨大的、新的利潤增長點，對商業銀行的發展產生了極大的影響。具體表現在：首先是中間業務領域極度擴張，使商業銀行日益成為能夠為客戶提供一切金融服務的「金融超市」。其次是中間業務的收入占銀行業務總收入的比重不斷擴大，使商業銀行的競爭從價格的競爭轉向服務質量的競爭。再次是現代企業需要商業銀行提供信託、租賃、代理融通、現金管理、信息諮詢等多種中間業務，從而使銀企關係加強，商業銀行「萬能」的地位得以鞏固。最後是中間業務創新的主題是電子計算機的廣泛應用，隨著商業銀行中間業務的自動化、服務綜合化的發展，商業銀行業務電子化的進程不斷加快。商業銀行中間業務創新的內容主要有：

①結算業務日益向電子轉帳發展。

資金劃轉或結算不再使用現金、支票、匯票、報單等票據或憑證，而是通過電子計算機及其網路辦理轉帳，如「天地對接、一分鐘到帳」等。

②信託業務的創新與私人銀行的興起。

隨著金融監管的放鬆和金融自由化的發展，商業銀行信託業務與傳統的存、貸、投資業務等逐步融為一體，並大力拓展市場潛力巨大的私人銀行業務。如生前信託、共同信託基金等，通過向客戶提供特別設計的、全方位的、多品種的金融服務，極大地改善了商業銀行的盈利結構，拓展了業務範圍，爭奪了「黃金客戶」，使商業銀行的競爭力大大提高。

與中間業務聯繫密切的表外業務，是商業銀行業務創新的重要內容，它們當中有很多都可以在一定條件下轉化為表內業務。商業銀行發展、創新表外業務的直接動機是規避金融監管當局對資本金的特殊要求，通過保持資產負債表的良好外觀來維持自身穩健經營的形象。當然，表外業務也是商業銀行順應外部金融環境的改變、由傳統銀行業務向現代銀行業務轉化的必然產物。表外業務雖然沒有利息收入，但有可觀的手續費收入。從世界各國銀行

業的發展情況看，表外業務發展迅猛，花樣品種不斷翻新，有些商業銀行的表外業務收益已經超過傳統的表內業務收益，成為商業銀行的支柱業務。目前，商業銀行的表外業務主要有：貿易融通業務（如商業信用證、銀行承兌匯票）、金融保證業務（如擔保、備用信用證、貸款承諾、貸款銷售與資產證券化）、衍生產品業務（如各種互換交易、期貨和遠期交易、期權交易）等。

11.2.3　金融工具的創新

金融工具的創新是金融創新的最主要的內容。近三十年來出現的金融創新中，最顯著、最重要的特徵之一就是大量的新型的金融工具以令人目不暇接的速度被創造出來。這些新型金融工具的出現，使人們對於「貨幣」「資金」「資本」「金融商」「金融資產」等原有概念的認識產生了困惑。因為這些事物的出現，是當今特定歷史時期的新生事物，要求人們重新審視和界定上述概念的含義及範疇。其中，特別是 20 世紀 70 年代出現的衍生金融工具，更是向人們展示了金融資產保值和風險規避的全新概念。

（1）基本存款工具的創新

眾所周知，基本的存款工具有活期存款、定期存款、儲蓄存款等，但是，在金融工具的創新過程中，這些基本存款工具的界限早已被打破，形成了一些新的存款工具。主要包括：可轉讓支付指令、自動轉帳服務帳戶、超級可轉讓支付指令、貨幣市場存款帳戶、個人退休金帳戶等。這些帳戶的特點是既能靈活方便地支取，又能給客戶計付利息。這些新型存款帳戶的出現，為客戶提供了更多的選擇，充分滿足了存款人對安全、流動和盈利的多重需求，從而吸引了更多的客戶，擴大了商業銀行的資金來源。

（2）大額可轉讓定期存單（CD）

商業銀行的定期存款以其較高的利率吸引資金，但其最大的弱點在於其流動性差。1961 年由美國花旗銀行發行的第一張大額可轉讓定期存單，既可以使客戶獲得高於儲蓄帳戶的利息，又可以在二級市場上流通、轉讓而變現，使客戶原本閒置在帳上的資金找到了短期高利投資的對象，所以一經面世就大受歡迎。隨著金融機構競爭的加劇，CD 也出現了許多新的變種：

①可變利率定期存單（Variable Rate CD）。

該種存單在存期內被分成幾個結轉期。在每一個結轉期，銀行根據當地的市場利率水平重新設定存單利率。

②牛市定期存單（Bull CD）。

該種存單與美國標準普爾公司的 500 種股票相聯繫，雖然存單的投資者沒有固定的利息收益，但可根據定期存單的時限長短而獲取股票指數增長額

的 37%～70%的利率上升收益。

③揚基定期存單（Yankee CD）。

揚基定期存單是外國銀行在美國發行的可轉讓定期存單，大多由位於紐約的外國著名銀行發行。

④歐洲或亞洲美元存單（Eurodollar or Asia Dollar CD）。

歐洲或亞洲美元存單是美國銀行在歐洲或亞洲的金融市場上發行的定期存單，以吸引國外資金，因此不必向美聯儲交存準備金和存款保證金。

（3）衍生金融工具的創新

衍生金融工具是伴隨著近二十年來新一輪金融創新而興起和發展起來的。它的出現，可以說給當代金融市場帶來了劃時代的貢獻。它除了讓人們重新認識金融資產保值和規避風險的方式手段之外，還具有很強的槓桿作用，讓人們充分體會到了「四兩撥千斤」的快感。同時，人們還把衍生金融工具稱為「雙刃劍」。如果運用得當，可給金融業帶來許多好處，能起到傳統避險工具無法起到的保值、創收作用；但如果運用失當，也會使市場參與者遭受嚴重損失，甚至危及整個金融市場的穩定與安全。衍生金融工具的內容主要包括遠期合約、金融期貨、互換及金融期權等。

11.2.4　金融創新與金融工程的興起

近三十年來，金融創新在世界範圍內大規模的興起與發展，極大地開拓了人們的思維，深刻地影響了金融業的經營理念，並直接導致了金融工程這門金融新技術的誕生與發展。金融工程是 20 世紀 90 年代初期出現的一門工程型的新興的金融科學與實踐，被稱為現代金融領域內最前沿、最尖端的學科，是現代金融領域裡的高新科技。對於它的認識與研究，正方興未艾。

（1）金融工程概述

金融工程是 20 世紀 90 年代初出現的一門工程型新學科。它將工程思維引入金融領域，綜合地採用各種工程技術方法（主要有數學建模、數值計算、網路圖解、仿真模擬等），設計、開發和實施新型的金融產品，創造性地解決各種金融問題。

①金融工程的含義。

由於金融工程還是一門年輕的新學科，尚處於迅速發展之中，還需要人們的進一步認識、瞭解與完善，因此，目前金融工程尚未得到一個公認的、科學完整的定義。但是，根據許多經濟學家、金融學家的觀點，我們還是大致可以將金融工程學的研究範圍概括為以下三個部分：

a. 新型金融工具的研究與開發，即根據市場要求和客戶的特殊需要開發

新的金融工具，並為之創造新的市場。例如，金融期貨、期權、互換等金融衍生工具及其交易市場的開拓，這是金融工具主要的應用領域。

b. 按照風險和收益的原理，設計新的風險管理技術和策略，即研究如何利用現有的金融工具和市場條件達到完美的組合。例如，風險管理技術的開發與應用、公司融資結構的設計、資產證券化方案等。

c. 從整體上構築更為完善的金融體系，以增強整個金融市場的穩定性和有效性。例如，優化金融機構的資產負債管理系統，縮短時滯效應的金融管理系統，提高金融服務效率的設計系統等。

②金融工程的特點。

金融工程為金融業的經營提供了一整套的原理、方法和工具，著重對現有的金融問題進行創造性地解決。這種創造性是現代信息技術在金融業中的成功應用，是知識經濟在金融業中的集中體現。而金融工程的創新特徵，說明它所提供的是金融業本身的高新科技。金融工程的特點有以下三個方面：

a. 金融工程是一門新興的交叉學科。金融工程可以被看作現代金融學、信息技術和工程方法的結合，是一門新型的交叉學科。1991年，「國際金融工程師學會」（IAFE）的成立，標誌著金融工程正式被社會所確認。

b. 金融工程是金融的產品化和工程化。金融在社會經濟中的地位和作用，至今已發生過三次飛躍，即從簡單仲介到產融結合，再到金融工程化。金融工程的誕生，使金融作為一門產業得到了工程科學、信息科學的支持。任何一門科學，只有經過產品化、工程化，才能產生大規模的經濟和社會效應。所以，我們可以把金融工程看作金融學科的產品化、工程化。金融工程的產生把金融學科推進到了一個新階段。

c. 金融工程是規範化和系統化的金融創新。金融工程最大的和最本質的特徵就是金融創新，金融工程本身就是從金融創新活動中產生出來的，金融創新是廣泛、自發、無組織的創新活動，而金融工程則是有安排的、系統的金融創新活動。所以，金融工程是規範的、系統的金融創新，而且這種創新的範圍更為寬泛。

（2）金融工程工具和技術

①金融工程工具。

金融工程的一個主要內容是設計、開發新型的金融工具。金融工程工具主要就是衍生金融工具，大致分為四類，即前述的遠期、期貨、互換、期權：a. 遠期，即遠期利率協議、遠期外匯綜合協議；b. 期貨，即利率期貨、外匯期貨、股指期貨；c. 互換，即貨幣互換、利率互換；d. 期權，即看漲期權、看跌期權。

②金融工程技術。

金融工程技術就是運用金融工程工具解決某種金融問題，特別是對金融風險的管理。金融工程技術的應用主要概括為四個方面：

a. 套期保值。套期保值是指一個已經存在風險暴露的經濟主體，力圖通過持有一種或多種與原有風險頭寸相反的套期保值工具來消除該風險的技術，但在實際中，最初風險暴露與保值工具間的完全的相關關係一般不存在，而且套期保值也往往被證明與最初風險暴露不完全吻合。但從整體上看，經過合理設計的套期保值都比不保值安全許多。

b. 投機。投機是指一些人希望通過對市場某些特定走勢的預期，對市場未來變化進行賭博以獲取利益的金融技術。投機操作者通常利用各種金融工程工具進行投機。因為金融工程工具一般具有適於投機的特徵。如：具有槓桿效應，允許以較小的資本建立較大的頭寸；可以組合出複雜的交易策略；可以以金融工程工具為基本材料，可以人為構造出許多特定的風險等。

c. 套利。套利是指利用市場不完全條件下有內在聯繫的金融工具之間的價格背離來獲取利潤的金融技術。有內在聯繫的金融工具之間的價格背離，可能在市場劇烈震盪時發生，或在市場間存在較大的有形分割時發生。套利的目的在於從價格的差異中獲利，卻不承擔風險。套利者的活動對市場是有益的，其行為使定價過低的工具價格上漲，定價過高的工具價格下跌，最終使市場價格迅速恢復到自然均衡狀態。

d. 構造組合。構造組合是一種對一項特定的交易或風險暴露的特性重新進行構造的金融技術。它可以根據客戶的需要，滿足投資者、借款人及金融市場其他參與者的不同偏好，使金融技術更富有個性化特徵。

11.3　金融發展

11.3.1　什麼是金融發展

我們經常會接觸到「發展」一詞，如經濟發展、企業發展、個人事業的發展等。在報紙雜誌上也經常出現金融發展這樣的詞。那麼，究竟什麼是金融發展呢？

金融發展是指金融的功能不斷得以完善、擴充進而促進金融效率的提高和經濟增長的一個動態過程。其表現形式為：貨幣成為人們普遍的交換手段，金融工具的多元化使貨幣和金融資產成為個人為將來消費做準備的最好價值儲蓄手段，金融工具的價格在金融資源的配置中起著極為重要的作用。金融

發展總是伴隨著金融結構的變化和金融效率的不斷提高。

金融發展是由金融創新推動的。金融創新是人們創造出新的金融工具、新的金融組織和金融制度來更為合理地配置金融資源，獲取更高的收益或降低風險的活動。可以說，金融創新是實現金融發展的重要途徑，就像一個國家要發展，就必須不斷地創造新技術一樣。隨著金融創新的不斷興起，一些金融組織提供的金融服務在諸多功能上非常類似於傳統的銀行機構。2008年美國金融危機之後，人們通常將這種進行期限和流動性轉換、同時具有信用媒介和創造功能但又遊離於銀行業監管規則之外的金融活動，總稱為影子銀行體系。影子銀行體系媒介的信用，同樣可以為企業和參與者提供融資和流動性。

金融的發展，使金融的功能得到了不斷的完善，從而極大地推動了經濟的發展和社會的變革。在人類歷史中，經濟發展總是伴隨著金融發展。從最初的物物交換到實物貨幣的出現，再到現代電子貨幣時代的漫長過程中，新的金融工具、金融制度一直在不斷地湧現。現在，在證券公司的營業部經常人頭攢動，不亦樂乎地買進或賣出股票等都是金融發展的結果。古代皇帝要獲得各地區的信息，即使是八百里加急，至少也得要十天半月的時間，而現代的普通人都幾乎可以同步地獲得遠在異國他鄉的朋友的電子郵件。北京的山頂洞人還不知道什麼是交易，什麼是貨幣，而現代大都市裡幾乎每一個人都懂得要利用金融手段來安排自己的生活。總之，金融發展極大地提高了人類的福利水平。

11.3.2 金融發展與創新的動因

(1) 降低交易費用

金融機構——如商業銀行——的出現極大地降低了資金盈餘者在投資時搜尋信息的成本。信息收集和分析的專業化降低了交易費用。

降低交易費用最新的金融發展事例就是歐元的誕生和使用了。2002年1月起，新的貨幣——歐元正式在歐盟成員國流通，歐盟15個成員國原來發行的貨幣逐步退出流通。到2002年3月，在歐盟15個成員國流通的貨幣就只有歐元了。歐元的誕生是人類貨幣史上一個偉大的創舉，因為歐洲貨幣聯盟的形成，大大降低了歐盟內部成員國之間的交易費用，促進了商品、勞務和資本的自由流動，使資源的配置能夠不受主權國家干涉的影響而跨越國界得到更合理的配置，從而促進歐盟內部社會福利的提高。在歐元正式流通之前，你到歐盟15個成員國去旅行，你就必須同時準備15個成員國發行的貨幣，你在換匯的過程中就會損失很多，而且還要耽誤很多的時間。現在，你只需

持有一種貨幣——歐元，你就可以遊遍歐盟的所有國家了。

（2）規避或轉移風險

推動金融發展的另一個動因就是規避或轉移風險。隨著儲蓄與投資相分離，金融取得了它相對獨立的存在形式之後，人們在金融投資上就面臨著不確定性；其他一些突發事件也使人們的日常生產和生活面臨著突然遭受經濟損失的危險。人們為了規避各種金融風險，發明了新的金融組織和金融工具。例如，各類保險公司的出現就是人們以較小的代價來挽回較大損失所做的努力；像商業銀行這類金融機構的產生也降低了人類社會將儲蓄資源轉化為投資後可能面臨的流動性風險；各類金融證券二級市場的產生也是為了找到確定資本市場價格的機制和降低持有這些證券的流動性風險；證券投資基金通過專家理財和擴大投資組合的範圍就降低了證券投資的風險；各類衍生金融工具的出現和發展，如遠期交易、期權、互換和期貨等最初的出現都是為了給個人、公司防範財務風險提供有效的手段。金融機構也在通過創新金融工具轉移風險。信貸資產的證券化——商業銀行將原來不能交易、流通的非標準化若干貸款合同出售給一個特殊目的公司後，細分為具有相同面值、期限、利率且能在二級市場上流通的標準化債券的過程，就是典型的轉移風險的一種安排，因為一旦原始借款者違約，最終遭受損失的是證券化資產的持有人。在 2008 年金融危機後「聲名鵲起」的另一種規避和轉移風險的金融創新就是信用違約互換（簡稱 CDS）。它是這樣一種風險轉移的金融安排：違約互換購買者定期向違約互換出售者支付一定費用（稱為信用違約互換點差）後，一旦出現如債券無法償付的違約事件，購買者將有權利將債券以面值賣給違約互換出售者，從而達到有效規避和轉移信用風險的目的。自 20 世紀 90 年代以來，該金融產品在國外發達金融市場得到了迅速發展。

需要指出的是，某些原本是為了規避管制而進行的金融創新，在價格劇烈波動時，卻產生了更高的風險。雖然一些創新的金融工具可以達到規避或轉移風險的目的，但就整個金融體系而言，風險仍然是客觀存在的，它只不過將原來由某些金融機構集中承擔的風險，轉化為由眾多機構和投資者共同承擔了。這時，一旦出現信用違約，風險將在金融體系內更大範圍地傳播。

（3）規避管制或監管

金融是受政府管制較多的領域之一。政府對金融管制最突出的手段包括法定準備金管制和利率控制。政府會強制性地要求商業銀行向中央銀行繳納一定的準備金。在西方國家由於準備金沒有利息，因此，商業銀行向中央銀行繳納的準備金越多，商業銀行可用於貸款等可帶來回報的資金就越少，因此，準備金又被稱為準備金稅。

除了準備金外,很多國家還對利率施以嚴格的控制。例如,美國原來的 Q 條例就規定了對定期存款可支付的利率的最高限。但是,如果市場利率上升到了高於 Q 條例規定的銀行可支付的定期存款利率上限,存款者就會提取銀行存款,用於其他投資,銀行貸款的規模就減少了,這種現象被稱為脫媒。脫媒的出現,削弱了銀行賺取利潤的能力。

我們常說,「道高一尺,魔高一丈」,所以,哪裡有管制,哪裡就有反管制的鬥爭。為了規避當局的準備金管制和利率控制,商業銀行開發了一些新的金融工具,如歐洲貨幣。歐洲貨幣就是在貨幣發行國之外流通的貨幣。這裡的歐洲並不是地理意義上的歐洲。例如,如果在日本存入美元存款,那麼,這筆存款就是歐洲美元存款;如果將日元存入英國的一家銀行,那麼這筆存款就叫歐洲日元存款。通常地,本國的當局是不能要求外國的商業銀行繳納法定存款準備金的。因此,若吸收歐洲貨幣,則商業銀行就無須繳納法定準備金,從而擴大了可用於貸款或其他生利資產的資金規模。

在美國,受 Q 條例之害最深的當數儲蓄與貸款協會。由於市場利率超過了儲蓄與貸款協會所能支付的最高限,它們流失了大量的資金。在這種情況下,它們需要開闢新的資金來源來維持其有利可圖的貸款。儲蓄與貸款協會為了規避利率管制而進行的金融創新主要有可轉讓提款通知書和自動轉換儲蓄帳戶。可轉讓提款通知書在法律上不被當作支票使用,它便不受有關支票帳戶法規的限制,可以支付利息。後來,包括商業銀行在內的其他金融機構都開發了可轉讓提款通知書來爭奪存款。1980 年,美國最終被迫承認了可轉讓提款通知書的合法性。

自動轉換儲蓄帳戶是這樣一種支票帳戶,該支票帳戶中一定金額之上的餘額都能夠自動轉換為支付利息的儲蓄帳戶。當對自動轉換儲蓄帳戶簽發支票時,必要的兌付支票資金會自動地將儲蓄帳戶轉移到支票帳戶上去。這樣,可得利息的儲蓄帳戶上的金額實際上成了存款者支票帳戶的一部分,因為它們是可供簽發支票的。然而,從法律上說,這是一種儲蓄帳戶,而不是向存款者支付利息的支票帳戶。

中國的存款利率管制同樣推動了金融創新。中國人民銀行確定的存款基準利率較低,有時甚至低於通貨膨脹率。為了規避存款利率的管制,銀行理財產品便大量地興起了。銀行理財產品不屬於存款,其預期收益率自然不受央行利率政策的限制,得到了越來越多投資者的青睞。類似的還有各類信託產品,它的收益率同樣不受中國的存款利率管制,因此,家庭財富較高的投資者也常常追捧各類信託產品。這導致過去 12 年中,中國信託市場規模迅速地擴張。當然,像中國這類規避利率管制的金融創新,也改變了投資者所承

受的風險。

對於像中國這樣的國家，除了準備金管制和利率控製外，在 1998 年以前，政府一直對商業銀行的貸款實行規模控製。每年年初中央計劃當局都制訂了當年的信貸計劃。由於信貸規模的控製，商業銀行原則上只能在計劃內發放貸款，企業也只能得到計劃內的信貸規模。但中央銀行的信貸規模往往難以滿足企業的需求。

更重要的是，在國有銀行系統的信貸計劃中，民營企業等非國有企業是很難獲得正規的銀行信貸支持的。中國在 20 世紀 80 年代以來興起的非國有企業就只能從國家信貸計劃之外去尋找生產發展所需要的資金。這樣，不滿足於國有銀行信貸計劃的國有企業以及不能從國有銀行體系中得到信貸支持的非國有企業，便開始了在信貸計劃之外去尋找資金。中國的資金拆借市場、國債回購市場和股票市場等最初的發展都是這樣出現的。這些符合市場經濟發展所需的金融活動給原來的計劃體制帶來了較大的衝擊，而且政府也認識到這些市場組織安排的確能夠提高金融的效率，於是就修改了既有的制度規則，將這些本來是在體制外活躍的非正規金融活動納入了國家許可的金融體系之中，極大地推動了中國金融制度和金融工具的發展。

（4）信息技術的發展

科學技術的發展為金融發展提供了技術上的支持。尤其是現代信息技術的發展，使金融領域的革新層出不窮。電子貨幣、銀證通和網上交易等都是近年來在金融領域最流行的新詞彙了。你只要持有一張銀行的借記卡或者信用卡，只要到發卡行的特約商號去購物或消費，你就不必攜帶現金，這就是電子資金轉移系統（EPS）。你要購買股票，即使你身處遥遠的烏魯木齊，你也可以通過衛星傳送的信號同步地看到上海證券交易所股票交易行情的變化，從而便於做出投資決策。

信息技術的發展還極大地改變了金融機構的服務方式，典型的是自助銀行和金融超市的出現。自助銀行一般是借助於自動存取款機（ATM 機）讓銀行的客戶可以一天 24 小時隨時進行小額的存款或取款，不必非要在銀行上班的時間到櫃臺前排隊等候。現代信息技術的發展，使得銀聯公司應運而生。在銀聯誕生之前，你持有招商銀行的信用卡，就不能到交通銀行的自動櫃員機去存取款，反之也不能用交通銀行的太平洋卡到招商銀行的自動櫃員機去取款。銀聯出現後，所有發卡銀行聯網，各家銀行的客戶共享自動櫃員機的交易平臺，你只要持有有「銀聯」標誌的銀行卡，就可以到任何一個自動櫃員機存取款了。信息技術的發展還使得許多金融服務突破了傳統金融機構的限制，促使金融業更充分地競爭。隨著網上購物的興起，支付寶和財付通等

第三方支付平臺應運而生。它們降低了買賣雙方因信息不對稱產生的風險，極大地改變了支付體系對銀聯和商業銀行的依賴，並通過移動通信設備和無線通信技術轉移貨幣價值和清償債權債務。信息技術的發展還使得互不認識的雙方通過網路借貸平臺直接融資成為可能。典型的如 P2P，資金需求者在網路平臺發布資金需求信息（如需求量、支付的利率和用途等），出借者根據網上信息而供給相應的資金。這種依託於雲計算、社交網路和搜索引擎等互聯網工具而實現的資金融通、支付和信用仲介的金融活動，被稱為互聯網金融。

在國外，由於信息技術的發展提高了市場獲得證券信息的能力，因而推動了所謂的垃圾債券的出現和發展。在計算機和現代通信技術產生之前，要得到某家上市企業財務狀況的信息十分困難，也不易分辨企業的信用狀況。這樣，只有那些組織良好的大企業才能發行債券。但隨著信息技術的發展，投資者分辨風險的能力得到了極大提高，很多投資者反而更願意購買那些較不知名的企業所發行的風險較高、但同時預期回報也更高的垃圾債券。在美國，垃圾債券市場曾出現過快速發展的局面。

11.4 金融抑制

11.4.1 金融抑制現象

麥金農和肖認為，傳統的西方經濟理論假設：金融市場極為發達和健全、信用工具非常豐富；生產要素和產品具有「無限可分割性」，各種經濟單位都能使用相同的技術；貨幣和資本可以相互替代等。這些只適用於發達國家，而不適用於發展中國家，其原因在於發展中國家經濟、金融有著自身獨有的特徵：第一，發展中國家經濟貨幣化程度低，自然經濟佔有很大比重。貨幣化是指國民生產總值中貨幣交易總值所占的比例，比例越低表示自然經濟和物物交換在整個經濟中的比重越高，因此經濟效率十分低下，同時貨幣政策的作用受到限制。第二，發展中國家的金融體系存在著明顯的二元結構。一是以大城市和經濟發達地區為中心的以現代大銀行為代表的現代部門；二是以落後的農村為中心的以錢莊、當鋪、合會為代表的傳統部門。這種狀況使得貨幣政策傳導機制受到嚴重扭曲，從而貨幣政策預期效應難以發揮。第三，發展中國家金融機構單一，商業銀行在金融活動中居於絕對的主導地位，非銀行金融機構極其不發達，而且金融機構多為國營，經常受政府控制，金融機構專業化程度低，金融效率低下。第四，金融市場發展落後，許多國家根

本不存在資本市場，金融工具種類匱乏，社會資金的融通渠道不暢，導致資本形成不足。第五，政府對經濟和金融業實行管制，突出表現在大多數國家對利率和匯率進行管制和干預，導致利率和匯率扭曲，使利率和匯率喪失了反應資金和外匯供求的作用。

由於發展中國家金融體制存在上述特點，如果完全照搬傳統的貨幣金融理論和發達國家的實踐經驗，那必然貽害無窮。在具備完善的資本市場條件下，各種資產的收益趨於平均化，投資主要依賴於外援融資，依靠銀行貸款和發行有價證券來籌集資金，貨幣對資本累積沒有直接作用或者作用很小，貨幣和實際資本都是財富的組成部分，因此兩者是相互競爭的替代品。但發展中國家的市場是不完全的，大量企業、住戶、政府機構等經濟單位相互隔絕，經濟呈現分割狀態，各個經濟主體主要借助內源融資累積投資資金，也就是說經濟單位必須先進行一定數量的貨幣累積，才能進行投資。投資意願越強，對貨幣累積的需求越大，貨幣累積越大，實質資本的形成就越快，投資率越高。因此在發展中國家，貨幣與實際資本在一定範圍內是同方向變動的，它們是相互促進、相互補充的。

麥金農認為，各個經濟主體以貨幣形式進行內部融資累積的意願主要取決於持有現金餘額的收益，其收益就等於存款的名義利率與預期通貨膨脹之差即 $d-\pi^e$。$d-\pi^e$ 越大，人們越願意持有貨幣，儲蓄和投資越旺盛，經濟發展就越快。發展中國家經濟之所以發展緩慢原因就在於 $d-\pi^e$ 太低，許多國家甚至是負數，這可能是政府人為壓低利率造成的，也可能是通貨膨脹過高造成的，或兩者兼而有之。發展中國家出於對經濟增長的渴望，不顧本國的實際情況盲目效仿發達國家採取低利率政策非但沒有刺激投資，反而加重了資本不足。低利率在減少了儲蓄、投資的同時，由於資本供給嚴重不足，迫使政府實行信貸配給制度，更加降低了投資效率。因此這種低利率政策非但未能促進經濟的發展，反而阻礙經濟並造成了金融抑制現象的產生。

由於政府人為規定的存款利率上限無法控製通貨膨脹，因此實際利率往往是負數，金融資產持有者得到的不是報酬，而是懲罰。很低的實際利率抑制了金融仲介的實際債權自願需求量和總需求量，降低了提供貸款的能力。與此同時，較低的實際貸款利率導致的過多貸款需求只能借助配給辦法解決，因此貸款利率不能發揮辨別投資的作用，這種貸款配給制度產生了種種不良後果，如腐敗現象、資金配置不合理、社會成本增加、投資—產出比率不高等。

總之，麥金農和肖認為，發展中國家的金融體制與經濟發展存在一種惡性循環：一方面金融體制的落後阻礙經濟發展，另一方面經濟發展的停滯又制約著金融發展。造成這種狀況的根本原因在於體制上的缺陷和當局政策上

的錯誤,沒有在經濟發展過程中發揮市場機制的作用,相反,在經濟各個領域進行過多的干預。這種干預在金融領域的表現是強制規定、控制利率(尤其存款利率)和匯率,使其低於市場的均衡水平。其他各方面的控製和規定,也束縛了金融業的手腳,對經濟發展起了相反作用。

11.4.2 金融抑制的政策原因

發展中國家的政府面臨著發展經濟,改善人民貧困生活的壓力,同時受制於經濟發展水平低、政府財力薄弱、外匯資金短缺的現實約束,為獲得實現經濟發展的資金,發展中國家政府常常不得不對存貸款利率、匯率、信貸規模和投向、國際資本流動以及金融業的准入等實行全方位的限制和干預。這種壓抑性的金融政策主要體現在以下幾個方面:

(1) 人為壓低實際利率

為了降低籌資成本,刺激投資以促進經濟發展,發展中國家通常以設定存貸款利率上限方式來壓低利率水平;同時,由於依靠通貨膨脹政策來彌補巨大的財政赤字,通貨膨脹率往往居高不下。結果是實際利率通常很低,有時甚至是負數。過低的實際利率使得持有貨幣的實際收益十分低下,從而打擊貨幣持有者儲蓄的意願,無法吸引他們將剩餘資金存入金融體系,金融資產的實際規模也就無從得以擴展。

(2) 採取信貸配給

過低的利率既壓制了儲蓄意願,又刺激了投資需求的膨脹,發展中國家通常面臨著巨大的資金供求缺口。面對這種情形,往往實行選擇性的信貸政策,或設立開發銀行等政策性金融機構直接參與信貸分配,引導資金流向政府偏好的部門和產業。而這些為政府所偏好的企業和項目,大多是享有特權的國營企事業和機構,或與官方金融機構有特殊關係的私營企業,而大多數民營企業不得不通過非正規金融融資,由此導致了資金配置效率低下。

(3) 對金融機構的嚴格控制

這種控制包括:對金融機構要求很高的法定準備金率和流動性比率;嚴格限制金融機構的資金流向;嚴格限制某些種類的金融機構的發展;實施金融機構的國有化等。過高的準備金率使得大量的資金離開商業信貸活動,以便政府集中調配這些資金。政府傾向於鼓勵那些能夠從中獲取巨大鑄幣收益的金融機構和金融工具的發展,抑制其他金融機構和金融工具的發展。銀行系統往往受到偏愛和保護,因為通過符合儲備要求及強制性地持有政府債券,政府可以無息或低息為公共部門融資。因為私人證券無法獲取鑄幣稅,政府則借助於交易稅、印花稅及資本所得稅等多種形式對其進行限制。這些控制

造成的直接後果是金融機構成本高昂、效率低下、金融機構種類單一、專業化程度低。

(4) 人為高估本幣的匯率

發展中國家為了發展本國經濟需要從國外進口大量先進的生產機器設備，為了降低進口成本，常常人為地高估本幣的匯率，使其嚴重偏離均衡的匯率水平。發展中國家產品的國際競爭力本來就處於弱勢，過高的本幣匯率使其更弱；經濟落後本來需要進口，過高的本幣匯率使進口需求更高。其結果是匯率政策使自己陷入了更為嚴重的外匯短缺境地，於是不得不實行全面的外匯管制，對稀缺的外匯資源進行行政性分配。

發展中國家實行上述政策的出發點是期望更快地促進本國經濟的發展，然而這些政策非但未能促進經濟的發展，反而更加加重了金融抑制的程度。發展中國家實施金融抑制政策的理論依據可以用以下模型說明（見圖 11-1）。用 DD 曲線表示進口替代產業的資金需求，其實質是該產業的資本邊際產出，SS 曲線表示資金供求狀況，市場均衡點是 E，此時均衡利率和均衡供求量分別是 r_2 和 Q_2。資金供應方的利息收入是 OQ_2Er_2，進口替代產業的生產者剩餘是 KEr_2。如果實施以利率管制為核心的金融抑制政策，金融市場的利率水平被限制在 r_1 水平，使得企業的外部融資成本降低，資金供應方的利息收入將為 OQ_1Cr_1，進口替代產業的生產者剩餘上升為 $KFCr_1$。該產業的投資意願增強，對資金的需求增加，資金需求曲線 DD 向右移動到 DD′。進口替代產業的迅速發展會帶動整體經濟的迅速成長，而總體經濟的成長又提供了更多的資金供給。這樣，資金供給曲線 SS 也向右移動。結果是雖然實行低利率的金融抑制政策，但對進口替代產業的扶持能帶來與國民經濟總體發展的良性互動，同樣達到投資水平的穩步增長。

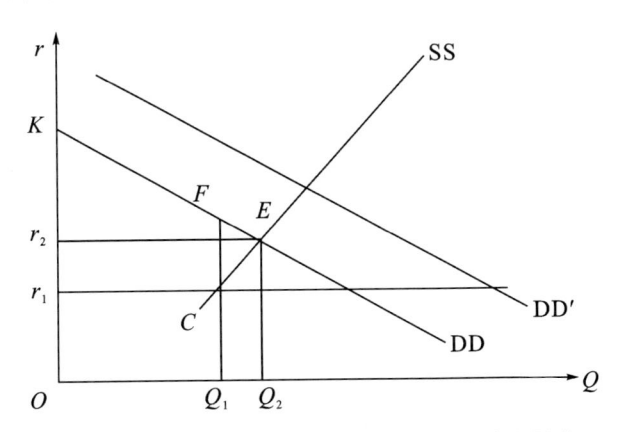

圖 11-1　進口替代型戰略中的資金供給與資金需求

11.4.3 金融抑制對經濟的影響

發展中國家的金融抑制政策扭曲了金融市場價格——利率,這種扭曲對經濟造成的危害是嚴重的,其危害主要表現在四個方面:一是低利率扭曲了公眾對資金的時間偏好,促使人們更關心現期消費,忽視未來消費,從而導致儲蓄水平低於社會最優水平。低的儲蓄使投資也低於最優水平,最終損害經濟的增長。二是低利率使得資金持有者收益下降,潛在的資金供給者不去正規的金融機構存款,而是直接從市場尋找投資機會,不但成本高昂、收益可能低,而且風險也大,這就降低了整個經濟體系的效率。三是地方性的、非正規的、地下的信貸市場興起可能對政府管制的金融機構造成不利的影響。四是由於利率較低,資金成本會更低,收益較低的項目也會產生利潤,銀行借款人會投資於資本密集的項目,這就生產了對貸款的超額需求。為了避免信貸擴張產生通貨膨脹,政府和銀行不得不在壓低利率的同時,實施行政性信貸配給。結果是尋租和腐敗行為難以避免,而逆向選擇也使得整個銀行體系的資產質量下降。因此,這種低利率政策非但不能促進經濟的發展,反而阻礙了經濟,造成抑制的嚴重後果。

麥金農和肖對利率管制阻礙經濟增長進行了深入的分析。若 $S(g)$ 代表經濟增長率為 g 的儲蓄函數,當經濟增長率提高時,$S(g)$ 向右移動。相對於利率來說,$S(g)$ 是實際利率的增函數。I 代表投資函數,它是實際利率的減函數。如果沒有金融抑制,投資曲線與儲蓄曲線的交點為 E,均衡利率為 r^*,與投資均衡的儲蓄水平為 SI^*。FR 代表金融抑制線,即政府將存款利率人為固定在 r_1 的水平,低於均衡利率 r^*。假定此時經濟增長率為 g_1,則投資被限定在與抑制利率 r_1 相對的儲蓄量 SI_l 的水平。

假設政府只對存款利率而不是貸款利率施加上限,則銀行會把貸款利率定在 r_3。投資者或借款者在這個利率水平上借走全部受限制的儲蓄供給 SI_1,則一個受管制的競爭性的銀行體系可以得到對應於存款利差 r_3-r_1 的收益。這筆收益會遠遠大於非價格服務體系的成本,是正常利潤之上的超額壟斷利潤,從而也可花費在非價格競爭上,如增設營業網點和做廣告等。

11.5 金融自由化

11.5.1 金融自由化改革

如果說金融壓抑政策所帶來的金融萎縮嚴重制約了發展中國家的經濟增

長，使得發展中國家陷入金融萎縮和經濟萎縮的惡性循環，那就必須通過金融自由化政策來促進金融部門自身的發展，進而促進經濟增長。

金融自由化改革的核心內容主要有以下幾方面：
(1) 放鬆利率管制。
(2) 縮小指導性信貸計劃實施範圍。
(3) 減少金融機構審批限制，促進金融同業競爭。
(4) 發行直接融資工具，活躍證券市場。
(5) 放鬆對匯率和資本流動的限制等。

自20世紀70年代中期起，一些發展中國家先後實施了金融自由化改革試驗。它們的改革措施主要有：取消對利率和資金流動的控製；取消指導性信貸計劃；對國有銀行實行私有化政策；減少本國銀行和外國銀行登記註冊的各種障礙等。

總的看來，金融自由化政策的確通過各種渠道產生了促進經濟增長的良性作用。但是，由於各國在實施金融自由化的同時，還伴有其他經濟改革措施，如財政、稅收、外貿、私有化等方面的改革，而且各國的具體國情也千差萬別，因此要準確判斷金融自由化對經濟增長的作用是困難的。

11.5.2 發展中國家金融自由化改革的教訓

阿根廷、智利和烏拉圭這三個國家在20世紀70年代中期實施了金融自由化改革試驗。從20世紀80年代初期開始，韓國政府也採取了旨在放鬆金融管制的金融改革政策。但從總體上看，發展中國家金融自由化改革的進展狀況是相當不平衡的。在已經進行的改革中，既有成功的經驗，也有失敗的教訓。世界銀行《1989年世界發展報告》的主題是金融自由化改革，其總結的主要教訓有以下幾點：

(1) 以金融自由化為基本內容的改革一定要有穩定的宏觀經濟背景。
(2) 金融自由化改革必須與價格改革或自由定價機制相配合。
(3) 金融自由化改革並不是要完全取消政府的直接干預，而是改變直接干預的方式。
(4) 政府當局在推行金融自由化改革和價格改革政策時，必須預先判斷出相對價格變動對不同集團利益的影響，並出於公平原則和政治均衡要求的考慮，適當採用經濟補償手段。

20世紀七八十年代金融自由化的浪潮也波及包括美國在內的發達國家。發達國家從那時起直至近年的改革，包括大量金融自由化的內容，如放鬆直至取消利率管制、降低金融機構市場准入的門檻、放寬對經營範圍的管制直

至取消資本在國際流動的限制等，但金融自由化的概念並不能全部包含發達國家在金融方面的改革。

11.5.3 中央集中計劃體制國家的「金融壓抑」

關於金融壓抑和金融深化、金融自由化理論的發展，其針對的對象是實行市場機制的發展中國家，如南美各國。但那時，與市場機制並存的還有實行計劃經濟的國家群，中國也包括在內。對於中央集中計劃體制國家，其本質問題是對商品貨幣關係和市場經濟的全面抑制。如果說屬於市場經濟的發展中國家，在那時的主要矛盾是金融壓抑，解脫金融壓抑有提綱挈領的意義，那麼在計劃經濟國家，金融壓抑不過是對商品貨幣關係和市場經濟全面抑制的一個組成部分，而相對於整個體制來說，不處於關鍵地位。

不過，我們還是可以用金融壓抑的觀點來觀察計劃經濟條件下的金融狀況。

在中央集中計劃體制國家普遍存在的情況是金融資產單調，銀行業完全由國家壟斷，金融業的價格和數量管制同時存在，不但利率、匯率受到嚴格管制，信貸資金的規模和投向也是受管制的，基本上不存在規範意義上的金融市場。之所以出現這種情況，並不是這類國家的經濟發展水平低到幾乎不需要金融調節的程度，而是由體制的選擇所決定的。中央計劃高度集中地統一分配資源必然力圖排斥市場機制在配置資源方面起作用。相應地，對金融的發展也無客觀要求。對此，可從1979年以前中國的經濟體制模式來看：

（1）在經濟增長機制中，起決定性作用的不是需求的牽引力量，而是供給要素的計劃分配。貨幣的作用是交易的媒介和記帳手段，沒有進一步發揮作用的根據。

（2）在資金累積方式上，形成了單一的國家統一累積途徑。在很長一段時期，甚至連企業的固定資產折舊也絕大部分上繳財政。財政在分配中成為主渠道，金融再分配的可能性極小。

（3）在微觀經濟主體的行為中，企業的活動被限定在完成和超額完成計劃的範圍之內，沒有多少自主經營的餘地；居民家庭由於收入水準較低，沒有多大儲蓄餘力，當然也幾乎沒有資產選擇的要求；地方政府的經濟職能也是制訂計劃和督促企業完成計劃，在統收統支制度下，它們也沒有多大的獨立財權。

在這種情況下，金融事業處於被壓抑的不發展狀態則是很自然的事情。

1979年以後，中國開始從集中計劃經濟模式向市場經濟模式轉型，金融體系也逐步走上市場化改革的軌道。

12 金融危機和金融監管

12.1 金融危機概況

12.1.1 金融危機的定義

金融危機的爆發源於金融風險的存在。

（1）金融風險

風險是指損失的發生具有不確定性的客觀狀態，因此，金融風險是指在資金融通過程中由於各種不確定因素的影響，資金經營者的實際收益與預期收益之間發生某些偏差，從而使金融活動參與者蒙受損失或獲得收益的機會或可能。概言之，金融風險指金融交易過程中因各種不確定性因素導致金融損失發生的具有不確定性的客觀狀態。為全面理解這一定義，必須把握以下兩點：

其一，金融風險是客觀的。金融風險不以人的喜好為轉移，只要存在銀行業的資金交易活動、存在證券市場的融資和資產價格的變動、存在保險業務，或者說只要有金融活動，就必然存在金融風險。

其二，金融風險是金融資產損失的不確定性。它是指在金融機構或個人從事金融交易的過程中，金融行為的結果——資產的盈利或虧損，偏離預期結果的可能性。金融資產損失發生的不確定性程度越高，發生損失的嚴重性越高，則金融風險越大。

金融風險越大，整個金融體系就會比較脆弱，從而易引發金融危機。

（2）金融危機的含義

關於金融危機的含義應該從內涵和外延兩個層面來理解。

①金融危機的內涵。

金融危機的內涵非常豐富，至今還沒有一個準確的定義。眾多的經濟學者提出了各種各樣的觀點。金融危機在《新帕爾格雷夫經濟學大辭典》中的定義是：「全部或大部分金融指標如短期利率、資產（證券、房地產、土地）

價格、商業破產數和金融機構倒閉數的急遽、短暫和超週期的惡化。」這一定義採用金融指標對金融領域的描述，說明了金融危機所具有的三層含義：其一，金融危機是金融狀況的惡化；其二，金融危機時的金融惡化涵蓋了全部或大部分金融領域；其三，金融危機時的金融惡化具有突發的性質，它是急遽、短暫和超週期的。判斷金融危機的標準，是這種惡化的嚴重性，即它在金融領域的表現程度，以及對物價體系、信用關係、資本市場、國際收支，乃至整個國民經濟所造成的影響。金融危機直接地表現為金融指標的急遽惡化和由於人們喪失信心而採取保值減損措施造成的金融領域的嚴重動盪及其對整個經濟引起的一系列後果。

在經濟全球化的背景下，當今的金融危機還帶有國際性的特點。概括來說，金融危機就是指由金融風險（人們從事金融運作遭受損失的可能性或不確定性）的負面效應的高強度、大範圍的爆發所引起的金融秩序混亂現象。

②金融危機的外延。

金融危機的外延分兩個層次。第一個層次是在金融領域內，表現為危機國貨幣大幅貶值、國家信用等級下降、國際收支大量逆差、匯率遭到攻擊、原先的固定匯率機制崩潰、國內商業信用銳減、銀行資金呆滯、借貸資金短缺、局部或全面銀行擠兌現象發生、市場利率上升、資本市場行情低下等，特別是股票市場低落、大量資本外流、部分金融機構連鎖倒閉。第二個層次是在非金融領域內，表現為整個經濟受到強烈衝擊、企業效益下降甚至破產清算、失業率上升、居民消費信心不足、房市下跌、居民生活水平下降、對外貿易量下降並處於混亂狀態之中等。

金融危機的外延給人們以直觀的反應，但這種直觀反應具有事後性，也就是說伴隨金融危機或在其發生後才出現。這種時候的現象或指標對於表證金融危機是否發生具有一定意義，然而不能作為預警指標。

12.1.2 金融危機的特徵

金融危機具有廣泛的傳染性、潛伏性、內源性、頻繁性以及後果的嚴重性等特徵。

(1) 傳染性

隨著金融國際化的日益深化，全球經濟、貿易關係日益緊密，資本在各國的自由流動有利於全球經濟的發展和福利水平的提高，但是同時也使各國經濟更易於受到國際經濟環境的衝擊。而國際游資流動頻繁加速了金融危機從一國蔓延到另一國的過程。另外，金融交易與實物交易的嚴重脫節也增加了金融市場的風險，一個環節出現問題，很容易引起連鎖反應。一個國家的

金融危機往往可能波及周邊國家或國際資本市場，引起地區性的或全球性的金融危機，產生多米諾骨牌效應。全球金融市場動盪的主要傳導機制是投資者過度敏感的金融恐慌心理，加上國際資金調撥的電子化程度以及快速的信息傳遞，便形成所謂的「金融市場傳染」問題。

（2）潛伏性

當代金融危機爆發之前都表現出一定的潛伏性，金融危機爆發之前的累積過程往往伴隨著危機發生國家和地區的經濟金融改革的日益深化。表面看，金融危機爆發得很突然，但實際上，金融危機爆發是長期潛伏的綜合性經濟危機的總爆發。在此之前，儘管各國政府對危機的嚴重性已經逐步有所認識，也曾試圖採取措施加以避免，但長期累積的問題使政府的政策活動空間十分有限，況且政府的政策也很可能出現矛盾和混亂。

（3）內源性

對外開放使一國加入世界經濟的大環境中，與其他國家一起分享開放經濟所帶來的利益，與此同時，也使一國經濟不可避免地受到國際各經濟主體行為的衝擊和制約。當代金融危機爆發的地點都是進行市場化改革起步較早的國家，經濟保持較高的增長速度，但在經濟快速發展的同時，各國政府的宏觀政策都存在一定的問題，而正是不當的宏觀經濟政策導致了金融危機的爆發。

（4）頻繁性

20世紀20年代末，美國爆發了金融危機之後，近半個世紀世界經濟保持相對穩定。但是在20世紀90年代之後，日本銀行赤字風暴、墨西哥金融危機、日本銀行壞帳危機和亞洲金融危機等國際上的金融危機層出不窮，而危機的間隔時間越來越短，金融危機爆發的頻率明顯增高。克魯格曼在1998年曾指出，1990年以來全球發生了三大貨幣危機（1992—1993年的歐洲貨幣危機、1994—1995年的拉美貨幣危機和1997年的亞洲金融風暴），平均每19個月發生一次。

（5）嚴重性

當代金融危機爆發後，都對國內經濟和世界經濟產生了嚴重的影響。以亞洲金融危機為例，危機的爆發使各國經濟發展蒙上了一層陰影：①外匯管理制度遭到致命的打擊，各國外匯管理市場、管理體制一度陷入癱瘓，對危機的發展喪失控制能力；②貨幣貶值促使通貨膨脹率上升；③若利率的高估持續長久，將因投資不足導致經濟發展發生停滯甚至衰退；④對投資的不信任；⑤危機後果擴大的潛在性。亞洲金融危機造成投資者對亞洲市場產生不信任情緒，導致外國投資者紛紛從泰國和東南亞撤出資金。這種情緒的繼續

蔓延，使亞洲金融危機波及範圍擴大，危機的嚴重性進一步加重，而這一後果又促使投資者繼續持不信任的態度，從而使危機陷入惡性循環，愈演愈烈。

12.1.3 金融危機的分類

隨著金融的發展，「金融」這個詞所涵蓋的內容也變得非常廣。相應地，金融危機的種類也有很多。從不同的角度有不同的分類，如根據金融危機的影響地域來分，有國內金融危機、區域金融危機及全球金融危機之分；根據金融危機的性質、內容來分，金融危機可分為貨幣市場危機、資本市場危機、金融機構危機以及綜合金融危機等；根據金融危機的影響程度來分，有系統性金融危機和非系統性金融危機之分等。此外，國際貨幣基金組織在1998年5月發表的《世界經濟展望》中認為，金融危機大致可分為貨幣危機、銀行危機、債務危機以及系統危機四種。

（1）貨幣危機

根據IMF的定義，貨幣危機是指投機衝擊導致一國貨幣大幅度貶值，抑或迫使該國金融當局為保衛本幣而動用大量國際儲備或急遽提高利率。它既包括對該國貨幣的成功衝擊（即導致該國貨幣的大幅貶值），也包括對其未成功的衝擊（即只導致該國國際儲備大幅下降而未導致該國貨幣大幅貶值）。由於匯率的急遽變動將對證券市場、銀行業、國際收支以及整個國民經濟產生強烈的衝擊，因此，貨幣危機的爆發容易引起證券市場危機、銀行業危機、債務危機甚至是整個經濟危機的爆發。

隨著市場經濟的發展與全球化的加速，經濟增長的停滯已不再是導致貨幣危機的主要原因。經濟學家的大量研究表明：定值過高的匯率、經常項目巨額赤字、出口下降和經濟活動放緩等都是發生貨幣危機的先兆。就實際運行來看，貨幣危機通常由泡沫經濟破滅、銀行呆壞帳增多、國際收支嚴重失衡、外債過於龐大、財政危機、政治動盪、對政府的不信任等引發。

（2）銀行危機

銀行危機是指真實的或潛在的銀行破產導致銀行紛紛終止國內債務的清償，抑或迫使政府提供大規模援助以阻止事態的發展。早期的銀行危機主要是由某些原因導致存款人對銀行失去信心，產生存款擠兌造成的。現在，銀行業危機則主要是由某些經濟因素的改變導致銀行業內部金融資產質量下降、信用等級下降，進而引發一連串金融機構倒閉。新興國家相對於工業化國家的金融體系更加不完善，內在的脆弱性表現得更為突出，因此，新興國家銀行危機爆發的概率往往大於工業化國家。

20世紀90年代以來，世界金融業呈現出起伏動盪的態勢。在過去的15

年裡，世界頻繁發生銀行危機。引發銀行危機的往往是商業銀行的支付困難，即資產流動性缺乏，而不是資不抵債。只要銀行能夠保持資產充分的流動性，就可能在資不抵債、技術上處於破產而實際上並未破產的狀態下維持其存續和營運。銀行危機具有多米諾骨牌效應。因為資產配置是商業銀行等金融機構的主要經營業務，各金融機構之間因資產配置而形成複雜的債權債務聯繫，使得資產配置風險具有很強的傳染性。一旦某個金融機構資產配置失誤，不能保證正常的流動性頭寸，則單個或局部的金融困難就會演變成全局性的金融動盪。

銀行業是金融業的主體，在一國社會經濟生活中具有非常重要的地位，也關係到廣大的民眾。銀行業危機的影響之大也非一般行業危機可比，它可能會波及一國的社會、經濟、政治等方方面面。

(3) 債務危機

債務危機是指在國際借貸領域中大量負債，超過了借款者自身的清償能力，造成無力還債或必須延期還債的現象。20世紀80年代，拉美就爆發了債務危機。1982年，墨西哥宣布無力償還當年到期的國際債務，由此爆發了一場國際債務危機。衡量一個國家外債清償能力有多個指標，其中最主要的是外債清償率指標，即一個國家在一年中外債的還本付息額占當年或上一年出口收匯額的比率。一般情況下，這一指標應保持在20%以下，超過20%就說明外債負擔過高。

債務危機有內外兩方面的原因。從各發展中國家內部因素看，20世紀60年代以後，為了加快增長速度，迅速改變落後面貌，廣大發展中國家大力發展民族經濟，舉借了大量外債。但由於各方面的原因，借入的外債未能迅速促進國內經濟的發展，投入高、效益低，還本付息困難。

從外部因素看，導致債務危機的原因包括：①國際經濟環境不利。20世紀80年代初，世界性經濟蕭條是引發債務危機的一個原因。②20世紀70年代後期，國際金融市場的形勢對發展中國家不利。國際信貸緊縮、對發展中國家貸款中私人商業貸款過多，也導致20世紀80年代的債務危機出現。③美國20世紀80年代初實行的高利率，加重了發展中國家的債務負擔。債務危機的爆發對發展中國家和發達國家都有影響。對此，國際金融機構聯合有關國家政府和債權方銀行進行了多次對發展中國家債務的重新安排，達成了一些延期支付協議，使危機有所緩和。廣大發展中國家也對國內經濟政策進行了調整，並加強了相互間的聯合與協調，使危機得到進一步緩和。

(4) 系統危機

系統危機也稱為「全面金融危機」，是指主要的銀行、貨幣等領域都出現

危機、貨幣危機、銀行業危機、外債危機同時或相繼發生，整個金融市場出現嚴重的混亂局面。它削弱了市場的有效性原則，會對實體經濟產生極大的負面效應。一次系統金融危機可能包括貨幣危機，但一次貨幣危機卻不一定使國內支付體系陷入嚴重混亂，也就不一定導致系統金融危機的爆發。

1929年的大危機中，不僅股票市場急遽下跌，美國還有超過10,000家的銀行破產或倒閉。1997年的亞洲金融危機就是典型的系統性金融危機。當時，泰國、印度尼西亞、馬來西亞、韓國等國的貨幣匯率大幅度貶值，同時股票及債券價格也暴跌，許多銀行都紛紛陷入了破產的境地。

12.1.4　金融危機的演變過程

一般來講，金融危機演變過程大致分為四個階段：危機潛伏階段、危機爆發階段、危機擴散階段和經濟復甦階段。

（1）危機潛伏階段

危機潛伏階段在金融危機爆發之前出現，這一階段往往表現為國內經濟一片向好，GDP增速明顯，房地產欣欣向榮，股價漲勢喜人，整個社會呈現出一種普遍樂觀的心理，而政府擴張性政策或監管的放鬆助長了這一樂觀情緒。其基本特徵為：經濟持續增長；外部資金大量湧入；信貸投放快速增長；投資規模極度膨脹；資產價格迅速飆升。上述各種經濟數據一片向好催生了投資者的樂觀情緒，市場開始出現投資狂熱，非理性投資行為占據了主導位置。

這種樂觀的情緒具有傳染性，或叫「羊群效應」。某些事情的發生增強了市場信心，導致市場盲目樂觀，人們確信未來經濟會繁榮，因此進一步認為有必要加大投資。結果，金融機構接受了在理性環境下一般不會接受的流動性較低的負債結構，經濟開始擴張，不斷繁榮，直至產生經濟過熱。伴隨著投資過熱，人們的貪婪欲望隨之增大，市場上的詐欺行為應運而生。而一旦詐欺行為被曝光，市場將可能出現混亂，並往往引起突發性崩潰和恐慌。歷史上著名的南海泡沫、日本「失去的十年」以及本輪次貸危機，都出現了各種各樣的詐欺行為。

（2）危機爆發階段

泡沫終歸是泡沫，雖然美麗但最終仍然難以逃脫破滅的宿命。任何一次金融危機基本都遵循這樣一個邏輯：經濟政策放鬆、信貸擴張─經濟繁榮、資產價格泡沫形成─經濟政策反轉、預期改變─資產泡沫破裂、金融危機爆發─金融機構破產、信貸（流動性）緊縮─危機向實體經濟擴散（導致經濟下滑或衰退）。在危機爆發階段，市場一般表現為兩大特徵：一是預期變化往

往是引發危機的直接原因；二是房市、股市及外匯市場是危機爆發的主要導火線。

　　繼投資過熱、經濟繁榮之後，由於外部衝擊或其他某種因素改變了市場參與者的預期，資產泡沫破裂，金融危機爆發。歷次金融危機的實際證明，市場參與者並不是按照理性預期這一方式調整。市場參與者中或許有人認識到了危機的發生及其可能的影響，市場也會出現危機爆發的各種警告，但是，由於認知速度、認知過程的差異，以及人們的樂觀情緒，市場仍沉浸於盲目樂觀之中。

　　同時，通過分析歷次危機，發現房地產、股票及外匯市場是金融危機爆發的主要導火線。銀行業危機中，房地產、股市泡沫的破裂無疑是引發金融危機的源頭；而貨幣危機或債務危機中，危機爆發國的貨幣往往成為國際投機者的狙擊對象，進而可能引致銀行危機。以日本金融危機為例。從1989年5月至1990年8月，日本銀行五次上調中央銀行貼現率，貼現率達到6%，由此，日本經濟就像一隻膨脹的氣球被猛扎數針，股價迅速暴跌，金融危機全面爆發。而東南亞金融危機的爆發則始於匯率貶值。1997年7月2日，泰國中央銀行放棄泰銖與美元掛鈎的聯繫匯率制，代之以浮動匯率制，從而導致泰銖大幅貶值，匯市、股市、房地產市場泡沫破裂，並引發金融危機，成為亞洲金融危機的導火索。

（3）危機擴散階段

　　隨著世界經濟全球的發展，各國在經濟、金融方面的聯繫越發密切，金融危機擴散日漸成為一種普遍現象：危機一旦爆發，將不僅限於危機國家內部，而且迅速擴散到其他國家和地區，演變成區域性乃至全球性金融危機。無論是1992年爆發的歐洲金融危機、1994年爆發的墨西哥金融危機、1997年爆發的亞洲金融危機，還是2007年爆發的美國次貸危機，都是從發源地迅速向周邊國家擴散、傳導，給周邊國家甚至世界經濟發展帶來了極為嚴重的負面影響。其特徵表現為金融危機正向實體經濟不斷擴散；世界經濟增長下滑趨勢明顯；次貸危機已擴散為一場全球性的金融危機。此外，政府救市也是這一階段的一個重要特徵。

（4）經濟復甦階段

　　所有危機狀況嚴重的國家，在不斷修復之後逐步進入危機發展的第四階段，即經濟復甦階段。此時面對的關鍵問題是如何消除金融危機的影響，提高金融體系的效率和穩定，促進和保證受到打擊的世界經濟能夠恢復發展。從歷史的經驗看，這一階段的總體特徵是：金融危機爆發一段時期後，都會引起危機國實體經濟的下滑或衰退。經過政府的救市以及經濟的自我調節，

經濟開始逐步恢復穩定，市場利率降低，市場上升態勢開始顯現，在這一階段危機的負面影響即將結束。隨後，市場參與主體的信心逐步恢復，對未來的經濟形勢不再過度悲觀，投資者的投資熱情開始被市場調動，消費者的消費潛力也逐步被市場挖掘，整個市場逐漸恢復。

12.1.5 典型的金融危機

（1）鬱金香泡沫

16世紀中期，鬱金香從土耳其被引入西歐。不久，人們開始對這種植物產生了狂熱的情緒，到17世紀30年代初期，這一時尚導致了一場經典的投機狂熱。荷蘭人喜歡鬱金香，因此鬱金香的需求迅速增加，但是鬱金香供給的增長很慢。供需的差距拉大，使商人們認為有機可乘，便囤積居奇，一時花價飛漲。1635年，一種叫Childers的鬱金香品種單株賣到了1,615弗羅林（Florins，荷蘭貨幣單位）。而17世紀早期的荷蘭，買4頭公牛才只花480弗羅林，1,000磅（約454千克）的奶酪也只需120弗羅林。可是，鬱金香的價格還在繼續上漲。1636年，一株稀有品種的鬱金香竟以4,600弗羅林的價格售出，而且購買者還需要額外支付一輛嶄新的馬車、兩匹灰馬和一套完整的馬具。有傳聞烏德勒支的一個釀酒師願意為三個鬱金香球莖而賣掉他的酒廠。但是，當人們意識到這種投機並不創造財富，而只是轉移財富時，就會清醒過來。1637年2月，人們對鬱金香市場的預期突然變壞。一天，在北荷蘭省會哈勒姆市的一次普通的鬱金香拍賣會上，居然沒人站出來抬價、付錢，拍賣會冷冷收場。這一消息幾天內就傳遍了全荷蘭，市場上的鬱金香合同價格狂瀉不已。荷蘭政府一度曾想「托市」，可規模太大，實在托不起。結果，鬱金香的價格暴跌，最後剩下的價格不到原價格的1%，不少人借錢來炒賣鬱金香，此時被逼得傾家蕩產，泡沫最終破滅。

（2）南海股票泡沫

18世紀初，英國處於經濟發展的興盛時期。長期的經濟繁榮使得私人資本不斷積聚，社會儲蓄不斷膨脹，投機機會卻相應不足，大量暫時閒置的資金有待尋找出路，而當時股票的發行量極少，擁有股票還是一種特權。在這種背景下，1711年南海公司成立。成立之後的南海公司在政府的默許下，編造了一個個美妙的故事，人們不知道公司做什麼，只知道公司賺大錢，是很好的投資對象。公司的股票從最初每股129英鎊跳升至160英鎊，又漲到每股390英鎊。投資者趨之若鶩，就連國王也經不住誘惑，認購了10萬英鎊的股票。由於購買踴躍，股票供不應求，價格狂飆，最後每股竟高至1,000英鎊以上，半年漲幅達700%。然而公司的真實業績與人們期待的投資回報相去

甚遠，公司泡沫隨時都可以破滅。1720年6月，為了制止各類「泡沫公司」的膨脹，英國國會通過了「泡沫法案」，即《取締投機行為和詐騙團體法》。自此，許多公司被解散，公眾開始清醒，對一些公司的懷疑逐漸擴展到南海公司。從1720年7月起，南海股價一落千丈，12月更跌至每股124英鎊，南海泡沫由此破滅。

（3）美國20世紀20年代末投機泡沫

20世紀20年代，美國股市預期的財富增長速度大大超出了實體經濟能支持的速度，社會又沒有即時的糾錯機制來制止虛擬經濟與實體經濟的進一步分離，泡沫的不斷膨脹就不可避免。社會中湧動的暗流，諸如銀行不良資產增加、社會財富分配不公、社會信用受到破壞、上市公司行為扭曲，都被節節攀升的股市和對未來經濟增長的預期衝得無影無蹤。從1921年開始，美國股市進入大牛市，股價一路上揚。到了1929年的9月，股價達到了最高點，長達10年的大牛市使得道瓊斯股票指數上升了468%。證券交易總資金額從1925年的270億美元飆升到了1929年的870億美元，增加了3倍多。股市的投機氣氛越來越濃，投機性泡沫越來越大，直至1929年經濟「大蕭條」導致泡沫破裂。實際上，從1929年9月起，事情開始有了變化，一些有影響的經濟學家們與銀行家們開始討論股市的走向問題。有些經濟學家們預言美國股市在走向崩潰。從1929年9月份的辯論開始，股市就有幾次下跌，到了同年10月份，股市突然崩潰，股票價格下跌了25%以上。從1929年的10月29日—11月13日，紐約股票交易所300億美元的帳面資產煙消雲散。銀行受到了擠兌風潮的襲擊，大批倒閉，緊接著全球經濟都陷入了大蕭條。

（4）日本20世紀80年代泡沫

20世紀80年代，第二次世界大戰後經濟的飛速發展使日本成為僅次於美國的第二大經濟強國，高速的經濟增長和近乎為零的通貨膨脹率使得樂觀主義在社會上流行。受到所謂「土地不會貶值」神化的影響，日本興起了轉賣土地的投機熱潮。當時樂觀的觀點認為，只要對土地需求高漲，那麼經濟就不會衰退，而且市場也鼓勵人們不斷購買股票，聲稱股票不會貶值。隨著日本政府對土地進行調控，最終泡沫破裂。

（5）美國網路經濟泡沫

20世紀90年代，信息科技公司、網路公司的表現卓越，美國經濟高度繁榮，年經濟增速保持4%，通貨膨脹率保持2%左右的低水平，失業率也降到近30年來的最低點。人們對美國經濟增長充滿信心，紛紛歡呼一個「新經濟」時代的來臨，「網路經濟將從根本上改變這個世界」的口號不斷湧現在美國的街頭巷尾。投資者對網路股的投機熱情不斷升溫，持續5年之久，把某

些值得懷疑的公司的股票價格推到了不可思議的高度。最後，在經濟學家乃至投資銀行分析師不斷的質疑聲中，「網路經濟泡沫」走向破滅。

（6）美國2006—2007年的房地產泡沫

進入21世紀，在遭遇互聯網泡沫破裂以及「9‧11」事件的重創後，美國將房地產市場作為經濟引擎。美聯儲以連續降息的手段刺激經濟增長，為房地產市場的非理性繁榮提供了「溫床」。對未來房價持續上升的樂觀預期，又使銀行千方百計向信用度極低的借款者推銷住房貸款。所有人都把希望寄托在了房價只漲不跌的預期上，房價及房屋產權交易的熱度不斷上升，市場一派欣欣向榮的景象。投資房地產似乎成了所有人保障財產安全，甚至是追逐財富的最有效途徑。

由於經濟週期性下滑，貨幣政策出現調整，利率提升，房價暴跌，違約率大幅上升，整個鏈條便出現斷裂，房地產泡沫走向破滅。從2004年年中開始，美國連續加息17次，2006年起房地產價格止升回落，一年內全國平均房價下跌3.5%，這是「大蕭條」以來首次出現的情況。部分地區的房價下降超過了20%，房價下挫為「大蕭條」以來最大跌幅。這導致次級和優級浮動利率按揭貸款的拖欠率明顯上升，無力還貸的人越來越多。新房銷售量也大幅下滑，住宅市場持續低迷，住宅在經濟增長中的作用急遽萎縮，相關產業受到較大衝擊。資金鏈斷裂，迅速蔓延到國外。以全球股市為例，2008年全球股市的市值縮水300,000億美元。其中，冰島OMXI15指數以全年94.49%的跌幅榮登全球股市跌幅榜首位；俄羅斯股市全年最大跌幅為76%；越南2008年下跳最大幅度達74.29%；「金磚四國」中的印度和巴西，股市全年跌幅都超過40%；金融風暴旋渦中心的美國股指也遭遇1931年「大蕭條」時期以來最大跌幅，2008年美國標準普爾500指數跌了39.35%；英、法、德三大股市2008年的跌幅都在40%左右；中國香港股市也結束了過去5年的牛市，2008年全年累計下跌48%，是1974年「石油危機」以來指數跌幅最慘的一年，港股市值在2008年跌了100,000億港元，蒸發接近一半；中國上證指數全年跌幅為65%以上，深證成指全年下跌63.36%，中小板指數全年下跌54.16%，中國股市的市值縮水近200,000多億元。從2007年至今，由美國次貸危機引發的全球金融危機仍在持續。

12.2 金融不穩定模型與金融危機的形成過程

12.2.1 費雪的債務-緊縮理論

  費雪是最早對市場經濟條件下金融不穩定性的機制進行系統研究的經濟學家。他分析了 1837 年和 1873 年發生在美國的大蕭條以及始於 1929 年的全球性經濟金融危機。他認為，金融市場產生大動盪的根本原因在於同時出現過度負債和通貨緊縮，金融的「變異」會致使實體經濟「變異」。其作用過程大體上是這樣的：當經濟中出現了新發明、新發現、新產業、新興市場等新的投資機會時，人們便會產生新的預期收益，從而積極地舉債。當預期新事物層出不窮，同時資金供給又較為寬鬆時，借款者為追求新的盈利機會便會產生「過度負債」。

  當資金借貸雙方均注意到「過度負債」時，借款者就不得不採取措施出售資產，或減少借款。這樣就會出現信用收縮。此時，即便投放貨幣也不能激活經濟，貨幣流通速度下降，物價開始下跌。物價總水平的下降導致企業的淨資產減少，收益下降，並進一步造成破產企業增加，產量減少，大幅度地裁減人員，失業增加。面對這樣的打擊，人們就會對經濟前景喪失信心，投資意願下降，沉澱的貨幣量加大，貨幣流通速度進一步降低。由於投資需求下降，物價水平的下降又使實際貨幣餘額增加，從而促使名義利率下降。但是由於物價下跌幅度超過名義利率下降幅度，因而實際利率反而上升，金融市場混亂局面加劇，接著便是銀行接連倒閉，金融危機爆發。

  可以將費雪的金融不穩定性過程簡要描述如下：新發明→過度負債→信用緊縮→物價下跌、產量減少、失業增加→信心喪失→投資減少→名義利率下降→金融市場混亂、銀行倒閉和金融危機。

  費雪模型以「過度負債」和「通貨緊縮」為基礎，闡述了「金融不穩定性」，因此，費雪的學說也被稱為「債務-通貨緊縮理論」。

  1873—1879 年的美國經濟不景氣、1929—1933 年的大蕭條等大規模的金融危機為費雪的債務-緊縮理論提供了良好的佐證。以 1929—1933 年的全球性大蕭條為例。1921 年以來經濟強勁增長的原動力是各種「新興事物」層出不窮，如汽車及化學工業的發展、高速公路的修建、電力網的完善、現代化鐵路事業的發展、曾經落後一時的不動產業明顯復甦等。由於這些新發明的出現，金融資產急遽膨脹，資產價格急遽上升，美國對外貸款、對外投資十分活躍。歐洲很多國家都負有巨額短期外債，英國採取了低利率政策，支持

重新實行金本位制。但後來銀行貸款和貨幣供應量急遽減少，股票價格最終於1929年出現了暴跌，銀行破產大量增加。

12.2.2 明斯基的金融不穩定模型

（1）金融的內在不穩定性

明斯基在分析金融危機的形成過程時，認為經濟體系中本身就內含著金融的不穩定性。這種不穩定來源於經濟體系中的「異常」變化，這裡的異常變化也是指新發明、新市場的開拓等。當經濟出現了異常變化時，人們開始相信「新時代」已經到來，對未來形成樂觀的預期，資金的借貸雙方均低估了投資的風險。這就會導致企業大幅度增加負債，積極從事實物投資和金融投資，結果導致金融規模膨脹，資產價格暴漲。新的盈利機會又導致了各種新的金融機構和金融產品不斷湧現，金融領域表現出空前的繁榮景象。

但是，盛極而衰。當經濟局勢極為繁榮時，人們開始滋生不安的心理，擔心不斷增加的金融債務將超過借款者的實際償付能力。尤其是當金融從寬鬆走向緊縮、利率趨於上升時，資產價格開始下跌，人們在調整資產負債結構的過程中不斷收縮金融投資規模，經濟開始顯現出急遽下滑的趨勢。總之，在明斯基看來，由於人們不斷地擴大或收縮金融交易的規模，不斷改變金融資產或負債的構成（含資產組合），整個系統中相對穩定的領域不斷縮小，從而使金融領域中的各種關係具有很強的不穩定性。

在分析金融不穩定的形成過程時，明斯基強調了現金流量的重要性。他認為，體現人們行為的基本結構是「資產負債的構成，即所持有的實物資產、金融資產與金融債務的組合（資產組合）」。例如，某企業的實際運行情況不僅取決於這個企業所生產出來的產品及服務的市場行情、生產所必需的非金融性投入要素的市場動態，而且也與借款、發行債券或股票等融資情況密切相關，同時還與所持有的金融資產的出售狀況相關聯。後者所涉及的金融市場交易是面向未來的交易，並且是不確定的。人們經濟活動的全部內容就是不確定條件下的資產組合。各經濟主體對未來進行主觀判斷，在此基礎上選擇資產組合，各種場合下的主觀成分多少不一，所以，在不確定條件下選擇資產組合就產生了金融的內在不穩定性。

（2）融資的三種類型

明斯基將融資分為套期保值融資、投機融資和蓬齊融資三種類型。劃分的標準是比較償債現金流與預期現金流，即借款人的金融債務派生出的本息以及借款人實際經濟活動帶來的收益。

①套期保值融資。

在這一類型中，用以償付債務的現金流量來源於生產所帶來的現金收益，

融資情況穩健，風險較小。如企業向銀行借款開發新的產品就屬於這類融資。

②投機融資。

通過借債進行投機活動的融資就是投機融資。例如，王小二看到最近股票行情不錯，預期股價還會大幅上漲。為了在股市上「狠撈一把」，以住宅為抵押向銀行借了 50 萬元「炒」股票。若股票市場行情一直向好，則王小二通過金融市場操作所獲得的盈利就足以償還債務，但一旦市場行情出現了逆轉，償還債務就很成問題了。

③蓬齊融資。

蓬齊是被稱為「金融魔術師」的騙子。蓬齊融資的具體含義是指：通常情況下，償還債務的現金流超出生產活動帶來的現金收益，為了償還債務，只能繼續進一步增加債務，即「拆東牆補西牆」式的融資。在蓬齊融資中，只要有足夠的債務現金流量，那麼現狀就可以得到維持。但是，由於債務融資需要支付利息，因此，蓬齊融資的債務本息餘額就像滾雪球似的越滾越大。一旦現金流量出了問題，危機就爆發了。

上述景氣時期金融的擴張過程是借款人從套期保值融資開始向投機性融資轉移，而在景氣崩潰時期及金融資產縮水過程中，主要的變化趨勢是由套期保值融資向投機融資轉變，進而向蓬齊融資轉化。在整個經濟領域中，檢測金融穩健程度的一個辦法是：套期保值融資所占比重越高越健全，蓬齊融資的比重越高越不健全，投機性融資比重高則表示需要關注。

12.2.3 金德爾伯格的金融危機形成過程

金德爾伯格擴充了明斯基模型，對金融危機的形成過程做了如下概括。

第一階段：宏觀經濟體系的外部衝擊帶來了「異常變化」。「異常變化」是指改變創意、行為等方面突然意外出現的外部事件。這種異常變化會帶來新的獲利機會，致使人們預期發生變化，一部分人開始採取異常樂觀的行為。

第二階段：經濟活動達到頂峰，產生設備和金融投資將會一直持續擴張的假象。在這種錯覺的導引下，金融交易膨脹，銀行貸款和貨幣供應量激增，從而暫時地維持了經濟的繁榮。這是因為，在通常情況下，只要不出現借款人因風險過大而不再舉債，或貸款人因預期收益過低而惜貸等現象，融資活動就會一直持續下去。並且金融革新拓寬了信用和貨幣的流通渠道，新產品、新交易層出不窮。

第三階段：在金融規模相對於實體經濟規模不斷膨脹的過程中，出現了資產過度交易及投機行為，資產價格暴漲。這進一步刺激了設備投資，人們都沉醉於「繁榮」的假象之中。在此背景下，人們會進行投機交易，當自有

資金不足以滿足投機交易時，投機者往往又採取信用交易或分期付款的形式，從而通過槓桿作用擴大交易。

第四階段：市場行情異常上漲，投機異常狂熱。很多人看到其他的企業或家庭因從事投機而獲得了暴利，因而不斷加入投機的浪潮之中。正常、理智的行為被狂熱和泡沫所取代。

第五階段：資金需求顯著增大，貨幣的流通速度加快，利率上升，企業資金週轉出現困難。一旦資產價格上升勢頭減緩，投機家們便紛紛開始拋售金融資產，資產價格驟然下挫，過度交易的投機者因金融頭寸不足而倒閉。金融機構停止發放以金融資產為質押的擔保貸款，開始著手回收貸款。一部分金融機構因大量不良資產的拖累而破產。

第六階段：如果金融當局、財政當局沒有意識到金融不穩定性是市場經濟的內在問題，並從宏觀和微觀的角度採取相應的對策，那市場上會迅速出現反向操作，金融縮水，從而陷入金融危機的深淵。

可以將金德爾伯格的金融不穩定過程簡化如下：出現異常變化→資金過剩→過度發放貸款→資產過度交易，資產價格暴漲→利率上升，回收資金和貸款→資產價格暴跌→金融危機。

可以說，無論是費雪、明斯基還是金德爾伯格，他們在分析金融不穩定性時，都非常強調實體經濟的週期變化在改變人們預期中的極端重要性。這一點，對於從根本上防範金融危機無疑具有非常重要的意義。但他們的分析還主要集中於封閉經濟之中，可以很好地解釋銀行危機、債務危機和資本市場危機，但開放經濟中的貨幣危機則幾乎沒有涉及。

12.3 金融危機的危害與防範

金融危機對經濟的衝擊會涉及方方面面，社會總會為之付出高昂的代價。不論是發展中國家，還是發達國家，都屢受其害。拉美債務危機使拉美國家「失去了發展的十年」；亞洲金融危機則使一向欣欣向榮的亞洲經濟倒退五六年，「東亞奇跡"黯然失色；美國的儲貸協會危機讓納稅人直接付出了1,800多億美元的拯救代價，加劇了美國在20世紀80年代末的衰退；歐洲貨幣體系危機曾迫使西歐若干主要國家退出歐洲貨幣體系，如此等等。

金融危機的諸多不利影響最終都將打擊經濟增長。墨西哥金融危機爆發後，其國內生產總值增長率由1994年的4.4%下降到1995年的-6.2%。亞洲金融危機爆發後的1998年，印度尼西亞的經濟增長率跌至-13.7%，馬來西

亞跌至-6.7%，韓國跌至-5.8%，泰國跌至-9.4%。

　　金融危機的危害極大，但往往避免不了，這就促使人們尋求治理它的對策。早期的金融危機主要是銀行危機，與實體經濟的狀態存在比較直接的聯繫。那時，主要依靠最後貸款人——中央銀行提供流動性，支持銀行，使銀行渡過擠兌困境，並使廠商獲得喘息之機。金融全球化時代的危機與實體經濟之間的聯繫日益曲折迂迴，危機成因與表現形式複雜了許多，治理危機的對策也趨於多樣化。

　　危機的防範治理措施涉及方方面面，主要有：
①建立危機的預警系統。
②採取措施，穩定金融市場。
③管理國際資本流動。
④實施擴張性的財政政策和擴張性的貨幣政策。
⑤調整經濟結構等。

12.4　金融監管的解說和理論

12.4.1　金融監管的原則及理論

　　對銀行的監管是金融監管的主要部分，也是歷史最長、發展最為完善的部分。許多金融監管的原則和理論，實際都是在監管銀行的過程中逐步形成的。

　　由於經濟、法律、歷史、傳統乃至體制的不同，各國在金融監管的諸多具體方面存在著不少差異，但有些一般性的基本原則貫穿於各國金融監管的各個環節與整個過程：
①依法管理原則。
②合理、適度競爭原則——監管重心應放在保護、維持、培育、創造一個公平、高效、適度、有序的競爭環境上。
③自我約束和外部強制相結合的原則。
④安全穩定與經濟效率相結合的原則。

　　此外，金融監管應該順應變化了的市場環境，對過時的監管內容、方式、手段等及時進行調整。

　　有關金融監管的理論依據多種多樣，但無非是論證監管的必要性、必然性。

(1) 社會利益論

金融監管的基本出發點就是要維護社會公眾的利益，而社會公眾利益的高度分散化，決定了只能由國家授權的機構來履行這一職責。

歷史經驗表明，在其他條件不變的情況下，一家銀行可以通過其資產負債的擴大以及資產對資本比例的擴大來提高盈利能力，這必然伴隨著風險的增加。但由於全部的風險成本並不是完全由該銀行自身，而是由整個金融體系乃至整個社會經濟體系來承擔，這就會使該銀行具有足夠的動力通過增加風險來提高盈利水平。如果不對其實施監管和必要的限制，社會公眾的利益就很可能受到損害。因此，可以這樣概括：市場缺陷的存在，有必要讓代表公眾利益的政府在一定程度上介入經濟生活，通過管制來糾正或消除市場缺陷，以達到提高社會資源配置效率、降低社會福利損失的目的。

(2) 金融風險論

金融風險的特性，決定了國家必須實施監管，以確保整個金融體系的安全與穩定。

首先，銀行業的資本只占很小的比例，大量的資產業務都要靠負債來支撐。在其經營過程中，利率、匯率、負債結構、借款人償債能力等因素的變化，使得銀行業時刻面臨著種種風險，成為風險集聚的中心。此外，金融機構為獲取更高收益而盲目擴張資產的衝動，加劇了金融業的高風險和內在不穩定性。當社會公眾對其失去信任而擠提存款時，銀行就會發生支付危機，甚至破產。

其次，金融業具有發生支付危機的連鎖效應。在市場經濟條件下，社會各階層以及國民經濟的各個部門，都通過債權債務關係緊密聯繫在一起。因此，金融體系的任一環節出問題，都極易造成連鎖反應，進而引發普遍的金融危機。進一步地，一國的金融危機還會影響其他國家，並可能引發區域性甚至世界性的金融動盪。

最後，金融體系的風險直接影響著貨幣制度和宏觀經濟的穩定。

(3) 投資者利益保護論

在設定的完全競爭的市場中，價格可以反應所有的信息。但在現實中，信息不對稱的情況大量存在。

在信息不對稱或信息不完全的情況下，擁有信息優勢的一方可能利用這一優勢來損害信息劣勢方的利益。因此，就提出了這樣的監管要求，即有必要對信息優勢方（主要是金融機構）的行為加以規範和約束，以便為投資者創造公平、公正的投資環境。

12.4.2 金融監管成本

金融監管必然要付出成本。假如成本過大，大到金融監管難以實施的程度，則金融監管不能成立。上面關於必須實施金融監管的觀點實際包含這樣的潛臺詞：金融監管所能帶來的社會效益必然大於監管的社會成本。

就整體來說，在市場經濟體制下，比較金融監管的社會成本與監管所能帶來的社會效益孰大孰小並不容易。就具體的金融監管措施來說，其成本與效益易於進行定量分析，但大多數具體措施都不是孤立的。只要放在較大的背景上，成本與效益的比較就不是簡單的計算題。無論如何，在金融監管問題中，與其他許多經濟問題一樣，成本與效益的關係必然存在。因此，對其進行判斷的基本根據不是抽象的道理，而是利弊的權衡。

金融監管成本大致分為顯性成本和隱性成本兩個部分。一般來說，金融監管越嚴格，其成本也就越高。

（1）執法成本

這是指金融監管當局在具體實施監管的過程中產生的成本，表現為監管機關的行政預算，也就是以上提到的顯性成本或直接成本。

（2）守法成本

它是指金融機構為了滿足監管要求而額外承擔的成本損失，通常屬隱性成本，主要表現為金融機構在遵守監管規定時造成的效率損失。例如，為了滿足法定準備金要求而降低了資金的使用效率，由於監管對金融創新的抑制，從而限制了新產品的開發和服務水平的提高等。

（3）道德風險

金融監管可能產生的道德風險大致包括三個方面：第一，由於投資者相信監管當局會保證金融機構的安全和穩定，會保護投資者利益，就易於忽視對金融機構的監督、評價和選擇。這就會導致經營不良的金融機構照樣可以通過提供高收益等做法獲得投資者的青睞。第二，保護存款人利益的監管目標，使得存款人通過擠兌的方式向金融機構經營者施加壓力的渠道不再暢通。存款金融機構可以通過提供高利率吸收存款，並從事風險較大的投資活動。第三，由於金融機構在受監管的過程中承擔了一定的成本損失，因而會通過選擇高風險、高收益資產的方式來彌補損失。

此外，監管過度還會導致保護無效率金融機構的後果，從而造成整個社會的福利損失。這些無法具體量化的成本，是金融監管隱性成本、間接成本的重要組成部分。

12.4.3 金融監管失靈問題

有人論證,雖然政府管制可以在一定程度上糾正市場缺陷,但同樣也會面臨著失靈問題,即政府管制並不必然能夠實現資源的有效配置。

(1) 監管者的經紀人特性

從理論上講,金融監管機關作為一個整體,是社會公眾利益的代表者,能夠在某種程度上超越具體的個人利益。但具體到單個的監管人員來說,由於他們也是經紀人,也具有實現個人利益最大化的動機,一旦掌握壟斷性的強制權利,很容易被某些特殊利益集團俘獲,並成為他們的代言人。作為交換,監管者可以獲得相當豐厚的回報,如監管者離任後可以在被監管部門獲得待遇優厚的工作等。

(2) 監管行為的非理想化

這主要表現為,儘管監管者主觀上想盡力通過監管最大限度地彌補市場缺陷,但由於受到各種客觀因素的制約,有可能無法達到理想化的目標。制約監管效果的客觀因素如下:

——監管者對客觀規律的認識具有局限性。

——監管者面臨信息的不完備,即被監管者對自己所經營的業務擁有完整的信息,而監管者除了一些法律所要求披露的信息之外,並不能準確、及時、全面地掌握被監管者的信息。

——監管當局對是否採取措施和採取何種措施,以及從採取措施到產生效果,都可能產生監管時滯。

(3) 作為監管制度的制定者和實施者,金融監管機關處於獨特的地位,它們幾乎不受來自市場的競爭和約束,也就沒有改進監管效率的壓力和動機,這必然會導致監管的低效率。此外,金融監管機關的運作機制和一般的政府部門也無大區別,極易導致監管的官僚主義行為。

12.5 金融監管的基本原則

雖然各國在金融監管體制上存在著差異,但金融監管的基本原則貫穿於各國金融監管的各個環節與整個過程。

(1) 依法管理原則

依法管理包含如下含義:最後貸款人制度雖然算不上真正的金融監管,但為中央銀行後來進一步自然演變為更加廣泛的金融活動的監管者奠定了基

礎。因為最後貸款是可以迫使金融機構遵從其指示的一個重要砝碼。由此，中央銀行可以要求金融機構接受對其經營行為進行檢查，但這種檢查是基於貸款協議，對借貸企業所進行的財務及信用檢查，而不是行政上或法律上的行為。

(2) 20 世紀 30 至 70 年代：嚴格監管，安全優先

現代金融監管形成於 20 世紀 30 年代資本主義世界經濟危機（1929—1933 年）之後。這場從美國開始，席捲整個資本主義世界的經濟危機爆發的直接原因是股票投機過度、信貸消費過度。1929 年 10 月 24—29 日，紐約股價狂跌，股票市場崩潰；各大小銀行出現了瘋狂擠兌的現象，大批銀行倒閉；隨之而來的是企業破產，失業人數激增；農產品價格猛跌，大量農產品被銷毀，國民經濟陷入絕境。

危機後，主張國家干預經濟、重視功能財政政策的凱恩斯主義取得了經濟學的主流地位。這一時期金融監管理論主要順應了凱恩斯主義經濟學對自由經濟「看不見的手」的自動調節機制的懷疑，為了避免市場失靈，主張實施嚴格的金融監管，放棄自由銀行制度，由政府對金融機構的具體經營範圍和方式進行規範和干預。

(3) 20 世紀七八十年代：金融自由化、效率優先

時至 20 世紀 70 年代，經過了廣泛而深入的金融監管，特別是那些直接的價格管制和對具體經營行為的行政管制，嚴重束縛了金融機構的自主經營和自我發展，而在當時存款保險制度（美國根據《1933 年銀行法》建立聯邦存款保險公司）已充分發揮其穩定作用，銀行擠兌現象大為減少。在這種情況下，主張提高金融業的活力和效率的要求日益凸現，自由經濟理論和思想開始復興。

金融自由化理論認為，政府實施嚴格的金融監管，降低了金融機構和金融體系的效率；金融監管作為一種政府行為，其實施過程中也受金融市場不對稱信息的影響，出現了政府失靈。因此，主張放鬆對金融機構的嚴格管制，特別是解除在利率水平、業務範圍和經營地域選擇等方面的種種限制，要求政府金融監督做出增進效率的制度安排。這一時期，效率優先甚至超越了安全性目標。

(4) 20 世紀 90 年代以來：安全與效率並重

20 世紀 80 年代後期至 20 世紀 90 年代初期，金融自由化達到了高潮。但之後，一系列區域性金融危機相繼爆發，英國巴林銀行倒閉（1995 年）、日本大和銀行巨虧（1995 年）和山一證券破產（1997 年）、東南亞金融風暴（1997 年）和俄羅斯金融危機（1998 年）對經濟造成了嚴重打擊。這使人們

開始重新關注金融體系的安全理論演變的結果，認為其既不是效率優先的「鬆監管」，也不是安全穩定優先的「嚴監管」，而是注重監督與自由兩者的融合和平衡，即安全與效率並重的金融監管理論。

12.6 金融監管體制：歷史與未來的發展

12.6.1 有效金融監管體制的標準

一個合理有效的金融監管體制應該具有前瞻性、有效性、靈活性等方面的特點。

（1）前瞻性

監管體制具有前瞻性，即能夠估計到未來相當一段時間的金融形勢和交易結構的變化，在變化的環境中能保持有效監管，不至於經常變換政策，或經常更改金融監管制度安排。監管政策經常變換，缺乏必要的連續性和穩定性會加大金融體系風險，不利於金融體系穩健運行，因為政策風險是金融市場中最主要的系統性風險，而且這種風險往往是無法合理預期的。同時，金融監管制度安排的變革存在很大的轉換成本，而且會改變原有的金融運行規則和市場預期，加大金融體系風險，因此，監管制度安排也必須具有很好的穩定性。要保持金融監管政策和制度結構的相對穩定性，就必須在監管制度設計和結構安排上，充分考慮到未來環境變化和監管體制的適應性問題。

（2）有效性

金融監管體制安排能夠使金融監管當局以最低成本實現既定的監管目標。金融監管制度結構的安排不僅要考慮技術上的可行性，也要考慮經濟上的可行性。比如在混業經營環境下，既然從外部監管角度收集信息的成本和難度增加，是否應考慮加大金融機構自律約束力度。又如在混業經營的環境下，既然為消除潛在利益衝突的成本逐步加大，從成本—收益效應角度看，只要混業經營環境下金融機構的規模經濟和範圍經濟能明顯增加，金融體系綜合競爭力有明顯增加，是否應該容忍一定程度的利益衝突對消費者造成福利損失。

（3）靈活性

金融監管必須具有彈性，要充分考慮到有效監管的反向激勵因素，考慮到不同監管機構及不同國家監管制度的競爭因素，考慮到被監管者的監管套利因素，使金融監管制度在變化的環境中能夠自我調整、自我適應，既要防止監管鬆懈及對有問題金融機構的過度寬容，又要避免不計成本的嚴厲管制

帶來的各種副作用。比如，美國1991年的聯邦存款保險公司改善法案採取的重要舉措之一，即「即時矯正行動」，將資本化程度分為五級，資本化程度越低，管制措施越嚴。這項措施既有高度彈性和靈活性，又大大節省了監管成本。

12.6.2 分業監管與統一監管

分業監管就是針對不同的金融業務而進行的監管，如證券監督管理委員會負責監管證券業務；保險監督管理委員會負責監管保險業務，銀行監督機構監督商業銀行業務。統一監管則是所有金融業務都集中在一個監管機構的監管之下。

在國際上，金融監管體制經歷了從統一監管向分業監管，又從分業監管向統一監管過渡的發展過程。在金融發展的早期，由於金融業發展水平較低，世界大體上實行統一監管。20世紀30年代大危機之後，美國率先實行分業經營，以此作為防範金融風險的重要手段。後來，其他國家也紛紛效仿，採取分業經營的形式。這樣，為了適應專業化和行業管理的需要，一些國家在金融監管制度上相應地採取了分業監管的體制。

20世紀80年代後期，為了適應金融創新與金融發展的需要，一些國家注重統一監管標準，減少機構重疊，使金融監管體制呈現由分散向統一發展的趨勢。在挪威、丹麥、瑞典等國家，由於金融創新和金融發展，尤其是金融控股集團的出現，它們先後將分散的金融監管機構合併起來，成立統一的金融監管機構，集中統一負責銀行、證券和保險業務的監管。英國在1997年將金融監管從英格蘭銀行分離出來，成立專門的金融服務局（FSA），實行統一的金融監管。雖然在2008年的全球金融危機後，各國更加注重宏觀審慎的金融監管，但這並沒有降低反而強化了統一金融監管的趨勢。下文將介紹的宏觀審慎監管框架，也很好地體現了統一監管的新趨勢。

由分業監管向統一監管的過渡主要是由以下幾個方面的原因促成的：首先，銀行、證券與保險之間業務的混合削弱了分業監管的業務基礎，尤其是，層出不窮的金融創新更加模糊了各類金融機構之間的業務界限；其次，銀行、證券與保險業之間資金和業務往來的日益密切增加了分業監管的難度；再次，集團公司控股下的混業經營使現行分業監管效率低下；最後，金融創新導致監管重疊和監管缺位並存。如，在分業監管體制下，大都採取分業監管，實行業務審批方式進行管理。這樣，當不同金融機構業務日益交叉時，一項新業務的推出通常需要經過多個部門長時間的協調才能完成。此外，有的新金融業務處於不同金融機構業務邊緣，成為交叉性業務。對於這些新的業務，

既可能導致監管重複，也可能出現監管缺位。

12.6.3 機構型監管與功能型監管

與分業監管、統一監管相對應的是機構型監管和功能型監管。機構型監管就是在分業經營條件下，由不同的監管當局分別對不同的金融機構進行監管，即保險監督管理委員會監管保險機構、證券監督管理委員會監督證券經營機構等。如中國目前實行的就是機構型金融監管體制（見圖12-1）。

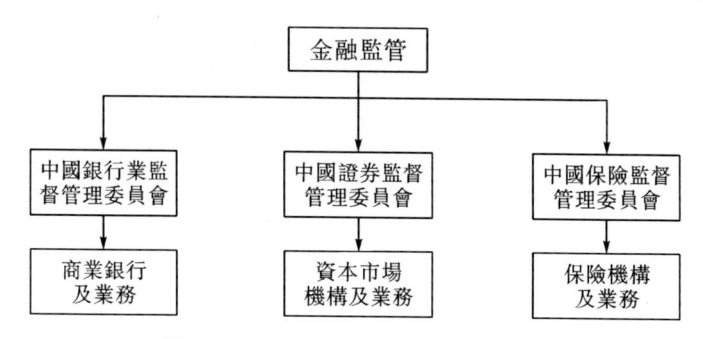

```
                        金融監管
         ┌─────────────────┼─────────────────┐
   中國銀行業監            中國證券監督        中國保險監督
   督管理委員會            管理委員會          管理委員會
         │                 │                 │
     商業銀行            資本市場            保險機構
     及業務            機構及業務            及業務
```

圖12-1　中國的機構型金融監管體制

機構型監管是與銀行、證券和保險分業經營相適應的。由於在分業經營環境下，銀行、證券和保險之間的業務不能交叉，因此由不同的監管機構來監管對應的金融機構具有一定的可行性。但是，現在全球都在由分業經營向混業經營過渡，商業銀行、證券業與保險業之間的業務越來越趨向交叉融合。在這種環境下，實行機構型監管就會造成監管的盲區。例如，一家金融機構同時經營商業銀行業務、證券業務和保險業務時，到底是由銀行業監督管理委員會、證券監督管理委員會來監管好呢，還是由保險監督管理委員會來監管好呢？再比如，現在被統稱為影子銀行體系的金融活動，不僅有傳統的銀行金融機構改革在廣泛地參與，還有其他眾多非銀行金融機構也在創造、參與影子銀行活動。它們在媒介信用、期限轉換和提供流動性的同時，也帶來了一些系統性的金融風險。由於不同領域的金融機構都在廣泛地從事影子銀行活動，因此在機構型的監管體制下，對影子銀行的監管也會是分散的，極有可能導致對這類金融活動的監管盲區。

因此，由分業監管向統一監管的過渡，要求從原來的機構型監管向功能型監管過渡。功能型監管就是指在一個統一的監管機構內，由專業分工的管理專家和相應的管理程序對金融機構的不同業務進行監管。功能型監管是混業經營環境下金融監管體制變化的一個新趨勢。圖12-2顯示了功能型監管體制下的金融監管體制。在功能型監管體制下，同一金融機構的商業銀行業務

由銀行監管機構進行監管，其證券業務則由證券監管機構進行監管，相應的保險業務則由保險監管機構進行監管。

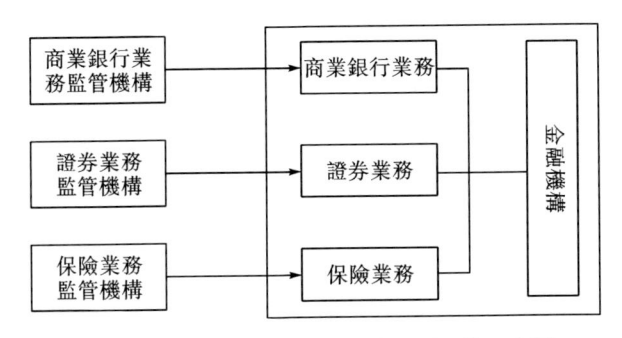

圖 12-2　混業經營環境下的功能型監管示意圖

　　功能型監管主要有以下幾個方面的優點：第一，它可以根據各金融業務監管機構最熟悉的經濟功能來分配法律權限。第二，根據經濟功能來分配法律權限也是與金融監管原則相一致的。證券監管更強調公開性和透明度，銀行監管關心的是公眾對銀行的信心，因此更傾向於保密。第三，以功能為導向的金融監管體系可以大大減少監管職能的衝突、交叉重疊和監管盲區。但是，功能型監管最大的不足在於，它會導致對同一金融機構的多重監管，即多家監管機構對它進行監管，這會在無形中增加金融監管的成本。

12.6.4　微觀審慎監管與宏觀審慎監管並重

　　金融監管的一個新趨勢就是，從單純注重金融機構個體風險的微觀審慎監管，轉向與宏觀審慎監管並重。微觀審慎監管有兩個關鍵的弱點。微觀審慎監管是以抑制單個金融機構的異質性風險和保護存款人或投資者的利益為目標，並根據每一金融機構的風險設置控制手段的監管方法。通常認為，整個金融體系健全依賴於每一個體機構穩健，只要每一家金融機構營運良好、穩健經營，就能夠促進整個金融體系的穩定。但是，微觀審慎監管的不足在於，重視個體機構的穩健性可能導致過度保護，削弱市場紀律，且不一定最終能保障這些金融機構的安全。它的另一個不足在於，無法應對金融機構和金融市場面臨的共同風險敞口，無法及時地檢測系統性風險上升並採取適當的補救措施。監管注意力過於集中在單個金融機構的穩健運行上，很可能忽視了維護整個金融體系的穩定。

　　國際清算銀行（BIS）在 20 世紀 70 年代就認識到了微觀審慎監管的不足。2008 年次貸危機爆發後，宏觀審慎監管以非常急切的方式被提上了金融監管改革的日程，在不同國家以不同的表現形式建立了微觀審慎與宏觀審慎

監管並重的金融監管新體制。所謂宏觀審慎監管，是指為抑制金融體系的系統性風險、避免金融不穩定對宏觀經濟造成巨大衝擊，根據系統性概率而設置的審慎控製機制。

　　在建立宏觀審慎監管的實踐方面，各國並不完全相同。早在 2009 年 6 月，歐盟就確定建立宏觀審慎監管和微觀審慎監管並重的金融監管體系。2011 年，正式啓動泛歐金融監管體系。泛歐金融監管機構下轄歐洲系統性風險委員會（ESRB）、歐洲銀行監管局（EBA）、歐洲證券和市場監管局（ESMA）以及歐洲保險與職業養老金局（EIOPA）四個部門。ESRB 是整個泛歐金融監管體系的核心，它在宏觀層面上負責監管歐盟整個金融體系；而其他三個監管局分別在微觀層面負責監控歐盟銀行業、證券業和保險業。此外，歐盟還設立了歐洲系統風險委員會（ESRB），其主要職責是風險監測、風險評估、風險預警和提供政策建議；同時，ESRB 識別系統性風險並對其進行排序，當出現重大系統性風險端倪時，可做出早期預警。

　　美國 2010 年的《多德－弗蘭克法案》成立了金融穩定監督委員會（FSOC），它是一個跨部門的系統風險管理機構，由財政部牽頭、美聯儲以及其他主要聯邦監管機構參加，其主要職責是防範和識別系統性金融風險，維護金融穩定。此外，它還賦予了美聯儲對系統風險監管的權力，確立了美聯儲在美國系統風險管理和金融監管框架中的核心地位。為了破解金融機構「大而不能倒」的困局，它允許分拆陷入困境的所謂「大到不能倒」的金融機構，設立新的破產清算機制，允許大型金融機構提取充足的風險撥備，禁止使用納稅人資金救市。同時，它還實行沃克爾規則，限制銀行機構的自營交易及高風險的衍生品交易，在自營交易中允許銀行投資對沖基金和私募股權，但不得高於自身一級資本的 3%；要求金融機構風險最大的衍生品交易業務拆分到附屬公司，但自身可保留利率掉期、外匯掉期以及金銀掉期等業務。

國家圖書館出版品預行編目(CIP)資料

金融學 / 江麗, 童雨茵 主編. -- 第一版.
-- 臺北市：財經錢線文化出版：崧博發行, 2018.12
　面　；　公分
ISBN 978-957-680-289-8(平裝)
1. 金融學
561.7　　　　107019125

書　名：金融學
作　者：江麗、童雨茵 主編
發行人：黃振庭
出版者：財經錢線文化事業有限公司
發行者：崧博出版事業有限公司
E-mail：sonbookservice@gmail.com
粉絲頁　　　　網　址：
地　址：台北市中正區延平南路六十一號五樓一室
8F.-815, No.61, Sec. 1, Chongqing S. Rd., Zhongzheng Dist., Taipei City 100, Taiwan (R.O.C.)
電　話：(02)2370-3310　傳　真：(02) 2370-3210
總經銷：紅螞蟻圖書有限公司
地　址：台北市內湖區舊宗路二段 121 巷 19 號
電　話：02-2795-3656　傳真：02-2795-4100　網址：
印　刷：京峯彩色印刷有限公司（京峰數位）

　　本書版權為西南財經大學出版社所有授權崧博出版事業有限公司獨家發行電子書及繁體書繁體版。若有其他相關權利及授權需求請與本公司聯繫。

定價：600元
發行日期：2018 年 12 月第一版
◎ 本書以POD印製發行